U0567102

权威·前沿·原创

皮书系列为

"十二五""十三五""十四五"时期国家重点出版物出版专项规划项目

BLUE BOOK

智库成果出版与传播平台

都市圈蓝皮书

BLUE BOOK OF METROPOLITAN AREA

成都都市圈建设报告

（2024）

REPORT ON THE CONSTRUCTION OF
CHENGDU METROPOLITAN AREA (2024)

新质生产力赋能高质量发展
New Productive Forces Empower High-Quality Development

主　　编/杨开忠　邵　波

副 主 编/李　好

执行主编/廖茂林　明　亮　周　灵

　　　　卢晓莉　雷　霞　杨晨遥

社会科学文献出版社
SOCIAL SCIENCES ACADEMIC PRESS (CHINA)

图书在版编目（CIP）数据

成都都市圈建设报告 . 2024：新质生产力赋能高质
量发展 / 杨开忠，邵波主编；李好副主编；廖茂林等
执行主编 . -- 北京：社会科学文献出版社，2025. 2.
（都市圈蓝皮书）. -- ISBN 978-7-5228-4969-0

Ⅰ. F299. 277. 11

中国国家版本馆 CIP 数据核字第 2025FT4065 号

都市圈蓝皮书

成都都市圈建设报告（2024）
——新质生产力赋能高质量发展

主　　编 / 杨开忠　邵　波
副 主 编 / 李　好
执行主编 / 廖茂林　明　亮　周　灵　卢晓莉　雷　霞　杨晨遥

出 版 人 / 冀祥德
责任编辑 / 张　超
责任印制 / 岳　阳

出　　版 / 社会科学文献出版社·皮书分社（010）59367127
　　　　　　地址：北京市北三环中路甲 29 号院华龙大厦　邮编：100029
　　　　　　网址：www. ssap. com. cn
发　　行 / 社会科学文献出版社（010）59367028
印　　装 / 三河市东方印刷有限公司

规　　格 / 开　本：787mm×1092mm　1/16
　　　　　　印　张：24　字　数：360 千字
版　　次 / 2025 年 2 月第 1 版　2025 年 2 月第 1 次印刷
书　　号 / ISBN 978-7-5228-4969-0
定　　价 / 249.00 元

读者服务电话：4008918866

《成都都市圈建设报告（2024）》
编　委　会

郑世林（中国社会科学院数量经济与技术经济研究所）

孙博文（中国社会科学院数量经济与技术经济研究所）

张　珩（中国社会科学院金融研究所）

江　洁（北京青年政治学院）

边继云（河北省社会科学院）

钱　慧（上海同济城市规划设计研究院有限公司）

曾献君（福建理工大学）

刘　丽（重庆市第二师范学院）

编 制 单 位　中国社会科学院生态文明研究所
　　　　　　　成都市社会科学院

指 导 单 位　四川省推进成德眉资同城化发展领导小组办公室

主要编撰者简介

杨开忠　经济学博士，中国社会科学院学部委员，国际欧亚科学院院士，享受国务院政府特殊津贴专家。主要从事空间经济学与区域科学、城镇化和区域发展、生态文明研究。现任中国社会科学院习近平生态文明思想研究中心主任，中国社会科学院生态文明研究所党委书记、研究员，中国社会科学院国家未来城市实验室理事长，北京大学教授，兼任中国区域科学协会会长、中国区域经济学会副会长、全国国土空间规划编制专家、国家气候变化专家委员会委员、北京专家联谊会副理事长、北京市社会科学界联合会常务理事等职。曾任国家中长期科学技术规划纲要起草小组成员、国家规划专家委员会委员、北京大学秘书长、北京大学校务委员会副主任兼秘书长、首都经济贸易大学副校长、北京市发展和改革委员会副主任兼北京市经济与社会发展研究所所长等职。主持完成国家重点研发计划应急项目、国家社会科学基金重大项目等多项，发表或出版学术论著300余篇（部），曾获多项省部级及以上奖励。

邵　波　成都市社科联（院）党组书记，曾任中共成都市委保密机要局（成都市密码管理局、成都市电子政务内网建设管理办公室）主任，中共成都市委办公厅副主任，成都市农业科技职业学院党委书记，中共成都市直属机关工作委员会常务副书记等职。

李　好　经济学博士，成都市社科联（院）党组成员、副主席、副院长，美国约翰·霍普金斯大学访问学者。主要研究方向为国际经济学和区域经济学。主研完成国家社会科学基金重大项目 1 项、一般项目 2 项；主持完成省部级课题 10 余项。在《人民日报》《中国社会科学报》《亚太经济》等报刊发表论文 50 余篇，在人民出版社、中国社会科学出版社等出版学术专著 8 部、教材 1 部。研究成果获教育部高等学校科学研究优秀成果奖（人文社会科学）三等奖 1 项，四川省社会科学优秀成果奖等其他省部级一等奖 1 项、二等奖 1 项、三等奖 6 项；教学成果获省部级二等奖 1 项。资政报告获得省部级以上领导签批 30 余篇，被《国家高端智库成果要报》以及中办、国办及部委、省委重要内参采纳 10 余篇。

廖茂林 研究员，中国社会科学院大学应用经济学院教授，中国社会科学院生态文明研究所可持续研究室副主任，中国社会科学院生态文明智库国际部副主任，英国皇家国际事务研究所（Chatham House）访问学者，中国城市经济学会理事。主要从事可持续发展经济学领域的研究工作。共发表学术论文 70 余篇，其中以第一作者或通讯作者身份在中文核心期刊及以上发表高质量学术论文 30 余篇，在中文顶级期刊《管理世界》、英文 JCR 一区期刊、中文权威期刊《中国人口·资源与环境》《中国行政管理》上发表学术论文 10 篇。担任《中国农村经济》《金融评论》《生态文明研究》和多个 SCI 刊物审稿专家。独立主持国家自然科学基金面上项目 1 项，国家高端智库重点项目等省部级课题 7 项，国家社科重大项目子课题 1 项，中—英、中—澳、中—西等国际合作项目 4 项和其他地方政府等委托项目 23 项。以第一作者身份提交的多篇政策建议获省部级领导批示。获各类学术奖项 13 项，包括中国社会科学院优秀对策信息类三等奖 5 项、中国社会科学院优秀对策信息类优秀奖 2 项、中国社会科学院经济学部青年论文一等奖 1 项等。

明 亮 管理学博士，研究员，成都市社会科学院同城化（城乡融合发展）研究所所长，四川省社会科学院兼职硕士生导师，中国社会学会理事，四川省中国特色社会主义理论体系研究中心"百人专家库"成员，成都市"蓉城英才计划"社科青年人才。在《社会科学研究》《贵州社会科学》《民族学刊》《天府新论》等刊物发表学术论文 50 余篇。主持国家社科基金项目 1 项和省、市社科基金项目多项，出版个人专著 1 部，合著 5 部；获四川省社会科学优秀成果奖二、三等奖各 1 项，成都市社会科学优秀成果奖多项；主持和参与的多篇决策咨询报告获省市领导肯定性批示。

周 灵 经济学博士，研究员，成都市社会科学院科研处处长，中国城市经济学会公园城市专委会秘书长。主要研究方向为环境经济学和产业经济学。作为主研人员参与完成国家社会科学基金项目 2 项，主持和参与完成省部级项目 7 项，主持完成市级项目 20 余项。在《财经理论与实践》《经济体制改革》《经济问题探索》等期刊发表论文 20 余篇，出版专著 5 部。获四川省社会科学优秀成果奖三等奖 2 项，成都市社会科学优秀成果奖一等奖 3 项、三等奖 1 项。主要研究成果有《经济发展方式转变框架下的环境规制研究》（专著）、《瑞士低碳城市发展实践与经验研究》（专著）、《环境规制对企业技术创新的影响机制研究——基于经济增长视角》（论文）等。

卢晓莉 副研究员，成都市社会科学院信息中心副主任，成都市金沙智库研究会副秘书长。长期从事社会福利、社会保障、公共服务、法治建设研究。在《农村经济》《开放导报》等报刊发表学术文章 20 余篇，主持或参与国家、省、市级课题 20 余项，获省级、市级社科研究优秀成果奖十余项。主要代表性成果有《西部农村和谐文化建设的重点、难点与对策研究》《农村税费改革后的乡镇管理体制变革研究——以成都为例》《NGO 参与汶川地震过渡安置研究》《医养结合型智慧社区养老模式初探》《农村"留守老人"养老服务的地方实践及启示》《论家庭福利保障制度构建——基于国家和地方双重视角》等。

雷 霞 经济学博士，助理研究员。主要从事都市圈、公园城市、政府作用相关研究。作为负责人或主研人员参与国家、省、市各级课题 20 余项，撰写资政报告 20 余篇,公开发表论文及理论文章 20 余篇,参与 10 余本专著编写工作,相关研究报告与论文获得中国社会科学院、农业农村部以及四川省、成都市等地方各级政府部门表彰和认可。

杨晨遥 管理学博士,助理研究员。主要研究方向为农村与区域发展。作为主研人员参与国家社会科学基金项目 4 项,主持省部级项目 1 项,获四川省科学技术进步奖二等奖 1 项、四川省社会科学优秀成果奖二等奖 1 项。在《农村经济》《经济体制改革》等报刊发表论文近 10 篇。

摘　要

　　党的二十大做出"促进区域协调发展""推动成渝地区双城经济圈建设"的战略部署，党的二十届三中全会再次强调要"完善实施区域协调发展战略机制"，并明确要求"推动成渝地区双城经济圈建设走深走实"。作为成渝地区双城经济圈的重要组成部分以及四川省的极核主干，发展新质生产力、推进绿色化数字化发展是建强成都都市圈的重要内容。本报告紧紧围绕建设绿色化数字化现代化都市圈这一主题，深入研究都市圈新质生产力发展规律，系统分析成都都市圈的建设成效与问题，为提升国际竞争力和区域带动力，建设动能更加充沛的现代化成都都市圈提供对策建议，为以新质生产力发展推动都市圈建设提供理论支撑与实践指导。

　　本报告认为，作为西部地区乃至全国重要的都市圈，成都都市圈在经济增长、产业发展、协同创新、交通同城网、开放共兴以及民生福祉方面取得了显著的成效。随着区域协调发展重大战略的深入实施以及成渝地区双城经济圈建设走深走实，提升国际竞争力和区域带动力对成都都市圈建设尤为重要，也对构筑向西开放战略高地和参与国际竞争新基地，形成带动西部高质量发展的重要增长极和新的动力源，构建大中小城市协调发展格局具有重要意义。未来，成都都市圈应以共建产业生态、共育创新主体、共促开放活力、共筑安全底线、共优生活品质、共织交通网络为导向，深入推进跨区建圈强链、加快培育新质生产力、提升门户枢纽经济水平、夯实安全韧性底座、增强群众获得感幸福感、优化提升区域联通能力，协同打造具有国际竞争力和区域带动力的现代化都市圈。

　　本报告认为，在科技创新的加速迭代与全球环境问题日益凸显的时代背景下，随着我国经济进入高质量发展阶段，新质生产力已成为都市圈经济增长和转型升级的重要动力，推动经济发展与绿色化协同发展是现代化都市圈建设的核心任务与使命。对我国34个都市圈新质生产力与绿色发展耦合协调性的时空演变特征及相关障碍因子的测度表明，2013～2022年我国都市圈新质生产力整体水平实现了逐年稳步提升，特别是在创新能力、技术应用和产业升级等方面取得了显著进步，且14个国家级都市圈既注重经济高质量发展，又关注生态环境的保护与改善，实现了经济效益与生态效益的双赢，成都作为发展型都市圈，其新质生产力与绿色发展的耦合协调度实现了较快的增长。未来，应从加大人才要素培育、夯实都市圈新质劳动力基础，坚持科技创新引领、推动都市圈新质劳动资料迭代升级，提高资源利用效率、拓宽都市圈新质劳动对象范围等方面促进我国都市圈新质生产力发展。

　　本报告充分借鉴东京都市圈、纽约都市圈、杭州都市圈以及深圳都市圈在绿色低碳空间布局、数字化治理、以科技创新推进绿色低碳发展以及产业数实融合发展等方面的先进经验，并围绕绿色化数字化协同创新共同体建设、跨区域产业生态圈绿色化数字化发展、生态保护共同体建设、绿智经济发展背景下轨道上的成都都市圈建设、数字化共享公共服务圈建设、以数字化推进成德眉资安全韧性共同体建设等主题，对成都都市圈的绿色化数字化发展进行了专题研究。

关键词： 成都都市圈　新质生产力　绿色低碳　数字化治理

目 录 ⤵

I 总报告

II 重点领域篇

Ⅲ 国内外借鉴篇

Ⅳ 绿色化数字化篇

皮书数据库阅读**使用指南**

总报告 ⟩⟩

B.1

国内主要都市圈新质生产力
发展比较研究*

毛丽娟　刘睿仪**

摘　要： 随着经济的快速发展，我国区域空间结构正在发生深刻变化，都市圈成为承载发展要素的重要空间结构、区域经济一体化发展的高级形态。我国经济进入高质量发展阶段，新质生产力已成为推动都市圈经济增长和转型升级的重要动力。在科技创新加速迭代与全球环境问题日益凸显的时代背景下，经济发展与绿色化协同发展是推动现代化都市圈建设的核心任务与使命。因此，本报告构建了都市圈新质生产力与绿色发展的指标体系，通过构建耦合协调度模型、Dagum基尼系数以及障碍度模型，分析耦合协调性的时空演变特征并对相关障碍因子进行测度，对国内主要都市圈新质生产力发展进行比较研究，并深入剖析新质生产力与绿色发展之间的内在联系与协调演进关系。本报告旨在深入理解国内主要都市圈新质生产力的发展状况，为全

---

* 感谢中国社会科学院杨开忠学部委员的有益建议，中国社会科学院生态文明研究所廖茂林研究员对本文亦有重要贡献。

** 毛丽娟，中国社会科学院生态文明研究所博士后，主要研究方向为数字经济、旅游经济；刘睿仪，中国社会科学院大学商学院硕士研究生，主要研究方向为城市营销与旅游经济管理。

国都市圈的高质量发展提供理论支撑和实践指导。通过对比全国都市圈新质生产力的发展状况并结合成都都市圈的发展状况，提出推动成都都市圈新质生产力发展的对策建议，包括加大人才要素培育、夯实都市圈新质劳动力基础，坚持科技创新引领、推动都市圈新质劳动资料迭代升级，提高资源利用效率、拓宽都市圈新质劳动对象范围等对策建议。

关键词： 都市圈　新质生产力　绿色发展

　　党的二十大报告提出："中国式现代化是人与自然和谐共生的现代化……高质量发展是全面建设社会主义现代化国家的首要任务。"在全球气候变暖日趋严峻和资源环境约束日益加剧的背景下，传统的粗放型发展模式已经难以为继，加快生产力、生产方式的变革已成为经济社会高质量发展的迫切需求。新一轮科技革命和产业变革加速演进，正在推动先进生产力质态加速形成，引发了绿色化、智能化、群体性和泛在式的产业变革。2023 年 7 月以来，习近平总书记在四川、黑龙江、浙江、广西等地考察期间，创造性提出"新质生产力"概念。新质生产力是经济发展的新起点、新动能，是以科技创新为核心驱动力的生产力形态，正逐步成为引领经济社会高质量发展的关键力量。

　　都市圈是区域经济一体化的高级形态，不仅承载着人口聚集、产业升级的功能，还肩负着重塑经济社会空间格局与发展路径的使命。随着科技创新的加速迭代与全球环境问题的日益凸显，都市圈发展不再局限于传统的空间扩张和人口集聚，而是更加注重科技创新能力的提升、产业结构的优化以及生态环境的保护。2024 年 1 月，习近平总书记在中央政治局第十一次集体学习时对"新质生产力"作出系统全面阐释，并强调"绿色发展是高质量发展的底色，新质生产力本身就是绿色生产力"。这一重要论断深刻阐述了新质生产力与绿色发展的内在联系，为加快发展新质生产力、促进经济社会发展全面绿色转型提供了理论指引。

　　党的二十届三中全会通过的《中共中央关于进一步全面深化改革　推

进中国式现代化的决定》明确要求"完善实施区域协调发展战略机制"，"推动成渝地区双城经济圈建设走深走实"，"完善区域一体化发展机制"，"建立都市圈同城化发展体制机制"，这为推动都市圈高质量发展，为打造具有国际竞争力和区域带动力的现代化都市圈，为打造都市圈同城化发展示范提供了方向指引和根本遵循。我们要共同抓好落实，进一步完善区域市场协同机制，推动成都都市圈高质量发展。

在此背景下，本报告对国内主要都市圈新质生产力发展进行比较研究，分析了各都市圈新质生产力发展的现状，并深入研究了国内主要都市圈新质生产力与绿色发展的协调演进关系，对推动成都都市圈实现更高质量、更有效率、更加公平、更可持续的发展具有重要的理论与现实意义。

一 国内都市圈新质生产力的理论分析框架

（一）理论基础

新质生产力是以技术创新为核心驱动力，融合数字化、网络化、智能化等先进要素的新型生产力形态，正逐步成为重塑区域经济结构、激发创新活力的重要力量。随着我国城市化进程的加速和区域经济合作的深化，都市圈成为区域经济的重要载体。推动都市圈新质生产力发展，不仅是我国应对国内外经济环境变化、实现高质量发展的必然选择，也是推动区域经济一体化、提升国际竞争力的关键路径。我国都市圈建设正步入大力发展新质生产力的时代。

1. 从时代逻辑来看，新质生产力发展是都市圈应对科技革命与产业升级的必由之路

都市圈是区域经济发展的核心载体和科技创新的重要高地，大力发展新质生产力是都市圈应对产业升级挑战、把握发展机遇的必然选择。在新一轮科技革命和产业变革背景下，新技术、新要素对区域经济高质量发展的贡献显著增强。新质生产力顺应了新一轮科技革命和产业变革的演进趋

势，强调通过科技创新、生产要素的优化配置和产业结构的深度转型，推动传统产业向智能化、网络化、服务化方向转型升级，实现生产力的质的飞跃。

近年来，人工智能、大数据、云计算、物联网等前沿技术正逐渐渗透到都市圈的各个行业和领域，不仅催生了元宇宙、量子信息、生物制造等大量新兴产业，还为产业升级提供了丰富的技术储备。数字化、网络化的基础设施不断完善，为都市圈内的跨地区经济交流提供了强有力的支撑，使生产要素在都市圈内部实现高效流动和合理配置，促进了产业分工不断深入，使都市圈内的经济结构逐步优化调整。高端制造业、现代服务业等新兴产业不断涌现，传统产业则通过技术改造和升级焕发新的活力，形成多元化、高端化、智能化的现代产业体系。基于新技术的战略性新兴产业如人工智能、生物制造、商业航天等正在快速发展，不仅具有高成长性、高附加值的特点，还能够带动传统产业的转型升级，成为都市圈经济增长的新引擎。

企业通过引入新技术、新工艺和新模式，进一步优化生产流程、提高生产效率、降低生产成本，形成具有全球竞争力的产业集群，对于提升都市圈的经济竞争力、优化产业结构、促进可持续发展具有重要意义。因此，推动都市圈新质生产力的发展，就是要在科技革命的浪潮中，充分利用新技术、新理念、新模式，加速传统产业转型升级，培育壮大战略性新兴产业，构建现代化经济体系，实现区域经济的整体跃升。

2. 从现实逻辑来看，推动都市圈新质生产力的发展是响应国家发展战略的重要部署

从 2023 年下半年习近平总书记创造性提出"新质生产力"，到 2023 年 12 月 12 日中央经济工作会议提出"要以科技创新推动产业创新，特别是以颠覆性技术和前沿技术催生新产业、新模式、新动能，发展新质生产力"，到中央政治局集体学习系统阐述"发展新质生产力"作为在新旧动能转换期推动高质量发展的重要抓手，再到 2024 年 3 月两会期间首次将"新质生产力"写入 2024 年政府工作报告，新质生产力成为 2024 年经济社会工作的重点任务之一。

我国政府高度重视新质生产力的发展，并将其作为推动区域经济高质量发展、加快现代化建设的重要战略选择，为新质生产力的发展提供了顶层设计和战略指导。当前，我国经济正处在转变发展方式、优化产业结构、转换增长动力的攻关期，发展新质生产力是推动高质量发展的内在要求和重要着力点，是我国在新形势下实现持续发展和突破的必然选择。

2024 年 7 月，党的二十届三中全会审议通过的《中共中央关于进一步全面深化改革　推进中国式现代化的决定》明确提出"健全因地制宜发展新质生产力体制机制"，强调要"加快经济社会发展全面绿色转型"，释放了进一步强化新质生产力发展制度保障的强烈信号。都市圈是区域经济的重要增长极，在集聚人才、资金、技术和数据等各类新质生产力发展要素方面具有相对优势，承担着推动产业升级、促进城乡融合、优化资源配置等重要使命。

近年来，我国都市圈建设进入快速发展的阶段。党的二十大报告明确提出，"以城市群、都市圈为依托构建大中小城市协调发展格局"。这一战略部署推动了各地都市圈的规划与实施，形成了长三角地区的上海都市圈、杭州都市圈，珠三角的广州都市圈、深圳都市圈等多个具有区域影响力的都市圈，这些都市圈通过一体化发展，促进了城市间的功能互补、产业错位布局和特色化发展，成为新时代城镇化与区域发展的重要增长极。都市圈生产力的发展水平直接影响区域经济的整体格局，推动都市圈新质生产力的发展，正是对国家战略的积极响应和具体落实，通过发挥都市圈的集聚效应和辐射作用，带动周边地区乃至全国范围内的经济转型升级和高质量发展，不仅推动整体生产力的提升，还促进了生产关系和社会制度的深刻变革，为经济社会高质量发展提供了强大动力。

3. 从生态维度来看，推动新质生产力发展是推动都市圈绿色发展的重要途径

随着我国经济从高速增长阶段转向高质量发展阶段，传统依赖资源消耗和低端制造的经济增长模式已难以为继，培育和发展新质生产力以其高效、

绿色、可持续的特点，成为推动经济转型升级的重要力量。新质生产力与绿色发展二者在追求高效、环保、可持续的目标上高度一致。

从新质生产力的特征来看，发展新质生产力需要创新起主导作用。新质生产力是基于科技创新、制度创新、管理创新等要素融合而形成的，符合新发展理念的先进生产力质态，具有高科技、高效能、高质量特征。新质生产力突破了土地、劳动、资本等传统生产要素的局限，更加注重知识、技术、信息、数据等高级生产要素的集成与应用，培育和发展新质生产力需要改变传统生产力发展中高投入、高消耗、高污染、低效益的粗放模式，强化绿色科技创新的广度和深度，提高生产效率，降低资源消耗。

新质生产力所具有的特征本质上与绿色发展的理念相契合。从绿色发展的本质来看，绿色发展是将生态环境容量和资源承载力内化于社会经济发展过程，夯实可持续发展的自然物质基础，实现更高质量的经济产出，创造更好的生活质量的新型发展模式。绿色发展强调在经济发展过程中注重节约资源和保护环境，追求经济、社会和环境的可持续发展，而新质生产力正是通过科技创新推动经济社会高质量、高层次、高质态发展，要求经济社会发展既要遵循生产力发展规律，也要遵循自然规律，蕴含着人与自然和谐共生的价值追求，具有绿色发展的内在属性。新质生产力的发展必然伴随着绿色生产方式的转变和绿色技术的创新，推动经济社会向更加绿色、低碳、可持续的方向发展。

（二）分析维度

本报告将从三个维度构建都市圈新质生产力发展评价指标体系，系统测度和分析中国都市圈新质生产力发展现状，结合都市圈客观发展规律和发展趋势，深入剖析发展中存在的问题，研究提出新发展阶段提高中国都市圈新质生产力的政策路径。

1. 新质劳动力维度：创新驱动的人才引擎

新质劳动力是创新驱动的人才引擎。与传统劳动力相比，新质生产力所需的劳动力不再是简单重复劳动的主体，而是能够充分利用现代技术、适应现代高端先进设备、具备知识快速迭代能力的新型人才。这些人才不仅具备扎实的专业知识，还具备良好的创新思维和实践能力，是推动科技创新和产业转型升级的关键力量。随着新质生产力的发展，传统行业与新兴行业的界限日益模糊，人才跨行业、跨领域流动成为常态。都市圈作为人口密集、经济活跃的区域，是新型人才的培育与聚集的高地，都市圈内的劳动力市场相对灵活，为人才的自由流动和优化配置提供了便利条件。这种流动不仅促进了人才的优化配置，推动形成强大的人才网络，还促进了知识、技术和信息的快速传播与共享，加速了新技术、新模式的扩散和应用。新型人才具备强烈的创新意识和实践能力，不断追求技术突破和商业模式创新，能够迅速将创新成果转化为实际生产力，推动产业升级和经济结构优化。

2. 新质劳动资料维度：技术赋能的动力源泉

劳动资料是生产力发展的物质基础。新质生产力是由技术革命性突破、生产要素创新性配置、产业深度转型升级而催生的先进生产力，带来了新技术的不断涌现和广泛应用，为产业升级提供了强大的技术支持。新质生产力的发展意味着劳动资料得到了全面升级和智能化改造。科技创新尤其是数字技术的创新是加快形成新质生产力的关键支撑。新质生产力的发展进一步推动了大数据、云计算、物联网等新技术的普及和深化应用，企业能够实现对生产过程的实时监控和精准管理，提高了生产效率，推动了整个产业链的数字化转型。随着科技的进步，高端智能设备在生产领域得到广泛应用，不仅提高了生产效率和质量，还降低了人力成本和能耗。在都市圈中，企业通过引进高端智能设备，实现了生产过程的自动化、智能化和精益化，提升了整体竞争力。此外，随着环保意识的提高，绿色生产技术在新质生产力中的地位日益凸显，这些技术旨在减少生产过程中的污染排放和资源消耗，实现都市圈经济、社会和环境的协调发展。

3. 新质劳动对象维度：资源优化的全新视角

在传统生产力中，劳动对象主要局限于物质形态的自然资源或半成品。在新质生产力的背景下，劳动对象的范围得到了极大的拓展，不仅包括传统

物质形态的高端智能设备，还包括数据、信息等新型生产要素。数据作为数字经济时代的重要资源，已经成为驱动经济发展的新引擎。在都市圈中，数据的采集、处理、分析和应用能力能够推动企业更好地洞察市场趋势、优化产品设计和提升运营效率，数据资源的开放共享也促进了产业链上下游之间的合作与创新，政府和企业通过建设数字化服务平台、完善数字基础设施等措施，提高了数据、信息等资源的获取和利用效率，促进了资源的优化配置和高效利用。除了物质资源和数据资源外，品牌、文化、创意等非物质资源也在新质生产力中发挥重要作用，这些非物质资源具有独特的价值属性和竞争优势，能够为企业带来超额利润和长期回报，通过深入挖掘和利用非物质资源，形成独特的品牌形象和文化底蕴，能够增强产业的市场影响力和竞争力。

（三）指标评价体系构建

本文在指标选取上基于科学性、系统性、数据可获得性等原则，构建新质生产力与绿色发展的综合评价指标体系。

1. 新质生产力发展水平

新质生产力作为生产要素创新配置与产业深度转型升级催生的先进生产力，以劳动者、劳动资料、劳动对象及其优化组合的质变为基本内涵，是驱动低碳经济高质量发展的重要引擎。本文借鉴既有研究，采用新质劳动力、新质劳动资料、新质劳动对象等三个维度来构建新质生产力评价指标体系，具体指标及属性详见表1。

表1　新质生产力评价指标体系

维度	一级指标	二级指标	指标属性
新质劳动力	劳动效率	人均地区生产总值(元)	+
		职工平均工资(元/年)	+
	人才结构	每万人中在校大学生数(人)	+
		第三产业就业人员占比(%)	+

维度	一级指标	二级指标	指标属性
新质劳动资料	创新载体	国际互联网用户规模（万户）	+
		电信业务规模（亿元）	+
	创新能力	科研支出占财政预算比重（%）	+
		万人专利授权数（件）	+
新质劳动对象	新兴产业规模	人工智能企业数量（个）	+
		企业 R&D 经费支出（万元）	+
	新兴产业效率	新产品开发项目数（个）	+
		数据要素利用水平	+

2. 绿色发展指标

为研究都市圈新质生产力与绿色发展的耦合协调性，本报告还构建了新质生产力和绿色发展的评价指标体系，基于该测算结果测算两者的耦合协调指数，并基于耦合协调性的基尼系数分析我国不同区域都市圈之间新质生产力与绿色发展的空间差异，构建障碍度模型以进一步分析影响因素。本文参考借鉴已有研究，从绿色投入、绿色产出、绿色治理三个维度选取 10 项指标构建都市圈绿色发展指数指标体系，具体指标及属性详见表 2。

表 2　都市圈绿色发展指数指标体系

维度	一级指标	二级指标	指标属性
绿色投入	环境投资	环境污染治理投资（亿元）	+
	环境交易	碳交易、用能权交易、排污权交易（亿元）	+
绿色产出	生态保护	人均公园绿地面积（m^3）	+
		建成区绿化覆盖率（%）	+
	绿色生活	生活垃圾无害化处理率（%）	+
		人均水资源拥有量（m^3）	+
绿色治理	资源利用	一般工业固体废物综合利用率（%）	+
		污水处理厂集中处理率（%）	+
	环境污染	单位 GDP 工业二氧化硫排放量（吨/亿元）	−
		可吸入细颗粒物平均浓度（微克/m^3）	−

（四）测度方法

1. 综合评价模型

鉴于指标对系统具有正向或负向影响，对数据进行标准化处理，消除量纲的影响，具体计算过程如下。

正向指标计算公式为：

$$y_{ij} = \frac{x_{ij} - \min(x_{ij})}{\max(x_{ij}) - \min(x_{ij})} \tag{1}$$

负向指标计算公式为：

$$y_{ij} = \frac{\max(x_{ij}) - x_{ij}}{\max(x_{ij}) - \min(x_{ij})} \tag{2}$$

其中，y_{ij} 为第 i 个都市圈第 j 个指标 x_{ij} 的标准化结果值，且 $1 \leq i \leq n$，$\max(x_{ij})$ 和 $\min(x_{ij})$ 分别为所有都市圈中第 j 个指标的最大值和最小值。

熵权法作为一种客观赋权法，在一定程度上避免了主观性，本文运用熵权法对系统发展综合水平进行测度。具体赋值如下：依次计算标准化之后各个都市圈的各指标所占比重 P_{ij}、指标信息熵值 I_i 和指标权重 W_j，进而计算各都市圈的新质生产力与绿色发展的综合评价指数，分别记作 NQP 和 $GREEN$。

$$P_{ij} = \frac{y_{ij}}{\sum_i y_{ij}} \tag{3}$$

$$I_i = -\frac{\sum_i P_{ij} \ln P_{ij}}{\ln N}, W_j = \frac{1 - I}{\sum_j (1 - I)} \tag{4}$$

$$NQP_i = \sum_j W_j \times y_{ij}, GREEN_i = \sum_j W_j \times y_{ij} \tag{5}$$

2. 耦合度与耦合协调度模型构建

为判断新质生产力与绿色发展之间关联与影响的程度，本文在对新质生产力与绿色发展水平进行综合评价的基础上，构建新质生产力与绿色发展的耦合度模型。公式如下：

$$C = \sqrt{\frac{NQP \times GREEN}{\left(\dfrac{NQP + GREEN}{2}\right)^2}} \qquad (6)$$

式（6）中，C 表示新质生产力与绿色发展的耦合度，数值取值区间为（0，1），NQP 和 $GREEN$ 分别表示新质生产力与绿色发展的综合评价指数。如果两系统之间耦合程度越高，则系统越协调，C 的值就越接近 1；反之则代表两系统之间耦合程度低，表现为失衡状态，缺乏稳定性。

耦合度模型仅反映系统之间的耦合关系的强弱，无法表征系统间是高水平促进还是低水平制约。此外，当两系统的综合评价指数都较小时，两者耦合程度将会被高估，为避免出现以上现象，本文构建耦合协调度模型，进一步分析系统间良性耦合程度：

$$D = \sqrt{C \times T} \qquad (7)$$

$$T = \alpha NQP + \beta GREEN \qquad (8)$$

其中，D 为新质生产力与绿色发展的耦合协调度；T 表示综合发展水平，其计算结果值与待定系数 α 和 β 的取值相关，α 和 β 分别表示新质生产力与绿色发展的相对重要性。本文认为新质生产力与绿色发展具有同等重要地位，因此，本文将待定系数 α 和 β 都取值为 0.5。基于新质生产力与绿色发展耦合协调度数值范围，参考以往文献，将系统耦合协调度划分为失调衰退、低度协调、中度协调、高度协调、极度协调 5 个等级，具体如表 3 所示。

表 3　耦合协调度分类标准及阶段特征

协调阶段	耦合协调度	阶段特征
极度协调阶段	(0.9,1.0]	优质协调
	(0.8,0.9]	良好协调
高度协调阶段	(0.7,0.8]	中级协调
	(0.6,0.7]	初级协调

续表

协调阶段	耦合协调度	阶段特征
中度协调阶段	$(0.5, 0.6]$	勉强协调
	$(0.4, 0.5]$	濒临失调
低度协调阶段	$(0.3, 0.4]$	轻度失调
	$(0.2, 0.3]$	中度失调
失调衰退阶段	$(0.1, 0.2]$	重度失调
	$(0, 0.1]$	极度失调

3. 差异性测度

Dagum 基尼系数对于传统基尼系数进行了改进与修正，能够更有效地量化空间非均衡问题，且与泰尔指数相比，其避免了区域间的样本交叉重叠情形，能实现对总体地区差异贡献的完整识别，并具备良好的分解效用。因此，本文选取 Dagum 基尼系数对新质生产力、新质生产力与绿色发展耦合协调度的空间差异进行测度和分解。总体基尼系数 G 的计算公式如下：

$$G = \frac{\sum_{j=1}^{k} \sum_{h=1}^{k} \sum_{i=1}^{n_j} \sum_{r=1}^{n_h} |y_{ji} - y_{hr}|}{2n^2 \overline{Y}} \tag{9}$$

式中，n 代表样本内都市圈总个数，k 代表地区划分的数量，n_j、n_h 分别代表第 j、h 区域内都市圈的数量，y_{ji}、y_{hr} 分别表示区域 j、区域 h 内的第 i、r 个都市圈测度指标综合得分，$\overline{Y}$ 代表样本内所有都市圈的测度指标的平均得分。

在预先对各区域的综合评价指数得分以均值大小进行排序以后，将总体基尼系数 G 分解为区域内差异贡献 G_w、区域间差异贡献 G_{nb} 和超变密度贡献 G_t 三个部分。总体、区域间以及区域内基尼系数的大小代表了耦合协调度的高低。超变密度贡献 G_t 代表各区域由于交叉项的存在而对总体差距产生的贡献。具体测算过程如下：

$$G = G_w + G_{nb} + G_t \tag{10}$$

$$G_w = \sum_{j=1}^{k} G_{jj} P_j S_j \tag{11}$$

$$G_{nb} = \sum_{j=2}^{k} \sum_{h=1}^{j-1} G_{jh}(P_j S_h + P_h S_j) D_{jh} \tag{12}$$

$$G_t = \sum_{j=2}^{k} \sum_{h=1}^{j-1} G_{jh}(P_j S_h + P_h S_j)(1 - D_{jh}) \tag{13}$$

$$G_{jj} = \frac{\sum_{i=1}^{n_j} \sum_{r=1}^{n_j} |y_{ji} - y_{jr}|/2\overline{Y}_j}{n_j^2} \tag{14}$$

$$G_{jh} = \frac{\sum_{i=1}^{n_j} \sum_{r=1}^{n_h} |y_{ji} - y_{hr}|}{n_j n_h (\overline{Y}_j + \overline{Y}_h)} \tag{15}$$

$$D_{jh} = \frac{d_{jh} - P_{jh}}{d_{jh} + P_{jh}} \tag{16}$$

$$d_{jh} = \int_0^{\infty} d F_j(y) \int_0^{y} (y - x) d F_h(x) \tag{17}$$

$$P_{jh} = \int_0^{\infty} d F_h(y) \int_0^{y} (y - x) d F_j(x) \tag{18}$$

其中，G_{jj} 为区域 j 的基尼系数，G_{jh} 和 G_{nb} 分别为区域 j 和区域 h 之间的基尼系数、区域 j 和区域 h 之间的差异贡献。P_j、P_h 表示区域 j 和区域 h 都市圈数量占比，即 $P_j = \frac{n_j}{n}$，$P_h = \frac{n_h}{n}$。S_j、S_h 表示区域 j 和区域 h 中测度指标的均值与全国均值的比值，即 $S_j = \frac{n_j \overline{Y}_j}{n \overline{Y}}$，$S_h = \frac{n_h \overline{Y}_h}{n \overline{Y}}$。$D_{jh}$ 代表区域 j 和区域 h 之间的相互影响。d_{jh} 为区域 j 和区域 h 中所有 $y_{ji} - y_{hr} > 0$ 的数学期望，可将其定义为两个区域间新质生产力与绿色发展的耦合协同发展水平的差值。同理，P_{jh} 为超变一阶矩，表示区域 j 和区域 h 中所有 $y_{ji} - y_{hr} > 0$ 的数学期望。

4. 障碍因子分析模型

为进一步厘清制约新质生产力的关键障碍因素，以期制定更有针对性的治理方案，本文引入障碍度模型对中国都市圈测度指标的准则层与指标层的障碍因子进行识别与诊断，具体公式如下：

$$M_t = \frac{v_{it}\, w_t}{\sum_{t=1}^{n}(v_{it}\, w_t)} \times 100\% \tag{19}$$

$$v_{it} = 1 - r_{it} \tag{20}$$

$$A_t = \sum_{t=1}^{n} M_t \tag{21}$$

其中，M_t 表示指标体系中第 t 个指标对测度指标的障碍度；v_{it} 为指标的偏离程度，表示第 i 个子系统第 t 个指标与发展目标之间的差距；r_{it} 为各指标的标准化值；w_t 为指标权重，代表障碍因子的贡献度；A_t 为各准则层对测度指标的障碍度。

（五）数据来源

关于都市圈的范围与边界划分，本文根据清华大学中国新型城镇化研究院发布的《中国都市圈发展报告（2021）》中对于都市圈的划分标准，将我国地级市及以上城市划分为 34 个都市圈，其中，成熟型都市圈 6 个，发展型都市圈 17 个，培育型都市圈 11 个，形成发展质量层次分明、发展水平中等数量增加、圈间联系强度各有特点的发展新格局。表 4 概述了 34 个都市圈的名称、中心城市及主要城市构成。

本文数据来源于《中国城市统计年鉴》、《中国环境年鉴》、《中国城市建设年鉴》、各省市统计年鉴和统计公报以及 CSMAR 数据库等，为确保数据的完整性和权威性，个别缺失数据和异常数据采取线性插值法、类比法等方法进行补齐与修正。

表4 中国34个都市圈的中心城市与主要城市构成

都市圈名称	中心城市	主要城市构成
北京都市圈	北京市	北京市、保定市(怀来县)、廊坊市、张家口市、雄安新区(容城县、雄县、安新县)
成都都市圈	成都市	成都市、德阳市、眉山市、资阳市
大连都市圈	大连市	大连市、营口市、丹东市、鞍山市
福州都市圈	福州市	福州、莆田两市全域,宁德市蕉城区、福安市、霞浦县、古田县,南平市延平区和建阳区、建瓯市部分地区及平潭综合实验区
广州都市圈	广州市	广州市、佛山市、肇庆市的端州区、鼎湖区、高要区、四会市,清远市的清城区、清新区、佛冈县
贵阳都市圈	贵阳市	贵阳市、遵义市、毕节市、黔南州、安顺市
哈尔滨都市圈	哈尔滨市	哈尔滨市、大庆市、绥化市
杭州都市圈	杭州市	杭州市、湖州市、嘉兴市、绍兴市、衢州市、黄山市
合肥都市圈	合肥市	合肥市、蚌埠市、宿州市、六安市、铜陵市、淮南市、芜湖市、桐城市
呼和浩特都市圈	呼和浩特市	呼和浩特市、乌兰察布市
济南都市圈	济南市	济南市、淄博市、泰安市、德州市、聊城市、滨州市
昆明都市圈	昆明市	昆明市、曲靖市、玉溪市、楚雄州
兰州都市圈	兰州市	兰州市、白银市、定西市、临夏州
南昌都市圈	南昌市	南昌市、九江市、宜春市、抚州市、新余市
南京都市圈	南京市	南京市、扬州市、镇江市、淮安市、芜湖市、马鞍山市、滁州市、宣城市、常州市的溧阳市及金坛区
南宁都市圈	南宁市	南宁市、钦州市、贵港市、崇左市、防城港市、来宾市
宁波都市圈	宁波市	宁波市、舟山市、台州市
青岛都市圈	青岛市	青岛市、烟台市、潍坊市、威海市、日照市
厦门都市圈	厦门市	厦门市、泉州市、漳州市
上海都市圈	上海市	上海市、苏州市、无锡市、常州市、南通市、嘉兴市、宁波市、舟山市、湖州市
深圳都市圈	深圳市	深圳市(含深汕特别合作区),东莞市全域,以及惠州市的惠城区、惠阳区、惠东县、博罗县
沈阳都市圈	沈阳市	沈阳市、鞍山市、抚顺市、辽阳市、本溪市、铁岭市、营口市
石家庄都市圈	石家庄市	石家庄市、邯郸市、邢台市、衡水市
太原都市圈	太原市	太原市、晋中市、吕梁市、忻州市、阳泉市
天津都市圈	天津市	天津市、廊坊市、唐山市、沧州市
乌鲁木齐都市圈	乌鲁木齐市	乌鲁木齐市、昌吉州

续表

都市圈名称	中心城市	主要城市构成
武汉都市圈	武汉市	武汉市、黄冈市、孝感市、黄石市、咸宁市、鄂州市、仙桃市、潜江市、天门市
西安都市圈	西安市	西安市(含西咸新区)、咸阳市秦都区、渭城区、兴平市、三原县、泾阳县、礼泉县、乾县、武功县,铜川市耀州区,渭南市临渭区、华州区、富平县,杨凌农业高新技术产业示范区
西宁都市圈	西宁市	西宁市、海东市
银川都市圈	银川市	银川市、石嘴山市、吴忠市
长春都市圈	长春市	长春市、吉林市、松原市、四平市
长株潭都市圈	长沙市	长沙市、株洲市中心城区及醴陵市、湘潭市中心城区及韶山市和湘潭县
郑州都市圈	郑州市	郑州市、洛阳市、许昌市、新乡市、焦作市、平顶山市、开封市、晋城市、鹤壁市
重庆都市圈	重庆市	重庆市、广安市

二 我国主要都市圈新质生产力发展现状比较

基于新质生产力的评价指标体系框架,本部分对 2013~2022 年我国 34 个都市圈的新质生产力发展水平进行了测算,并结合 Dagum 基尼系数、障碍度模型对都市圈新质生产力的时序演进、空间差异以及障碍因子进行了分析。

(一)都市圈新质生产力的时序演进特征

图 1 展示了 2013~2022 年我国 34 个都市圈新质生产力指数演进趋势。从新质生产力测度结果上看,2013~2022 年,我国 34 个都市圈新质生产力的整体水平实现了逐年稳步提升,数值从 0.093 上升至 0.187,增长幅度达到 100%。这表明我国都市圈在创新能力、技术应用和产业升级等方面取得了显著进步。考察期内,新质生产力水平的提升速度在不同年份有所波动,但总体上呈现稳步增长态势。特别是在 2018 年后,增速有所加快,随着数

字中国建设加快推进，我国数字经济发展成效显著，都市圈内各城市持续加大科技研发投入、优化创新环境、培育创新主体等，实现了生产力水平的不断提升。

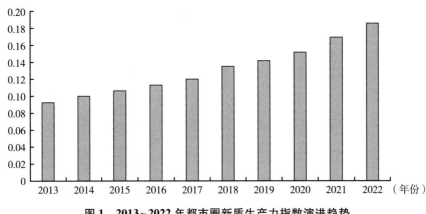

图 1　2013~2022 年都市圈新质生产力指数演进趋势

　　图 2 为 2013~2022 年我国 34 个都市圈的新质生产力发展的时序变化趋势。从整体来看，各大都市圈的新质生产力指数在过去十年间均实现了不同程度的增长。这是各都市圈积极响应国家创新驱动发展战略，不断加大科技研发投入、优化产业结构、提升自主创新能力的结果。不同都市圈之间的新质生产力指数存在明显差异，这主要与各都市圈的经济基础、产业结构、创新资源分布等因素有关。例如，上海、北京、深圳等一线城市所在的都市圈，由于拥有较为完善的创新生态系统、丰富的创新资源和较强的创新能力，新质生产力指数始终处于较高水平。而一些中西部地区的都市圈尽管起步较晚，但近年来通过政策扶持、产业升级等措施，也逐步缩小了与东部地区的差距。进一步分析，各都市圈新质生产力指数的增长动力主要来源于以下几个方面：一是科技创新的引领作用不断增强，各都市圈纷纷加大对科技研发的投入，推动高新技术产业的发展；二是产业结构持续优化升级，传统产业转型升级与新兴产业的培育发展并举，形成了多元化的产业体系；三是创新人才加速集聚，各都市圈通过实施人才强市战略，吸引了大量高层次人才的入驻，为区域创新发展提供了强有力的人才支撑；四是创新环境不断优

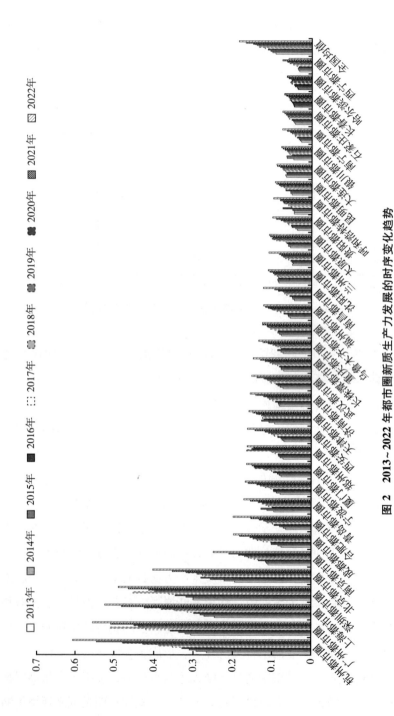

图 2 2013~2022 年都市圈新质生产力发展的时序变化趋势

化，包括政策环境、法治环境、市场环境等，为创新创业活动提供了更加便捷、高效的服务和保障。随着我国创新驱动发展战略的深入实施和区域经济一体化的加速推进，各大都市圈的新质生产力指数有望继续保持稳定增长态势。在全球化竞争加剧、国际贸易环境复杂多变的背景下，各都市圈需要进一步加强协同合作，共同应对外部挑战，推动形成更加开放、包容、协同的区域创新体系，更好地发挥都市圈在推动经济高质量发展中的重要作用。

（二）都市圈新质生产力的空间差异分析

为了深入探讨都市圈新质生产力发展的空间分布特性及其差异，本部分将采用多维度分析框架，依据以下三个维度展开分析：首先，基于地域区划，将我国 34 个都市圈按照东部、中部和西部三大区域进行划分比较；其次，依据都市圈的发展成熟度，以成熟型都市圈、发展型都市圈及培育型都市圈三大类进行考察分析；最后，按照都市圈是否为国家级都市圈进行分类比较。通过这三重维度的分析，进一步揭示我国都市圈在新质生产力发展方面的空间异质性及内在规律。

1. 按都市圈所处区位分析

本部分将我国 34 个都市圈按照东部、中部和西部三大区域进行划分，采用 Dagum 基尼系数分别测算出了 2013~2022 年我国三大区域都市圈的新质生产力发展的总基尼系数，并将其分解为区域内差异、区域间差异以及超变密度，以此对新质生产力发展的总体差异、区域内差异以及区域间差异情况做进一步探讨与分析。

（1）总体差异

从表 5 中测算结果可知，从总体基尼系数的变化来看，我国都市圈的生产力水平不均衡性在考察期十年中呈现一定的波动性。尽管 2013~2018 年，总体基尼系数有所上升，特别是在 2018 年达到 0.376 的峰值，但随后几年又出现下降趋势，2022 年回落至 0.365。这表明，随着政策调整和经济结构优化，都市圈间的不均衡现象有所缓解，但总体上仍存在一定差

距。从区域内基尼系数和区域间基尼系数的对比中发现，区域间的不均衡
性对总体基尼系数的贡献率一直占据主导地位，这表明都市圈之间的经济
发展差异是影响全国整体均衡性的主要因素。而区域内基尼系数的贡献率
相对较低，说明在同一都市圈内部新质生产力发展水平也存在一定的发展
差异，但相较于区域间的差异而言，其影响较小。此外，超变密度基尼系
数反映了都市圈间交互作用和复杂关系对整体不均衡性的贡献。近年来，
超变密度贡献率呈现一定的上升趋势，尤其是在 2019 年和 2022 年达到较
高水平，这表明都市圈之间的经济联系和互动日益紧密，但同时也加剧了
整体经济不均衡的复杂性。

表5　2013~2022 年三大区域新质生产力发展的基尼系数总体差异

年份	基尼系数				贡献率（%）		
	总体	区域内基尼系数	区域间基尼系数	超变密度基尼系数	区域内差异贡献	区域间差异贡献	超变密度贡献
2013	0.365	0.141	0.198	0.027	38.57	54.05	7.38
2014	0.361	0.139	0.192	0.030	38.58	53.15	8.27
2015	0.365	0.141	0.190	0.034	38.63	52.08	9.29
2016	0.364	0.141	0.194	0.029	38.84	53.12	8.04
2017	0.367	0.144	0.189	0.034	39.29	51.51	9.20
2018	0.376	0.150	0.191	0.035	39.93	50.85	9.22
2019	0.355	0.140	0.171	0.044	39.31	48.28	12.41
2020	0.354	0.140	0.173	0.042	39.42	48.81	11.77
2021	0.360	0.143	0.173	0.044	39.62	48.07	12.32
2022	0.365	0.145	0.171	0.050	39.63	46.80	13.57

（2）区域内差异

我国三大区域都市圈新质生产力水平的区域内差异呈现不同的特点和发
展趋势。东部地区内部差异较大且相对稳定，中部地区内部差异逐渐扩大，
而西部地区内部差异相对稳定。从数据上看，东部地区的区域内基尼系数在
2013~2022 年呈现一定的波动性，但整体保持在较高水平，平均值为 0.381

左右。这表明东部地区内部都市圈之间的新质生产力水平差异相对较大，且这种差异在较长时间内保持稳定。东部地区是我国经济发展的先行区域，其都市圈内部的新质生产力水平差异较大，主要源于各都市圈在产业结构、创新能力、人才资源等方面的差异。东部地区拥有众多高新技术产业和现代服务业，这些产业的发展水平直接影响了都市圈的新质生产力水平。人才资源相对丰富，但分布不均，部分都市圈在创新能力和技术水平上领先，而部分都市圈则相对滞后。中部地区近年来经济发展迅速，都市圈内部的新质生产力水平基尼系数数值较小，但是差异逐渐扩大，从 2013 年的 0.105 增加到 2022 年的 0.128，可能原因在于中部地区在承接东部地区产业转移的过程中，各都市圈的发展速度和方向存在差异，一些都市圈能够迅速适应市场变化，积极引进高新技术和人才，推动产业升级，而一些都市圈则由于地理位置、资源禀赋等因素的限制，发展相对缓慢。西部地区的区域内基尼系数则相对稳定，平均值为 0.186 左右，表明西部地区内部都市圈之间的新质生产力水平差异相对较小，这主要得益于国家西部大开发战略的深入实施，西部地区在基础设施建设、生态环境保护、特色产业培育等方面取得了显著成效，为各都市圈提供了相对均衡的发展环境。同时，西部地区内部都市圈之间的经济联系相对紧密，协同发展态势逐渐向好。

（3）区域间差异

表 6 显示了 2013~2022 年新质生产力的区域间基尼系数差异情况。从数据趋势上看，我国东部—西部和东部—中部区域间新质生产力水平差异较大，且这种差异在一定时期内保持了相对稳定的状态。可能原因在于，东部地区作为我国经济发展的前沿阵地，经济基础好，拥有税收优惠、投资引导、基础设施建设等政策红利，相比之下，中西部地区虽然近年来也获得了不少政策支持，但整体而言，其政策效应和资源配置效率仍不及东部地区，这也导致了在新质生产力水平上的差距。中部和西部间差异小则主要得益于两大区域经济基础相近、政策协同与区域合作以及产业结构互补等因素的共同作用。中部和西部地区在经济发展水平上相对接近，都面临产业结构升级、创新能力提升等共同挑战，使两个区域在都市圈新质生产力水平上的差距相对较小。

近年来，国家加大了对中西部地区的支持力度，中部和西部地区在政策协同、产业转移、资源共享等方面加强了合作。中部和西部地区在产业结构上存在一定的互补性，中部地区在制造业和交通物流方面具有优势，而西部地区在资源开发和特色产业发展上具有潜力，这种互补性促进了两个区域之间的经济合作和共同发展，缩小了两大区域间新质生产力水平的差异。

表6 2013~2022年新质生产力的区域基尼系数差异情况

年份	区域内基尼系数			区域间基尼系数		
	东部	中部	西部	东部—中部	东部—西部	中部—西部
2013	0.371	0.105	0.186	0.369	0.388	0.158
2014	0.369	0.112	0.181	0.367	0.383	0.157
2015	0.372	0.116	0.190	0.372	0.386	0.164
2016	0.377	0.094	0.188	0.365	0.393	0.159
2017	0.382	0.128	0.192	0.374	0.391	0.172
2018	0.401	0.113	0.190	0.385	0.405	0.167
2019	0.378	0.148	0.181	0.361	0.382	0.179
2020	0.380	0.129	0.172	0.362	0.382	0.164
2021	0.387	0.119	0.182	0.370	0.387	0.165
2022	0.393	0.128	0.196	0.372	0.396	0.179

2. 按都市圈发展程度分析

本部分依据清华大学中国新型城镇化研究院发布的《中国都市圈发展报告（2021）》中对都市圈发展的分类标准，将我国34个都市圈划分为6个发展成熟、经济体系完善的成熟型都市圈，17个正处于快速发展阶段、潜力巨大的发展型都市圈和11个尚处于初步构建、亟待发展培育的培育型都市圈三大类别（见表7）。

表7 都市圈发展阶段分析分类

都市圈类型	都市圈名称
成熟型都市圈 （6个）	广州都市圈、上海都市圈、杭州都市圈、深圳都市圈、北京都市圈、宁波都市圈

续表

都市圈类型	都市圈名称
发展型都市圈 （17 个）	天津都市圈、厦门都市圈、南京都市圈、福州都市圈、济南都市圈、青岛都市圈、合肥都市圈、成都都市圈、太原都市圈、长株潭都市圈、武汉都市圈、西安都市圈、郑州都市圈、重庆都市圈、昆明都市圈、长春都市圈、沈阳都市圈
培育型都市圈 （11 个）	呼和浩特都市圈、银川都市圈、石家庄都市圈、大连都市圈、南昌都市圈、贵阳都市圈、乌鲁木齐都市圈、西宁都市圈、哈尔滨都市圈、兰州都市圈、南宁都市圈

图 3 展示了 2013～2022 年三类都市圈新质生产力水平的变化趋势。结果表明，我国不同类型都市圈的新质生产力发展水平在 2013～2022 年均实现了显著增长，且十年间增长幅度均在 95% 以上。其中，以广州、上海、杭州、深圳、北京等为代表的成熟型都市圈的新质生产力水平始终保持在较高水平，并呈现持续增长的态势，成熟型都市圈凭借完善的基础设施、良好的产业结构和强大的市场辐射力，持续推动区域经济的快速增长，在科技创新、产业升级、人才吸引等方面展现出强劲的实力，新质生产力发展水平高。

发展型都市圈在过去十年间也实现了新质生产力水平的显著提升。从 2013 年的 0.074 增至 2022 年的 0.152，增长率达到 105.7%。这表明，发展型都市圈正逐步崛起，成为推动区域经济协调发展的重要力量，这些都市圈通过加大基础设施建设投入、优化营商环境、促进产业升级等措施，不断提升自身竞争力，吸引更多的资金、技术和人才流入。

相较于成熟型和发展型都市圈，培育型都市圈在新质生产力水平上的增长虽然相对较慢，但同样展现出积极的发展态势。从 2013 年的 0.046 增至 2022 年的 0.092，增长率达到了 97.9%，这主要得益于国家对中西部及东北等地区的政策扶持和资金投入，使这些地区的都市圈在基础设施建设、产业发展、生态环境保护等方面取得了显著进展。同时，随着区域间经济合作的加强和交通网络的不断完善，培育型都市圈的发展潜力正逐步释放。

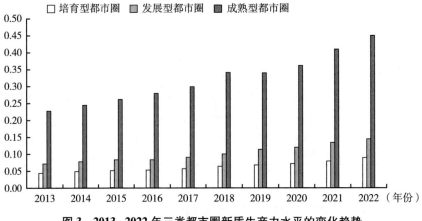

图 3 　2013~2022 年三类都市圈新质生产力水平的变化趋势

3. 按是否为国家级都市圈分析

都市圈是城市化 2.0 时代的载体，都市圈的发展能够提升中心城市的能量场，加快圈内城市之间的人、财、物等生产要素的快速流通，提升经济效益，助力圈内弱小城市的发展。从 2021 年到 2023 年，国家先后批复了南京都市圈、福州都市圈、成都都市圈、长株潭都市圈、西安都市圈、重庆都市圈、武汉都市圈、沈阳都市圈、杭州都市圈、郑州都市圈、广州都市圈、深圳都市圈、济南都市圈和青岛都市圈共计 14 个国家级都市圈。

图 4 展示了 2013~2022 年国家级都市圈和非国家级都市圈的新质生产力发展水平趋势。结果显示，从 2013 年至 2022 年，无论是国家级都市圈还是非国家级都市圈，其新质生产力水平均呈现稳步上升的趋势，这表明我国都市圈整体在科技创新、产业升级、资源配置等方面取得了显著成效，推动了新质生产力的不断提升。国家级都市圈的新质生产力发展水平总体显著高于非国家级都市圈，这是多方面因素共同作用的结果。

首先，国家级都市圈通常享有更多的政策倾斜和资源投入，为国家级都市圈新质生产力的快速提升提供了更为广阔的发展空间和有利条件。

其次，国家级都市圈往往聚集了大量的高科技企业、研发机构和高端人才，形成了较为完善的产业链和创新生态系统，这种产业集聚效应不仅促进了技术创新和产业升级，还提高了资源利用效率和经济运行效率，进一步提升了新质生产力水平。

最后，国家级都市圈通常具有较高的市场化程度和国际化水平，能够更好地融入全球产业链和价值链，吸引外资和先进技术进入，为国家级都市圈提供更多的发展机遇和合作空间，促进新质生产力的持续增长。未来，随着区域协调发展战略的深入实施和我国经济的持续健康发展，我国都市圈的新质生产力水平有望进一步提升，为构建新发展格局和实现高质量发展提供更加坚实的支撑。

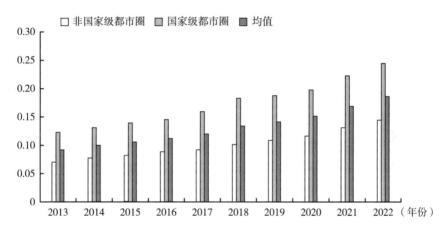

图4　2013～2022年都市圈新质生产力水平对比（按是不是国家级都市圈分类）

（三）都市圈新质生产力的总体差异及来源比较

为了对影响都市圈新质生产力发展水平的障碍因子进行识别，本文采用障碍度模型对指标体系中各准则层占该层级总体比重的大小进行了测算，进而得出影响新质生产力水平的障碍因子。图5为2013～2022年我国34个都市圈新质生产力分指标障碍因子测算结果。从整体趋势来看，我国都市圈新质生产力的障碍度在不同分指标上呈现一定的差异性。新质劳动对象和新质劳动资料的障碍度相对较为接近，而新质劳动力的障碍度则在不同都市圈间表现出更大的波动性。这表明，尽管劳动对象和劳动资料的现代化进程在多

数都市圈中稳步推进，但劳动力的质量和结构问题仍然是制约新质生产力提升的关键因素。

从各都市圈障碍度趋势来看，深圳都市圈在新质劳动力方面的障碍度显著低于其他都市圈，这主要得益于其高度发达的经济体系、丰富的创新资源和完善的人才培养机制。相比之下，乌鲁木齐、兰州、西宁等西部都市圈在新质劳动力和新质劳动资料方面的障碍度较高，这可能与地理位置偏远、经济基础薄弱、教育资源有限等因素有关。北京、上海、广州、杭州等一线城市及其周边的南京、天津等都市圈虽然在新质劳动力和新质劳动资料方面表现出一定的优势，但新质劳动对象的障碍度仍然不容忽视，需要在推动产业升级、优化经济结构方面继续努力，以进一步降低对传统劳动对象的依赖。贵阳、昆明等部分中西部地区的都市圈在新质劳动力和新质劳动资料方面仍有较大的提升空间，需要加大人才引进和培养力度，提升劳动力素质，同时加强基础设施建设，改善劳动资料条件，以推动新质生产力的持续发展。

新质劳动对象的障碍度主要源于产业结构升级的压力。随着科技的进步和经济的发展，传统劳动对象逐渐被新型材料、高端装备等所替代。然而，部分都市圈由于产业结构单一、技术创新能力不足，难以有效应对这一变化，导致新质劳动对象的障碍度较高，要进一步提升新质劳动对象的水平，还需在深化改革、扩大开放、促进产业协同发展等方面持续发力。新质劳动资料的障碍度则与新型基础设施建设和科技创新水平密切相关。

一些都市圈在新型基础设施建设方面投入不足，导致劳动资料更新换代缓慢；同时，科技创新能力的不足也限制了新型劳动资料的研发和应用。新质劳动力的障碍度最为复杂，涉及教育水平、人才结构、创新能力等多个方面，部分地区由于教育资源不均衡、人才流失严重等问题，劳动力整体素质不高；同时，创新环境的缺失也限制了劳动力的创新能力和创造力，需通过加大教育投入、优化政策环境等措施，提升人力资源的整体质量。未来，各都市圈需根据自身实际情况，采取有针对性的措施，推动新质生产力的持续提升。

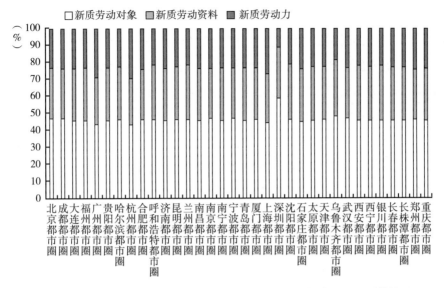

图 5　2013~2022 年我国 34 个都市圈新质生产力分指标障碍因子测算结果

三　我国都市圈新质生产力与绿色发展的比较分析

都市圈不仅是经济、社会、文化活动的密集区域，也是推动绿色发展的重要沃土。现代都市圈往往是先进制造业、现代服务业和高新技术产业的聚集地，这为产业结构的绿色转型提供了有利条件。一方面，都市圈内部城市间的高度互联互通，促进了资源的高效配置与循环利用。通过科学规划城市空间布局、合理划定生态保护红线，加强区域能源互联网的建设，有助于实现生产空间集约高效、生活空间宜居适度、生态空间山清水秀。圈内城市的生态合作能有效推进山水林田湖草沙一体化保护和系统治理，构建区域生态安全屏障，为绿色发展提供坚实的生态基础。另一方面，都市圈内汇聚了大量科研机构、高校和企业研发中心，为加强绿色技术的研发与应用，积极培育新能源、新材料、节能环保等绿色新兴产业，形成绿色经济新增长点提供了强大支撑。产业集聚与绿色转型的良性循环有助于构建绿色低碳的产业结构体系，绿色技术的溢出效应也将带动周边地区的绿色发展。

新质生产力与绿色发展是社会经济发展的关键驱动力，两者之间展现出的相互促进、协同发展的深刻内在联系为区域经济转型升级提供了新路径。首先，发展新质生产力为区域绿色发展提供了重要的技术创新支撑。目前，都市圈的经济发展尚未实现与碳排放量脱钩，新质生产力要求经济发展从劳动密集型与投资拉动型经济向科技创新型与环境友好型经济模式转变，不仅强调了新型生产要素对传统生产要素的替代，更强调了自然资源等传统要素利用方式的优化，成为推动区域绿色转型和可持续发展的重要力量，为都市圈发展提供了一种替代性的高质量发展方案。在劳动者方面，新质生产力不仅要求劳动者具备扎实的专业技能，更需掌握前沿科技知识、创新思维和跨界融合能力，以适应智能化、数字化生产环境的需求，为绿色发展提供智力支持。在劳动资料方面，新质生产力推动了劳动资料绿色化改造，既加大了对低能耗、低排放的机器设备和基础设施的普及力度，也加快了绿色科技创新成果的转化，扩大了智能传感设备、工业机器人、云服务、工业互联网等数字化属性劳动资料的运用，为经济绿色转型提供硬件支持。在劳动对象方面，新质生产力要求不断丰富劳动对象的种类和形态，通过新材料运用、新能源开发，拓展数据的应用，降低经济发展对传统劳动对象的依赖，提高生态系统内部可持续性和生产能力，实现对自然资源的节约与高效利用。在生产要素优化组合方面，新质生产力通过创新生产要素配置方式和投入产出关系，推动原创性、颠覆性和前沿性绿色科技创新成果相继涌现、绿色新兴产业和未来产业蓬勃兴起，进而实现生产要素组合绿色跃升。

其次，绿色发展理念为新质生产力的形成和发展提供了广阔空间。一方面，绿色生产技术是新质生产力形成与培育的孵化器。清洁能源技术、资源循环利用技术、节能减排技术等绿色生产技术的研发需要大量跨学科知识的融合与创新，有助于加快科技研发体系的重构与升级，推动形成新科研范式和产业链条的动力源，催生孕育绿色低碳生活方式和消费模式。这种由绿色生产技术驱动的生产力变革，不仅增强了企业的市场竞争力，也为都市圈经济的绿色转型提供了有力支撑。另一方面，建立在绿色生产方式之上的绿色生活方式为新质生产力发展提供了需求侧的力量，随着人们环境保护意识的增强，市场对绿色产品、绿色服务的需求日益增长，这直接改变了市场需求结构，促使企业加大研发投入，不断调整产品结构和生产策略，加大在绿色技术、绿色管理等方面的投入，推出符合绿色理念的新产品、新业态，推动了绿色技术的不断创新与应用。同时，绿色生活方式还促进了共享经济、绿色出行、生态旅游等新兴业态的快速发展，在线交易、在线教育、线上旅游等非物质性消费深度嵌入居民日常生活，越来越多的需求可以通过无形服务得到满足，促进了绿色生产技术的创新升级，进一步激发了全社会绿色发展的内生动力。这种由市场需求拉动的生产力发展模式，使新质生产力在绿色生活方式的推动下不断壮大，形成良性循环。

基于新质生产力与绿色发展的评价指标体系框架和耦合协调度模型，本部分对 2013~2022 年我国 34 个都市圈的新质生产力与绿色发展耦合协调指数进行了测算，并结合 Dagum 基尼系数、障碍度模型对新质生产力与绿色发展耦合协调度的时序演进、空间差异以及障碍因子进行了分析。

（一）都市圈新质生产力与绿色发展耦合协调性的时序演进特征

图 6 展示了 2013~2022 年我国 34 个都市圈总体新质生产力与绿色发展的耦合协调性的参量曲线。2013~2022 年，我国都市圈新质生产力与绿色发展的耦合协调度逐年增强，从 0.356 上升至 0.445，增幅约 25%。从低度协调阶段上升至中度协调阶段。耦合协调度的提升意味着新质生产力与绿色发展之间的相互作用日益增强，两系统在都市圈的发展过程中呈现更加协调的态势，这表明随着国家对生态文明建设和高质量发展的重视程度不断提高，我国都市圈在追求经济增长的同时，更加注重经济发展与环境保护的和谐统一，为构建绿色低碳、循环发展的经济体系奠定更坚实的基础。

由于新质生产力与绿色发展水平在不同地区之间存在差距，因此，各区域新质生产力与绿色发展之间的协调关联程度有所不同。图 7 为 2013~2022 年我国 34 个都市圈的新质生产力与绿色发展耦合协调度的时序变化趋势。

从总体来看，34 个都市圈的新质生产力与绿色发展的耦合协调度均呈

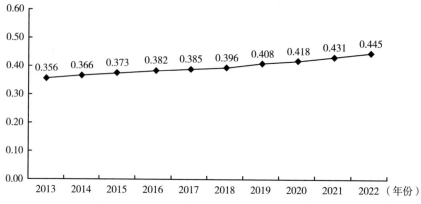

图6　2013~2022年都市圈新质生产力与绿色发展的耦合协调度演进趋势

现逐年上升的趋势。这表明，过去十年间我国各大都市圈在推动经济发展的同时，也越来越重视生态环境的保护和绿色发展。尽管整体趋势相似，但不同都市圈的增长速度存在显著差异。例如，南宁都市圈、合肥都市圈、成都都市圈、北京都市圈、郑州都市圈、贵阳都市圈、南昌都市圈、杭州都市圈和西安都市圈的新质生产力与绿色发展的耦合协调度增长速度相对较快，增幅均为30%以上。东部沿海地区的都市圈①在新质生产力与绿色发展耦合协调度上普遍高于中西部地区的都市圈，这可能与东部沿海地区经济发展较为成熟、科技创新能力较强、在经济发展中更加深入地贯彻绿色发展理念等因素有关；合肥都市圈、长株潭都市圈等部分中部地区的都市圈近年来在新质生产力与绿色发展耦合协调度上的增长较为明显，这体现了中部地区在加快经济转型升级、推动绿色发展的过程中的崛起势头。相比东部和中部地区，西部地区的都市圈②在新质生产力与绿色发展耦合协调度发展上仍处于相对较低的水平，这可能与西部地区经济基础相对薄弱、绿色发展起步较晚等因素有关。未来，西部地区需要更加注重经济发展的质量与效益，积极调整产业结构，大力发展新兴产业和绿色产业，推动新质生产力与绿色发展协同并进。

---

① 东部沿海地区的都市圈包括杭州都市圈、上海都市圈、广州都市圈、深圳都市圈等。
② 西部地区的都市圈包括乌鲁木齐都市圈、昆明都市圈、银川都市圈、西宁都市圈等。

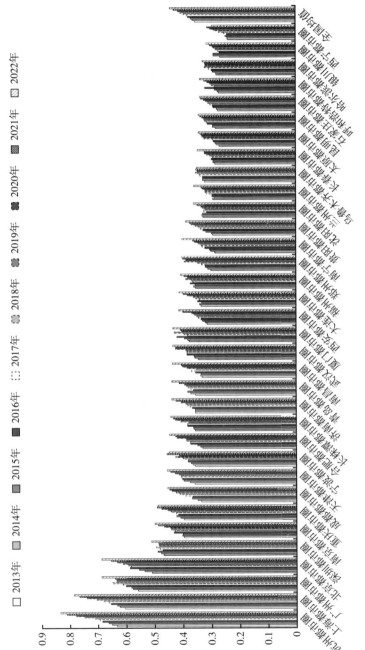

图 7 2013～2022 年都市圈新质生产力与绿色发展的耦合协调度时序变化趋势

（二）都市圈新质生产力与绿色发展耦合协调度的空间差异分析

为了深入探讨新质生产力与绿色发展耦合协调度的空间分布特性及其差异，本部分将采用多维度分析框架，依据以下三个维度展开分析：首先，基于地域区划，将我国 34 个都市圈按照东部、中部和西部三大区域进行划分比较；其次，依据都市圈的发展成熟度，以成熟型都市圈、发展型都市圈及培育型都市圈三大类进行考察分析；最后，按照都市圈是否为国家级都市圈进行耦合协调度分类比较。通过这三重维度的分析，进一步揭示我国都市圈在新质生产力与绿色发展协同推进方面的空间异质性及内在规律。

1. 按都市圈所处区位分析

本部分采用 Dagum 基尼系数分别测算出了 2013～2022 年我国三大区域都市圈的新质生产力与绿色发展耦合协调度的总基尼系数，并将其分解为区域内差异、区域间差异以及超变密度，以此对新质生产力与绿色发展耦合协调度的总体差异、区域内差异以及区域间差异情况做进一步探讨与分析。

（1）总体差异

图 8 和表 8 展示了样本考察期间，我国东部、中部和西部三大区域都市圈的新质生产力与绿色发展耦合协调度的基尼系数的演变趋势与差异。整体上看，新质生产力与绿色发展耦合协调度总基尼系数在十年间保持相对稳定，但略有上升趋势，说明我国都市圈的新质生产力与绿色发展耦合协调度的差距在缓慢扩大。贡献率差异反映了都市圈的新质生产力与绿色发展耦合协调度的差异来源机制，2013～2022 年三大区域都市圈的新质生产力与绿色发展耦合协调度的区域内差异、区域间差异及超变密度的年均贡献率分别为 38.06%、46.90% 和 15.03%，数据表明，区域间差异是总体差异的主要来源，主要由区域间的净差异引起，该净差异趋势正在逐渐缩小，而区域内差异和超变密度贡献率则有所上升，表明区域内都市圈的新质生产力与绿色发展耦合协调度的差异逐渐增大，区域间都市圈的新质生产力与绿色发展耦合协调度的相互影响逐渐增强。

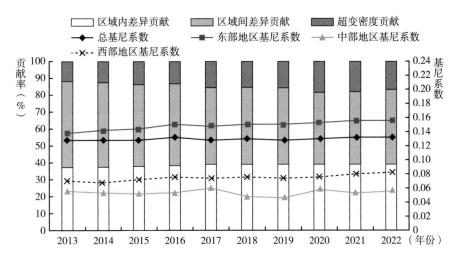

图8　2013~2022年三大区域新质生产力与绿色发展耦合协调度的
基尼系数演变趋势

（2）区域内差异

从图8、表8中测算结果可知，2013~2022年三大区域内都市圈新质生产力与绿色发展耦合协调度的差异贡献率保持在36.60%~38.93%区间，波动不大，说明区域内各都市圈之间新质生产力与绿色发展耦合协调度的差异对整体基尼系数的贡献率相对稳定。三大区域内都市圈的新质生产力与绿色发展耦合协调度的差异存在不同程度的波动，其中，东部地区基尼系数始终高于全国平均水平，且呈现稳步上升趋势，从2013年的0.144增加到2022年的0.161。这表明东部地区都市圈的新质生产力与绿色发展耦合协调度的差距在不断扩大；中部地区基尼系数相对较小，波动也较小，各都市圈之间新质生产力与绿色发展耦合协调度的发展水平相对均衡；西部地区基尼系数介于中部地区与东部地区之间，且呈上升趋势，这表明西部地区都市圈的新质生产力与绿色发展耦合协调度的发展差距也在逐渐扩大，但相比于东部地区，差距扩大的速度较为缓慢。

表8　2013~2022年三大区域都市圈新质生产力与绿色发展耦合协调度的差异分解

年份	区域内基尼系数			贡献率（%）		
	东部	中部	西部	区域内差异贡献	区域间差异贡献	超变密度贡献
2013	0.144	0.056	0.072	36.60	51.56	11.84
2014	0.147	0.055	0.070	36.93	50.67	12.40
2015	0.150	0.052	0.074	37.42	49.07	13.52
2016	0.156	0.054	0.078	37.69	49.07	13.24
2017	0.155	0.060	0.076	38.32	46.10	15.57
2018	0.157	0.050	0.078	38.52	46.09	15.40
2019	0.156	0.047	0.076	38.48	45.61	15.91
2020	0.159	0.058	0.079	38.84	42.75	18.41
2021	0.161	0.054	0.082	38.93	43.45	17.63
2022	0.161	0.056	0.085	38.90	44.68	16.42

（3）区域间差异

前已述及，区域间差异贡献率占据了新质生产力与绿色发展耦合协调度整体性差异的主导地位。图9报告了2013~2022年新质生产力与绿色发展耦合协调度的区域间差异情况，整体上看，东部—中部、东部—西部以及中部—西部的新质生产力与绿色发展耦合协调度的基尼系数均保持了一定的稳定性，但也存在一定程度的波动，这反映出我国不同区域间在都市圈新质生产力与绿色发展耦合协调度上既有持续性的特征，也面临动态调整的挑战。其中，东部—中部新质生产力与绿色发展耦合协调度的基尼系数在2013~2018年基本维持在0.14左右，自2018年后略有下降，这可能与国家中部地区崛起一系列政策举措的深度贯彻落实、区域经济一体化进程的推进等因素有关；东部—西部新质生产力与绿色发展耦合协调度的基尼系数在2013~2016年有所波动，呈现先下降后上升的趋势，之后保持相对稳定；中部—西部新质生产力与绿色发展耦合协调度的基尼系数虽然绝对值较小，但整体上呈小幅度上升的趋势，这表明中西部地区间的耦合协调度差异在逐渐增大，西部地区需要不断完善基础设施建设、生态环境保护，加强新兴特色产业培育，中部地区需要持续发挥对西部地区的辐射带动效应，推动中西部地区经济发展与环境保护的协调发展。

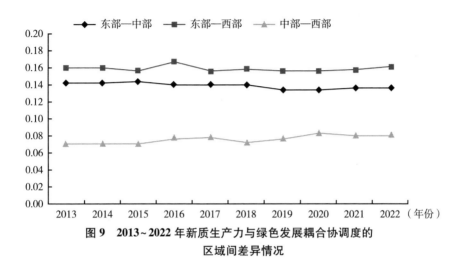

图9　2013～2022 年新质生产力与绿色发展耦合协调度的区域间差异情况

2. 按都市圈发展程度分析

图 10 展示了 2013～2022 年三类都市圈新质生产力与绿色发展耦合协调度变化趋势。结果表明，无论是成熟型、发展型还是培育型都市圈，新质生产力与绿色发展的耦合协调度均呈现稳步上升的态势，其中，成熟型都市圈作为经济发展最为成熟的区域，新质生产力与绿色发展的耦合协调度始终保持较高水平，并逐年稳步提升，在经济发展、科技创新与环境可持续发展方面形成了较为完善的机制体制和制度保障；培育型都市圈由于经济基础、技术水平较为薄弱，新质生产力与绿色发展的耦合协调度较低，但近年来增长速度较快，显示出较大的发展潜力；相较于培育型都市圈，发展型都市圈在产业结构、技术水平、环保设施等方面更具优势，在整个观察期内都保持着相对稳定的增长态势，显示出在经济发展与环境保护之间找到了较好的平衡点。

3. 按是否为国家级都市圈分析

图 11 展示了 2013～2022 年国家级都市圈和非国家级都市圈的新质生产力与绿色发展耦合协调度发展趋势。结果显示，国家级都市圈的新质生产力

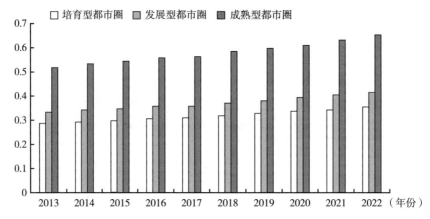

图10　2013~2022年三类都市圈新质生产力与绿色发展耦合协调度变化趋势

与绿色发展耦合协调度在过去十年间呈现稳步上升的趋势。这表明国家级都市圈在推动经济高质量发展的同时，注重生态环境的保护与改善，实现了经济效益与生态效益的双赢。

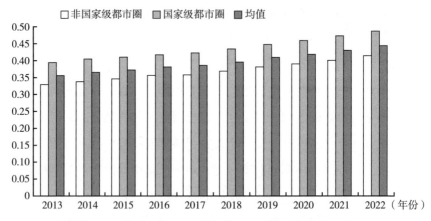

图11　2013~2022年新质生产力与绿色发展耦合协调度对比
（按是否是国家级都市圈分类）

尤其值得注意的是，2019~2022年，耦合协调度增长速度有所加快，这可能是由于国家政策倾斜、资源投入增加以及科技创新能力的提升等多重因素共同作用的结果。这些变化反映出国家级都市圈在优化产业结构、提高资源利用效率、推广绿色技术等方面的成效日益显著。作为区域经济发展的核心区域,国家级都市圈在新质生产力与绿色发展协同并进方面的实践探索,能够为其他区域提供可借鉴的模式和范例,有助于带动周边区域乃至全国范围内的经济发展和绿色转型。非国家级都市圈的新质生产力与绿色发展耦合协调度也呈现逐年提升的趋势,但整体上落后于国家级都市圈,这可能是资源投入、政策支持、技术创新等方面的限制所导致的。尽管如此,非国家级都市圈仍在努力追赶,10 年间耦合协调度增长幅度为 25.59%,增速略高于国家级都市圈,在一定程度上实现了自我提升,经济绿色发展水平不断提升。非国家级都市圈在发展过程中具有较大的发展空间和灵活的政策调整空间,也面临资源环境约束、产业结构升级难度大等问题,在探索适合自身发展的路径时,需要更加注重可持续发展和绿色发展理念的融入,综合施策、多方合力。既要注重政策支持、资源投入和科技创新等方面的投入,也要关注区域差异、市场变化和可持续发展等因素的影响。

(三)都市圈新质生产力与绿色发展耦合协调度的总体差异及来源比较

为了对影响都市圈新质生产力与绿色发展耦合协调度的障碍因子进行识别,本文采用障碍度模型对指标体系中各准则层所占该层级总体比重的大小进行了测算,进而得出影响新质生产力与绿色发展耦合协调度的障碍因子。

从耦合协调度所处阶段来看,本部分根据表 3 中耦合协调度的分类标准,将 34 个都市圈所处的发展阶段划分为低度协调阶段、中度协调阶段和高度协调阶段,分析三类都市圈的新质生产力与绿色发展耦合协调度的准则层的障碍因子。表 9 为各阶段都市圈新质生产力与绿色发展耦合协调度各准则层的障碍因子测算结果。总体上看,绿色投入水平和新质劳动对象水平是影响目标系统耦合协调度的两项关键因素,障碍度分别达 37% 和 23%。随着协调度的提升,绿色投入在总障碍度中的比重逐渐降低,意味着处于更高协调阶段的都市圈的绿色投入效率更高,绿色发展的基础更加稳固,对于处于低度和中度协调阶段的都市圈来说,绿色投入的效率有待提升,需要进一步优化投入结构，提高资金使用效率。新质劳动对象和新质劳动资料的障碍度在不同阶段保持相对稳定，总体变化不大，对耦合协调度的影响较为持续。绿色产出的障碍度从低度到高度协调阶段显著上升，表明绿色产出的提升是推动耦合协调度增强的关键因素之一。

新质劳动力、新质劳动对象和新质劳动资料的障碍度在不同阶段和区域均保持相对稳定，这表明都市圈新质生产要素的转化和利用效率有待提高，需要加强科技创新，提高生产资料的利用率和产出率。绿色产出和绿色治理的障碍度整体上在处于高度协调阶段的都市圈中占据较大比重，是提升新质生产力与绿色发展耦合协调度的重要因素，这表明都市圈的发展需要探索更多绿色发展的路径和模式，提高绿色产品的附加值和市场竞争力。

表9　各阶段都市圈新质生产力与绿色发展耦合协调度各准则层的障碍因子测算结果

准则层	绿色投入	新质劳动对象	新质劳动资料	绿色产出	新质劳动力	绿色治理
高度协调阶段	0.277	0.218	0.138	0.199	0.144	0.024
中度协调阶段	0.364	0.240	0.151	0.120	0.110	0.017
低度协调阶段	0.376	0.230	0.157	0.107	0.114	0.018
均值	0.365	0.231	0.154	0.118	0.116	0.018

为详细分析评价准则层对我国都市圈新质生产力与绿色发展耦合协调度的影响，我们进一步测算了2013~2022年我国34个都市圈新质生产力与绿色发展耦合协调度障碍因子测算结果（见图12）。总体上看，绿色投入、新质劳动对象和新质劳动资料是影响目标系统耦合协调度的重要因素。其中，绿色投入的障碍度整体均值高达37%，值得注意的是，杭州都市圈、上海都市圈和北京都市圈的绿色投入的障碍度相对较低，这反映了这些都市圈在环保政策、资金投入和技术应用等方面的重视程度和执行力度相对较高。而大部分都市圈在生态环境保护、绿色技术研发等方面的投资不足，政府应加大绿色投入力度，鼓励企业进行绿色转型，提供税收优惠、补贴等激励措施，加大环保法规的执行力度，推动新质生产力与绿色发展耦合协调度进一步提升。对于新质劳动对象与新质劳动资料，都市圈应不断推进新型基础设

施体系化发展和规模化部署，鼓励和支持企业开展技术研发和创新活动，提升新质劳动资料的应用水平，提升产业附加值和市场竞争力，推动劳动对象和劳动资料的更新换代。

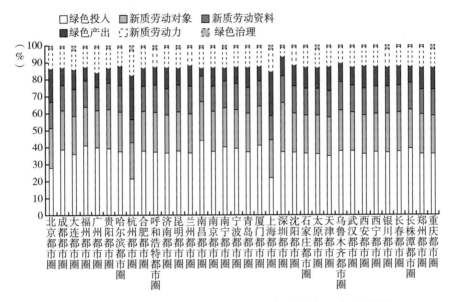

**图 12　2013~2022 年我国 34 个都市圈新质生产力与绿色发展耦合
协调度障碍因子测算结果**

绿色产出反映了都市圈在绿色发展方面的实际成效，绿色发展与经济增长之间可以形成良性循环，相互促进。对于绿色产出障碍度较高的都市圈，则面临提升环保效率、优化产业结构的紧迫任务，这也为它们提供了转型升级、实现跨越式发展的机遇，应加强对资源利用的监督和管理，发展绿色低碳产业，减少对传统高能耗、高排放产业的依赖，优化产业结构，提高资源利用效率。新质劳动力是推动新质生产力与绿色发展耦合协调度提升的关键因素。拥有高素质、高技能人才的都市圈在技术创新、产业升级等方面具有明显优势。例如，深圳都市圈在新质劳动力方面的障碍度最低，这表明该都市圈对高科技人才的吸引力较强，为了提升新质劳动力的质量和数量，各都市圈应加大教育投入力度，完善人才引进和流动机制建设，培养更多适应绿

色发展和新质生产力需求的人才。

绿色治理是确保新质生产力与绿色发展耦合协调的重要保障。从数据中可以看出，各都市圈绿色治理的障碍度在各准则层中占比最小，发展成效均较为显著。其中，哈尔滨都市圈、厦门都市圈、宁波都市圈、青岛都市圈等表现极为出色。为进一步提升绿色治理水平，各都市圈应建立健全环保法律法规体系、加大环保监管和执法力度、推广绿色生活方式和消费模式。整体来看，各都市圈应根据实际情况和发展需求制定差异化的发展战略和政策措施，以实现新质生产力与绿色发展耦合协调水平进一步提升。

四　我国都市圈新质生产力发展所面临的问题

（一）资源要素配置不合理

资源要素配置不合理是我国都市圈新质生产力发展面临的主要问题之一。这主要体现在以下几个方面。第一，劳动力和资本错配。从前文分析结果来看，各都市圈在新质劳动对象、新质劳动资料及新质劳动力等方面的数据差异显著，这种差异不仅反映了各都市圈经济基础和发展水平的不同，也揭示了劳动力和资本在区域间的错配现象。一些都市圈可能因劳动力过剩而面临就业压力，而另一些则可能因资本不足而制约了生产力的发展。第二，资源配置效率低下。部分都市圈在资源配置上缺乏科学规划和有效管理，导致资源利用效率低下，进而影响新质生产力的释放。第三，环境资源压力增大。水资源短缺、空气污染、土地资源紧张等问题日益凸显，不仅限制了都市圈的可持续发展，也影响了新质生产力的提升。

（二）科技创新存在短板弱项

创新能力不足是我国都市圈新质生产力发展的另一大瓶颈。创新能力是推动区域经济发展的核心动力，但在当前我国都市圈中，创新能力普遍不足，具体表现为，第一，科研投入不足。与发达国家相比，我国部分都市圈在科研投入方面仍存在较大差距，科研基础设施不完善，科研人才短缺，从而制约了科技创新能力的提升。第二，创新环境欠佳。部分都市圈在创新环境建设上缺乏有效政策和措施，面临知识产权保护不力、创新激励机制不健全等问题，导致创新氛围不浓厚，创新活动难以开展，严重影响了企业和个人创新的积极性。第三，产学研结合不紧密。产学研结合是推动科技创新的重要途径，但从我国都市圈整体发展情况来看，部分区域产学研结合并不紧密，高校和科研机构的研究成果难以转化为实际应用，企业缺乏技术创新的原动力，导致创新链条断裂，生产力发展水平难以得到有效提升。

（三）区域协同有待强化

区域协同不够也是我国都市圈新质生产力发展的重要障碍。区域协同是推动区域经济一体化发展的重要手段，但在实际操作中，我国都市圈在区域协同方面仍存在诸多问题。第一，利益协调机制不健全。都市圈内部各城市之间在经济发展、产业布局等方面存在利益冲突，缺乏有效的利益协调机制，导致区域协同难以推进。第二，新型基础设施互联互通不足。虽然各都市圈在新型基础设施建设上取得了显著成效，但区域间新型基础设施互联互通仍不够完善，这不仅影响了生产要素的自由流动，也制约了区域经济的整体协调发展。第三，产业协同发展滞后。产业协同发展是区域协同的重要内容，但在我国都市圈中，各城市之间产业同质化现象严重，缺乏明确的产业分工和合作机制，导致资源浪费和恶性竞争，产业协同发展滞后的问题较为突出。

五 我国都市圈新质生产力发展的对策建议

（一）加大人才要素培育，夯实都市圈新质劳动力基础

加大人才要素培育，夯实都市圈新质劳动力基础是基于区域协同发展的

战略考量，不仅能够满足产业升级对高端人才的需求，还能激发市场活力，增强经济发展的内生动力。

第一，要加强高等教育与职业培训体系对接。新质劳动力的核心在于其具备的创新能力和高技能水平。因此，一是需促进高等教育与职业培训体系的深度融合。高等教育机构应紧密对接产业发展需求，优化课程设置，强化实践教学，培养具有扎实理论基础和较强实践能力的新时代人才。二是建立校企联合培养机制，鼓励学生参与企业项目，实现理论与实践的有机结合。三是加大对职业培训的投入，提升培训的针对性和实效性，为在职人员提供技能提升和转岗培训的机会，保障劳动力市场的灵活性与流动性。四是统筹都市圈职业教育专业设置，鼓励经验丰富的职业技术人员到校任教，探索将空置、闲置的国有房屋改造为实训实习宿舍。

第二，要构建多层次人才流动与激励机制。为促进新质劳动力在都市圈内的有效配置，需构建多层次的人才流动与激励机制。一是打破户籍、地域等限制，建立统一开放的人才市场，降低人才流动成本，促进人才在都市圈内的自由流动。二是完善薪酬激励、职业发展、社会保障等配套政策，吸引和留住优秀人才。同时，鼓励企业实施股权激励、项目分红等多元化激励方式，激发人才的创新活力。三是建立都市圈人才认定目录，鼓励并支持人才跨区服务都市圈，将人才跨区域服务纳入人才后期资助考核。

第三，要强化创新创业环境建设。创新创业是新质劳动力成长的重要平台。因此，需进一步强化创新创业环境建设，为新质劳动力提供更加广阔的发展空间，通过设立创新创业基金、提供税收优惠、降低注册门槛等措施，降低创业门槛和成本。同时，搭建创新创业服务平台，提供信息咨询、技术转移、市场推广等一站式服务，营造鼓励创新、宽容失败的社会氛围，让新质劳动力敢于尝试、勇于创新。具体以共建产业园区为核心抓手推动区域协同招商以及项目异地流转，充分利用先发地区项目充足、资金充足，后发地区土地和人力成本较低的优势，协商确定园区共建的投入比例及分红比例等，并配套推进共建园区的行政体制和人事制度改革；支持大学生在成都就业创业，对高校毕业生住房租赁补贴采用"不见面"审批模式；探索成立都市圈安居集团，统筹都市圈人才住房的选址、投资、建设、运营、销售全过程。

对于成都都市圈而言，首先，需要开展多维度的人才协同。区域政策协同是一体化发展的基础，其根本就是要避免"各自为政"的政策惯性，如成都人才政策制定应统合德眉资人才发展，充分发挥人才流动和带动作用，推动人才一体化和均衡化发展。此外，需要实现人才市场协同，如人力资源服务业属于典型的人才市场协同问题，要大力促进人力资源服务业的数字化转型，加强信息产业和人才服务产业的深度融合。其次，需要推进深层次的人才开放。要充分认识成都都市圈人才开放的价值。成都要主动服务我国中西部发展，人才环境既要提供"硬"条件，更要提供"软"支持，充分利用成都的现代交通优势，打造国内外"人才飞地"，通过"在地国际化""候鸟型流动"等方式全方位促进人才交流与合作。

（二）坚持科技创新引领，推动都市圈新质劳动资料迭代升级

科技创新是生产力发展的核心驱动力，随着新一代信息技术、先进制造技术、新材料技术等的不断突破，新的生产工具和生产设备不断涌现，这些新质劳动资料具有更高的智能化、自动化、绿色化水平，能够大幅提升生产效率和产品质量，降低生产成本和资源消耗。通过科技创新引领新质劳动资料的研发和应用，是推动都市圈产业升级、提升竞争力的关键举措。

第一，要加大科技研发投入力度。新质劳动资料是科技创新的重要载体，其发展水平直接关系到新质生产力的提升。因此，一是加大科技研发投入力度，支持企业、高校、科研院所等创新主体开展基础研究和应用研发；建立健全多元化、多渠道的科技投入体系，引导社会资本参与科技创新活动，构建开放合作的创新生态体系，让科技成果与市场无缝对接。二是以建设高水平科学中心或科学城为牵引，前瞻分析国家、省、市科技创新发展趋势，充分衔接国家科技重大专项等相关规划和计划，推动在都市

圈范围内构建重点实验室、创新共享平台、企业技术中心等创新平台体系，积极培育战略科技力量。三是建立都市圈常态化招商信息和资源共享机制，围绕链主企业梯度培育链属企业、链式催生"有根"企业，建立"链主企业+配套企业+产业投资基金+中介机构+领军人才"资源库并动态更新。

第二，要推动产业转型升级。产业转型升级是提升新质劳动资料质量的重要途径。一是要加快推动传统产业转型升级，通过技术改造、装备升级、产品迭代等方式，提升传统产业的技术含量和附加值。二是培育和发展战略性新兴产业，聚焦人工智能、大数据、云计算、物联网等前沿领域，加快形成新的增长点。通过开展重点产业链链属企业大摸底，鼓励中小微企业拓展市场空间，培育一批创新能力强、成长性好的专精特新企业。三是推动产业链上下游协同发展，加强产业间的互动与合作，构建高效协同的产业生态体系。完善科技创新券互认互通机制，缩短兑换周期、提升兑换效率。四是优化金融资源同城化配置。借鉴"整合存量基金资产+财政补充出资+市场化筹集资金"的基金建设方式，按照"母基金+专项产业基金"架构设立都市圈高质量发展基金。

第三，要完善知识产权保护制度。知识产权保护是保障创新主体权益、激发创新活力的重要基石。因此，需进一步完善知识产权保护制度，加强知识产权的创造、运用、保护和管理。具体而言，可以加强知识产权法律法规建设，提高知识产权执法效率；建立健全知识产权交易平台和服务体系，促进知识产权的转移转化和产业化应用；加强知识产权宣传教育，增强全社会的知识产权意识和保护能力。

对于成都都市圈而言，成都都市圈首先要深化产业协作，盯住龙头企业、重点产业，持续抓好产业链强链补链延链，联合布局人工智能、氢能、低空经济、智能网联汽车等战略性新兴产业和未来产业，合力打造高能级产业合作园区，全力推进跨区域联合招商，把体系搭起来、把资源合起来、把项目引进来，着力夯实市场一体化的重要支撑；其次，要深化协同创新，积极对接国家战略科技力量和资源，建设一批高水平新型研发机构，建好用好现有的天府实验室、成都科创生态岛等载体，建立成德眉资科学基础设施联盟，优化科技资源共享"科创通"平台，聚力开展关键核心技术协同攻关，提高科技成果转化的时效性和本土转化率，培育壮大新质生产力，着力增强市场一体化的强劲动能。

（三）提高资源利用效率，拓宽都市圈新质劳动对象范围

随着科技的不断进步和创新，劳动对象的种类和形态大大拓展。传统的劳动对象如原材料、能源等已难以满足现代经济社会发展的需求，而数据、信息等新型生产要素逐渐成为重要的劳动对象。拓展更广范围的劳动对象不仅可以丰富生产活动的基础和前提，还可以为都市圈创造更多的价值，是应对资源短缺、提高都市圈资源利用效率、实现可持续发展的重要举措。

第一，要深化资源要素市场化改革。新质劳动对象的拓展与利用离不开资源要素的高效配置。因此，需深化资源要素市场化改革，推动土地、资本、技术、数据等生产要素的市场化流动和优化配置。一是完善土地市场体系，推动都市圈土地资源统筹管理，加强土地节约集约利用，推进都市圈内城乡建设用地增减挂钩指标、耕地占补平衡指标优先用于同城化综合试验区建设。二是拓宽融资渠道，降低融资成本，引导社会资本投入实体经济；鼓励金融机构设立分支机构，开展科技信贷服务；探索设立科技金融合作示范区，加强科创基金、信贷、金融服务体系等方面的合作交流。三是协同深化"放管服"改革，加强技术创新体系建设，促进技术成果向现实生产力转化；加快数据资源开放共享，推动数据资源的高效利用和价值挖掘。

第二，要促进绿色低碳发展。随着环保意识的提高和可持续发展的需求，绿色低碳已成为新质劳动对象拓展的重要方向。因此，需促进绿色低碳发展，推动资源节约型和环境友好型社会建设。一是加大节能减排和环境保护力度，推广清洁能源和节能技术；发展循环经济和绿色产业，促进资源循环利用和废弃物资源化利用。二是加强生态文明建设和生态环境保护，推动经济社会与生态环境协调发展，通过建立重点行业污染防治及产业淘汰转移统一约束性制度，加快推动区域产业结构、能源结构、运输结构和用地结构

调整，从源头上减少污染。三是构建应急预警联动体系，对区域环境监测应急工作实行统一组织指挥、统一资源调配、统一数据管理、协同制定应急预案，提升都市圈污染突发应急处置工作的科学性、规范性与敏捷性。

第三，要加强区域合作协同发展。新质劳动对象的拓展与利用需要跨区域的合作与协同。因此，需加强区域合作与协同发展，推动都市圈之间的资源共享、优势互补和互利共赢。一是建设协同服务的都市圈"城市大脑"集群。持续优化提升智慧城市建设水平，加快推进"城市大脑"、智慧治理中心建设，启动全域"城市大脑"建设，合力打造智慧都市圈。二是推动公共服务软硬件升级。加快完善信息网络基础设施，建设高速泛在、天地一体、云网融合、智能敏捷、绿色低碳、安全可控的智能化综合性数字信息基础设施，构建覆盖公共数据和社会数据资源的同城化数据资源目录体系，实现都市圈内数据目录级联对接、一体运营。三是创新都市圈智慧场景营造。加速都市圈优质教育资源数字化及推广应用，加快推进检验报告线上有条件互认；率先在交界地带和毗邻地区构建统一的大数据辅助决策长效机制，推动信息新技术在12345政务服务便民热线管理、应急管理、社会治安管理等领域深度应用。

对于成都都市圈而言，首先，要深化改革攻坚，大力推进经济区与行政区适度分离改革，重点抓好市场准入同城化、惠企便企同城化、要素同城化等重点领域改革，着力营造市场一体化的优良环境。其次，要深化协同开放，联合拓展西部陆海新通道，协同构建多式联运网络，提升开放枢纽能级，加快推进都市圈开放平台政策集成、体系共建，做优做强跨境电商、数字贸易、服务贸易、保税维修等新模式、新业态，联合办好一批重大国际展会活动，携手打造一批重大文化IP、精品旅游线路和国际消费场景，着力提升市场一体化的联动效益。再次，要深化共建共享，持续推进基础设施同城同网，做深做细公共服务同城共享，合力推进环境污染联防联治，特别是对一些民生领域高频服务事项，在"通办"基础上，要实现"马上办""异地办"，全面推进"线上办"，着力释放市场一体化的民生红利，提升都市圈企业和市民群众的获得感。最后，要完善都市圈跨区域协作机制，推动同城化向更高水平、更深层次、更宽领域拓展，包括编制新一轮都市圈发展规划，加快研究重点领域、重点区域的专项政策，推进产业、土地、投资、财税等政策互惠共享，加强成德临港经济带、成眉高新技术产业带、成资临空经济带的功能衔接、项目对接，专班推进、全力共建成德眉资同城化综合试验区，大力支持交界地带融合发展，推动四市国企互相持股、抱团发展，引导更多民间投资参与都市圈建设，共享发展红利。

参考文献

崔琳昊、冯烽：《数实融合与城市绿色发展：影响与机制》，《上海财经大学学报》2024 年第 4 期。

胡欢欢、刘传明：《中国新质生产力发展水平的统计测度及动态演进》，《统计与决策》2024 年第 14 期。

贾若祥、王继源、窦红涛：《以新质生产力推动区域高质量发展》，《改革》2024 年第 3 期。

金观平：《新质生产力就是绿色生产力》，《经济日报》2024 年 6 月 11 日。

罗爽、肖韵：《数字经济核心产业集聚赋能新质生产力发展：理论机制与实证检验》，《新疆社会科学》2024 年第 2 期。

孙小婷、李敏：《绿色技术创新、新质生产力与低碳经济高质量发展》，《统计与决策》2024 年第 14 期。

王珂、郭晓曦：《中国新质生产力水平、区域差异与时空演进特征》，《统计与决策》2024 年第 9 期。

习近平：《高举中国特色社会主义伟大旗帜 为全面建设社会主义现代化国家而团结奋斗——在中国共产党第二十次全国代表大会上的报告》，《人民日报》2022 年 10 月 26 日。

习近平：《牢牢把握在国家发展大局中的战略定位 奋力开创黑龙江高质量发展新局面》，《人民日报》2023 年 9 月 9 日。

习近平：《加快发展新质生产力 扎实推进高质量发展》，《人民日报》2024 年 2 月 2 日。

习近平：《牢牢把握东北的重要使命 奋力谱写东北全面振兴新篇章》，《人民日报》2023 年 9 月 10 日。

杨颖：《以绿色生产力彰显新质生产力底色》，《中国社会科学报》2024 年第 3 期。

尹稚、卢庆强、吕晓荷等：《中国都市圈发展报告（2021）》，清华大学出版社，2021。

中共国家发展改革委党组：《加快经济社会发展全面绿色转型 奋力谱写新时代生态文明建设新篇章》，《人民日报》2024 年 8 月 14 日。

B.2
成都都市圈年度建设成效报告

——提升国际竞争力和区域带动力 建强成都都市圈[*]

雷 霞 杨晨遥[**]

摘 要: 作为西部地区乃至全国重要的都市圈,成都都市圈在经济增长、产业发展、协同创新、交通同城网、开放共兴以及民生福祉方面取得的成效有目共睹。在国内外形势深刻变化的背景下,随着区域协调发展重大战略的深入实施以及成渝地区双城经济圈建设走深走实,提升国际竞争力和区域带动力已然成为成都都市圈的重要内容,也对构筑向西开放战略高地和参与国际竞争新基地,形成带动西部高质量发展的重要增长极和新的动力源,以及以城市群、都市圈为依托构建大中小城市协调发展格局具有重要意义。未来,成都都市圈应以共建产业生态、共育创新主体、共促开放活力、共筑安全底线、共优生活品质、共织交通网络为导向,深入推进跨区建圈强链、加快培育新质生产力、提升门户枢纽经济水平、夯实安全韧性底座、增强群众获得感幸福感、优化提升区域联通能力,协同打造具有国际竞争力和区域带动力的现代化都市圈。

关键词: 新质生产力 成都都市圈 建圈强链

一 提升成都都市圈国际竞争力和区域带动力的重要意义

党的二十大报告指出,要"以城市群、都市圈为依托构建大中小城

---

* 成都市社会科学院明亮研究员对本报告有重要贡献。

** 雷霞,博士,成都市社会科学院助理研究员,主要研究方向为区域经济、政府作用;杨晨遥,博士,成都市社会科学院同城化研究所(城乡融合所)助理研究员,主要研究方向为农村与区域发展。

市协调发展格局"。四川省委十二届二次全会强调，要建强动能更充沛的现代化成都都市圈。纵深推进成德眉资同城化发展，加快打造具有国际竞争力和区域带动力的现代化都市圈，事关全国全省大局，内涵深远、意义重大。

（一）建强成都都市圈的重要内容

成都都市圈是全省人口最密集、经济社会最发达的区域，常住人口约3000万人，占全省的36%左右，2023年经济总量近2.8万亿元，约占全省的46.4%，新型工业化、信息化、城镇化、农业现代化和城乡融合发展水平都走在全省前列。作为我国现代化都市圈的第一方阵，成都都市圈在起步期三年发展中取得了务实成效，在国家战略全局中的位次和能级不断提升，都市圈引领作用进一步增强。当前，成都都市圈进入了关键成长期，在提高科技创新能力、建设现代化产业体系、推进乡村振兴、加强生态环境治理等方面亟须实现新突破，加快推动成都都市圈建设成为具有国际竞争力和区域带动力的现代化都市圈，是实现都市圈高质量发展引领成都平原经济区发展、带动五区共兴的必然选择。

（二）构筑向西开放战略高地和参与国际竞争新基地的重要支撑

习近平总书记明确要求四川"构筑向西开放战略高地和参与国际竞争新基地"。加快构筑向西开放战略高地和参与国际竞争新基地，既是统筹发展和安全、参与国际竞争的重大历史使命，也是加强国家战略腹地建设的内在要求，为四川扩大对外开放提供了方向指引和根本遵循。成都都市圈辐射广袤的中西部市场腹地，是向西向南开放前沿，"一带一路"建设、长江经济带发展、推动西部大开发形成新格局等多项重大战略在此交汇，将成都都市圈打造成为构建门户枢纽的战略通道、资源能源的战略保障、产业链供应链的战略备份、泛欧泛亚合作的战略平台，有利于成都都市圈构筑服务和融入新发展格局的战略支点，拓展对内联结、对外开放的发展空间，促进国内和国际市场更好联通、资源高效利用。

（三）形成带动西部高质量发展的重要增长极和新的动力源的重要载体

习近平总书记 2023 年在四川考察时强调，要坚持"川渝一盘棋"，加强成渝区域协同发展，构筑向西开放战略高地和参与国际竞争新基地，尽快成为带动西部高质量发展的重要增长极和新的动力源。成都都市圈地处我国西部战略重点发展区，是我国中西部地区人口迁移的核心承载区，联系和辐射我国广大的中西部地区，经济发展活跃、创新能力强、开放程度高，在国家区域经济布局中发挥着重要作用。全面提升成都都市圈现代产业协作引领、创新资源集聚转化、改革系统集成和内陆开放门户、人口综合承载服务等功能，建成面向未来、面向世界、具有国际竞争力和区域带动力的成都都市圈，是促进西部地区经济发展与人口、资源、环境相协调的必然要求，是推动西部地区高质量发展的必然要求，是打造带动全国高质量发展的重要增长极和新的动力源的重大举措。

（四）以城市群、都市圈为依托构建大中小城市协调发展格局的重要示范

党的二十大报告指出，要"促进区域协调发展，以城市群、都市圈为依托构建大中小城市协调发展格局"。培育发展现代化都市圈是党中央、国务院遵循城镇化发展规律，顺应产业升级、人口流动和空间演进趋势作出的重大决策部署。都市圈在引领科技创新突破、有效扩大内需市场、链接全球释放开放红利、提高人民生活品质等方面发挥着举足轻重的作用，已经成为新时代重组区域要素资源、重塑城市竞争格局、重构城镇化空间结构的关键力量。成都都市圈是以成都为中心，与联系紧密的德阳、眉山、资阳共同组成，以 1 小时通勤圈为基本范围的城镇化空间形态。加速建设具有国际竞争力和区域带动力的现代化成都都市圈，使之成为大中小城市协调发展格局的重要示范，具有重要的战略意义与重大的现实价值。

二 成都都市圈的年度建设成效

2023年是成都都市圈跨越起步期步入成长期的第一年。基于前期良好的发展基础，成都都市圈在经济增长、产业发展、协同创新、交通同城网、开放共兴以及民生福祉方面，取得了显著的成效。

（一）经济规模不断壮大，都市圈引领带动能力持续提升

2023年，成都都市圈经济总量达27845.3亿元，同比增长6.1%，高于四川省0.1个百分点，与成渝地区双城经济圈持平；成都都市圈GDP占四川省的比重为46.3%、占成渝地区双城经济圈的比重为34.0%，比2022年分别高0.1个百分点、0.2个百分点。[1] 其中，成都市地区生产总值达22074.72亿元，增长6.0%，占都市圈比重为79.3%；德阳市地区生产总值3014.41亿元，增长6.7%；眉山市地区生产总值1737.00亿元，增长6.2%；资阳市地区生产总值1019.22亿元，增长5.8%。[2] 都市圈三次产业结构为4.8∶31.5∶63.7，第三产业的主导优势明显（见图1）。[3]

（二）先进制造业产业发展迅速，工业产业体系持续完善

2023年，成都都市圈规模以上工业增加值同比增长5.2%，其中成都市、德阳市、眉山市、资阳市分别增长4.1%、8.4%、9.4%、2.7%；固定资产投资额同比增长2.9%，其中，成都市、德阳市、眉山市、资阳市分别增长2.0%、5.6%、5.2%、2.5%。[4] 四市围绕四川省"5+1"工业体系，聚焦新型显示、轨道交通、航空装备、新能源汽车等9条重点产业链，按照"具备比较优势、存在协作需要、拥有协作潜力"的原则，持续深化先进制

---

① https://mp.weixin.qq.com/s/_ESXzCSAXgXL-I1WN4jOnQ.

② https://v5share.cdrb.com.cn/h5/detail/normal/5706554637517824.

③ https://mp.weixin.qq.com/s/HvpFsJ455MoUmfEMYuFobw.

④ https://v5share.cdrb.com.cn/h5/detail/normal/5706554637517824.

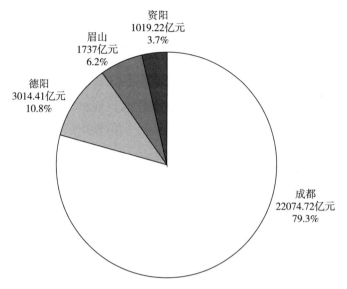

图1 2023年成都都市圈地区生产总值

造业产业协作。截至2023年，通过工作专班建设、都市圈产业健全强链攻坚三年行动计划，成都都市圈累计引育跨市域协作配套企业1551家，成德高端能源装备产业集群集聚企业近3000家，成眉锂电产业集群产值超700亿元，成资"中国牙谷"产业链完整度全球第一。

（三）积极推动成都科技创新资源全覆盖，协同创新体系逐步建立

根据《2024赛迪创新百强区榜单》，成都都市圈9个区入围，有力支撑了四川位居全国创新区第一梯队（见表1）。四市围绕顶层设计、科技服务平台建设、科创投资基金建设以及科技成果对接，积极构建协同创新体系。2023年，成德眉资四市联合印发了《成德眉资同城化创新产业协作专项合作组工作规则》《天府大道科创走廊建设方案》《关于推进天府大道科创走廊建设 促进成都都市圈区域协同创新的若干措施》等规章制度，通过"科创通"、科技创新券互认互通协同创新中心建设、科创投资基金建设、"校企双进·找矿挖宝"科技成果对接活动等，进一步推动成都科技优势外溢整个都市圈。

表 1　成都都市圈创新百强区

序号	城区	城市	排名	序号	城区	城市	排名
1	武侯区	成都	15	6	金牛区	成都	65
2	龙泉驿区	成都	43	7	成华区	成都	83
3	双流区	成都	46	8	新都区	成都	85
4	锦江区	成都	61	9	旌阳区	德阳	90
5	青羊区	成都	64				

资料来源：赛迪顾问、赛迪产业大脑。

（四）综合立体交通体系基本成型，交通同城化运营能力不断增强

成都都市圈已初步形成以成都综合性国际交通枢纽为中心的立体交通网络。2023 年，双流国际机场、天府国际机场国际（地区）航线达 51 条，双机场旅客吞吐量突破 7000 万人次，排名全国第三；货邮吞吐量达 77.1 万吨，排名全国第六。[①] 成都国际铁路港拥有亚洲最大的铁路集装箱中心站以及国内功能最全、最具竞争力的铁路货运型国家对外开放口岸。都市圈内已经形成了"1 环 12 射"干线铁路网络和"3 绕 14 射"高速公路网，并构建了以铁路公交化为骨干、公共汽车一码乘车为支撑、定制客运线路为补充的都市圈通勤网络体系。铁路方面，建成了"一环七射"铁路公交化线网，都市圈内 39 座高铁站全部建立公交化票制，成都至德眉资的平均发车时间分别缩短至 15 分钟、19 分钟、36 分钟。2023 年都市圈铁路公交化日均开行动车 134 对，日均来往客流量 4.2 万人次，同比增长 111.6%。[②] 公交方面，依托"天府通"，实现都市圈 28 个区（市）县实现一卡通刷、一码通乘、优惠共享。与此同时，根据实际需求定制客运线路，以成都为中心，共开通 13 条定制客运线路。

---

① 四川省成德眉资同城化领导小组办公室：《2023 成都都市圈交通建设报告》。
② 四川省成德眉资同城化领导小组办公室：《2023 成都都市圈交通建设报告》。

（五）自贸改革试验红利共享，协同开放水平不断提升

2023 年，成都都市圈进出口贸易总额达 7903.49 亿元，新设外商投资企业 738 家（不含眉山市）。[1] 成都是成都都市圈对外开放的绝对核心，其贸易进出口总额占整个都市圈的份额接近 95%，新设外商投资企业占比近 97%。[2] 依托成都自贸试验区改革，率先向成都都市圈范围内复制推广制度创新成果。现已出台《推进成都自贸试验区贸易投资便利化改革创新若干措施》《成都市生物医药特殊物品出入境"关地协同"工作方案（试行）》，推动本外币合一银行账户体系试点、四川省首笔合格境外有限合伙人 QFLP 试点落地。截至目前，已累计向都市圈复制推广自贸试验区制度创新成果 64 项。[3] 协同开拓国际市场，依托成都国际班列带动德阳机械设备、眉山化工等省市重点产品进一步开拓欧洲、东盟市场，成都两大机场首次实现单月国际货运量超过国内货运量；协同开展联合招商，通过成德眉资共赴长三角、粤港澳大湾区开展成都都市圈全球投资推介、邀请德眉资参加第二届中国西部跨境电商博览会、协同引导市场主体共建共享海外仓、发动"百团千企"出海拓市场等方式，不断提升协同开放水平。

（六）公共服务坚持共建共享，民生福祉品质稳步提升

成都都市圈始终坚持共建共享理念持续扩大公共资源投入。2023 年成都都市圈共完成一般公共预算支出 3602.7 亿元。其中，成都市完成一般公共预算支出 2586.8 亿元，占都市圈比重为 71.8%。此外，德阳市、眉山市、资阳市完成一般公共预算支出分别为 391.5 亿元、369.2 亿元、255.2 亿元，占都市圈的比重分别为 10.9%、10.2%、7.1%（见图2）。[4] 2023 年，成都

---

① 根据各城市统计公报整理得出。
② 根据各城市统计公报整理得出。
③ 四川省成德眉资同城化领导小组办公室：《对外开放和商贸消费专项合作组关于成德眉资同城化发展暨成都都市圈建设 2023 年工作推进情况及 2024 年工作打算的汇报》。
④ https：//v5share.cdrb.com.cn/h5/detail/normal/5706554637517824。

都市圈内异地就医直接结算超 607 万人次，"同城化无差别"政务服务事项增至 241 项，成都与德眉资结对学校 306 对，154 家二级及以上医院、138 个项目实现医学检验检测互认，85 个国省考断面水质优良率 100%。①

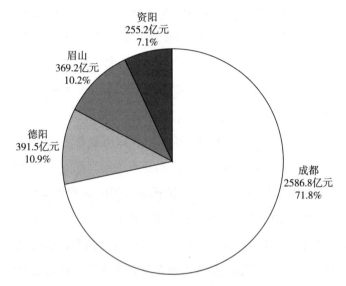

图 2　2023 年成都都市圈一般公共预算支出

三　成都都市圈的建设成效评估

作为西部首个获得国家批复的都市圈，成都都市圈在建设过程中取得了一定的成效。采用熵权 TOPSIS 法对 2016~2022 年成都都市圈成德眉资四个城市创新建设、产业建设、交通建设、生态建设、开放建设以及公共服务建设相关数据进行分析表明，成都都市圈建设整体成效不断提升和改善，在创新、开放和交通建设方面取得了显著成效，生态和产业方面也取得了较好的成效，但基本医疗保险及用水普及等指标影响了公共服务建设成效的呈现，且中心城市的极化效应仍然显著。

①　https：//mp. weixin. qq. com/s/SdmxyicnjtnujjswFK8h-w.

（一）指标体系构建

《成渝地区双城经济圈建设规划纲要》提出"重庆、成都作为国家中心城市的发展能级显著提升，区域带动力和国际竞争力明显增强"的发展目标，并针对成都都市圈发展明确要求"充分发挥成都带动作用和德阳、眉山、资阳比较优势，加快生产力一体化布局，促进基础设施同网、公共服务资源共享、政务事项通办、开放门户共建，创建成德眉资同城化综合试验区，建设经济发达、生态优良、生活幸福的现代化都市圈"。其中，科技创新作为第一动力，是推动经济发展质量变革、效率变革、动力变革的关键抓手，也是增强成都都市圈在国内乃至国际的经济质量优势和建设现代化经济体系的核心支撑；产业建圈强链加速推进、优良的生态资源禀赋、优质的公共服务和营商环境也成为集聚高技术企业、不断强化产业链供应链韧性，形成高效分工协作和知识技术溢出、加快打造绿色新质生产力、构建现代产业体系的重要软环境；中欧班列、双国际机场等综合交通枢纽和立体开放通道推动加快构筑向西开放战略高地，成为成都都市圈进一步扩大对外开放和提升全球高端要素资源运筹能力的重要硬环境。综上，本研究选取创新、产业、交通、生态、开放和公共服务六大维度的建设成效，进而构建能够彰显提升国际竞争力和区域带动力的成都都市圈建设成效指标体系。

1. 创新建设成效方面

主要从创新投入和创新产出两方面考察。创新投入主要包括 R&D 人员折合全时人员、每万人在校大学生数量、R&D 经费内部支出占 GDP 比重、科学技术支出占一般公共预算支出比重，分别从研发人员投入、研发经费投入和政府对科技创新的重视程度三方面分析；创新产出主要采用科技创新指数表示，具体原因是，一方面，科技创新指数能更为全面地反映地区创新能力，另一方面，专利数据缺失严重。同时，需要说明的是，尽管 2017~2022年四川省科技厅官网等相关官方网站公布的科技创新指数统计方法有所变动，但是，总体差异并不大，且数据是指数形式，对整体实证结论影响较小。

2. 产业建设成效方面

产业结构合理化和产业结构高级化指标，分别用泰尔指数、第三产业产值与第二产业产值之比衡量。其中，泰尔指数计算方法如式（1）所示：

$$TL = \sum_{i=1}^{n} \left(\frac{Y_i}{Y}\right) \ln\left(\frac{Y_i}{L_i} \Big/ \frac{Y}{L}\right) \tag{1}$$

式（1）中，TL 表示泰尔指数，Y 表示产值，L 表示就业人数，i 表示具体产业，包括第一、第二、第三共三大产业，n 表示产业部门数量。TL 为 0 时，表明经济处于均衡状态；TL 不为 0 时，说明产业结构偏离均衡，产业结构未达到合理状态。

产业二元性指标，用二元对比系数表示，也就是二元生产率对比系数，即农业部门劳动生产率与非农业部门劳动生产率之比，计算方法如下：

$$P_1 = \frac{G_1/L_1}{G/L} \qquad P_2 = \frac{G_2/L_2}{G/L} \qquad R = \frac{P_1}{P_2} \tag{2}$$

式（2）中，P_1 和 P_2 分别代表农业部门即第一产业劳动生产率和非农业部门即第二产业和第三产业劳动生产率，G 代表总收入，即地区生产总值，G_1 代表第一产业产值，G_2 代表第二产业和第三产业产值之和，L_1 代表第一产业就业人数，L_2 代表第二产业和第三产业就业人数之和，R 为二元对比系数。二元对比系数值介于 0~1 区间，数值越大表明两部门之间的差距相对越小，即城乡差距相对越小，协调发展效果越好，也就是说，城乡二元性是协调发展的正向指标。

另外，数字金融产业发展采用数字金融覆盖广度、数字金融使用深度、普惠金融数字化程度表示，主要考虑是数字技术有效降低了市场交易的搜寻成本、复制成本、交通成本、追踪成本和验证成本，数字化、科技化的金融与实体经济的有效融合，降低了科技创新融资成本、分摊了研发风险，大幅提高了市场交易效率和经济发展质量。高端产业采用信息传输从业人员占就业人员比重表示。

3. 交通建设成效方面

用高速公路里程、人均私人汽车拥有量、人均城市道路面积、公路旅客周转量、公路货物周转量来考察成都都市圈交通基础设施、交通工具、城市道路、生产要素周转等交通运输相关维度的建设发展情况。

4. 生态建设成效方面

绿色生活指标采用人均公园绿地面积和建成区绿化覆盖率表示；环境治理指标采用污水处理率、生活垃圾处理率表示。

5. 开放建设成效方面

贸易开放主要采用进出口总额占 GDP 比重和出口额与进口额比值表示。成都都市圈是内陆腹地，"一带一路""西部陆海新通道"等战略机遇为成都都市圈进出口尤其是出口提供了更大优势和便利，采用出口额与进口额比值能更为深入考察成都都市圈贸易开放情况。本研究还创新性引入服务开放和投资开放两个指标，分别用国内旅游收入占 GDP 比重、外币存贷款占 GDP 比重表示。前者主要考虑到丰富的文旅资源是成都都市圈对外开放的重要彰显；后者主要是外商直接投资数据缺失较多，而外币存贷款一定程度上也能更好地反映外商在成都都市圈投融资情况。

6. 公共服务建设成效方面

用水服务、用气服务主要采用用水普及率、燃气普及率两个指标测度；医疗服务主要采用人均卫生机构床位数指标测度；文化服务主要采用人均图书馆、文化馆、博物馆数量指标测度，具体计算方法为图书馆、文化馆、博物馆数量之和与当地常住人口之比；保险服务主要采用基本医疗保险参保人数占常住人口比重指标测度，考虑到四川 2016 年大力推进城乡医保制度整合，通过城乡居民基本医保政策一体化发展情况和城镇养老保险覆盖情况的分析，能够更为明晰地考察成都都市圈保险业建设情况。由此，形成综合性的成都都市圈建设成效评价指标体系如表 2 所示。

表2　成都都市圈建设成效评价指标体系

目标层	维度层	一级指标	二级指标(代码)	指标属性
成都都市圈建设成效	创新建设成效	创新投入	R&D人员折合全时人员($X1$)	正
			每万人在校大学生数量($X2$)	正
			R&D经费内部支出占GDP比重($X3$)	正
			科学技术支出占一般公共预算支出比重($X4$)	正
		创新产出	科技创新指数($X5$)	正
	产业建设成效	产业结构合理化	泰尔指数($X6$)	逆
		产业结构高级化	第三产业产值与第二产业产值之比($X7$)	正
		产业二元性	二元对比系数($X8$)	正
		数字金融产业发展	数字金融覆盖广度($X9$)	正
			数字金融使用深度($X10$)	正
			普惠金融数字化程度($X11$)	正
		高端产业	信息传输从业人员占就业人员比重($X12$)	正
	交通建设成效	基础设施	高速公路里程($X13$)	正
		交通工具	人均私人汽车拥有量($X14$)	正
		城市道路	人均城市道路面积($X15$)	正
		生产要素周转	公路旅客周转量($X16$)	正
			公路货物周转量($X17$)	正
	生态建设成效	绿色生活	人均公园绿地面积($X18$)	正
			建成区绿化覆盖率($X19$)	正
		环境治理	污水处理率($X20$)	正
			生活垃圾处理率($X21$)	正
	开放建设成效	贸易开放	进出口总额占GDP比重($X22$)	正
			出口额与进口额比值($X23$)	正
		服务开放	国内旅游收入占GDP比重($X24$)	正
		投资开放	外币存贷款占GDP比重($X25$)	正
	公共服务建设成效	用水服务	用水普及率($X26$)	正
		用气服务	燃气普及率($X27$)	正
		医疗服务	人均卫生机构床位数($X28$)	正
		文化服务	人均图书馆、文化馆、博物馆数量($X29$)	正
		保险服务	基本医疗保险参保人数占常住人口比重($X30$)	正

（二）数据来源

考虑到 2016 年 4 月，国务院审定同意《成渝城市群发展规划》，第一次在国家规划中明确提出建设成都都市圈，并指出"充分发挥成都的核心带动功能，加快与德阳、资阳、眉山等周边城市的同城化进程，共同打造带动四川、辐射西南，具有国际影响力的现代化都市圈"。同时，四川 2016 年首次编制印发五大经济区发展规划，也对成都都市圈发展提出相关要求。结合《四川统计年鉴》、各市经济和社会发展统计公报、相关政府单位官网等数据公布情况，本研究数据选取时间跨度为 2017～2022 年。部分数据来源于《北京大学数字普惠金融指数》。针对缺失值部分，一方面，采取多重插补法和同一指标前后年份的均值插补法补充；另一方面，通过查询相关市州的统计公报或政府部门官网公布的数据进行填补。

（三）研究方法

1. 熵权 TOPSIS 法

熵权 TOPSIS 法是综合熵权法和 TOPSIS 法的优势，在通过熵权法确定指标权重基础上，再借助 TOPSIS 法利用贴近理想解技术进行评价。熵权法能有效避免主观评价，客观反映指标重要程度及权重随时间变化情况，TOPSIS 法可通过最优解和最劣解距离计算，进而求得各个样本对理想解的相对贴近度。具体步骤主要如下：①构建判断矩阵公式；②对判断矩阵进行标准化处理；③计算信息熵；④定义指标权重；⑤计算加权矩阵；⑥确定最优解和最劣解；⑦计算各样本指标与最优解和最劣解的欧式距离；⑧计算评价值或最优贴近度。

2. 三维动态 Kernel 密度

为直观展现成都都市圈建设成效的时空演变特征，本研究采用三维动态 Kernel 密度法估计建设成效的分布位置、主峰分布态势、极化趋势以及延展性。设 $f(x)$ 为成都都市圈建设成效的密度函数：

$$f(x) = \frac{1}{mh} \sum_{i=1}^{m} K\left(\frac{Y_i - y}{h}\right) \tag{3}$$

式（3）中，Y_i 为独立同分布的观测值，y 为所有观测值的均值，K（·）代表核密度函数，h 为带宽。带宽越小，估计的精确度越高。运用高斯核密度函数对建设成效分布的动态演进结果进行估计，则高斯核密度函数为：

$$K(x) = \frac{1}{\sqrt{2\pi}} \exp\left(-\frac{x^2}{2}\right) \tag{4}$$

（四）实证分析

1. 指标权重视角

利用熵权 TOPSIS 法针对成都都市圈建设成效评价指标权重估计结果如表 3 所示。从维度层看，成都都市圈建设成效中权重由大到小依次为创新建设成效（0.247）、开放建设成效（0.242）、交通建设成效（0.227）、产业建设成效（0.160）、公共服务建设成效（0.080）和生态建设成效（0.045）。可以看出，成都都市圈创新、开放和交通建设成效相当显著，权重均大于 0.2，产业建设成效相对较强，大于 0.1，而公共服务和生态建设成效相对较弱。由此可知，进一步强化创新和开放建设能力，能有效提升成都都市圈建设成效，但同时，加强公共服务和生态建设尤其是公共服务建设均衡化对成都都市圈建设成效的改善来说显得尤为迫切。

从二级指标看，权重前五名由大到小依次为外币存贷款占 GDP 比重（0.099）、R&D 人员折合全时人员（0.093）、进出口总额占 GDP 比重（0.083）、公路货物周转量（0.066）、科学技术支出占一般公共预算支出比重（0.062），这与上文分析较为一致，对外开放和科技创新成为成都都市圈建设核心变量，尤其是外币存贷款占 GDP 比重、R&D 人员折合全时人员、进出口总额占 GDP 比重权重值均介于 0.08 ~ 0.1 区间；同时，交通建设成效中的公路货物周转量、创新建设成效中的科学技术支出占一般公共预算支出比重的权重也相对较大，建设成效也较为显著。但是，不容忽略的是，产业建设成效中的泰尔指数（0.013）和公共服务建设成效中的用水普及率（0.009）、燃气普及率（0.009）以及生态建设成效中的人均公园绿地面积（0.006）、生活垃圾处理率（0.004）等指标表现相对欠佳，说明加快发展生态建设、优化公共服务和改善产业结构，能有效弥补产业建设和公共服务建设、生态建设的短板，进而改善成都都市圈建设成效。

表3 成都都市圈建设成效评价指标权重估计结果

目标层	维度层	二级指标					
成都都市圈建设成效	创新建设成效 （0.247）	$X1$ （0.093）	$X2$ （0.034）	$X3$ （0.038）	$X4$ （0.062）	$X5$ （0.019）	
	产业建设成效 （0.160）	$X6$ （0.013）	$X7$ （0.036）	$X8$ （0.019）	$X9$ （0.026）	$X10$ （0.025）	$X11$ （0.014）
		$X12$ （0.027）					
	交通建设成效 （0.227）	$X13$ （0.049）	$X14$ （0.022）	$X15$ （0.032）	$X16$ （0.059）	$X17$ （0.066）	
	生态建设成效 （0.045）	$X18$ （0.006）	$X19$ （0.019）	$X20$ （0.015）	$X21$ （0.004）		
	开放建设成效 （0.242）	$X22$ （0.083）	$X23$ （0.042）	$X24$ （0.018）	$X25$ （0.099）		
	公共服务建设成效 （0.080）	$X26$ （0.009）	$X27$ （0.009）	$X28$ （0.027）	$X29$ （0.019）	$X30$ （0.016）	

注：括号内为权重值，保留三位小数，下同。

2. 样本视角

根据熵权TOPSIS法估计的成都都市圈城市层面、都市圈层面的建设成效估计结果如表4所示。根据样本期内均值可以看出，四市建设成效由优到劣依次为成都市、德阳市、资阳市、眉山市；成都市建设成效远超其他三市，分别是德阳市的2.96倍、资阳市的3.51倍、眉山市的4.05倍。进一步地，2017~2022年，成德眉资四市建设成效整体呈现增长趋势，具体来看，除眉山市持续处于增长状态外，成都市、德阳市、资阳市均呈现先增长后下降趋势，但与2017年相比，降低幅度均相对较小。成都都市圈建设成

效先升后降，总体呈上升趋势。

可能的原因是，成都都市圈由于受到成都市对其他三市的劳动力（人才）、资金等生产要素的虹吸效应，成都市"一城独大"现象并未得到根本改善，其他三市发展趋缓拉低了整体建设成效。尽管成都建设成效相对最优，但是其他三市由于优质资源被成都市"抢走"而变得不足，发展动力变弱，交易成本、交易规模和交易内容均受不同程度的影响。但同时不可忽略也至关重要的是，成都市优质的生产要素对德阳市、资阳市、眉山市的辐射效应和带动效应，也推动了三市的快速发展，较为有效地助推了成都都市圈整体建设成效的不断优化和改善。因此，需进一步强化成都都市圈中成都市对其他三市的辐射效应、涓滴效应和回流效应，加快其他三市人才、资本等的补足和集聚能力提升，从而实现成都都市圈协调均衡发展。此外，成都作为中心城市对都市圈的影响巨大，一方面要进一步提升成都的城市竞争力，以稳定增长的中心城市引领都市圈整体发展，另一方面要加快发展德眉资三市，以更强的竞争力提升城市在都市圈发展中的权重，以更强的支撑能力携手成都共促都市圈发展。

表 4　成都都市圈建设成效评估

区域	2017 年	2018 年	2019 年	2020 年	2021 年	2022 年	均值	排序
成都市	0.584	0.601	0.744	0.739	0.739	0.697	0.684	1
德阳市	0.192	0.184	0.230	0.252	0.268	0.258	0.231	2
资阳市	0.119	0.146	0.183	0.257	0.236	0.230	0.195	3
眉山市	0.120	0.152	0.172	0.178	0.191	0.203	0.169	4
成都都市圈	0.254	0.271	0.332	0.357	0.359	0.347	0.320	

注：排序是均值排序结果。

（五）三维动态 Kernel 密度估计结果及分析

为了更加形象直观地展示成都都市圈建设成效、分布演化、延展性以及极化趋势，本研究将成都都市圈建设成效三维动态 Kernel 密度绘制如图 3

所示。观察图 3 可知，成都都市圈建设成效以下几方面特征显著。

第一，成都都市圈建设取得了一定成效。从波峰移动看，成都都市圈高质量发展的分布曲线主峰位置不断右移，说明成都都市圈建设成效呈现不断提升和改善趋势。

第二，成都都市圈结构性差距显著。从主峰分布形态看，主峰高度呈现先下降后上升，整体表现为上升趋势，说明成都都市圈即成德眉资四市发展差距表现为扩大趋势，中心城市成都的引领带动作用有待增强。从分布延展性看，核密度曲线的左拖尾特征弱，右拖尾现象明显增强，说明成都都市圈建设中存在发展水平较高的城市，如成都、德阳等；而发展水平较低的城市资阳、眉山具有向均值靠拢的趋势，也呈现不断加快追赶的趋势。从极化趋势看，成都都市圈建设成效分布整体呈现"一主峰一侧峰"态势，且单峰变得更为陡峭，波峰的跨度增大，这说明成都都市圈建设存在极化特征，两极分化趋势不断凸显，尤其是 2019 年主峰峰值达到样本年份最高值，极化现象明显增强。

第三，整体而言，成都都市圈建设成效呈现总体水平不断提高与差距扩大、极化趋势显现并存的动态演变趋势。

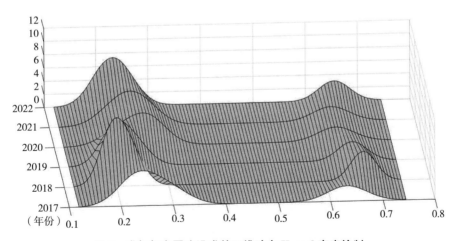

图 3　成都都市圈建设成效三维动态 Kernel 密度绘制

总的来说，成都都市圈建设过程中取得了显著的成效，但是仍然存在中心城市成都的年度建设成效增长不稳定、对整体区域的引领带动能力有待增强、产业结构有待进一步优化等问题。此外，公共基础设施均等化的不足以及人均绿地面积较少也一定程度上制约了成都都市圈宜居宜业环境的提升。

四　国内外都市圈提升国际竞争力和区域带动力的经验与启示

为提升国际竞争力和区域带动力，国内外都市圈在顶层设计、交通布局、产业发展、国际交流交往、创新发展以及宜居宜业环境打造方面积累了丰富的经验，未来成都都市圈应进一步巩固区域发展观，充分利用比较优势，善于发现后发优势，推动软硬兼顾、内外兼修，实现国际竞争力和区域带动力的进一步提升。

（一）国际都市圈提升国际竞争力和区域带动力的重要经验

1. 高能级极核：保持中心城市国际竞争力

提升中心城市的国际竞争力，以强中心极核带动区域一体化发展是国际先发都市圈的普遍现象。根据 GaWC 世界城市排名，伦敦、纽约、巴黎和东京长期处于排行榜 Alpha+级（即最高等级）。与此同时，围绕以上城市也形成了全球最具竞争力与影响力的伦敦都市圈、纽约都市圈、巴黎都市圈以及东京都市圈。以巴黎都市圈为例，早在 18 世纪，得益于工业革命，巴黎的经济快速发展、人口规模迅速膨胀，一大批启蒙运动思想家如伏尔泰、卢梭等以巴黎为中心向各地传播启蒙思想，巴黎便成长为欧洲文化中心。二战后不到 20 年的时间里，巴黎人口从 460 多万增长至超 800 万，巴黎开始通过规划、交通基础设施建设、工业外迁、新城建设等推动中心城市功能外溢，实现了中心城市"大城市病"缓解与外围地区经济、人口快速发展的双赢局面。随着经济社会的持续发展，巴黎始终保持强劲的城市竞争力，但其辐射范围进一步扩大，最终形成了以巴黎国际大都市为中心的新城与副中心协同发展的"多中心、网络化"巴黎都市圈。

2. 密网络交通：构建一体化交通格局

国际先发都市圈十分注重以交通网络的完善强化都市圈的交流与联系，为都市圈竞争力的提升以及扩散作用和辐射作用的发挥提供保障。例如，东京都市圈以发达的铁路系统著称，轨道交通是东京都市圈公共出行的主要承担者。东京都市圈轨道交通整体呈"环形+放射状"。东京都市圈轨道交通线路里程达 3073.9 公里，轨道交通全方式分担率达 30%，东京都 80% 的区域实现步行 10 分钟、40% 区域实现步行 5 分钟到达轨道交通车站，且东京都市圈轨道交通运行速度达 40~50 公里/小时，最多换乘 2 次。此外，东京都市圈还形成了"三环九射"的高速公路网以及三大分工不同的机场。以轨道交通为主导的"铁路+公路+航空"交通网络体系促进了东京都市圈由单中心极核向多中心结构转变，提升了都市圈的一体化发展水平，是都市圈国际竞争力和区域带动力提升的重要保障。

3. 强主导能力：保持产业链和价值链主导力

产业链和价值链的主导能力是区域竞争力和带动力的核心，国际先发都市圈占领了产业链和价值链的关键领域和关键环节。例如，伦敦都市圈始终占据产业链和价值的顶端。工业革命时期，伦敦都市圈的制造业如纺织业领先全球，先进的技术以及强大的生产力使其有能力集聚全球原材料和资源并向全世界输出工业品，成为世界制造业的主导。随着生产力的发展，伦敦都市圈敏锐感知产业链和价值链主导能力的变迁，通过规划引导、"创意伦敦"等项目实施，加大资金、人力资源等投入，积极推动主导产业由制造业向文化创意等第三产业转型升级，伦敦都市圈也由世界工业中心转变为金融中心、国际设计之都。仅伦敦的文化创意产业就创造了伦敦 20% 的就业岗位（超 110 万个就业岗位），且创意经济产出占全国经济产值的 50% 以上。[①] 传统工业城市伯明翰、曼彻斯特等也基于丰富的工业文化资源，实现

---

① 《国际大都市战略 2023 | 伦敦：聚焦文创产业，打造零碳城市》，https：//m. thepaper. cn/baijiahao_25820384。

了向现代服务业的升级转型。伦敦都市圈通过发展文化创意产业等附加值高、话语权强的产业，始终站在全球产业链和价值链的顶端，进而确保其区域竞争力和带动力始终位居全球前列。

4. 聚高端要素：打造国际交流交往中心

国际交流交往中心聚集了全球高端要素，具有强大的辐射世界、服务全球的功能，在全球或区域发展中具有突出作用和重要影响力，是国际先发都市圈的重要功能。例如，纽约都市圈是全球公认的国际交流交往中心，得益于优越的区位条件、创新的金融制度以及全球美元金融体系的建立，纽约成为全球最重要的金融中心，华尔街还被誉为世界经济风向标。在由过度依赖金融产业向多元经济发展模式转变过程中，纽约都市圈又通过战略规划、平台建设等打造科技创新中心。仅纽约就汇聚了超过 120 个学院，相关研究机构雇用了 19 名诺贝尔奖获得者，并以 47 家《财富》世界 500 强公司总部所在地成为全球第一集中地，同时纽约还汇聚了超 9000 家初创公司和 120 多个孵化器，成为全球第二大创业生态系统，支撑了纽约达 1.66 万亿美元生产总值的产出。此外，纽约的艺术和文化机构超 2000 家，画廊超 500 家，是全球电视、广告、音乐、报纸和图书出版业中心城市和北美最大的媒体市场。纽约都市圈以强大的经济和金融能力为保障，汇聚了全球顶级人才、科技、资本、文化等要素，形成了国际经济中心、国际科技创新中心以及国际文化中心，成为全球最具竞争力和区域带动力的都市圈。

（二）国内都市圈提升国际竞争力和区域带动力的重要经验

1. 以顶层设计为引领，推进区域协同发展

良好的顶层设计可有效促进府际合作，为都市圈协同发展提供指导方向与路径指引，我国都市圈在发展过程中十分注重以顶层设计引领发展。例如，长株潭都市圈早在 1997 年便在湖南省长株潭城市群经济合作战略的部署下推动一体化建设。到 2022 年国家发改委批复《长株潭都市圈发展规划》之时，长株潭都市圈的一体化顶层设计已经初步成型。工作推进机制方面，长株潭都市圈围绕规划、交通、产业、公共服务以及环保等一体化发

展重点领域组建了由长株潭三市分管副市长任组长的专项小组，定期协商相关领域重大问题和举措，以确保一体化顺利推进；产业协作机制方面，长株潭三市建立了产业链协作机制，由三市共同梳理出 10 条优势产业链，并由优势城市主导该产业链的建设发展；市场一体化建设方面，依托《长株潭试验区金融改革发展专项方案》，长株潭三市统一了市场监管模式、市场诚信体系、房地产市场准入标准以及产权登记体系等规范；生态环境共保共护体制机制方面，湖南省通过了《湖南省长株潭生态绿心保护条例》。此外，在基础设施互通互联体制机制建设、公共服务共建共享体制机制建设、园区合作成本共担利益共享机制建设方面都有诸多尝试，并取得了良好的效果。长株潭都市圈以顶层设计先行，促进了长株潭三市规划一体化、产业一体化、市场一体化、综合交通一体化、环保生态一体化、公共服务一体化等重点领域一体化发展，有力地推动了长株潭都市圈竞争实力、辐射带动能力显著增强，助力长株潭都市圈建设成为独具特色、富有魅力的现代化都市圈。

　　2. 以创新为核心动力，构建现代化产业体系

　　产业协同创新是都市圈建设的重要引擎，以创新引领产业转型升级是现代化都市圈建设的必由之路，上海大都市圈在产业协同创新方面取得了显著的成效。强化比较优势，使主导产业符合自身要素禀赋结构，区域共同打造产业体系，长三角后发地区借力上海实现两地双赢，"科创型飞地"成为上海大都市圈助力长三角地区一体化发展的亮点。浙江和安徽许多市县在发展过程中受县域科技创新难、引才引智难的制约，得益于长三角 G60 科创走廊建设，安徽宣城，浙江衢州、嘉善、瑞安等市县结合本地优势产业需求，积极在上海设立实验室、创新中心、专业科技孵化器等公共平台，探索出"研发在上海、生产在安徽和浙江"的协同创新之路。于后发地区而言，在科创资源高度汇集的上海设立适度规模的"逆向飞地"，能较好地发挥招商和研发平台作用，有效破解当地高端人才难引难留的困局，弥补因自身城市量级不足导致的高端人才短板。于上海而言，可充分利用其创新资源，进一步提升辐射带动作用，做优做强现代化产业体系。上海大都市圈以"科创型飞地"协同创新模式，聚焦集成电路、人工智能、生物医药等重点领域，

积极推进产业创新协同，有效提升了都市圈的整体竞争力和可持续发展能力，带动了区域协同发展。

3. 以人民幸福感为重要目标，打造宜居宜业环境

"一切为了人民""推进改革发展成果更多更公平惠及全体人民"是我国都市圈建设发展的重要奋斗目标，协同打造优质宜居宜业环境是我国都市圈发展的重要特色。如武汉都市圈建立了环境治理联防联控机制，构建由都市圈生态环保相关规划、工作规则、行动方案、年度工作要点组成的工作体系。推动流域横向生态补偿，按照"谁超标、谁赔付，谁受益、谁补偿"的原则，签订生态补偿协议，每月进行考核。若上游来水水质达到或优于目标要求，下游地区向上游地区给予生态补偿；若来水水质劣于目标要求，上游地区向下游地区给予污染补偿，以6个月为周期进行统计汇算。推动流域协同应急演练，签订都市圈跨市流域突发水污染事件联防联控、生态环境保护应急联动合作等协议，制定突发环境事件"一河一策一图"方案，协同开展应急演练，配套都市圈城市观摩机制。此外，武汉都市圈以"一圈通办"提升政务服务水平，通过行业联合体共建、数字化建设等充分发挥武汉医疗、教育等优势资源的溢出效应，提升居民生活便利度，降低市场主体审批成本，为都市圈一体化发展提供有力支撑。

（三）对成都都市圈提升国际竞争力和区域带动力的启示

1. 巩固区域发展观，持续营造同城感

都市圈、城市群已经逐步成为生产力重要载体和区域竞争力竞争单元的发展规律以及区域协调发展成为全国乃至全球各国、各地区的重要战略，使都市圈作为整体的区域发展观逐步为人们所接受。从官方到民间、从学术机构到企业组织，都市圈作为区域发展整体逐步得到了人们的认可。如南京都市圈，建立了党政联席会议制度，发布都市圈建设相关规划，明确了南京都市圈作为发展战略的重要地位。此外，以都市圈建设为导向，南京都市圈大力发展互通互联轨道交通运输体系，大力推进医保、人社等公共服务事项"南京都市圈通办"，营造了南京都市圈同城化、无差别的经济社会环境。

更重要的是，南京都市圈还顺应社会经济发展的趋势和规律，积极推进产业与科技合作，极大提升了都市圈内经济交往的密度与频次。成都都市圈应进一步巩固区域发展观，通过频繁的经济、文化互动提升都市圈认同感，通过紧密的区域协作提升都市圈的联系强度，通过一体化的服务提升都市圈的同城感，建设动能强劲的现代化成都都市圈。

2. 充分利用比较优势，善于发现后发优势

国内外先发都市圈的发展过程也是充分利用比较优势或者后发优势的过程。充分利用产业链价值链中心变化规律、顺应生产力空间布局变迁规律，国内外先发都市圈始终保持强劲的发展动力与强大的竞争力。如伦敦都市圈始终占据价值链顶端，在工业革命时期，充分利用技术优势、资源优势，大力发展纺织、煤炭等制造业，成为世界最重要的制造业中心，占据产业链与价值链的主要环节；二战以后，又充分利用其制度优势、区位优势及人才优势，积极向金融业、赛事产业、创意设计产业等转型升级，做强微笑曲线两端高附加值产业，始终让都市圈拥有强劲的发展动力及高额的利润回报。成都都市圈一方面要进一步融入国内国际双循环新发展格局，充分发挥向西开放重要门户枢纽的区位优势、辐射广大西部地区的市场规模优势、制造业与创新产业要素集聚的资源优势，以及成渝地区双城经济圈建设、长江经济带建设、西部大开发、国家战略腹地建设等政策优势，另一方面要将成都与德眉资的差距、产业结构相似度较高的特点、创新能力不足的问题、高端要素集聚不足等转化为后发优势，建设经济发达、生态优良、生活幸福的现代化成都都市圈。

3. 强调软硬兼顾，内外兼修

国际竞争力和区域带动力的提升既依赖于交通基础设施互通互联水平、产业链的协同融合发展能力的提升，还取决于公共服务共建共享、标准体系一体化建设。东京都市圈在硬件建设方面积极打造立体综合交通网络，在软件建设方面强调统筹规划与制定适宜的产业政策，一方面全力将东京打造为世界一流城市，通过强核引领带动周边区域发展，另一方面注重功能分工，根据产业发展规律科学合理规划空间功能布局，使整个都市圈成长为产业链

条、创新链条完整，功能复合，环境优美的世界级都市圈。成都都市圈在发展过程中还需进一步加强软硬件建设，以更加完善的顶层设计为引领，在进一步完善交通基础网络的同时提升交通同城化运营水平；在进一步优化产业创新协作空间格局的同时完善产业创新协作制度；在进一步推动公共服务均等化的同时因地制宜制定公共服务一体化建设标准；在进一步拓宽政务服务同城化服务范围的同时提升服务效率减少同城化服务盲区，推动建成面向未来、面向世界、具有国际竞争力和区域带动力的现代化都市圈。

五　建强成都都市圈的对策建议

提升国际竞争力和区域带动力，是现代化都市圈建设的重要内容。成都都市圈应以共建产业生态、共育创新主体、共促开放活力、共筑安全底线、共优生活品质、共织交通网络为具体目标，深入推进跨区建圈强链、加快培育新质生产力、提升门户枢纽经济水平、夯实安全韧性底座、增强群众获得感幸福感、优化提升区域联通能力，协同打造具有国际竞争力和区域带动力的现代化都市圈。

（一）共建产业生态，深入推进跨区域建圈强链

1. 市场化导向：打造现代化产业生态体系

一是构建重点产业链全链条服务机制。聚焦都市圈9条重点产业链，由产业链负责城市牵头，联合相关城市及链主企业，协同开展招商。开展重点产业链链属企业大摸底，鼓励中小微企业拓展市场空间，培育一批创新能力强、成长性好的"专精特新"企业。二是营造都市圈科技创新生态。完善科技创新券互认互通机制，将科技创新券适用范围拓展至成都都市圈确认的9条重点产业链，缩短兑换周期、提升兑换效率。加快完善成都"先确权、后转化"职务科技成果权属制度改革，探索构建都市圈内职务成果转化收益管理与国有资产管理分离制度，提升职务科技成果转化效率，并将相关经验复制到德眉资。三是推动成都都市圈文旅融合发展。进一步推进成都都市

圈文旅联盟常态化实体化运作，鼓励互联网企业、文旅企业和技术类企业参与联盟交流活动，评选优质联盟—企业合作项目、优质示范单位等，激发市场主体积极性。打造成都都市圈文旅标准体系，推动都市圈文旅服务标准化、产品标准化发展。四是推进成都都市圈人才供需匹配。制定都市圈人才目录，搭建都市圈人才供需平台，鼓励并支持都市圈人才跨区域服务，将跨区域服务纳入人才资助考核。推动成德眉资四市技术攻关、课题研究等向都市圈人才与单位开放。聚焦成德眉资市场需求，优化都市圈职业教育布局。五是优化金融资源同城化配置。借鉴武汉都市圈省高质量发展基金建设经验，设立成都都市圈高质量发展基金，围绕都市圈9条重点产业链设立九大专项基金，围绕新兴产业设立"小升规"主题培育基金，聚焦都市圈国有一级平台公司到期债务转换设立区域稳定发展基金。

2. 同城化导向：优化都市圈一体化营商环境

一是协同深化"放管服"改革。加速推进不见面审批，全面推行企业登记全程电子化和电子营业执照的应用，建立企业家服务机制。全面推动消除商事主体异地迁址变更登记隐性壁垒，探索"一照多址、一证多址"企业开办经营模式。率先在成德眉资同城化综合试验区推进优惠政策免申即享机制。二是加速推进要素配置一体化改革。以成德眉资同城化综合试验区为试点，推动成都都市圈土地资源统筹管理，推进都市圈内城乡建设用地增减挂钩指标、耕地占补平衡指标优先用于成德眉资同城化综合试验区建设。加速推进交子金融"5+2"平台建设，鼓励金融机构设立分支机构，采用知识产权质押、预期收益质押等融资方式，开展科技信贷服务。探索设立科技金融合作示范区，在科创基金、科技信贷、科技金融服务体系等方面加强合作交流。三是优化人才创新发展环境。创建高水平国际社区，加快接轨国际人才评价机制，推动重点领域国际标准和国际职业资格互认，提高国际人才综合服务水平。

3. 效率化导向：优化区域合作机制

一是以结果为导向推动区域协作由顶层模式设计向工作推动务实求效转变。构建省级协调协同协商协作机制，全面建强领导小组办公室，将办公室

提升为省级机构，强化事权，由协调机构转变为实施主体，负责同城化重大项目的组织与实施，确保同城化决策事项顺利落地。增设成德、成眉、成资三个专项合作组，专门负责双边合作事项的定点对接和督促推进，实施重大产业项目、重点产业项目"挂图作战"，鼓励毗邻地区乡（镇）以产业项目为载体开展合作。二是以园区共建深化区（县）合作。以共建产业园区为核心抓手推动区域协同招商以及项目异地流转，充分利用先发地区项目充足、资金充足，后发地区土地和人力成本较低的优势，协商确定园区共建的投入比例及分红比例等。配套推进共建园区的行政体制和人事制度改革，建立"管委会+开发公司"管理体制和运作机制，将民生和社会事务交由开发区（园区）所在地单位、政府负责，开发区（园区）集中精力专注于项目建设、产业发展等工作。三是协同推动毗邻地区平台共建。借鉴合淮合作区统建统管经验，打造统一规划、建设、监管平台，项目统一招引、培育、流转平台，政务服务、公共服务一体化平台。强化重要片区统筹管理，统一天府国际机场临空经济区园区经营主体，统一规划、建设及招商。设立成德眉资同城化综合试验区省级机构，统筹片区管理。

（二）共育创新主体，加快培育都市圈新质生产力

1. 富集创新要素：提升创新资源集聚能力

一是完善全过程创新资源生态链，以高水平建设成渝（兴隆湖）综合性科学中心、西部（成都）科学城为牵引，前瞻分析国家、省、市科技创新发展趋势，充分衔接国家科技重大专项等相关规划和计划，推动在以成都为核心的都市圈范围内构建重点实验室、创新共享平台、企业技术中心等创新平台体系，争取更多"国之重器""国之利器"落地，积极培育战略科技力量。二是建立成都都市圈常态化联合招引机制，形成招商信息和资源共享机制，充分利用 AI 等新兴技术，精准识别潜在投资需求，建立并动态更新"链主企业+配套企业+产业投资基金+中介机构+领军人才"资源库。三是加快组建成德眉资科创基金，围绕跨区域联合技术开发、成果转移转化、共建联合研发平台等开展专项投资。强化创新链与产业链双链耦合，实施

"技术攻关+产业化应用"重大科技示范工程,聚焦成都都市圈重点产业链培育一批专业技术转移机构,鼓励企业与科研院所、高校等合作推进技术创新和科技攻关,并以高能级创新平台为载体,发挥科创平台强链聚链功能,吸纳上下游企业、科技服务机构、高校院所等积极参与平台共建,支持创新成果向产业链转移转化。

2. 强化成果转化:提升创新成果协同转化能力

一是用好用活科技创新券等协同创新政策措施。推动成都超算中心、华为成都智算中心等重大科研基础设施和大型科研仪器共享共用,鼓励各类重点实验室、工程(技术)研究中心等创新平台面向四市创新主体提供技术服务。研究制定支持创新主体联合研发的激励政策,鼓励企业主体联合高校院所开展应用研究和关键核心技术攻关。二是探索构建四市联动促进科技成果转移转化政策体系。建立创新成果转化项目资金共同投入、研发成果就地转化、利益共同分享机制,高效运行成德、成眉、成资协同创新中心,共建一批跨区域中试熟化平台,为企业及研发机构提供概念验证、技术熟化、小试中试等专业服务,推动创新成果就近转化。三是共建优势特色产业集群。推动成眉高新技术产业带以人工智能为主导产业的电子信息产业集群发展,加快德阳、眉山、资阳电子元器件、电子新材料等项目建设,并聚焦航空装备、动力电池等领域,整合四市优势资源,联合打造具有全球影响力和区域带动力的标志性产业链。

3. 营造创新生态:协同打造同城化创新生态环境

一是完善创新平台共建共享机制。支持西部(成都)科学城"一核四区"与德阳、眉山、资阳创新节点开展合作,围绕重点产业协同建设各类开源创新平台,激励都市圈创新主体依托区内重大创新平台进行技术研发活动,鼓励成都超算中心、华为成都智算中心等共建平台跨区域提供服务,完善科技资源服务共享机制,搭建科创资源服务开放共享信息系统,推进科技创新券互认互通,推动重大科研基础设施和大型科研仪器共享共用。二是创新共建产业合作园区。创新"飞地经济""总部+基地"等多种园区共建模式,探索建立"存量不动+增量分成"等利益共享机制,加快建设成资临空

制造产业园、成眉高新技术转化园区等合作园区，鼓励各市以连锁经营、委托管理、投资合作等方式共建产业园区。三是加快完善"三带"区域合作机制。突出德阳装备制造产业优势，共享成都国际铁路港建设势能，共建成德临港经济产业带，联合打造适欧适铁产业高地，协同提升装备制造、物流枢纽和开放口岸功能。突出眉山先进材料和现代服务业优势，共享四川天府新区平台资源，共建成眉高新技术产业带，协同打造数字经济、电子信息、新材料、生命健康等产业集群。突出资阳成渝门户枢纽和临空新兴城市特点，共享成都东部新区建设机遇，共建成资临空经济产业带，协同提升汇聚运筹高端要素功能，合力打造国家级临空经济示范区。

（三）共促开放活力，着力提升门户枢纽经济水平

1. 共建开放通道：充分发挥通道枢纽优势

一是加强谋划航空经济、陆港经济，大力推动全球供应链建设，大力发展出口加工型产业，探索建设综保区"两场一体"共享虚拟货站，加快推动国际产业协作网络建设。确立产业合作重点名录清单，以中国（四川）自由贸易试验区建设为契机，梳理成都都市圈开放基础好的产业，充分利用新一轮科技革命和产业变革重大战略机遇，加快出台功能性产业政策，重点发展高端制造业、现代服务业、高新技术、临空经济、口岸服务等产业，更高层次、更宽领域协同开展国际产业合作，积极参与国际产业协作网络，向价值链高端环节攀升。二是加快推动服务贸易创新试点、跨境电子商务综合试验区、多式联运"一单制"试点等经验模式率先在都市圈复制推广；协同参与川渝自贸试验区协同开放示范区建设，共同努力促进陆港、空港扩大开放，提升金融、科技等领域开放水平；协同共享"一带一路"进出口商品集散中心建设经验，促进都市圈企业沿开放通道参与"一带一路"物流基础设施投资、产业园区建设和拓展海外市场。

2. 共享开放平台：推进高能级开放平台共建共享

一是打造数字贸易平台。供给端工业互联网、人工智能、区块链等层面的数字技术应用，已经成为未来数字经济应用新场景，实现"四链"融合

下的高水平开放，其重要抓手在于打造数字平台，以及基于云计算平台，针对区域、产业和企业的差异化需求进行数字技术的再开发，开展数字贸易。要求促进都市圈与"一带一路"深度融合，鼓励企业采用物联网和人工智能技术推动海关便利化，促进新型跨境物流发展。鼓励区域内数字平台企业通过交叉投资、监管合作进行深度捆绑，签署互认协议，互相承认电子、无线电和电信终端设备的认证有效。二是搭建"通道+物流+产业"供应链综合服务平台，构建从"产品走出去"到"产业走出去"的综合服务体系。对标国际贸易最高规则要求，打造与全球接轨的国际供应链服务保障体系；打造全球企业物流配送枢纽，在欧洲枢纽城市建立海外集散分拨服务网；协同共建各类综合保税区及保税物流中心，协同发展国际中转、配送、采购、转口贸易和出口加工等业务。

3.共促开放贸易：提升协同开放水平

一是优化对外贸易结构共建开放高地。合力优化发展对外贸易，以共建国家进口贸易促进创新示范区、"一带一路"进出口商品集散中心（四川）为契机，高效链接国际贸易市场，进一步扩大货物贸易，积极发展离岸贸易、转口贸易、数字贸易等新型服务贸易，共同促进都市圈货物贸易强链、服务贸易扩能、新兴贸易创新，协同创建国家级和省级外贸转型升级基地。加快融入西部陆海新通道，强化中欧班列西向、南向通道联合运营，探索开展北线大宗商品共同受理服务，共建共享海外仓等设施，推动"出口信保融资"等跨区域贸易融资新业务试点，进一步压缩国际班列物流成本和运行时间，提高德阳、眉山"蓉欧+"东盟国际班列常态化开行列数，推动资阳"蓉欧+"东盟国际班列常态化运行。二是继续做强国别合作园区。以抢抓低碳发展机遇为例，建设成德眉资低碳服务业主要承载地，赋能"成都中法合作馆"，与成德眉资关联园区建立信息共享机制，全面展示成都都市圈开放优势、产业基础及合作机遇，统筹市场资源，围绕绿色能源环保、清洁生产、新能源等重点产业链主企业开展精准招商，发挥链主企业带动作用以商招商，做大成都都市圈绿色低碳产业集群优势。

（四）共筑安全底线，夯实都市圈安全韧性底座

1. 夯实基础：共同布局应急基础设施

一是构建应急保障体系。系统梳理都市圈应急基础设施建设布局情况，统筹考虑电力、能源、通信、水利等各领域的需求，布局全域覆盖、层次分明的综合性应急保障中心和应急保障点。二是合理布局应急保障智能感知设备。围绕地质灾害、洪涝灾害等重点应急场景需求，重点聚焦人口密集地区、事故频发地区以及交界地带，统筹规划布放摄像头、雷达、传感器等感知终端设备，组成"空—天—地"全域立体感知网络。三是提升都市圈基础设施抗灾能力。统一都市圈关键基础设施设计建造标准，适度超前规划建设，确保极端情形重要、关键基础设施的稳定性、可靠性和安全性。四是有序推动成都都市圈"平急两用"公共基础设施统筹布局。研究出台成都都市圈"平急两用"公共基础设施技术指南与配套导则，打造示范场景，在都市圈范围内率先推广相关先进经验。探索以PPP模式等激发民间资本投资"平急两用"公共基础设施的积极性，鼓励和吸引更多民间资本参与相关设施的建设改造与维护运营。五是加强应急资源军民融合、央地融合、政企融合。积极推动军地储备资源整合利用，强化军地应急储备互补。强化央地储备基础设施资源共享、上下联动、协同保障。深化政企设施优势互补，实现资源共享、融合发展、协调联动。

2. 优化管理：构建数字化协同管理体系

一是构建都市圈一体化自然灾害防控体系。依托国家西南区域应急救援中心和省级应急指挥平台，完善都市圈应急指挥网络和应急指挥通信系统，建立以防汛抗旱、能源应急保障、森林防灭火等为重点的响应处置机制，推动救灾物资仓储、应急救援力量一体调用，打造区域级灾害快速响应、调度救援体系。二是构建一体化社会风险治理体系。以国家城市安全风险监测预警试点为牵引，推动成都城市安全风险综合监测预警平台功能逐步应用扩展到都市圈全域，建立毗邻交界地带110、120、119等紧急热线跨区域联动机制，提升都市圈应急处突整体效能。健全都市圈疾控机构和医疗机构协同监测机制，探索打造四市公共卫生应急管理信息平台。三是提升应急处突联合指挥通信能力。充分利用数字孪生、三维建模等仿真技术，编制实时监测、动态可视的都市圈"风险综合决策电子图"，协同建立灾害处置专家及技术人才资源共享库，为区域性灾害风险处置提供科学支撑。加快推进四市应急指挥通信装备融合，推广应用新型可视化装备、无人机中继通信、卫星通信等技术，不断增强跨区域指挥信息传输能力。

3. 突出特色：协同打造新时代更高水平"天府粮仓"

一是提升土地效益。坚持"土、肥、水、种、密、保、管、工"的精耕细作种植模式，发展"立体农业、精品农业"，探索"水旱轮作"、"粮经间种"及"种养结合"的现代立体农业模式，推行稻渔综合种养、稻渔种养循环等模式，建立合理的轮作体系和休耕制度，增强粮食产出能力。聚焦种业关键技术原始创新，加强与常规育种技术相衔接的生物育种新技术研究，加大对测土配方施肥的支持和对玉米、大豆间作新农艺的研究推广力度，加强农机农艺融合，特别是开发适应四川地形特征的小型农机，加快推进农业机械化。二是提升耕地地力。全面开展土地整理和高标准农田建设，提质改造中低产田，通过综合整治打破田坎界限，对集中连片、地面起伏较小的地块进行平整和畦田化改造，加强土壤地力培肥。三是激发各主体种植积极性。探索解决耕地撂荒问题的市场化方案，培育种粮大户、家庭农场、农民合作社、农业社会化服务组织，实行"耕者有其权"，对农业新型经营主体落实国家粮食最低收购价、耕地地力保护、稻谷目标价格、种粮农民一次性补贴等财政奖补政策，充分调动其种粮积极性。四是强化省级统筹能力。建立省级层面统一协调的耕地交易价格协商机制，实行"地随人走"，推动人口与土地动态平衡，促进人口流出地建设用地指标调剂或转让给人口流入地。整合各部门土地相关数据，建立信息库，以一套数据作为耕地保护标尺，建立耕地数据共享机制，切实形成耕地保护合力。

（五）共优生活品质，增强都市圈群众获得感幸福感

1. 强化生活保障：促进优质公共服务共享

一是制定同城化公共服务标准。分类分地区推进都市圈公共服务领域、项目、内容、数量等衔接。率先推动共建园区、毗邻地区医疗、社保、就业等基本公共服务标准统一、制度并轨和质量衔接。统筹成德眉资国有资本，协同向公共服务领域集中。打造同城化市场标准与环境，鼓励和支持市场主体参与都市圈托育服务、学前教育、优质医疗、养老服务、住房保障等公共服务。探索推动成都都市圈基层服务机构标准化管理，将成都在基层服务机构管理中的先进经验优先复制到德眉资。二是强化数字技术赋能公共服务。加速推动交通、教育等重要公共服务领域"交通跨市联合调度""名校资源数字共享"等分类改革，完善12345政务热线联动机制，提升交界地带跨区域政务服务效率。

2. 优化宜居环境：深化生态环境联防联控

一是优化完善联防联控联治制度。建立重点行业污染防治及产业淘汰转移统一约束性制度，加快推动区域产业结构、能源结构、运输结构和用地结构调整，从源头上减少污染。以老鹰水库跨界饮用水水源地联合保护为突破口，建立健全沱江、岷江流域横向生态保护补偿机制，逐步推动水污染治理与保护从行政驱动转为行政、经济杠杆双轮驱动，保障都市圈水生态环境"长治久清"。深入推进成德眉资河长制E平台下沉延伸，进一步丰富成都都市圈河湖水系管理数据库。建立县级及以上城市饮用水安全状况信息联合发布机制，保障公众知情权和监督权。建立企业确权制度和政府储备制度，引入金融机构等中介主体，完善都市圈排污权、水权交易市场。二是提升防污减灾联动能力。以岷江、沱江流域水环境治理合作为试点推动流域水环境综合治理，构建流域联防共治体系。构建应急预警联动体系，对区域环境监测应急工作实行统一组织指挥、统一资源调配、统一数据管理、协同制定应急预案，提升都市圈污染突发应急处置工作的科学性、规范性与敏捷性。推动四市联合执法及监督常态化，重点查处跨区域涉气环境违法、污染纠纷等问题。做实成都都市圈防汛抗旱联合调度协调机制，强化流域统一调度，加强河道行洪空间管控、提前储备和科学调度抗旱水资源，系统提升洪涝干旱灾害应对能力。探索推动成都都市圈地下水资源评价保护和隐伏地震断裂带调查评估，提升地下水资源开发以及地震防护和工程地质勘察的科学性，预防和减少地质灾害。

（六）共织交通网络，优化提升区域联通能力

1. 完善基础设施建设：完善立体交通网络

一是构建以轨道交通为骨干，多种交通方式为支撑的一小时通勤圈。根据成都都市圈辐射能力和范围、人口密度、人员流动速度、通勤距离远近等动态变化因素，合理布局并适度增加多样化通勤方式，尤其要注重跨行政区数量多、通勤距离远的地区以及高峰时期通勤方式和方向的增加，提升通勤效率。加快建设轨道上的都市圈，加快建设市域（郊）铁路成都至德阳、眉山、资阳线，加快推进成都都市圈环线铁路（成都外环铁路）成都铁路枢纽环线公交化运营改造二期工程、宝成铁路改造及青白江至金堂线新建段等工程建设。二是畅通成都都市圈公路网，提高道路网络密度和通达性。加快推进高速公路扩容改造和提档升级，推进成绵、成南、成乐高速扩容工程，推进天眉乐、天邛、天府大道北延线（德阳段）等高快速路建成通车，提升都市圈高速公路等通勤网络衔接转换能力和效率，形成统一高效的骨干通勤网络。

2. 优化基础设施运营：提升交通运营管理水平

一是持续提升公共交通服务同城化水平。进一步优化成都铁路枢纽环线、成绵乐客专、成渝客专、成灌（彭）客专铁路开行方案，加密高铁（动车）开行频次，发展"站站停"与"大站停"相结合的灵活运输组织模式，推进公共交通"一卡通"全覆盖。二是协同完善公共交通财税支持政策，有效降低都市圈通勤出行成本。由成都市政府牵头联合德眉资三市，初期运用财政资金，加大对都市圈公共交通的通勤补贴力度，加快打造重点通勤廊道，吸引培育人流。综合采用阶梯票价、封顶票价、多次套票、发放

消费券等办法，降低公共交通常旅客的长距离通勤出行成本。定向发放可累计、可兑换、可交易的绿色积分或绿色消费券，鼓励通勤人员选用公共交通或者慢行交通等出行方式。三是协同优化产业政策，推动产业和交通融合发展。围绕交通设施建设，特别是都市圈轨道交通建设，不断优化都市圈产业政策，提高沿线产业功能的匹配度，推动都市圈"产业圈"与"通勤圈"深度融合，例如，免除区域内非高速公路的通行费，免除重点产业的货物运输高速公路通行费，适当减免其他产业货物运输及客运高速公路通行费。

3. 挖掘数据"矿藏"：加强交通网络数字化建设

一是利用信息化、数字化手段有效缩减通勤时间。加强出行信息服务，打通不同部门间、运输方式间的信息壁垒，为乘客提供全出行链的信息服务，提高智慧化管理水平，确保都市圈"门到门"全程便捷顺畅高效。二是依托"互联网+"提升通勤服务数字化水平，增加对通勤人员的吸引力。如探索推进城际、城市铁路与城市轨道交通的票制票价互通、安检互信一体化信息系统建设，降低通勤时间损耗。

参考文献

Goldfarb A. Tucker C. , "Digital Economics", *Journal of Economic Literature* 57 (1) , 2019.

干春晖、郑若谷、余典范：《中国产业结构变迁对经济增长和波动的影响》，《经济研究》2011 年第 5 期。

钱蕾、郭然：《多圈层视角下北京市轨道交通发展策略研究——基于与东京都市圈的对比分析》，《现代城市轨道交通》2024 年第 1 期。

任跃文：《政府研发资助、互联网发展与中国创新效率》，《当代财经》2022 年第 7 期。

王定祥、李雪萍、李伶俐：《打造有国际竞争力的数字产业集群》，《上海经济研究》2024 年第 3 期。

项顺子、陈洋、曹秀娟：《国外典型都市圈规划的发展历程分析与启示》，载中国城市规划学会编《人民城市，规划赋能——2022 中国城市规划年会论文集》，中国建筑工业出版社，2022。

杨钒：《推动成渝地区双城经济圈加速融入新发展格局》，《宏观经济管理》2021 第

5 期。

杨开忠、姚凯等：《成都都市圈建设报告（2021）》，社会科学文献出版社，2022。

杨开忠、姚凯等：《成都都市圈建设报告（2022）》，社会科学文献出版社，2023。

杨开忠、姚凯、李好等：《成都都市圈建设报告（2023）》，社会科学文献出版社，2024。

姚战琪：《创新驱动政策对数字贸易国际竞争力的影响——以国家自主创新示范区试点为准自然实验》，《改革》2024 年第 3 期。

祝瑜晗、程彩娟、徐蔼婷：《经济集聚下的专利"含金量"与产业结构优化——基于 276 个城市的实证研究》，《统计研究》2023 年第 12 期。

卓泽林、张肖伟：《从金融中心转向科创中心：高等教育集群赋能城市转型发展——基于纽约市的探讨和分析》，《华东师范大学学报》（教育科学版）2023 年第 2 期。

重点领域篇

B.3
成都都市圈规划与交通报告（2023）

成都市规划和自然资源局　成都市交通运输局*

摘　要：　都市圈发展新需求和战略新转变对城市规划与交通提出了新的要求。本文回顾了成都都市圈规划与交通建设在持续强化规划引领、有序推进规划建设、枢纽能级加快提升、完善协同工作机制等方面的现状成效，总结了以走廊和城乡融合发展片区推动乡村振兴、推动成德眉资同城化综合试验区高质量发展空间布局、建设都市圈综合立体交通网络、共享都市圈同城化运输服务等多项重要工作举措和创新做法，并对成都都市圈规划和交通持续建设发展提出了以空间协同发展着力优化国土空间总体格局、以改革创新汇聚着力提升发展动能、持续提升国际门户枢纽能级、加快打造轨道上的都市圈、畅通互联互通公路网、提高同城化交通运营服务水平等多项构想。

关键词：　空间布局　交通网络　协同机制　成都都市圈

---

* 执笔人：董建华，成都市规划和自然资源局总规划师；徐本营，成都规划设计研究院一所副所长；罗利佳，成都市规划设计研究院副主任规划师。

一 现状成效

近年来，成都都市圈以成渝地区双城经济圈建设为总牵引，以"四化同步、城乡融合、五区共兴"为总抓手，强化规划引领，深化都市圈顶层设计，推动成德眉资综合交通"同城同网"，强力支撑成都都市圈建设。

（一）持续强化规划引领

1. 优化完善《成都都市圈国土空间规划》

2023 年，《成都都市圈国土空间规划》充分衔接上位规划，在内容上聚焦全面推进国土空间布局优化、基础设施互联互通、创新协同产业协作、对外开放协同共进、公共服务便利共享、生态环境共保共治、城乡融合全面发展，合力打造综合能级更高、支撑带动力更强的成渝地区发展引擎，加快建设具有全国影响力的现代化成都都市圈，强化成都都市圈国土空间保护、开发、利用、修复的系统安排和用地布局统筹。

2. 印发实施《天府大道北延线、南延线科创走廊和成资协同开放走廊国土空间专项规划》

2023 年 1 月《天府大道北延线、南延线科创走廊和成资协同开放走廊国土空间专项规划》通过省推进成德眉资同城化发展领导小组第六次会议审议，2023 年 3 月以四市自然资源主管部门名义联合正式发布。同时，按照省同城化领导小组工作部署，持续完善天府大道北延线、南延线科创走廊和成资协同开放走廊功能组团融合发展规划衔接工作机制，并逐步开展沿线相关重点片区城市设计和控规评估与调整工作。

（二）有序推进规划建设

1. 都市圈空间发展格局加速成型

成都都市圈"极核引领、轴带串联、多点支撑"的空间发展格局已初步形成。成都城市核心功能得到优化提升，非核心功能梯次合理疏解，周边

城市宜居宜业功能加快完善；都市圈县域单元承载能力加快提升，12个县（市/区）入围全国百强县区，先后已实施两批次12个交界地带融合发展项目，同城化支撑节点更加牢固。

2. 都市圈通勤联系逐渐增强

便捷高效的同城化"通勤圈"加快构建。高快速路网不断织密，"3绕20射"高速公路主骨架已建成17条，13条城际"断头路"接续打通。建成"一环七射"铁路公交化线网，2023年都市圈铁路公交化日均开行动车134对，日均来往客流量4.2万人次，成都至德阳、眉山、资阳的平均发车间隔时间分别缩短至15分钟、19分钟、36分钟，远低于成都至其他城市铁路发车平均间隔。

（三）枢纽能级加快提升

深入推进双流国际机场、天府国际机场"两场一体"运营，建成投用德阳城市候机楼，依托成都都市圈，双机场国际（地区）航线达51条，覆盖五大洲主要城市，国内航点182个，通达性位居全国前列，2023年，成都航空枢纽旅客吞吐量突破7000万人次，排名全国第三，货邮吞吐量77.1万吨，排名全国第六。推动中欧班列与西部陆海新通道班列、中老班列及东向海铁联运班列有机衔接，首创"澜湄蓉欧快线"品牌，实现东南亚至欧洲铁路直达，以成都为核心的"空中丝绸之路"和"国际陆海联运"双走廊日益完善。

（四）完善协同工作机制

成德眉资四市自然资源主管部门凝心聚力，坚持"一盘棋"思维，协同构建成德眉资同城化国土空间规划体系，以高水平规划引领现代化都市圈建设。2023年，合作组持续推进《成德专项眉资同城化发展暨成都都市圈建设成长期三年行动计划（2023~2025年）》落地落实，科学组织，细化目标，印发出台了《成德眉资国土空间规划衔接专项合作组2023年重点工作计划》，统筹安排合作组在规划管理协同和要素资源保障领域的大事要事，健全成都都市圈国土空间规划体系、强化区域空间协调发展，推动毗邻地区综合发展。不定期召开合作组会议，共商都市圈国土空间规划深化和社会稳定风险评估等工作。

二 工作举措及创新做法

（一）以走廊和城乡融合发展片区推动乡村振兴

坚持经济区与行政区适度分离，按照"地缘相近、交通相连、产业相关、人文相通"的原则，结合区位条件、产业基础、资源禀赋等划分城乡融合发展片区（镇级片区），统筹新型城镇化发展和乡村全面振兴，建强县域经济发展支点。持续提升乡村产业发展、乡村建设和乡村治理水平，推动更高水平的城乡融合发展。以城乡融合发展片区为单元，编制镇级国土空间总体规划，重塑乡村经济地理格局，引导资源要素有序流动科学配置，构建与人口产业分布更加适应的公共服务和基层治理体系。以片区为单元统筹产业布局、资源配置、公共服务设施配置、基层治理，实施城乡水务一体化，助推乡村全面振兴。

案例 构建"走廊+片区"的都市圈城乡融合空间形态

按照城市和乡村融合的理念，依托交通走廊、河流、旅游通道等线性要素，合力共建蜀山乡韵、山水乡旅、大美田园、天府农耕、秀湖云田5条各具特色的乡村振兴示范走廊，串联城乡融合发展片区内特色农业产业资源、生态要素、旅游资源、历史文化等重要资源，植入创新、文化、旅游、商贸等功能，推动城乡要素充分流动，实现乡村与城市融合发展。

一是打造蜀山乡韵乡村振兴走廊，发挥都江堰—青城山、九顶山等优势资源和文化资源优势，展示龙门山及龙门山前乡村旅游景观，探索山地生态价值转化和"两山理念"实践的创新模式。

二是打造山水乡旅乡村振兴走廊，发挥中江县中药材现代农业园区、金

堂县粮食现代农业园区等现代农业园区优势，展示龙泉山与深丘地区农业景观，推动农商文旅体融合发展，打造山水交融的景观体验。

三是打造大美田园乡村振兴走廊，发挥崇州优质粮油产业园等3个国家级农业园区优势，展现沃野千里、阡陌交错的田园风光。

四是打造天府农耕乡村振兴走廊，发挥蒲江特色水果现代农业产业园等农业园区优势，结合丹棱桔橙、蒲江猕猴桃等特色水果，展示规模化田园现代农业与浅丘地区特色农业的美景。

五是打造秀湖云田乡村振兴走廊，发挥三岔湖、龙泉山等自然资源优势，展示天府国际机场周边湖光山色及乡村大地景观。

都市圈农业协同合作不断推进，2023年，成都都市圈实施总投资超100亿元的7个现代农业项目建设，年计划投资逾14亿元，协同打造新时代更高水平的"天府粮仓"。安岳蔬菜保供示范基地项目顺利通过竣工验收，助力构建"菜篮子"协同保供体系。

（二）推动成德眉资同城化综合试验区高质量发展空间布局

一是探索规划统一管理机制，共同编制、联合报批、协同实施综合试验区各领域专项规划，加快推进"多规合一"，探索项目协同管理机制，统一项目准入标准，探索跨区域项目统一管理，支持国、省重大项目优先向综合试验区布局，组织实施一批具有全局性、基础性、战略性、功能性的重大项目。二是探索平台合作共赢机制，共建"飞地园区"等功能平台，成德探索共建成都东部新区（凯州）飞地园区，打造凯（州）淮（州）融合发展示范区；厚植"临空+临港"优势，建设区域性物流分拨中心，发展"通道+物流+产业"，推动通道经济加快向枢纽经济转型；共建政务服务平台，加快实现区域内"一网通办"。三是探索利益联结机制，建立合作共建园区的股权分享机制，推动同城化支持政策集成创新，在土地政策、人才政策、财政政策、金融政策、扩权赋能等方面进行改革探索。

（三）建设成都都市圈综合立体交通网络

协同推进都市圈跨市交通基础设施项目建设，实行清单管理，明确责任、挂图作战，建立"一项目一专班"推进机制和"红黑榜"通报机制，加强协调调度，及时解决项目推进中的困难和问题。强力推进重大项目建设，成乐高速扩容、天眉乐高速等5个市域铁路、高速公路项目加快建设，古乐路等城际"断头路"建成通车。合力推动跨市项目前期工作，尽快形成新的投资增长点，抢抓国家审批提速机遇，建立"管家式"项目前期工作协同机制，统筹联动、高效衔接，全力推动宝成铁路改造及新建青白江至金堂线、市域铁路公交化运营改造二期工程、成汶高速、德阳绕城高速等重大项目前期工作。

（四）共享成都都市圈同城化运输服务

深化与成都铁路局合作，通过联合购置（租赁）车辆、公交化动车组增加车次、加大早晚高峰时段及节假日列车开行密度、缩短发车间隔、采用"跨线运行"等多种开行方案，实现动车公交化运营。推动交界地带公交线路对接，促进跨市公交和各市境内其他运输方式有效衔接，积极构建多种运输方式便捷换乘的公共交通服务体系。全力推动"天府通"一卡通刷、一码通刷、优惠共享，跨区域出行更加便捷，深受群众欢迎和好评。新开三星堆公交旅游直通车1号线（春熙路—三星堆博物馆）、2号线（地铁华桂路站—三星堆博物馆）、3号线（熊猫基地—三星堆博物馆），促进交通旅游融合发展。

三 发展构想

（一）以空间协同发展着力优化国土空间总体格局

以"双圈互动"引领，以"一圈带动"推进省内协同，通过建设现代高效农业空间、优质安全生态空间和更具竞争力的城镇空间，加快打造动能更充沛、支撑带动能力更强、综合能级更高的现代化成都都市圈，全面引领

成都平原经济区一体化发展，与川南经济区、川东北经济区、川西北生态示范区、攀西经济区协同发展。

（二）以改革创新汇聚着力提升发展动能

聚焦产业"建圈强链"，发挥比较优势，以创新为主导加快发展新质生产力，统筹推进传统产业迭代升级，培育壮大低空经济等新兴产业，抢先布局未来能源等未来产业，共建电子信息、装备制造等先进制造业，共建文化旅游、现代商贸等现代服务业产业集群，共同建强全省新质生产力发展主引擎，促进战略大后方经济产业持续健康发展。

坚持以科技创新引领高质量发展，加快构建以西部（成都）科学城为引领，都市圈高校及高新技术产业平台等为支撑的"一核四区多节点"高能级区域创新体系。以"三廊"建设创新引领新兴产业突破，建设成德眉资创新共同体。

（三）持续提升国际门户枢纽能级

一是完善"两场一体"运营模式，加快双流国际机场提质改造工程，积极谋划天府国际机场二期工程；优化拓展对外开放通道，大力发展国际通程中转联运航线，增强航空枢纽国际竞争力；完善机场集疏运体系，推进轨道交通、高快速路引入枢纽机场，增强双机场对外辐射能力；积极优化都市圈通用机场布局，推动通用航空产业有序发展。二是加快完善"2+7+N"客运枢纽体系和"1+1+N"货运枢纽体系布局，高质量打造天府站、简州站等"零距离"换乘综合客运枢纽，优化铁路客运枢纽衔接，优化衔接道路客运、城市轨道、地面公交等系统。三是大力提升国际铁路港承载集疏功能，加快建设中欧班列成都集结中心，强化城厢铁路物流基地中欧班列枢纽集结作用。结合产业分布，优化完善多式联运型和干支结合型货运枢纽布局，构建功能互补、一体发展的产业物流体系。高标准建设综合货运枢纽补链强链、多式联运示范工程，强化航空港、铁路港等重要物流港站的集疏运体系建设，全面提升公铁空水多式联运水平。

（四）加快打造轨道上的都市圈

一是加快建设成达万高铁、成渝中线高铁，打造东向沿江高速铁路大通道。加快建设川藏铁路引入成都枢纽天府至朝阳湖段，构建西向入藏辐射南亚大通道。加快成渝铁路成都至隆昌段扩能改造前期工作，争取尽快启动建设，畅通西部陆海新通道西线主通道，完善南向出海大通道。积极对上争取启动成都至格尔木铁路，拓展北向进疆铁路大通道，进一步提升中欧班列服务质效。二是强化城际铁路与干线铁路贯通衔接成网，构建以成都都市圈为主体、其他节点城市连接为补充的城际铁路网。三是加快推动市域（郊）铁路建设，加快推进成德 S11 线、成眉 S5 线的建设，加快龙泉驿至天府机场 S13 线前期工作，尽快开工建设成都市域铁路公交化运营改造二期工程、宝成铁路改造及新建青白江至金堂线。

（五）畅通互联互通公路网

一是加快建设成都都市圈"3 绕 20 射"高速公路网，尽快稳定成雅扩容等项目工可方案，力争早日启动建设。加快推进成绵、成南、成渝、成乐等高速公路扩容改造工程和天眉乐高速建设，提升成都都市圈外向辐射能力。推动德阳绕城南段高速公路建设，助力成德眉资同城化综合试验区建设。二是推进东西城市轴线、天府大道等城市联通轴线项目建设，实施彭广青淮快速通道、梓州大道南延线、成资临空大道等城际快速通道项目，加快构筑成都中心城区、天府新区、东部新区"多中心放射"，四市"直连直通"的都市圈城际快速公路网。

（六）提高同城化交通运营服务水平

一是以区域一体、空间支撑、站城融合、服务提升为规划策略，构建多层次网络融合、全域通达覆盖、服务精准供给的城市轨道交通线网，持续实施铁路公交化改造，努力打破体制壁垒，探索建立统一的建设运营管理主体，推进城轨快线与市域铁路、城际铁路高效协同、安检互信、票制统一和

资源共享，力争形成以乘客为中心的"规划一张图、布局一张网、运行一张表、出行一张票"一体化轨道交通系统。二是打造高效、便捷、品质都市圈城际公交网，推动公交专用道网络加密延伸，完善无障碍设施建设，改善慢行交通环境，增加公共换乘停车场供给，缓解中心城区交通压力。三是提供多样化都市圈道路客运服务，鼓励都市圈内班线客运转型，提供定制班线、通勤班线等灵活的"门到门"运输服务，增加客运有效供给，提供差异化服务。

B.4
成都都市圈产业协同开放
创新报告（2023）

成都市科技局　成都市经信局　成都市农业农村局

成都市商务局　成都市委金融委员会办公室*

摘　要： 产业协同开放创新发展是都市圈发展的核心动力，同时也是直接影响都市圈高质量发展的核心指标。本文回顾了成都都市圈产业协同开放创新在产业建圈强链、园区共建、协作平台建设、开放水平深化、金融市场壮大等方面的现状成效，总结了建立自贸协同改革机制、积极推动产业协同、着力推动科技创新、高度重视金融监管等多项重要工作举措和创新做法，并对成都都市圈产业协同开放创新工作提出了以"建圈强链"理念构建差异化协同格局、建立全产业链创新联动体系、加快形成都市圈科技协同机制、持续提升金融服务水平等多项构想。

关键词： 产业协同　建圈强链　对外开放

一　现状成效

成都、德阳、眉山、资阳四市密切协同、共同发展壮大都市圈产业规模能级，构建高端切入、错位发展、集群成链的现代产业体系，初步打造形成了具有比较优势的都市圈产业生态。

---

* 执笔人：聂宏，成都市科技局校院地协同与科技合作处处长；薛瑞，成都市商务局总部经济处副处长；衡桐，成都市委金融办三级主任科员；张敏敏，成都市委金融办三级主任科员。

（一）产业建圈强链成效初显

聚焦轨道交通、航空装备等重点产业链，联合编制产业链全景图，推动跨区域产业建圈强链。轨道交通产业，成都都市圈制造的国内首列氢能市域列车以时速160公里满载成功试跑，实现全系统、全场景、多层级性能验证，标志着成都都市圈国家级轨道交通产业在未来轨道交通领域应用取得新突破。航空装备产业，联合申报成德绵自凉高端航空装备产业集群，按照工信部通知，正在进行预赛准备。首台全国产化反推/短舱装置下线，吉利科技旗下沃飞长空全球总部及生产制造基地落户成都。绿色食品产业，联合德眉资共同申报省级先进制造业—特色调味品产业集群，目前已完成初赛答辩。清洁能源装备产业，发布共建世界级先进装备制造产业集群合作宣言，共同组建成德高端能源装备产业集群创新中心。

（二）园区共建取得新进展

成德探索"股权合作""政府主导"的创新园区共建模式，联手打造金牛—什邡合作产业园区，成都交子都市发展工业有限公司与什邡市恒新建设投资有限公司通过"股权合作"模式成立四川交子恒新科技发展有限责任公司，按照"总部+基地""研发+转化"模式，联合开展园区投资、建设、招商、管理、运营等工作，并推动中航智倾转旋翼无人机生产制造项目落地园区。成眉共建大健康产业武侯总部基地和东坡生产基地，成资共建天府国际口腔医学城。

（三）协作平台持续增加

制造业方面，依托工业互联网供需对接平台，实现都市圈企业供需信息归集、智能匹配、自动报送功能，共服务都市圈2100多家工业企业，发布1万余条供需对接信息，成功匹配5000余条供需信息。农业方面，实施年度重大技术创新研发项目21个，推进德阳国家农业科技园区、眉山彭山省级农业科技示范园区、中国（资阳安岳）柠檬产业技术研究院等科技园区（院所）建设；推进重点项目落地落实。举办四市招商推介会，现场签约投资总额达 24.5 亿元。健全四市联动的重大项目全生命周期管理机制，中国晚熟柑橘交易服务中心等区域重大项目已全面完工。

（四）开放合作水平不断深化

合力建设成资协同开放走廊，会同德眉资三市相关部门，共同编制印发《成资协同开放走廊建设方案》；协同共享自贸改革试验红利，截至目前，已累计向都市圈复制推广自贸试验区制度创新成果 64 项。筹备组建运营全省协同改革先行区创新发展联盟；加强对德眉资跨境电商综试区建设指导，向都市圈主动开放跨境电商公共服务体系，引导推动区域内资源共享合作；发动"百团千企"出海拓市场，赴美国、德国、新加坡等参加国际专业展会。深化行业资源对接，联合发动 1700 余家企业参加东博会、进博会等高能级国际展会，签约意向订单约 200 亿元。

（五）金融市场加速壮大

主要金融指标保持稳健增长，2023 年，成都都市圈实现金融业增加值 2816.6 亿元，同比增长 6%，占 GDP 的 10.1%，全年都市圈实现保费收入 1420 亿元，同比增长 10.7%。证券市场交易额累计 19.3 万亿元，同比增长 6.8%；法人金融机构持续做大做强，截至 2023 年底，成都农商银行成德眉资同城化区域对公贷款余额超 2700 亿元，较年初增加超 260 亿元，德阳市成功组建市级统一法人德阳农商银行，成为全省第一个以高度城镇化和商业化为基础组建的市级统一法人农商银行，眉山市洪雅农商银行成功获批开业，地方法人银行改革取得新成果。

二　工作举措及创新做法

（一）建立自贸协同改革机制

一是在全国率先搭建"自贸片区+协同改革先行区"协同发展机制，将

成德眉资四市开放基础好、潜力大的区块全部纳入自贸协同改革实施范围，推动成都都市圈规划区域成为全省自贸队伍最集中的区域。二是结合自贸区发展实际和成德眉资同城化发展基础，科学规划成都都市圈自贸区改革协同路径，其中德阳先行区重点建设区域协同发展示范区、国际开放通道枢纽重要功能区，资阳先行区重点建设体现临空开放型经济新体制的创新发展先行区、环成都经济圈同城发展的率先突破试验区、对接成渝面向国际的区域合作引领区，眉山先行区重点建设环成都经济圈开放发展引领区、成眉同城化发展突破区。三是搭建了全省协同改革先行区发展联盟，整合包括成德眉资在内的 13 家先行区力量，约定在制度创新、产业促进、开放平台、智库交流等领域加强合作，为成都都市圈区域内各先行区协同协作提供了良好机制支撑。

案例　自贸试验区从内陆腹地到开放高地，制度创新更多、区域协同更频、税收环境更优

中国（四川）自由贸易试验区（简称"自贸试验区"）充分发挥优势，在政府职能转变、双向投资合作、贸易便利化等多个方面大胆探索、先行先试，中央赋予的 159 项改革试验任务全面实施，探索形成了 800 余项制度创新成果。自贸试验区对外开放度、投资竞争力显著增强，以不足全省1/4000 的面积，贡献了全省近 1/4 的外商投资企业、1/10 的进出口企业、1/10 的新设企业，区内入驻世界 500 强企业已达 104 家，实际使用外资占全省比重由挂牌初的 4.3% 上升至 31.2%。

对于自贸试验区而言，目标是要探索形成省内协同、省外协同、境外协同的多环节协同体系。为此，省内，四川设立了宜宾、德阳等两批 13 家协同改革先行区；省外，各种协同开放、创新合作也越来越密切。成都自贸片区积极加大协同改革力度，释放制度红利，辐射带动周边经济发展。通过延伸协同开放通道和搭建交流合作平台，积极建立产业合作机制，有效地推动了辐射范围的扩大和制度创新红利的释放。为引领都市圈发展，成都率先实现"跨市域、跨平台、跨系统"的政务互联互通，与德阳市共建物流港，打造"亚蓉欧"产业基地，先后开行跨境电商、市场采购贸易、知识产权等专列，带动德阳机械设备、眉山化工品、安岳柠檬等四川优质产品和技术开拓欧洲市场，年均拉动进出口贸易额超 700 亿元。成都自贸片区还通过促进跨境投融资便利化、增强金融服务功能、加快发展新兴金融业态、积极探索金融风险监管方式等多项举措，形成了面向全球市场的金融体系，为成都市加快建设西部金融中心贡献了坚实力量。

支持建设川渝自贸试验区协同开放示范区，也是国家首次提出跨省域自贸试验区合作。此后，川渝两地快速携手签署工作方案，启动共建自贸试验区协同开放示范区，在物流口岸、司法协作、政务创新等各个方面展开合作。

（二）积极推动产业协同

一是在上下游联动方面，青白江自贸片区与德阳先行区持续深化成德临港经济产业带建设推进区域协调发展机制，在产业协同、招商引资、服务同质、人才交流等领域开展多层次全方位互利互惠合作，推动成德临港经济产业带进入战略引领、全面深化新阶段。二是在平台资源共享方面，加快形成以成都为主枢纽、地市州为次枢纽的联动发展模式，构建"枢纽港口+城市基地+产业园区+重点企业"省内集货模式，做强"中欧班列+西部陆海新通道"成都集结中心，优化成都都市圈产业嵌入式服务模式。

（三）着力推动科技创新

构建跨区域科技服务平台，推动"科创通"分平台覆盖成都都市圈范围，"科创通"德阳分平台已实现可线上办理项目申报、科技服务等 17 项业务，系统访问次数 515 万余次，发布德阳科技政策 31 条、科技新闻信息 1180 余条，促进了成德两地科技服务等资源共享共用。建立科创投资基金，依托成都科创投集团，推动德阳市、眉山市国有投资平台协同，联合社会资本，聚焦绿色制造等重点领域，共同组建科创投资基金，目前，成德基金运

行正常，已完成包括大连瑞谷、先导薄膜等 7 个项目的投资，投资金额共计 3.05 亿元。成眉基金已完成组建，基金规模为 10 亿元。推动科技创新券互认互通，在检验检测服务、高性能算力服务两个类别进行试点，实现成德眉资科技创新券互认互通。

（四）高度重视金融监管

一是推动金融科技赋能监管创新。成都市高度融合前沿监管科技与新金融监管理念，打造全国领先的地方金融监管系统——天府金融风险监测大脑，并向德眉资三市推广应用。系统集金融业务监管、金融风险预警、金融服务输出于一体，采用一体化系统架构设计，由"一个云平台、四大应用群、一个中心"构成，涵盖地方金融监管、金融风险防控、金融科技服务三大功能。二是提供全方位金融顾问服务。通过四市分区域建立专家库、跨区域联动方式，联合成都都市圈内银行、保险、券商等金融机构和融资租赁公司等地方金融组织，以及律师事务所、会计师事务所等金融中介机构组建成德眉资金融顾问服务团，以融资培训、企业路演、分析诊断、实地考察等活动为抓手，围绕成都都市圈重点产业建圈强链，按照"一企一策""一园一策"原则，及时提供金融顾问服务。

三　发展构想

（一）以"建圈强链"理念构建差异化协同格局

确立都市圈重点产业链。按照"具备比较优势、具有协作需求、具有协作潜力"原则，更新完善都市圈重点产业链和"链主"企业名单，并以重点产业链建圈强链为抓手，推动产业协同发展。建立统筹机制。进一步优化完善"一链一专班"模式，联合组建重点产业链工作专班，搭建产业链协同共建平台，共同梳理创新链、供应链配套清单。推动组建一批协同创新联合体，推动产业创新政策互认互通，加强图谱研究、规划编制和项目落地。

（二）建立全产业链创新联动体系

一是推动数字经济全产业链创新发展。研发环节依托成都国家芯火双创基地探索集成电路保税研发模式，加快构建覆盖集成电路产业链全流程的新型海关监管服务体系。生产环节依托华虹等重点项目填补成都都市圈制造领域空白，推动高新自贸区块、双流自贸区块在集成电路制造、封测环节互补发展。应用环节积极推动高新自贸区块产品打入成都经开区、温江、资阳等协同改革先行区智能终端、医疗器械供应链，推动四川数交中心、德阳交易所、成都超算中心、眉资数据中心联动发展，共同探索公共数据流通交易、算力跨区域调度等机制。二是推动医药健康全产业链创新发展。研发环节加快推动进出境"关地协同"模式等制度成果向德眉资协同改革先行区复制推广，推动成都全球生物医药供应链平台服务体系辐射范围向德眉资协同改革先行区延伸。生产环节充分释放药品上市许可持有人、医疗器械注册人制度红利，协同对上争取生物制品分段生产等高能级试点，建立高新、双流自贸区块以及温江、资阳、眉山先行区药品检查和服务一体化协作模式。应用环节共同争取临床急需进口药械审批权限下放至成都都市圈区域，探索成都都市圈区域内医疗机构放射性药品转让许可改革，推动已获得上市的创新药在成都都市圈内指定医疗机构"随批随进"。三是推动新能源与智能网联汽车全产业链创新发展。研发环节争取在成都都市圈区域内比照北京、重庆等市设立智能网联政策先行区，探索推动车端、路端相关许可联审联办，共同争取成渝地区双城经济圈、长江经济带测试结果异地互认。生产环节依托成都经开区整车企业联合成都都市圈智能零部件等企业建设协同平台，带动上下游企业同步打造区域级智慧供应链，引导整车企业装配智能部件和联网终端，新投产整车全部装备 CV2X 车载终端协同，争取国家级应用试点项目。应用环节支持具备高度自动驾驶功能（L4 级及以上）汽车在成都都市圈限定区域和特定场景实现商业化应用，打造涵盖智能公交、智能出租、智慧作业的全场景示范运营路线。四是推动锂电材料全产业链创新发展。锂电材料开发环节推动设立成都都市圈锂电产业专项基金，组建成都都市圈锂电企业

出海战略联盟，合力推进境外矿产资源收购、开发、利用，提升对战略资源的自主把控能力。

（三）加快形成都市圈科技协同机制

一是设立区域协同技术创新专项，支持成都都市圈龙头企业联合高校院所等主体组建创新联合体，围绕电子信息、装备制造、生物医药、航空航天、新能源、新材料领域开展关键共性技术联合攻关。二是完善科技成果转移转化机制，鼓励成都都市圈创新主体在成都科创生态岛设立"科创飞地"，支持高校院所、龙头企业等主体跨区域设立研发及成果转移转化机构。三是共建协同创新中心，建强成德、成眉、成资协同创新中心，开展产学研合作、培育创新主体等活动。四是共营同城化科创基金，推动成都科创投集团联合四川天府新区科创投设立成都成德眉资同城化科创投资母基金。持续推进成眉科创基金组建工作，高效运行成德科创基金。

（四）持续提升金融服务水平

一是深化资本市场多渠道投融资服务。积极发挥"交子之星"资本市场综合服务平台作用，共建上市后备企业资源库，以沪深交易所西部基地、北交所西南服务基地为依托，面向成德眉资企业提供综合金融和上市培训服务。充分发挥成德眉资金融顾问服务团作用，打造"金融顾问链接产融、成德眉资共襄同城"服务团品牌，常态化提供线上金融服务，持续开展产融对接活动。二是打造普惠金融综合服务平台。推动"蓉易贷"成都市普惠金融综合服务平台向德眉资推广应用，依托天府金融风险监测大脑数据底座，探索建立跨区域信用信息共享机制，推动区域普惠金融产品共享应用。系统实施"惠蓉贷"普惠信贷工程，推动"惠蓉贷"普惠信贷工程与德眉资加强对接和合作。三是推动公共数据金融共享应用。加强银政通平台在德眉资的应用，深化银政数据共享、业务协同，推动不动产抵押登记跨市域在线办理，促进公积金银行信息互通，不断优化政务、金融服务。研究扩充公共数据金融应用授权中心在更多银政业务场景的应用，持续推进数字金融服务同城化发展。四是发挥金融科技赋能作用。支持金融机构和大型科技企业在成德眉资依法设立金融科技公司，积极稳妥探索人工智能、大数据、云计算等新技术在金融领域应用，持续深化金融科技创新监管试点工作，加快推进金融服务数字化转型升级，助力培育创新创业生态、高新技术产业的核心引擎。五是探索特色金融服务模式。推广成都农村金融服务综合改革试点经验，深入推进成德眉资区域农村信用体系建设，创新开发适应农业农村发展、农民需求的金融产品。以成都市申报国家级绿色金融、科创金融改革创新试验区为契机，推动四市共同探索绿色金融、科技金融服务新模式。

B.5
成都都市圈公共服务报告（2023）

成都市教育局　成都市卫生健康委员会　成都市医疗保障局
成都市人力资源和社会保障局　成都市民政局　成都市文化广电旅游局*

摘　要： 2023 年是成都都市圈建设"成长期"三年行动计划的开局之年，持续促进公共服务便利共享是成德眉资公共服务领域同城化发展的工作重点。本报告总结了成都都市圈在教育、卫生健康、医疗保障、社会保险、就业、民政、文旅等七个方面推动公共服务同城化建设的主要成效，重点突出了整体谋划先行、重点局部突破、各方力量协同、信息联通深化等创新做法与先进经验，并针对上述七个领域提出了继续推动智慧教育等发展、强化公共卫生服务协作、深化医保服务线上线下协同、强化社保公共服务内容、深化就业相关公共服务共享、推动民生服务协同、丰富文旅领域合作等构想。

关键词： 都市圈　公共服务　同城化

为深入学习贯彻党的二十大精神，全面落实四川省第十二次党代会和省委十二届二次全会决策部署，以成渝地区双城经济圈建设为总牵引，以"四化同步、城乡融合、五区共兴"为总抓手，成都都市圈颁布了《成德眉资同城化发展暨成都都市圈建设成长期三年行动计划（2023~2025 年）》，旨在基本实现基本公共服务同城同标，稳步提升人口综合承载服务功能。为此，在成都都市圈建设"成长期"三年行动计划的开局之年，都市圈继续

---

* 执笔人：李蓁，成都市教育局对外处副处长；丁凯，成都市卫健委政法体改处处长；张中鳞，成都市民政局工作人员。

携手强化教育、人才、就业、社保、医疗卫生服务同城化的多个支撑点，协同推进公共服务共建共享，为实现"成长期"目标打牢基础。

一 现状成效

（一）教育公共服务同城化建设持续深化

2023年，成都都市圈在优质教育资源共建共享、基础教育深化合作、职业教育协同发展等方面持续用力，取得明显成效。第一，成都与德眉资校校结对已达292对。四市互派教师人员挂职锻炼、跟岗学习、短期培训等2600余人次。开展线上线下专题分享、教学研讨等活动460余场次，覆盖师生超3.2万人。成都为1.46万德眉资户籍随迁子女办理就读。成都市主办"教育家精神与高质量教师队伍建设报告会""文翁大讲堂报告会"，惠及德眉资等市校（园）长和教师超2万人。第二，成立"成德眉资特殊教育联盟"，覆盖四市36所特殊教育学校；成立"成都都市圈学前教育联盟"，汇聚四市55所示范园所。成都市新增3所、现共有24所"四川云教"主播学校，覆盖基础教育全学段各学科，服务全省21个市（州）841所学校，其中与德眉资71所学校结对帮扶。智慧教育联盟举办"双减背景下智慧育人新实践"第四届（资阳）论坛。组织多地多校联合开展三星堆云端研学、大运探馆之旅等活动，宣传推广30余条研学旅游线路，推进都市圈研学同城化。第三，新组建的成都航空航天产教联合体、德阳重大装备制造市域产教联合体，成功入选国家第一批市域产教联合体名单。先后成立四川省先进制造业现场工程师培养联盟等一批联盟。成都国际职教城"共享示范区"已于2023年9月建成投用，并于开学季迎来逾7000名师生入驻。

（二）卫生健康公共服务同城化建设不断推进

2023年，成都都市圈在医联体建设、检验检查结果互认等方面持续深

化合作，取得明显成效。第一，在蓉三甲医疗机构牵头建设了 27 个跨区域医联体，组建了口腔、心血管、皮肤、肿瘤、神经内科等 65 个专科联盟，德眉资三市均与部省级三甲医疗机构建设领办型、托管型和区域（专科）联盟等多种形式的医疗联合体，辐射带动本地医疗机构在诊疗技术、学科建设、人才培育、医院管理等方面全方位高质量发展。第二，四市已有 154 家医疗机构实现 138 项检验检查结果跨区域互认，二级及以上公立医疗卫生机构电子健康卡二维码"一码通"互认互用，都市圈居民就医便捷性进一步提升。

（三）医疗保障公共服务同城化建设大幅拓展

2023 年，四市医保参保达 2689.84 万人，约占全省的 33%；其中职工参保 1209 万人，占全省比重 60%。成都都市圈在医保覆盖、医保公共服务增值化改革、医保就医异地经办、医保电话咨询、区域监管共治等方面持续拓展，取得显著成效。第一，职工基本医疗保险关系跨统筹区域转移接续年限互认机制已于 2023 年在成渝两地复制推广落地。制定《成德眉资职工医保关系转移经办规程》，建立线上专用通道，线下一窗通办。推动 8 个服务事项四市全域通办。在成都市金牛区试点建立成德眉资医保咨询通办专厅，制定《成德眉资咨询通办专厅服务事项清单》，提供包括 11 项办理类、9 项查询类、2 项打印类服务事项的网办指导和现场帮办，率先推动高频事项进一扇门、异地通办、一次办结。第二，四市全面实现"即时办理、即时生效"的跨省异地就医备案自助办理。四市异地就医直接结算定点医药机构开通 2.2 万余家，稳居全国都市圈前列。四市作为就医地，跨省直接结算量首次突破 500 万人次，外省参保人员在四市异地就医购药直接结算 683.41 万人次，是同城化建设前（2019 年）的 118.64 倍。在全国 14 个都市圈率先实现四市生育医疗费异地直接联网结算。建成单行支付和高值药品经办管理结算系统，实现"双通道"供药药品"五定"管理四市互认、资格认定四市通办、购药费用四市异地直接结算，截至 2023 年底，四市直接结算特殊药品费用 11.74 亿元，减少个人垫付 8.66 亿元，惠及群众 17.63 万人次。

长期照护保险异地评估失能等级已在成渝两地复制实施。第三，推进四市医保电话咨询联处机制在全国14个都市圈率先建立，编制成德眉资趋同政策事项、流程办件等专题知识库456项。自2023年4月试点以来，成都市人工接通应答德眉资三市群众咨询电话2600余通，推动实现"一电受理、一地咨询、一次综办"。第四，四市共同形成《成德眉资医疗保障定点医药机构服务协议（医院类）》《成德眉资医疗保障定点医疗机构服务协议（诊所类）》《成德眉资医疗保障定点零售药店服务协议》，对定点医药机构的准入标准、医疗服务、经办流程、违约责任等内容达成一致。四市医保部门持续推进日常检查和医保基金专项治理，协同推动"假病人""假病情""假票据"的"三假"专项整治工作；合作开展国家医保局、省医保局下发的打击欺诈骗保专项整治线索核查工作，核查线索199条，核查率100%。四市建立全流程记录、全过程管理的举报投诉线索办理制度，在规定时限内办结国家医保局、省医保局移交的举报线索共计26条，办结率达到100%。2023年四市追回违法违规资金4210.84万元，监管模式从"一元单向"向"多元交互"转变。

（四）社会保险公共服务同城化建设稳步推进

2023年，成都都市圈在社保经办、便民服务应用等方面同城共享建设取得进一步成效。第一，为德眉资参保群众办理灵活就业人员养老保险参保登记等业务8.56万件，办理工伤、养老待遇领取资格认证1.27万人次。第二，推进社保卡在西岭雪山等景区实现线上购票应用，累计服务群众5.17万人。持有省内社保卡或电子社保卡的人员可在成都市公共图书馆免注册、免押金、免租金借阅图书，累计服务群众13.51万人次。试点推行凭社保卡（电子社保卡）在政务服务大厅现场或预约排号，为公安、税务、民政等六个部门提供1.3万人次排号服务。

（五）就业相关公共服务同城化建设持续融合

2023年，成都都市圈在就业服务同城共享、人才共引共育共用、人力

资源市场开放融合等方面取得明显成效。第一，共享人力资源和就业岗位信息30.07万个，区域内劳务转移85.86万人。联合举办137场专场招聘会，为4762家用人单位发布就业岗位14.39万个次。向都市圈劳动者和企业免费开放成都职业培训网络学院211个专业10014个培训课件，四市超8000家规模企业在平台累计培训员工超500万人次。联动查办劳动保障案件线索6条，追讨工资等待遇31万余元。第二，联合编制急需紧缺人才需求清单，发布2023年成都人才开发指引，细分出四市重点领域（行业）、重大项目和重点企业急需紧缺人才清单，引导人才有序流动、精准配置。成功举办2023年"蓉漂杯"首届博士博士后创新创业大赛，吸引全球678个项目4000余人参赛，推动优质科技成果在成都都市圈转化。依托"成都人事考试网"搭建成德眉资人事考试网上报名平台，推进四市人事考试信息发布、考试报名、网上缴费"一网通办"，当年服务四市考生10万余人次。第三，召开首届成德眉资人力资源协同发展大会，德阳人力资源产业园挂牌运营。成资联合推荐的"国家级人力资源服务产业'线上园'项目"，先后荣获全国人力资源服务创新创业大赛四川选拔赛初创组一等奖和全国决赛三等奖。鼓励成都本土骨干机构在德眉资布局设点，联合发布《成德眉资人力资源服务产品（项目）清单》，引导各类市场化专业化人力资源服务向四市企业有效聚集。发挥成德眉资区域综合优势，共同赴浙江开展东西部人力资源市场对接交流，与浙江当地人力资源服务产业园、企业达成合作项目意向9个。

（六）民政领域公共服务同城化建设同步推进

2023年，成都都市圈在一老一小服务、社会救济、婚姻残疾殡葬服务、慈善事业发展等方面取得明显成效。第一，四市联合开展所属区域内养老机构等级评定工作，并建立相关评审专家库；德眉资社会化养老机构收住成都市中心城区户籍老人相关年度补贴持续落实。召开成德眉资流浪乞讨人员救助管理与未成年人保护工作联席会议，研究制定《2023年成德眉资救助管理与未成年人保护同城化发展工作清单》；组织开展成德眉资四市儿童福利一体化活动，与相关从业人员开展交流学习，积极促进四市儿童福利一体化建设。第二，发挥社会救助基础信息核对共享机制作用，当年四市相互提供家庭经济状况信息核对报告49份。四市户籍居民家庭通过天府通App实现异地申请接件，当年四市为9户办理救助业务。四市实现对因突发性、临时性原因造成基本生活陷入困难且得不到家庭支持的特定人群的一次性临时救助。第三，实现四市婚姻登记"跨市通办"，当年四市跨区域办理婚姻登记共12777对。开展残疾人两项补贴"跨省网络通办"工作，四市实现困难残疾人生活补贴和重度残疾人护理补贴资格认定16人。畅通异地办理惠民殡葬补贴渠道，当年在德眉资异地办理惠民殡葬补贴共计1176人。第四，四市联合印发《慈善事业和社会工作同城化发展实施方案》。四市社会工作行业协会签订战略合作协议，构建1个联动平台+4家社工协会（联盟）+N家社工机构的"1+4+N"互动交流模式。四市慈善会携手成立成德眉资公益慈善联盟。

（七）文旅公共服务同城化建设更加丰富

2023年，成都都市圈在完善文旅合作机制、联动文旅品牌、深化文化公共服务、拓展文旅精品线路、对外营销执法等方面取得明显成效。第一，四市合作完成《成都都市圈龙门山龙泉山旅游业协同发展规划（2023～2030年）》编制并正式印发实施。成立成渝地区双城经济圈美术馆联盟（包括都市圈）、巴蜀船棺文物保护研究与利用联盟、同城化房车露营自驾文旅联盟，签署相关合作协议。第二，四市联动举办天府文化旅游节。联合在巴黎、香港分别举办万物有灵·三星堆和金沙古蜀文明数字艺术展全球巡展、金沙之光·古蜀文明展。联合在蓉举办中外名家漆艺联展、文化和自然遗产日非遗主题展等展览。共同参与第八届中国国际非遗节，发布都市圈95家非遗体验基地。第三，四市共同参与2023年成渝双城文化和旅游公共服务产品采购大会暨成都市公共文化服务超市活动。四市联动开展"成渝地·巴蜀情"——成渝德眉资文旅交流活动，共同举办基层公共文化服务、文物保护执法、导游等专题培训。第四，打造都市圈文旅走廊，联合推出

"追寻红色文化之旅"等多条线路产品，联合发布涉及7市40县（市、区）涵盖200多个景点的赏春地图。依托联盟协会共同举办都市圈金秋文旅消费季系列活动。指导成都文旅集团、田园文景公司等围绕都市圈开通多条景区直通车，累计输送游客30万余人次。开行大运号—成都都市圈旅游主题列车、巴蜀文化旅游走廊主题旅游列车，汇聚超过300家文旅惠民折扣权益。第五，四市联合赴杭州等多地开展"迎大运　游成都""到成都街头走一走"等主题文旅营销推介。依托文旅成都等新媒体平台，推进成都都市圈文旅场景、线路等宣传推广。指导成都广播电视台与眉山三苏祠合作，制播三苏祠谭咏麟《定风波》诗乐共画，直播收看超1100万人次。深化都市圈执法交流合作，四市文化市场综合行政执法队伍在蓉举办综合执法专题培训、跟班跟训等活动2次，成都派遣执法骨干指导德眉资开展执法业务培训2次。

二　工作举措及创新做法

（一）整体谋划先行

面对牵涉面广、所涉事项杂、涉及部门人员多的公共服务领域同城化工作，强化整体谋划、重视顶层设计，是成都都市圈推进该领域工作的基本举措。第一，在2020~2022年"起步期"建设基础上，四川省推进成德眉资同城化发展领导小组审议通过并印发实施了《成德眉资同城化发展暨成都都市圈建设成长期三年行动计划（2023~2025年）》，其中明确了有关公共服务领域的行动目标。同期，该领导小组同步印发《成德眉资同城化发展暨成都都市圈建设2023年工作要点》，进一步明确了公共服务领域的年度目标任务，利于各相关单位开展具体建设实施工作。第二，公共服务领域各专项合作组在目标任务推进过程中，共商共谋相关工作机制和工作方案，为具体建设工作做好总体规划和设计。例如，四市医保部门在不改变行政隶属关系的前提下，打破医保经办管理边界，陆续出台《成德眉资医疗保障经办一体化高质量发展工作计划》《强化医保同城化区域合作工作机制》，逐步搭建起成德眉资医保经办同城化发展的规划体系。四市卫健部门签订卫生应急合作、疾病预防控制工作合作等框架协议；联合印发《成德眉资卫生健康同城化发展 2023 年工作要点》，明确五个方面 22 项具体工作任务，并建立《成德眉资卫生健康同城化发展 2023 年工作台账》，以项目化方式，统筹推进卫生健康同城化工作，确保各项任务落地落实。

（二）重点局部突破

在纲领性、目标性文件指引基础上，对公共服务领域具体局部进行重点突破，是成都都市圈推进该领域工作的主要举措。教育领域，四市教育行政部门共同商议印发《2023 年成德眉资教育同城化工作要点》，围绕年度重点目标任务，全力推动都市圈教育协同发展。例如，成立成都都市圈学前教育联盟和特殊教育联盟，充分发挥核心学校（园）的辐射带动作用，促进联盟单位锻长补短，推动教育领域区域协同。卫健领域，坚持深耕医联体建设，拓展检查检验结果互认，不断深化医疗资源共建共享。一年来，通过推动省部属、市属三甲医院与德眉资医疗机构建设领办型、托管型和区域（专科）联盟等多种形式的医疗联合体，成都都市圈医联体从 18 个扩展至 27 个；通过四市联合印发《关于进一步推进成德眉资检查检验结果互认工作的通知》，检查检验结果互认机构从 90 余家扩展至 154 家。医保领域，实行办事职责、办理事项、办理环节"三集中"，在四市 42 个经办大厅建立"省内通办""跨省通办"专窗，业务经办实现从物理集中向功能集成转变。开启"集约、多点、高效"的医保服务新模式，四市联合商业银行、保险公司、医药机构等共同打造 4 家"群众身边的医保工作站"，23 项医保业务实现"家门口办"。依托四川医保公共服务平台现有功能，建成以四市医保微信小程序、四川医保 App、四川医保公共服务平台为基本载体，涵盖单位、个人的医保管理服务互联网综合服务体系，实现五大板块 35 个事项"全程网办"，推动服务空间逻辑从"场所空间"向"流动空间"转变。

（三）各方力量协同

在具体实施年度目标任务的过程中，广泛汇聚、协同各方力量，是成都都市圈推进该领域工作的重要举措。以都市圈文旅融合建设发展为例，2023年7月第31届世界大学生夏季运动会在成都市举办，为扩大大运会在成渝及成都都市圈城市的影响力，吸引全国游客来蓉旅游消费、共赴大运盛会，四市文广旅相关部门联合铁路部门及多方相关力量，在2023年6月29日至8月10日共同开行"大运号"旅游主题列车，包括线路涉及雅安、大邑、彭州、崇州、蒲江、青城山、都江堰、邛崃等地的"大运号—成都都市圈旅游主题列车"与联通内江、重庆等地的"大运号—成渝旅游主题列车"，主题列车编组4辆，每辆可以容纳600余人。成都东站组建了包括专项服务组和语言服务组的大运服务队，其中语言服务组成员能熟练掌握英语、法语、意大利语，另组建了超60名青年组成的志愿者团队。同时，首趟"大运号"旅游主题列车还组织现场主播对沿线旅游景点宣传讲解，并邀请新华网、四川发布、成都广播电视台等媒体共同进行跟拍宣传活动，做好官方媒体与民间媒体、主流媒体与社交媒体的多重媒体渠道矩阵的统筹安排工作，以多重手段、多点曝光的形式营造浓厚的大运氛围，提升对新媒体矩阵的运用能力。

（四）信息联通深化

充分运用信息化、网络化、智慧化手段，实现都市圈公共服务信息互联互通，是打破都市圈行政地域藩篱、推动公共服务领域同城化深度发展的基础性工作。2023年这一"成长期"开局之年，成都都市圈在前期相关工作积累的基础上，继续深化拓展。以医疗领域为例，四市在上一年同步建设部署本市级电子健康卡卡管系统的基础上，通过与省电子健康卡连接，实现电子健康卡（二维码）跨区域跨机构"一码通"互认互用，并进一步拓展延伸出线上移动端使用的应用场景，如通过App、微信公众号，提供预约挂号、检验检查报告查询、便捷缴费结算等服务，切实解决普遍存在的"一院一卡、一人多卡、互不通用"的历史顽疾，让市民在日常看病就医时获得"一码通"的良好体验。同时，还推动四市市级、区（市）县级疾控中心和二级以上公立医疗机构全部接入"5G+医疗健康"远程应用体系，提高都市圈内远程会诊协作水平。此外，在上一年筹建开发"中医寻诊地图"的基础之上，又创新绘制医养结合线上地图，帮助老人及时了解医养结合机构资质、地址、环境、设施、服务人群、收费标准等详细信息，并可根据自身需求选择适合的医养结合机构接受医养结合服务，实现四市医养结合服务的标准化、规范化和同质化，构建四市医养结合健康养老服务圈。

案例　打造数字职业技能培训公共服务平台　推动成都都市圈人社领域智慧协同发展

全面提升劳动者技能水平，是缓解结构性就业矛盾、促进劳动者高质量就业的关键举措。成都市人社局创新探索"互联网+职业技能培训"新模式，在全国率先打造了全新的数字职业技能培训公共服务平台——成都职业培训网络学院，并在德眉资三地设立分平台，有效促进了成都都市圈劳动者技能水平的提升。

一、主要做法

一是建成便捷培训载体，解决培训灵活性问题。相较传统培训机构需要集中时间、地点学习和培训资源多样性不足的问题，"互联网+技能人才培养模式"具有天然优势，以微服务、前后端分离、分布式部署，开发PC端和移动端应用，构建了灵活便捷的参训渠道。劳动者通过电脑、手机和平板等各类智能终端登录免费学习，有效打破传统学习方式的时间空间限制，满足了"随时随地学习"需求，以数字化手段实现职业技能培训普惠性、均等化，可及性和便利度大幅提升。

二是量身打造多层次教学资源，满足各类群体自主学习需求。注重针对性，整合企业、职业院校、高技能人才基地、技能大师工作室的优质培训课程资源，针对企业职工、高校毕业生、农村转移就业劳动者等群体分别开发了就业创业培训、技能提升直播课堂、精品微课等多个类别的课程资源。注

重适用性，围绕四市产业发展需求，上线了211个专业1万余门课程资源。注重时效性，围绕新政策、新经济、新业态以及社会热点问题，开设了"技能成都大讲堂"专栏，定期邀请行业专家、技能大师和知名培训讲师在线互动授课，内容涵盖行业技术前沿、先进技能技术等内容。

三是打通就业岗位资源，推动解决就业结构性矛盾。通过汇集劳动者的网上学分、线下培训记录、技能证书等信息，建立劳动者职业培训电子档案；与四市规模企业建立稳定的用工需求收集机制，变被动为主动，通过智能关联劳动者职业培训电子档案，根据手机定位，精准推送就近就业岗位信息，实现"线上培训—技能评价—岗位推荐"的一体化服务。

二、取得成效

截至2023年末，网络学院注册个人用户96.5万人、企业用户9529家；上线211个专业10088门课程资源、60个专业的63259道测试考题、21张职业测评量表，在线组班4803个，累计培训技能人才超1697万人次，累计提供就业推荐服务640万人次。其中，德眉资三市164家规模企业在该平台开展了岗前培训、在岗技能提升培训，培训员工131493人次，举办了160场大型网络招聘会，发布岗位数量14万个，有力促进了区域内人力资源有序流动，帮助135家企业在成都市招用了紧缺人才。2023年2月成都市职业能力建设指导中心凭借网络学院工作实绩，被中央网信办、教育部、人社部等十三个部门联合评选为"国家级全民数字素养与技能培训基地"。2023年6月央视二套"经济半小时"栏目"数字化'连心桥'助力招贤纳才"节目，网络学院作为数字化平台促就业典型应用案例播出。

三　发展构想

（一）继续深化教育领域同城化发展

一是深化基础教育合作。鼓励有条件有需求的优质中小学、幼儿园结对发展，支持已结对学校丰富合作内涵。继续做好符合条件的随迁子女在流入地接受义务教育工作。依托成德眉资特殊教育联盟、学前教育联盟，全面提升四市特殊教育、学前教育发展水平。共享文翁大讲堂、学生成长讲座等资源。二是创新职业教育发展。探索推动职教同城化的创新路径，探讨技术赋能下的职教融合发展新方向。以信息技术为媒介，加快都市圈职教教科研协同发展进度。持续推动课堂教学、教师发展、教育科研、产教融合等专题研讨，加快都市圈职教教科研协同发展。三是推动智慧教育发展。依托"四川云教"持续提供优质在线教学资源、开展教学指导和教研培训。成都市主播学校与德眉资学校形成结对帮扶，通过多种方式，提升德眉资学校教学质量和教师能力水平。发挥成德眉资智慧教育联盟的协同创新功能，共同提升成德眉资学校的教学质量和水平。

（二）继续拓展卫生健康领域共建共享

一是持续丰富合作项目。鼓励更多领域的合作探索，推进"5G+医疗健康"远程应用体系建设，推动建立中医质控一体化管理协调机制，探索构建技术、人才、机制等资源共享机制，以更丰富的支撑点推进成德眉资毗邻地区医疗卫生协同发展，逐步构建医疗卫生协同发展的城市圈建设示范区。二是持续推进公共卫生服务协作。构建以成都为中心、德眉资为支撑的重大传染病医疗救治网络。完善高危孕产妇信息互通机制，畅通都市圈产儿科急救绿色通道，强化孕产妇和儿童相关信息的交流沟通，加强区域内产儿科业务培训、技术交流。推动毗邻区域按可达性统筹120服务范围取得实质性突破。积极开展成德眉资卫生监督执法协作，共同维护区域内卫生健康行业秩序。三是持续探索促进相关人才交流共享。以学术交流平台推动开展专科医疗卫生人才协作，在医疗、卫生、监管等多领域探索尝试专业技术人员的挂职交流，推进成都辖区优质医疗健康资源下沉与德眉资三市相关医院建立结对帮扶关系。积极开展"同城杯"等技能竞赛，提升都市圈卫生健康服务人员的服务技能。

（三）继续推进医保领域重点任务落地实施

一是精准"线"上布局。全面深化医保经办服务"一件事一次办"集成改革，以"信息+"构建复杂场景下的多维医保智慧化综合服务，高质量推进成德眉资医保经办服务"掌上办、网上办"。二是优化导办帮办服务。依托四川医保信息平台和实体政务服务大厅，建立全面支撑"导办帮办"模式，系统化集约化医保通办服务专窗，推广德眉资咨询通办专厅试点经验，在成都23个区（市）县的经办大厅试点建设成德眉资跨区"实体大厅+虚拟服务"宣传咨询通办专厅（专窗），推动实现线下"收受分离、异地可办"。三是协同优化营商环境。聚焦成都都市圈部分集团公司参保地和生产地分离的现状，从参保缴费、生育报销、异地就医等方面为企业提供政策解读和个性化政策匹配服务，推动企业办理医保业务时间压缩、减少往返。四是推动更大范围门特病种互认。全力推动门特病种异地认定扩围，探索血友病、帕金森病、硬皮病、类风湿性关节炎、系统性红斑狼疮等成德眉资认定标准一致的门特病种纳入异地认定范围。

（四）继续强化社保领域同城共享

深化社保公共服务互联互通。推进工伤保险医疗费用省内异地联网结算，做好费用结算经办服务，方便工伤职工就地就近治疗。持续做好养老、工伤待遇领取资格认证和社保基金欺诈异地协查工作。持续推进社保卡"一卡通"服务应用，加快社保卡旅游"一卡通"服务平台建设，努力将四市更多景区纳入平台；争取轨道交通、公交客运等城市交通领域市民卡（码）乘车应用场景落地。

（五）继续深化就业相关公共服务共享

一是深化公共就业服务共享。持续共享公共人力资源市场供求数据，实现跨区域流动就业、人力资源供求、农民工等人力资源信息互通共享。开展跨区招聘、联合招聘等就业专项合作行动，多形式、多平台推进线上线下人岗对接。联合举办创新创业大赛，共同打造创业项目交流平台。强化劳动保障监察合作，协同推进人力资源市场秩序专项治理、根治欠薪工作，实施重大违法行为联合惩戒。二是深化人才共引共育共用。联合发布2024年成都都市圈人才开发指引，引导优秀人才与四市重点产业、重点领域高效配置。加大博士后联合招收、培养力度，集中发布首批成德眉资博士博士后引才需求清单。梳理优质人力资源服务产品，联合编制发布四市人力资源服务产品清单。协同举办"四川省人力资源服务业数字化赋能暨第二届成德眉资人力资源协同发展大会"系列活动，共同推动区域人力资源服务业提速增量、提质增效。三是深化和谐劳动关系同城共建。根据案件办理需要，协助做好案件调查、取证、文书送达等事项。联合开展法律法规宣传和专项检查活动，推进重大劳动保障违法案件和失信联合惩戒名单信息共享，维护劳动者合法权益。研究梳理四市劳动人事争议仲裁适用法律和常见问题的处理意见，统一四市仲裁机构办案原则尺度。

（六）继续推动民生服务协同发展

一是继续推进社会救助协同发展。进一步健全完善社会救助基础信息核对共享、异地申请接件、"物质+服务"救助、工作经验交流等4项机制。加强政府救助与慈善帮扶有效衔接。对加强"成德眉资社会救助联合发展"战略合作提出规划。二是继续推进慈善社工协同发展。依托四市社会工作行业协会构建的1个联动平台+4家社工协会（联盟）+N家社工机构的"1+4+N"互动交流模式，加强在慈善社工领域的交流合作。推进四市慈善文化交流发展。三是加快推进养老服务协同发展。通过新建、改扩建进一步提升现有养老服务机构硬件设施，鼓励社会力量新建、运营养老机构。组织开展四市养老服务人才交流学习，不断提升养老机构服务质量和发展水平。四是加快推进儿童福利工作协同发展。持续深化四市未成年人保护服务机构孵化培育工作，培育未成年人服务专业社会组织和社会工作专业工作人员。五是加快婚姻登记服务协同发展。持续推进婚俗改革试点工作与"跨省通办""全省通办"试点工作相结合，进一步完善相关制

度建设，优化服务流程，加大宣传力度，提升婚姻登记"跨省通办""全省通办"业务水平。

（七）继续丰富文旅领域合作

一是打造都市圈文旅精品线路。进一步联手推广大熊猫、三星堆、三苏祠、陈毅故里等知名文旅品牌，联动推出多类多条精品线路和多种生活美学新场景，打造都市圈暑期游、黄金周、小长假旅游等品牌。二是加强资源整合深化非遗领域合作。探索都市圈非遗精品产品入驻成都手作品牌，强化四市非遗合作，共促特色非遗产品推广。三是推动世界文化遗产申报工作。推进三星堆、金沙遗址联合申遗，完善法规体系建设，制定《金沙遗址保护管理办法》，完成三星堆遗址、金沙遗址保护规划修编，编制申遗文本。开展三国文化遗存调查，建立三国文化遗存地资料信息库。四是强化共建共享促进公共文化服务互动。进一步深化文化馆、图书馆、博物馆、美术馆等多领域合作，办好"天府文化旅游节"等文旅交流系列活动。五是鼓励市场参与联动发展文旅产业。聚合完善文旅扫码享优惠内容，探索打造便捷的都市圈一码畅游平台。

B.6
成都都市圈安全韧性报告（2023）

成都市应急管理局　成都市生态环境局　成都市水务局*

摘　要： 加快提升城市安全韧性是推进城市高质量发展的重要内容，也是提高人民群众获得感、幸福感和安全感的当务之急与现实需求。本文回顾了成都都市圈在应急体系建设、生态安全管控和区域水资源保障等方面的现状成就，总结了成都都市圈创新建立联动应急机制、生态环境联防联控联治、构建集约韧性水网体系等多项重要工作举措和创新做法，并对进一步推动成都都市圈安全韧性建设，提出了探索构建成都都市圈应急协同制度型开放载体、推进构建系统完备的都市圈生态安全治理体系、加快构建安全韧性的都市圈水资源保障网等多项构想。

关键词： 应急联动　生态安全　水资源安全　区域协同

　　党的二十届三中全会要求"深化城市安全韧性提升行动"。城市发展不能只考虑规模经济效益，必须把生态和安全放在更加突出的位置，统筹城市布局的经济需要、生活需要、生态需要、安全需要。正如习近平总书记在中央财经委员会第七次会议上的讲话中所提，"建立高质量的城市生态系统和安全系统"。近年来，成德眉资四市深入开展都市圈应急联动探索实践，区域应急联动机制初步构建，生态环境协同监管体系基本形成，区域生态环境质量稳步改善，突出环境问题得到有效解决，环境风险得到明显管控，区域水资源协调保障能力大幅提升。

---

　　* 执笔人：黄立川，成都市应急管理局四级调研员；银庆宏，成都市水务局工作人员。

一　现状成效

（一）应急联动体系日益完善

2023 年，成德眉资同城化发展暨成都都市圈应急联动工作聚焦实施"154"体系，深入推进区域协同应对、重点风险防控、预警处置、应急保障能力提升等应急联动体系建设"四大行动"，都市圈安全韧性建设站上新起点、取得新质效，推动安全服务同城化高质量发展。成都市全年发生生产安全事故同比下降 25.12%；杜绝了森林草原火灾，妥善应对主汛期 5 轮区域性强降雨，安全转移避险 4 万余人次；德眉资三市安全生产和自然灾害防治形势总体向好，为都市圈经济社会高质量发展稳住了安全生产基本盘，守牢了防灾减灾防线。

一是区域协同"联动"。建立四市事故灾难和自然灾害信息共享、会商研判和应急处置工作机制，强化毗邻区域灾害事故协同响应、分析研判和增援调度；深化沱江、岷江流域防汛抗旱协作，不断提高跨区域水旱灾害处置能力。二是风险灾害"联防"。整合运用四市第一次全国自然灾害综合风险普查成果，探索推进毗邻区域综合风险区划、灾害防治区划，建立四市安全生产执法联动机制，探索开展防范应对极端暴雨洪涝巨灾情景构建，深化模拟推演成果共享，实现区域风险灾害一体防范。三是预警处置"联战"。依托成都市国家城市安全风险综合监测预警试点平台、四川省森林草原火情监测即报系统等业务服务系统，加强风险监测、信息共享、会商研判和预警响应；统筹区域救援力量建设和救灾物资协同保障，推动四市航空应急救援协作和社会救援队伍联训，提升应急应战救援能力。

（二）生态环境共保共治不断推进

2023 年，成德眉资四市生态环境部门"抱团"聚力，紧密协作，坚持以协同共治、源头防治为重点，扎实推进生态环境联防联控联治同城化、一体化合作发展。生态环境协同监管体系基本建立，区域生态环境质量稳步改善，突出环境问题得到有效解决，环境风险得到明显管控。

一是制定《成德眉资同城化发展生态环境保护规划》。坚持以规划为指引，按照《成都都市圈发展规划》《成德眉资同城化发展生态环境保护规划》提出的战略指引和发展重点，建立对规划落实情况跟踪调度和检查考评机制，每季度定期通报落实情况。二是坚持以机制为导引。坚持好、运行好、完善好相关制度和机制，用高效的制度机制推动生态环境共保共治落地落实。三是坚持以项目为牵引。结合在空间、生态、产业等方面各自具有的独特优势，谋划实施一些具有引领性、支撑性、功能性的重点项目并组织实施，通过协同发展、一体联动、资源共享、优势互补，做大做强生态环境共保共治，努力为美丽四川建设贡献更多更好的生态环保力量。

（三）水资源保障能力不断增强

2023 年，成德眉资同城化发展水资源保障专项合作组深入贯彻《成都都市圈发展规划》，认真落实《成德眉资同城化发展暨成都都市圈建设成长期三年行动计划（2023~2025 年）》和《成德眉资同城化发展暨成都都市圈建设 2023 年工作要点》，推动成德眉资同城化发展向"成长期"迈进，加快构建集约韧性的资源水网、水清岸绿的生态水网和系统完备的安宁水网，为打造具有国际竞争力和区域带动力的现代化都市圈做强水资源保障支撑。

一是都市圈大水调机制逐步完善，实现都市圈上下游、左右岸水资源联合调度。积极参与年度岷江流域和沱江流域水资源调度协调机制联席会议，共同参与制定流域年度水量分配方案和调度计划。加强了成都都市圈水量统一调度和管理，提高了成都都市圈河流的生态流量韧性程度。二是绿色低碳供排水格局初步形成。成都市充分利用地理优势与都江堰水系优质水源，在城市上游布局水厂，通过重力流供水，节能降耗效果突出；以第九再生水厂为能源转型战略试点，争做绿色水务表率，开展污水源热泵应用，提高污水处理厂能源利用率，实现区域供能，该项目总冷负荷 398.2kW，总热负荷

238.9kW，与传统的供暖制冷系统相比，可节省 15% 的能耗，实现了再生水利用从资源利用到能源利用的转变，为推动落实国家"碳中和"目标，匹配中国城市化发展进程提供成都水务经验。三是流域水资源实现信息共享。成都市积极开展防汛信息化建设，整合水利厅、水文、气象、公安等部门的监测数据，实现 180 个水位流量站、253 个水库水位站、938 个雨量站、137999 个视频站、43 个下穿隧道及 222 个管道监测点实时监控，汇聚数据总量达 1TB，共享岷沱江上游重要节点雨量站 22 个、水文站 28 个。

二　工作举措及创新做法

（一）创新构建应急联动新格局

坚持统筹发展和安全，创新构建《成德眉资应急联动体系建设实施方案》，深入实施"154"体系，聚焦"防范化解区域内重大风险"一个总体目标，在风险监测预警、应急救援联动、自然灾害救助、应急管理设施、化解重大风险五大方面深度合作，实施区域协同应对、重点风险防控、预警处置、应急保障能力提升应急联动体系建设"四大行动"，推动构建形成"区域风险联防、应急演练联训、救灾物资联保、预警处置联动"的应急联动新格局、新机制，切实为成都都市圈建设提供有力的安全保障。

1. 健全应急联动机制

构建以"行动方案"为牵引，以"工作清单"为支撑，以"协作机制"为保证的应急联动工作架构，经省同城化发展领导小组第七次会议审议通过，四市应急委办公室联合印发《成德眉资应急联动体系建设实施方案》，制定了 2023~2025 年四大类 28 项重点合作任务，印发《2023 年应急联动专项合作工作要点》，细化 12 项年度任务清单。设立"应急联动专项合作组"，制定《应急联动专项合作组工作规则》及实施细则，健全了运行机制。

2. 强化重点领域风险防范

针对成都都市圈可能出现的洪涝、地震、泥石流等区域性灾情开展联合预警，整合运用四市第一次全国自然灾害综合风险普查成果，完成成都都市圈综合风险和灾害防治区划。建立四市安全生产执法联动机制，组建九大类安全生产、应急管理专家库，协商建立了专家派遣使用等办法。共享2022年成都市地震编目成果，组织举办震情监视跟踪区域协作联席会议，共同签署《成德眉资震情监视跟踪区域协作联席会工作章程》。邀请眉山、资阳应急管理部门1名领导干部参加成都市"城市安全和应急管理"专题培训班。

3. 建设区域安全应急产业集群

开展应急救援联动交流，四市出动800余人，调动机具200余台（套），以岷江、沱江流域发生大范围持续性强降雨为背景，联合举行"迎大运·保平安"防汛演练。探索区域社会应急救援队伍联训新模式，邛崃市雄鹰救援中心与眉山市应急救援志愿者协会签订联防联动协议。国家西南区域应急救援中心建设完成工程总量90%。初步建立涵盖航空运输等22个行业领域，以及高新减灾所等62家成员单位的成都市应急产业协会，搭建政、产、学、研、用、金"六位一体"平台，助力打造西部地区有重要影响的应急产业集群。借力中国安全生产协会安全科技创新成果大会落地成都契机，推动区域安全应急产业应用。

4. 同城保障救灾救助物资

成德眉资四市发改、应急部门联合制定《成德眉资救灾物资同城保障合作工作方案》，先后两次召开救灾物资同城保障合作联席会议，聚焦救灾物资储备规划研究、应急预案编制、数据信息共享等，组织赴成都市救灾物资集散中心、资阳市救灾物资储备库开展现场调研，协同开展《成德眉资救灾物资协同保障体系研究》。2023年汛期及大运会期间，成都市印发《成都市市级救灾物资调拨规程》，在都江堰市、简阳市、金堂县、大邑县购置5万余件市级救灾物资，强化毗邻区域受灾群众生活保障。目前，四市建有市、县两级储备库32个，总仓容达23.3万立方米，储备救灾物资40.3万件，可保障5.7万人救灾安置需要。

（二）突出联防联控联治，铺开协同治理"大棋盘"

成德眉资同城化生态环境联防联控联治专项合作组深入贯彻落实党的二十大精神和省、各市区域合作发展各项要求，用好省推进成德眉资同城化发展领导小组与生态环境联防联控联治专项合作组平台，加强组织领导和工作统筹，积极主动对接兄弟部门，突出联防联控联治，铺开协同治理"大棋盘"。不断健全现代环境治理体系，稳定改善都市圈生态环境质量。

1. 高效运行空气质量预测预报中心

协同开展面源污染联防联控，推动区域协同减排，共同改善区域大气环境质量。高效运行成德眉资空气质量预测预报中心。推动建立成都都市圈新能源汽车推广工作机制，推动秸秆禁烧和综合利用。联动开展联合检查、交叉检查，形成区域联治高压态势。按照生态环境厅测算减排比例要求，科学、精准完善环境质量改善实施方案；积极争取国家和省上支持，协调成都平原经济区、川东北、川南地区城市群积极落实区域联防联控、应急减排等措施，共同做好环境空气质量保障。

2. 健全重要支流跨流域环境污染防治

持续推动流域水质稳定达标，巩固提升流域治理成效。实施沱江、岷江流域水生态环境综合整治工程，建立流域水污染信息预警、处置联动机制，常态化开展联合巡河巡湖行动。联合实施跨界河流、水库治理保护，协同开展联合监测、专项治理。探索建立跨界饮用水水源地联合保护横向补偿机制。印发实施《成德雅眉资污染防控攻坚联动执法三年行动方案（2023~2025年）》，采取"综合联动+应急联动+日常联动+交流联动"的执法方式，在五市范围内开展涉及企业污染物排放及治理情况、饮用水源地保护、农业面源污染等方面执法检查。

3. 推进生态环境信息共建共享

以实现碳排放达峰目标为引领，联合开展空气质量持续稳定达标和碳达峰"双达"行动，合力推动实施一批能源替代、低碳交通、绿色建筑、降碳改造等重点项目，共同推进"碳惠天府"机制建设，构建公平合理、合作共赢的区域气候治理体系，促进经济社会发展全面绿色转型。成立绿色低碳产业联盟。在现有的智慧平台基础上，继续深入磨合各市生态环境数据管理机制，根据管理需求和实际情况逐步健全智慧平台建设。

（三）构建集约韧性的都市圈生态安全水网

1. 构建连接互济水网体系，优化配置水资源

一是加快推进重点水资源工程前期工作。引大济岷工程可行性研究报告通过水规总院复审；毗河供水二期工程完成可研报告编制；沱江团结水利枢纽工程编制完成"三专题"报告并报送水利厅；高景关和金花寺水库完成可研报告编制；喜鹊寺水库取得相关专题的批复、可研报告通过水利厅技术审查；长征渠引水、通江水库前期工作有序开展。二是圆满完成重点水资源工程建设任务。李家岩水库工程料场开采 230.5 万立方米，大坝填筑 240 万立方米，完成年度投资 0.5 亿元，完成率 100%；久隆水库工程导流洞全线贯通，充水隧洞掘进 1500 米，完成年度投资 5.35 亿元，完成率 134%；三坝水库工程开工建设，完成筹建期项目初步设计报告及《四川省成都市三坝水库工程（预留加坝扩容条件）初步设计阶段勘察设计大纲》编制，推进三坝水库初步设计和 3 个电站拆迁工作，完成年度投资 1.69 亿元，完成率 112%；张老引水工程完成附属设施建设和通水验收，为工程正式通水奠定基础；雁溪湖水利工程完工，完成投资 1.7 亿元。

2. 提升水旱灾害协同防御能力，筑牢安全水防线

一是成功举行 2023 年成德眉资"迎大运·保平安"防汛演练，出动人员 800 余人，调动机具 200 余台（套），开展强降雨情景下联合会商调度、城市供水安全应急处置、城市应急排涝、超标洪水防御、清障爆破、在建工程抢险等洪涝灾害防范应对 10 个场景实战化演练，以演促训、以练促战，磨合了成德眉资流域、区域水旱灾害联防联控机制，锤炼了各级指挥员和应急抢险队伍，进一步提升大运会水务保障能力和防汛抢险实战能力。二是认真履行毗邻区域防汛减灾联防联控合作协议，联合举办山洪灾害识灾避灾提能培训会，共计培训各级工作人员 2600 余人，切实增加了参训人员山洪灾

害监测预警和防御知识储备,进一步磨合成德眉资协同机制和区域内部联动机制,筑牢汛期安全防线。三是完成沱江流域上中游水情调度中心项目施工,进行水文设备安装。

3. 强化河湖保护联防联控,描绘生态水画卷

一是开展交界地带联合巡河行动,持续关注国考断面和重点流域水质稳定达标。二是召开岷江、沱江流域七市州河湖长制工作联席会议,互享治河经验,共商下步举措,促进跨区域各级河长联合巡河、会商决策制度化常态化。三是以"河长+检察长"工作机制为抓手,举办成都都市圈流域水生态公益保护示范基地揭牌仪式暨"河长+检察长"区域协作研讨会,签订《成都都市圈"河长+检察长"机制区域协作框架协议》,加强检察机关与水利部门在水资源、水生态、水环境保护中的协作配合,持续改善河湖水环境,修复河湖水生态。四是扎实推进成德眉资河长制E平台应用下沉延伸,平台注册河长共计14682名,汇聚四市河长制基础数据8.2万条、河长巡河业务数据1.8亿条,发现河湖水环境问题143610个,协调处置问题142155个。

三　发展构想

(一)探索构建成都都市圈应急协同制度型开放载体

一是强化防控协同。健全重大灾害事故预防处置和紧急救援联动方案,推进毗邻区域灾害风险区划,定期发布四市安全防灾风险提示,深化建立信息互通、资源共享、力量联建、行动联保等工作制度,形成各有侧重、优势互补、互为支撑的应急联动格局。二是强化处置协同。根据山脉、水系、地貌实际,建立毗邻区域和关联领域的预案衔接,编制四市重大突发事件联合应急预案,确保预警联动、"喊醒"叫应等机制可操作、能实施。建立健全跨区域、流域、空域应急联合演练机制,进一步完善区域应急联动处置机制,推动突发事件"处早、处小、处快"。三是强化资源协同。建立应急管理专家资源共享机制，探索推进区域应急指挥通信网络平台建设等，构建区域性安全应急创新中心和成果转化中心。构建智慧应急、智慧联防网络监测预警体系，积极谋划成德眉资数据资源共享应用方案，共同做好都市圈风险监测预警工作。四是强化标准协同。合理划分响应等级，明晰"自救""互救"责任边界；特殊情况下成立跨区域突发事件应急救援联合指挥部，共同商议应对处置方案，开展协同指挥。以一体化思维制定四市应急管理政策标准，编制《成德眉资救灾物资储备规划（2024～2030年）》，建立同城保障应急预案和信息化管理平台等，建立健全同城保障救灾物资调拨补偿机制。

（二）推进构建系统完备的都市圈生态安全治理体系

一是持续强化区域大气、跨界河湖保护联防联控。积极探索流域统一规划、同步治理、共同管护新模式，协同整治金马河、锦江等重点跨界河道，合作开展河道非法采砂活动，协同推进岷江、沱江流域水环境治理项目及水生态修复项目建设；开展联合巡河、召开联席会议，协同解决各类水环境治理问题，推动城际入境断面水质稳定达到Ⅲ类及以上标准，共同筑牢长江上游生态屏障。二是联合实施跨界水土流失预防监督。深入贯彻《关于加强新时代水土保持工作的意见》，严格遵循"属地管理"原则，运用"遥感监管""天地一体化"等技术手段，加大对成南达万高铁、成渝中线高铁等跨市生产建设项目水土保持监管。三是持续推进河长制 E 平台应用下沉延伸。聚焦提升成德眉资水生态治理保护水平，充分发挥智慧河长管理效能，加快建设成德眉资水系一张底图，加速布局河湖场景智慧感知网络，持续完善成德眉资河长制基础数据，积极探索无人机巡检、智能报警、视频分析等先进技术，高效运行成德眉资河长制 E 平台，有效提升河湖管理保护智慧化水平，努力构建水清岸绿的生态环境。

（三）加快构建安全韧性的都市圈水资源保障网

一是协同推进防洪工程体系建设。聚焦成都都市圈防洪能力整体提升，

加快推进岷江、沱江防洪工程建设，持续加大整合成德眉资四市边界区域堤防险工险段管理治理力度，统筹推进沱江干流堤防和中小河流防洪治理、病险水库除险加固、山洪灾害防治等项目。二是联合开展水旱灾害协同防御。扎实做好成德眉资四市边界区域相关堤防险工险段、山洪灾害危险区、防汛安全隐患点的联合排查和梯级电站防洪调度管理，进一步加强上下游雨情、水情、汛情等实时数据共享，及时交流分享各地防汛减灾和应急抢险的先进经验和创新举措，共同提高水旱灾害防御工作的监测预警水平和主动性。加强联合会商调度，追踪流域汛情趋势，分析研判暴雨洪水形势，确保成都都市圈安全度汛。三是共同做好都市圈水资源保障。深入贯彻落实《四川省老鹰水库饮用水水源保护条例》，协同推进饮用水水源地保护，积极探索水价水权制度改革，联合开展沱江中上游枯水期水资源调度和老鹰水库水源地保护管理，共同做好东风渠、毗河供水一期工程，张老引水工程水量调度分配，改善流域水资源丰枯互济条件，大力推进城乡水务一体化，增强跨流域、跨区域水资源调配能力和城乡供水保障能力，努力构建集约韧性的资源水网。

B.7

成都都市圈体制机制创新报告（2023）

成都市委改革办*

摘　要： 成德眉资四市坚持以经济区与行政区适度分离改革为牵引，完善同城化发展体制机制，在交通网络互联互通、跨区域产业生态构建、公共服务便利共享、融合共享创新共同体打造等方面取得显著成效，同时着力破除制约高水平同城化发展的体制机制障碍，从统筹改革任务、创新合作机制、创新调查研究、开展经验宣传推广和探索改革督查考评等方面进一步激发同城化发展内生动力，并就完善同城化发展体制机制，打造综合能级更高、带动能力更强的成都都市圈提出了下一步发展思路。

关键词： 经济区　行政区　体制机制改革

近年来，成都都市圈坚定以习近平新时代中国特色社会主义思想为指导，深入贯彻党的二十大和习近平总书记对四川工作系列重要指示精神，从国家战略部署和区域发展大局中准确把握自身的发展定位和使命任务，全面落实新时代推动西部大开发、成渝地区双城经济圈建设等重大部署，紧紧围绕省委"四化同步、城乡融合、五区共兴"发展战略，坚持发展出题目、改革做文章，坚持以经济区与行政区适度分离改革为牵引，完善成德眉资同城化发展体制机制，推动成都都市圈高质量发展。

---

* 执笔人：刘贤勇，成都市委改革办改革督察处处长；申良法，博士，成都市委改革办改革督察处副处长，主要研究方向为管理科学与工程。

一　现状成效

坚持重点突破、协同发力，按照省委主要领导"加快推进成德眉资同城化发展，建设具有国际竞争力和区域带动力的现代化都市圈""完善成都都市圈协同发展机制"等指示要求，突出功能协同、区域协调，形成了一批原创性原动力改革成果，同城化发展改革进程蹄疾步稳、政策红利持续释放。2023年成都都市圈实现GDP2.78万亿元，占西部地区10.3%，常住人口总量突破3000万，都市圈高质量发展水平指数在全国都市圈排名第五、居中西部首位，已成为全国经济发展最活跃的区域之一，在新时代推动西部大开发中的作用日益凸显。

（一）健全同城化交通联建机制，促进交通网络互联互通

推动构建交通部门联席会议商讨、重要业务日常承办、重点课题现场调研等工作机制，在交通运输规划对接、异地城市候机楼建设、跨市重大交通项目建设、铁路公交化运营、跨市公交开行等领域展开系列合作；轨道上的都市圈建设提速，成都轨道集团与眉山、德阳跨区域市域铁路共建持续深化；交通服务联建持续深化，动态优化铁路公交化开行方案，都市圈日开行动车增加至136对，日均客流达4.1万人次，成都与德眉资稳定开行跨市公交线路增至15条，"天府通"一卡（码）通覆盖都市圈28个区（市）县。

（二）健全产业协作配套机制，加快构建跨区域产业生态

推动构建产业协作联系协调机制，依托成德眉资同城化发展专项合作组平台，建立成德眉资四市日常工作联系机制，修订完善《成德眉资同城化先进制造业专项合作组工作规则和实施细则》，印发《成都都市圈"1+9"重点产业链专班工作规则》；完善协同规划体系，联合印发《成都都市圈制造业发展白皮书》《成都都市圈重点产业产业链全景图》《成德眉资同城化暨成都都市圈产业建圈强链攻坚行动计划（2023~2025年）》等产业协同

文件；协同打造都市圈产业协作高能级平台，实现都市圈企业供需信息归集、智能匹配、自动报送功能。

案例1 金牛区、什邡市探索"总部+基地"产业协同发展模式

成都市金牛区与德阳市什邡市按照"总部研发在金牛、生产制造在什邡"的总体思路，以产业融合为抓手，以合资公司为载体，加快打造飞地合作示范园区，联合招引落地中航智等龙头企业，创新产业合作园区模式，助推产业跨区域建圈强链，致力成为成都都市圈建设"新亮点"。一是探索"融圈+飞地"同城合作共建模式。建立飞地融合机制，由金牛区城投集团与什邡市恒新公司按照6∶4入股合资组建交子恒新科技发展有限责任公司，并以什邡市经开区南北区约500亩成熟地块作为起步园区，按照统一谋划、统一规划、分步实施原则，开展园区投资、建设、招商、管理、运营。二是打造"链主+项目"特色产业共建格局。签订2023~2025年重点事项合作协议，聚焦航空航天、食品饮料、先进材料等重点领域，培育并招引链主企业，构建"研发与生产、总部与制造"协同联动的产业生态圈；着力推动标杆项目招引落地，总投资额约50亿元的中航智倾转旋翼项目分别落地金牛和什邡。三是形成"金融+平台"区域协同共建局面。构建"政银企"协作机制，四川省区域协同发展投资基金、四川制造业基金、青槭基金合计出资2.7亿元，与由成都市重大产业化项目投资基金、金牛城投集团、成都国际商贸城功能区建设发展公司等共同出资组建的专项子基金——成都重产青槭中航智股权投资基金（总规模6.3亿元）同步增资深圳联合飞机科技有限公司，用于倾转旋翼无人机总体研发生产项目落地。

（三）健全要素资源共享机制，推动公共服务便利共享

推进政务服务同城共享，开展异地受理跨区域办理试点，实现430个政务服务事项跨市通办，166个高频政务服务事项"无差别受理、同标准办理"，"银政通"平台实现不动产抵押登记跨区域在线办理，12345政务热线

实现四市全域一键咨询、服务联动；推进教育发展同城共享，成都与德眉资结对学校增至 292 对；推进医疗协作同城共享，都市圈医疗检查检验结果互认机构由 25 家三甲医院扩展至 154 家二级及以上医院；推进社会保障同城共享，建立都市圈医保热线电话联处机制。

案例 2　成都都市圈合力推动医保跨区域统筹机制

成德眉资四市医保部门聚焦长期以来医疗保障市级统筹背景下形成的医保政策制度不一致、医保待遇不平衡、医保经办服务不统一、医保信息不共享的区域封闭不协同格局，合力推动建立跨统筹区工作机制，四市医保服务水平显著提升、医保管理效能不断增强、医保惠民红利加速释放，四市医保合作从"夯基垒台"进入"整体成势"阶段。一是创新协作模式，建立一套共治共管的医保基金监管机制。形成成德眉资四市统一的《定点医药机构服务协议（医院类）》《定点医疗机构服务协议（诊所类）》《定点零售药店服务协议》，对各类定点机构的准入标准、医疗服务、经办流程、违约责任等内容予以全面规范；协同开展推进针对"假病人""假病情""假票据"的"三假"专项整治工作，持续推进日常检查和医保基金专项治理，区域"大监管"格局初具雏形，监管模式从"一元单向"向"多元交互"转变。二是打破传统区域限制，建立四市通行的跨统筹区年限互认机制。针对社会舆论反映强烈、参保群众普遍关注的职工医保参保关系跨统筹区转移接续及缴费年限互认等问题，联合印发成德眉资职工基本医疗保险关系转移接续办法，推动成都都市圈成为全国第二个、中西部第一个实现职工基本医疗保险关系跨统筹区转移接续的地区；制定配套经办规程，建立业务专用通道，实现职工医保关系转移接续转入地线上直接办理，并将办理时限由 20 个工作日缩短至 15 个工作日，真正做到"一地申请、一次办结"。三是强化惠民为企意识，建立互联互通的医保信息共享机制。上线启动完成国家医保信息平台，推动原本独立分割的医保信息系统实现统一，近 40 项医保经办事项在名称、申办材料、经办方式、办理流程等方面趋于一致；从"小切口"合作入手，创新制定"医宣帮企"（医保为企政策服务直通）、"一电通询"（医保热线电话四市联处）、"专厅通办"（打造医保宣传咨询通办专厅）、"异地通申"（异地就医认定结算扩围）四项医保经办合作事项，进一步提升医保为民惠企服务质量水平，已人工接通应答四市关系转移、异地就医等问题1910余通，应答率100%。

（四）健全紧密协同创新体系，打造融合共享创新共同体

建立完善科技协同会商机制，推动印发《成德眉资科技协同创新专项合作组工作规则》《成德眉资科技协同创新专项合作组实施细则》《天府大道科创走廊建设方案》；协同构建科技服务平台共同体，成德、成眉、成资协同创新中心挂牌运行，"科创通"平台服务实现都市圈全覆盖；协同构建科技创新资源共同体，创新推出科创券，实现在检验检测、高性能算力服务方面互认互通，联合开展"校企双进·找矿挖宝"科技成果对接活动230场，推动3000余项科技成果对接，促成合作项目超过300个。

二 工作举措及创新做法

坚持改革强动能、创新添活力，成都市委改革办会同德眉资三市改革办着力破除制约更高水平同城化发展的体制性障碍、机制性梗阻和政策性问题，探索深化成德眉资同城化发展体制机制改革有效办法，进一步激发成德眉资同城化发展内生动力。

（一）统筹推进同城化发展改革任务

研究制定中共成都市委全面深化改革委员会2023年工作要点和改革落实台账，其中2023年工作要点明确将"创新成德眉资同城化发展体制机制"纳入"围绕全面落实党中央和省委重大战略深化改革"重要工作内容；以"清单制+责任制"形式编制2023年度改革落实台账，将"创新成德眉资同城化发展体制机制"细化分解为"启动实施都市圈建设成长期三年行

动计划""开展成都都市圈'科创券'通兑通用试点""深入推进成德眉资同城化综合试验区建设""积极探索'飞地经济''一区多园'等发展模式""实施第三批同城便捷生活行动计划""完善公共服务信息互联、标准互认、资源共享机制""强化生态环境联防联控联治"等 7 项可实施、可操作的具体改革任务，并印发各专项小组、市级相关部门及各区（市）县委全面深化改革委员会。

（二）探索都市圈体制机制改革创新合作机制

会同三市改革部门制定《成德眉资同城化发展体制机制改革创新专项合作组 2023 年工作计划》，明确 2023 年成德眉资同城化发展体制机制改革创新重点工作，扎实推动年度同城化发展体制机制改革创新工作。11 月，四市改革办组织召开了成德眉资同城化发展体制机制改革创新专项合作组第三次会议，深入三星堆博物馆、东方电机有限公司等点位实地调研，研究会商经济合作、文旅深度融合及推进集成授权改革相关举措。

（三）大力开展重大改革创新政策调查研究

按照市委主要领导指示要求，对标学习京津冀、长三角、粤港澳大湾区等先发地区机制创新经验，聚焦探索经济区与行政区适度分离改革，开展"国内先发城市群机制创新的经验借鉴及改革建议"课题研究，形成课题报告呈送市委主要领导参阅。按照省委政研室要求，围绕成德眉资同城化综合试验区推进经济区与行政区适度分离改革开展研究，形成《成德眉资同城化综合试验区推进经济区与行政区适度分离改革研究》课题报告并报送省委政研室。积极开展课题委托研究，委托第三方研究机构开展"成眉共建高新技术产业带调查研究"，赴成眉高新技术产业带相关区域调研。

（四）积极开展同城化改革经验宣传推广

开展践行新发展理念的公园城市示范区改革创新最佳实践案例评选活动，2023 年 4 月评选出"彭州市：创新彭什合作协同发展模式，打造区域高质量发展样板"等同城化发展改革创新优秀案例，在人民网、新华网等主流媒体平台积极开展宣传推介，持续擦亮同城化发展改革品牌。

（五）积极探索同城化发展改革督察考评机制

积极推动将"创新成德眉资同城化发展体制机制"纳入全市全面深化改革年度绩效考评内容，探索完善第三方评估、专家团队评估机制，对同城化发展改革任务完成情况进行全方位评价，强化督察考评结果运用，突出重点考评、以考促改，进一步推动同城化发展改革走向深入。

三 发展构想

突出科学性、经济性、可操作性，聚焦一体化发展中的难点、工作推进中的堵点、合作共建中的重点，持续构建政府引导、市场主导、多元参与的协作格局，持续推进上下联动赋能、内外双向发力，持续推进政策优化、模式升级、流程再造，实施"一完善两攻坚一优化"改革，着力完善形成统筹有力、竞争有序、互利共赢的同城化发展体制机制，为打造综合能级更高、带动能力更强的成都都市圈激发改革动力、凝聚发展合力。

（一）完善决策议事、组织协调体制机制

健全在同城化发展领导小组框架下的多层次合作机制，强化产业发展、科技创新、开放合作、民生保障、安全治理等重点领域专项合作组联动作用，形成多领域专业化的工作决策和沟通协商体系。加强都市圈区域性政策与四市产业、投资、财政、土地、创新、金融、消费等政策的配套统一，强化四市发展规划和政策出台的衔接协调，增强推动区域发展的政策合力。

（二）攻坚责任、权利、风险相平衡体制机制

聚焦产业投资、园区建设、重大基础设施建设等领域深化合作，持续优化合作区域成本分担机制、经济指标核算及分配机制、税收征管协调机制，

探索以联合招商、产业转移、要素调配、生态补偿等方式协调平衡合作利益和风险，不断增强区域协同发展的内生动力与合作黏性。

（三）攻坚市场运作、多元参与体制机制

鼓励社会资本参与都市圈建设与运营，鼓励智库参与都市圈建设决策咨询，建立健全第三方评估机制，探索成立都市圈企业家联盟、产业委员会，搭建产业协作配套和企业供需对接平台，引导各类主体充分发挥作用，调动各领域、各方面参与同城化建设的积极性主动性。

（四）优化清单推进、常态督导体制机制

持续制定都市圈重大项目、重大事项、重要会议活动动态推进清单，逐项明确时间表、责任方、路线图，确保各项目标任务有力有序有效推进。强化考核督促激励作用，在省级目标绩效考评体系中单列都市圈目标任务，强化对省级部门参与同城化发展的考核，适度提高四市目标绩效考评中都市圈目标权重。

B.8
成德眉资同城化综合试验区
建设报告（2023）

成都东部新区*

摘　要： 　创建成德眉资同城化综合试验区是四川省主动谋划并纳入《成渝地区双城经济圈建设规划纲要》的重要改革任务，加快综合试验区建设，有利于打造都市圈同城化发展试验田、经济区与行政区适度分离改革制度创新平台、新型城镇化高质量发展先行地。本文回顾了成德眉资同城化综合试验区建设，总结了推动基础设施互联互通、现代产业协作共兴、对外开放协同共进、公服生态共建共保等多项工作举措和创新做法，并提出了加快设施联通、促进产业协同、共建开放平台、增进服务共通、健全执行机制等发展构想。

关键词： 　成德眉资同城化　综合试验区　共建共享

一　现状成效

2023 年，成德眉资综合试验区成员单位贯彻落实《成德眉资同城化综合试验区总体方案》《成德眉资同城化综合试验区 2023 年重点任务清单》，"清单制+责任制"按年度推进综合试验区建设工作，在推动同城化综合改革先行先试、重点领域率先突破、支持政策集成创新等方面成效显著。联合构建同城化发展的高效协同推进机制，印发《成德眉资同城化综合试验区

---

* 执笔人：李云霞，成都东部新区战略研究局三级职员。

联席会议制度方案》。共同签署《组建成德眉资同城化综合试验区招商联盟战略合作协议》，推动综合试验区产业转型升级、集群成链，打造承接成都非中心城市功能产业疏解转移示范基地。联合印发《老鹰水库饮用水水源地联合执法工作方案》，建立联席会议、联合执法的长效机制。成功争取《成都天府临空经济区建设方案》《成都东部新区集成授权改革试点实施方案》印发实施，在打造成都联动德阳、眉山、资阳发展的重要平台，形成成德眉资同城化发展新支撑的路上稳步前行。

二 工作举措及创新做法

（一）协同推动基础设施互联互通

推动门户枢纽功能稳步提升，天府国际机场口岸正式开放，国际地区航线转场天府国际机场，成都成为中国大陆第三个同时运行双国际机场、开放双航空口岸的城市。上线全国首个双机场互转服务产品，促进"两场一体"协同高效运营。区域综合交通网络不断完善，成自高铁、轨道交通18号线、天府机场高速、金简仁快速等"3铁2轨6高4快"全面通车。协同建设全国一体化算力网络成渝国家枢纽节点，阿里云西部云计算中心及数据服务基地一期A、C楼已实现主体封顶。推动水利、电力等基础设施建设，久隆水库完成导流洞进口消能池底板浇筑，充水隧洞盾构机拼装及始发平台完成；雁溪湖水利工程完成上湖水工结构、下湖溢流坝段施工；金堂万福220千伏变电站扩建工程建成投运。

（二）合力推进现代产业协作共兴

协同推进产业发展，共同完成《成都天府临空经济区总体方案》编制，积极发挥成资临空经济产业带建设联席会议机制作用，加快推动成资临空经济产业带建设，编制印发《成资临空经济产业带2023年重点任务清单》，明确各项重点任务，联合编制《共建环三岔湖科技创新高地实施方案》，确定航空航天、医药健康、数字经济等产业合作方向。联合组建成德眉资同城化综合试验区招商联盟，共同赴上海、深圳等地举办推介会活动 3 场，发布综合试验区工业企业供需信息、相关链主企业供需信息。推进特色产业链合作协同发展，联合举办成资汽摩产业协同供需对接活动，发布十大类 77 项"电摩产业配套需求清单"。

（三）联合推进对外开放协同共进

创建临空经济示范区，全面实施《成都天府临空经济区总体方案》，协同资阳、成都高新区及简阳，积极争取省市支持，持续推动国家级临空经济示范区申报工作。构筑开放口岸新平台，四川省首个空港型综合保税区天府综保区（一期）竣工，海关总署正开展部委联审，同步招引拟入区项目 20 余个。建强成资协同开放走廊，协同推动印发国土空间专项规划及建设方案，合力构建"一港四中心六节点"总体空间布局。创新平台加速集聚，国家医学中心具备获批即拿地开工建设的条件，天府锦城实验室导入科研团队 14 个，其中院士级团队 3 个。打造国际化交往平台，成功举办 2023 中国·天府龙泉山 China100 山地越野赛、中国·成都天府绿道国际自行车赛、中国汽车漂移锦标赛、中国轮滑（自由式轮滑）公开赛 4 项国家级品牌赛事。

（四）协同推进公服生态共建共保

加强生态环境共保共治，围绕落实 2023 年流域河湖长制工作清单，推动锦江、三岔湖等流域生态综合治理，全面清退三岔湖围湖种植、库湾养鱼，老鹰水库饮用水源开展联合执法 4 次；加快龙泉山城市森林公园国家储备林建设，对 2022 年建成的 7 万亩营造林实施质量提升、成效监测，制定 2023 年营造林建设方案。强化公共服务共建共享，成都国际职教城共享示范区基本建成，工职院东校区、川锅技校有序入驻，聚集师生员工近 8000 人；四川大学华西医院国家医学中心建设项目可研报告已经国家卫生健康委同意，并转报国家发展改革委，待审批；便捷政府服务提质增效，出台

《成都东部新区"成德眉资"同城化无差别政务服务工作方案》；先后与资阳、德阳、眉山19个县（区）签订《成德眉资政务服务同城化合作协议》，已将241项成德眉资同城化无差别受理事项全部纳入无差别综合服务窗口标准化、规范化受理。

案例　从劣Ⅴ类水到"天府明珠"彰显未来之城水生态文明特色
——三岔湖跨区域生态环境综合治理的路径探索

成都东部新区、眉山联动开展三岔湖全域生态环境整治，积极创新举措探索跨区域生态环境综合治理机制路径，实现湖水从劣Ⅴ类水体到Ⅲ类水质标准的全面提升，共同谱写出建设践行新发展理念的公园城市示范区"水润天府"美丽图景。

三岔湖是成都、眉山两市交界处的四川第二大人工湖泊，是四川省重要的生态涵养地，是成都东部新区未来可持续、高质量发展的重要生态资源。成都东部新区联动眉山，创新举措共同推进三岔湖全域生态环境综合治理，推动形成三岔湖区域水资源、水环境、水生态"三水"统筹治理、保护与开发并重的良好格局，使三岔湖水生态文明示范建设取得阶段性成效。

一、主要做法

一是探索法治治湖新模式，健全跨区域生态环保法治体系。灵活运用立法权和重大事项决定权，推动三岔湖水生态环境保护纳入村规民约，构建区、镇、村（社区）三级湖长制体系，探索出一条湖泊资源环境法治保护的新路子。

二是深化成眉两地协同，形成湖域治理联防联控联治合力。深化成眉联合监督、联系协调、相互检查、应急处理机制和信息通报制度，联合巡河巡湖、执法行动走向常态化。

三是共建协同治理体制机制。推动协同立法，聚焦三岔湖综合治理，成都市、眉山市相继出台《成都市三岔湖水环境保护条例》《关于加强三岔湖眉山区域水环境保护的决定》，以村规民约形式引导群众共同保护、共同治理。

四是统筹推进水源保护。集中成都、眉山两地生态执法力量，共同开展湖域污染源头整治，实现区域内化肥农药使用量零增长。果断依法取缔破坏水生态环境的养殖行为，完成围湖种植、塘堰养殖、库湾养鱼清退及相关设施去功能化工作，清退恢复库岸725亩。严格落实200米绿化控制带管控要求，发现处置水环境问题10余起，搬迁农家乐17家、构筑物2.3万平方米。

二、取得成效

一是三岔湖生态治理成效显现。湖域全面消除劣Ⅴ类水体，总体水质长期保持Ⅲ类水质标准，大部分指标达到Ⅱ类标准，10个市控以上水质监测地表水断面水质总体为优，优良水体比例达100%，森林覆盖率超过85%，水环境容量和净化功能逐步提升，湖区呈现"烟波缥缈，碧水如镜"的秀丽美景。

二是灵活运用立法权和重大事项决定权。成、眉两市探索构建"条例+决定"依法治湖新模式，通过实施巡河巡湖、联合执法，推动生态联合治理走向常态化，走出了一条跨区域生态环境综合治理的新路径。

三是初步确立跨区域生态保护开发协同机制。依托三岔湖优良水生态资源支撑，跨区域统筹规划生态生产生活空间，已运营环球融创天堂洲际酒店，建成马鞍山漂浮码头、马鞍山观景台，清洁能源游船、咖啡茶室、餐饮民宿等消费场景正式开放，加快推动高端运动、新型消费场景上新，聚力打造世界级文旅高地、全球性体育赛事承载地，探索出一条生态保护与有序开发并重的新型发展路径。

三 发展构想

（一）加快设施联通，夯实发展基础

做强天府国际机场航空枢纽功能，攻坚拓展客货运航线网络覆盖面，加速推动成都成为国内国际"双门户枢纽"。优化完善都市圈轨道交通网络，

加快推进成都外环铁路一期工程前期工作，力争具备开工条件，力争开工龙泉至天府机场 S13 线，保障成渝中线高铁建设，配套启动简州站建设，开通运营成宜铁路三岔湖站、市域铁路成资线，争取国际空港经济区站点设置，推动地铁 18 号线延伸至简阳南站。继续畅通都市圈公路交通网，推动德阳绕城南段高速公路开工建设，加快建设成资临空大道、东西城市轴线成都东段，助力成德眉资同城化综合试验区建设。

（二）促进产业协同，增强内生动力

推进成资协同开放走廊建设。共建成都天府临空经济区，全力申报国家级临空示范区，深化成都未来医学城——资阳中国牙谷、国际空港经济区——资阳临空经济区结对合作，协同构建高性能医疗器械、现代临空经济产业体系，推动与成都—资阳协同创新中心、资阳创新创业园等创新平台跨区域合作，实现创新成果沿途孵化。加强产业链和创新链跨区域协同，加快培育壮大高端装备制造、临空制造、新能源产业集群，建成星河动力新一代固体飞行器研发生产基地。支持四川大学华西医院申建综合类国家医学中心，力争项目年内获批。

（三）共建开放平台，共享发展机遇

丰富综合保税区功能。高效运行口岸及指定监管场地，促进综保区早日获批投运，实现特殊货物进口 2000 吨以上，加快建设跨境电商产业园、航空经济总部基地等重大项目，打造引领西部开发开放的国际航空枢纽，构筑开放合作战略高地。加快建设简阳西南旅游集散中心、中通快递西南总部项目，谋划建设一批区域性物流分拨中心。推动成都空港二级铁路物流基地建设，加快推进资阳公路集货中心前期工作。用好世园会举办契机推动区域协同发展，联动成德眉资热门文旅场所，整合新区景区景点、酒店民宿等资源，联动周边区域，在产品推介、渠道建设、市场拓客、旅游联票等领域广泛合作，共聚流量人气。依托世园会"资阳馆""眉山馆"等特色场馆和场景空间，发挥世园会窗口名片作用，联合举办青少年国际书画交流展、重点

城市推介等国际文化交流活动，联动将世园流量转化为经济存量和发展增量。

（四）增进服务共通，提高协同黏性

统筹综合试验区内义务教育学位供给，积极推动各学段学校结对共建，根据德眉资三市需求及实际，开展高中诊断性考试同步监测，实现考试科目、时间、内容、形式"四同步"。

探索职教与科创融合发展、产学研用深度合作，引进链主企业重点实验室、产业中试基地、产业孵化器等。推动新组建1~2个区域型、行业型及复合型职业教育集团、市域产教联合体或行业共同体，深入推进校企合作，推动职业学校为综合试验区内企业定向培养技能实用型人才。加快建设成都未来医学城一期项目，联动资阳中国牙谷，引入优质医疗资源，共建国际医疗中心。推进生态环境共保共治。持续完善生态保护跨区域联防联治体系，常态化开展老鹰水库联合巡湖专项行动，强化与资阳市雁江区、天府新区成都直管区、简阳、眉山天府新区生态联络定期沟通和重大事项会商机制，筑牢区域生态环境质量根基。

（五）健全执行机制，共推制度落实

建立健全同城化执行机制。健全联合招商执行机制，探索一体化招商、差异化落地、市场化协作的项目落地机制，联合开展产业集群配套型和关联企业集聚型招商活动，对产业链上下游其他招引目标企业（项目）向关联度较高的各区（市）县内部推介，对协助成功的项目通过要素交换、产业链配套等机制价值回馈。优化利益分配协商机制，对双方开展的重大项目合作，由各自按照土地和基础设施建设投入、园区公共服务成本、园区所在地原有企业价值和共建各方迁入企业纳税等因素，协商进行效益分配。探索"存量不动+增量分成"的区域利益分享模式，合理平衡企业总部与分支机构所在地的财税利益分配关系，以利益导向强化优势互补。结合各地资源禀赋和比较优势，探索成德眉资跨区域"人才对流""前店后厂""飞地园区""产业打捆"等合作共赢机制。

国内外借鉴篇

B.9
东京都市圈绿色低碳导向的
空间布局经验及对成都都市圈的启示

孙博文　肖建宇[*]

摘　要：　以绿色低碳为导向推进都市圈空间布局调整优化，是都市圈可持
续高质量发展的关键。系统研究成都都市圈绿色低碳导向的空间布局问题，
对于加快成都都市圈一体化高质量发展意义重大。本文从可持续发展理论等
相关理论出发，系统分析了东京都市圈空间布局的经验及对成都都市圈的启
示，科学研判了成都都市圈空间布局现状及面临的挑战。在此基础上，提出
以绿色低碳为导向优化成都都市圈空间布局的对策建议。

关键词：　绿色低碳　空间布局　东京都市圈

　　绿色低碳是都市圈实现可持续发展的必由之路。通过推进生态空间建

---

* 孙博文，中国社会科学院数量经济与技术经济研究所绿色创新经济研究室副主任（主持工
作），副研究员；肖建宇，中国社会科学院大学硕士。

设，提升土地资源节约集约利用水平，发展绿色低碳循环经济，推行低碳交通和绿色建筑，可为都市圈可持续发展筑本强基。东京都市圈是全球发展水平较高的都市圈，在打造区域功能空间结构、优化产业空间布局、构建轨道交通与都市圈融合发展的空间格局等方面经验丰富，对我国都市圈空间布局优化具有重要的启发价值。目前，成都都市圈正着力构建"极核引领、轴带串联、多点支撑"的网络化都市圈空间发展格局，在取得发展成效的同时也面临一定的挑战，未来要积极借鉴东京都市圈发展经验，坚持绿色低碳理念，持续推进都市圈空间布局调整和优化。

一　以绿色低碳导向优化都市圈空间布局的理论基础

（一）以绿色低碳导向优化都市圈空间布局的基础理论

以绿色低碳导向优化都市圈空间布局的基础理论主要包括可持续发展理论、生态城市理论、紧凑城市理论、循环经济理论等。这些理论为优化都市圈空间布局指明了方向、提供了遵循。

1. 可持续发展理论

可持续发展理论萌芽于20世纪五六十年代。1987年，联合国世界与环境发展委员会在《我们共同的未来》中，正式提出"可持续发展"概念，并就环境与发展的问题进行了全面论述，得到了全球的关注。1992年，在巴西里约热内卢举行的联合国环境与发展大会上，来自全球178个国家和地区的领导人通过了《21世纪议程》《气候变化框架公约》等一系列文件，推动可持续发展从理论走向实践。

可持续发展理论强调在满足当代人需求的同时，不损害后代人满足自身需求的能力。其核心是可持续经济、可持续生态和可持续社会三方面的协调统一，要求人类在发展中注重经济效率、生态和谐和社会公平，最终达到人的全面发展。具体到都市圈而言，这一理论要求都市圈空间布局的优化，不仅要考虑经济增长，还要关注环境保护和社会公平。通过优化空间布局，降

低环境污染、减少资源消耗、促进区域协调发展，实现都市圈经济、社会和环境的协调发展。

2. 生态城市理论

国外生态城市理论最早可以追溯到16世纪的"乌托邦"设想和"太阳城"模型。1898年，英国社会活动家霍华德（E. Howard）提出的"田园城市"理论被认为是现代生态城市思想的起源。[①] 1972年，由联合国教科文组织发起的"人与生物圈"（MAB）计划最早正式提出了"生态城市"的概念。在该计划的倡导下，"生态城市"成为城市进入发展新阶段后的一种良好模式，代表着城市可持续发展的方向。从国内来看，最有影响力的是生态学家马世骏和王如松提出的"社会—经济—自然复合生态系统"理论[②]，其中明确指出了城市的社会、经济、生态的复合属性，即城市的社会发展、经济建设和生态保护不是孤立的，而是相互作用、相互影响的。

生态城市理论主张将城市作为一个生态系统来规划和管理，通过保护生态环境、促进资源循环利用、提高居民生活质量等手段，实现城市的可持续发展。在生态城市理论下，一方面，要广泛应用生态学原理规划建设城市，促进城市结构合理、功能协调；另一方面，要注重经济发展、社会和谐和生态优美的高度协调。具体到都市圈而言，要结合都市圈规划和土地利用情况，统筹优化生产、生活、生态空间布局，提升都市圈的生态环境质量。

3. 紧凑城市理论

"紧凑城市"的概念最早由 Dantzig. G 和 Satty. T 于1973年在《紧凑城市——适合居住的城市环境计划》中首次提出。1990年，欧洲委员会在《城市环境绿皮书》中肯定了高密度、功能复合的"紧凑城市"对城市建设的积极作用，之后其内涵得到进一步延伸。

紧凑城市理论是对可持续发展理念在空间维度的补充，强调通过提高城市密度、混合土地利用、打造便捷的交通网络等手段，防止城市无序蔓延、

① 沈清基：《城市生态与城市环境》，同济大学出版社，1998。

② 马世骏、王如松：《社会—经济—自然复合生态系统》，《生态学报》1984年第4期。

降低交通拥堵和能源消耗等，实现城市的集约高效绿色低碳发展。具体到都市圈而言，这一理论要求在都市圈空间布局优化中，通过合理控制城市规模、进一步优化都市圈功能分区等方式，实现都市圈空间资源的集约高效利用，打造良好的居住环境以及快捷便利的交通。

4. 循环经济理论

循环经济理论起源于20世纪60年代美国经济学家波尔丁提出的宇宙飞船理论。波尔丁认为，地球经济系统如同一艘宇宙飞船，只有实现对资源循环利用的循环经济，地球才能得以长存。20世纪90年代之后，发展循环经济成为国际社会的重要趋势。在20世纪末，"循环经济"的概念被系统地引入国内，其内涵被不断扩展延伸。

循环经济是以资源的高效和循环利用为核心，以"减量化、再利用、资源化"为原则，以低消耗、低排放、高效率为基本特征，符合可持续发展理念的经济发展模式。具体到都市圈而言，这一理论主张都市圈建立健全资源循环利用体系，推动产业协同发展和废弃物资源化利用，促进资源循环利用并减少废物排放，实现经济活动的环境友好性。

（二）以绿色低碳导向优化都市圈空间布局的基本内涵

以绿色低碳导向优化都市圈空间布局，要求坚持生态优先、绿色发展理念，以优化提升都市圈空间布局为目标，持续推进生态空间建设，全面提升土地资源节约集约利用水平，大力发展绿色低碳循环经济，积极推行低碳交通和绿色建筑，为打造绿色、低碳、可持续发展的都市圈筑本强基。其基本内涵包括以下几方面。

一是持续推进生态空间建设。一方面，保护和恢复都市圈内的自然生态空间，包括森林、湿地、海洋等，维护生态平衡和环境质量；另一方面，注重生态廊道、城市绿道等的统筹布局，保证都市圈的生态空间。

二是全面提升土地资源节约集约利用水平。一方面，提高土地利用效率，减少无效的土地开发，实现空间组织和经济活动的紧密关联；另一方面，严格控制都市圈内的建筑密度和高度，避免过度开发导致的资源浪费和

环境破坏。

三是大力发展绿色低碳循环经济。一方面，积极布局绿色产业，提高绿色低碳技术的研发和应用水平；另一方面，推广清洁能源，减少化石燃料的使用，逐步优化能源结构，从而降低碳排放和污染物排放。此外，进一步推动资源的高效利用和废弃物的减量化、资源化、无害化处理，降低资源消耗和环境压力。

四是积极推行低碳交通和绿色建筑。在低碳交通领域，完善交通基础设施建设，优化调整交通网络，推广公共交通、非机动车和步行等低碳出行方式，减少交通拥堵，降低交通领域的碳排放。在绿色建筑领域，采用节能、环保的建筑材料和技术，提高建筑的能效和环保性能，提升土地利用效率。

（三）绿色低碳对都市圈空间布局的影响机制

在绿色低碳导向下，通过推进生态空间建设、提升土地资源节约集约利用水平、发展绿色低碳循环经济、推行低碳交通和绿色建筑，推进都市圈生产空间、生活空间和生态空间优化，从而实现都市圈整体空间布局的调整和优化。

第一，绿色低碳要求都市圈空间布局应充分考虑自然生态空间，自然生态空间的保护和恢复，有利于优化都市圈空间结构和功能分区，促进都市圈资源合理配置，减少环境污染和提高能源效率，从而推动都市圈可持续发展。第二，绿色低碳要求提升土地资源节约集约利用水平，这样有助于实现都市圈紧凑发展，从而提升资源利用效率、避免破坏生态环境。第三，绿色低碳要求都市圈发展绿色低碳循环经济，一方面，推动传统产业绿色化改造升级，布局新兴绿色产业，提升土地资源利用效率；另一方面，通过推广清洁能源，促进能源结构的调整和优化，提升能源利用效率。第四，绿色低碳要求注重发展低碳交通，鼓励市民采用公共交通、骑行、步行等低碳出行方式，减少私家车的使用。这样有助于优化都市圈交通结构，促进空间布局更加合理。第五，绿色低碳要求注重绿色建筑的建设和推广，通过采用节能技术、可再生能源等，减少能源消耗和环境污染。同时，提升土地利用效率，促进城市功能布局更加优化（见图1）。

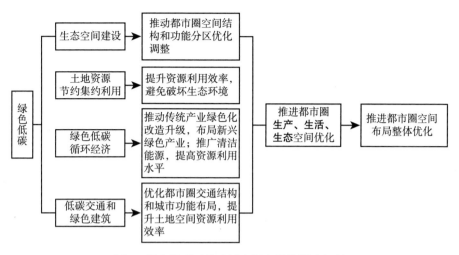

图 1 绿色低碳对都市圈空间布局的影响机制

图片来源：笔者自制。

二 东京都市圈空间布局的经验及启示

东京都市圈是政府行政力量和市场力量共同作用的结果，其在打造区域功能空间结构、优化产业空间布局、构建轨道交通与都市圈融合发展的空间格局等方面积累了丰富的经验，对我国都市圈建设具有重要的参考价值。

（一）打造"多核心、多圈层"的区域功能空间结构

20 世纪 50 年代以来，东京都市圈的发展主要经历了三个历史时期，综观这三个历史时期的空间结构演变特点，都不同程度地体现了绿色低碳的思想，最终形成了当前"多核心、多圈层"的区域功能空间结构。[①]

1. 以"绿化带+新城"模式引导都市圈空间重构和产业功能布局

20 世纪 50 年代中期以来，日本经济进入了高速增长阶段。伴随经济的

---

① 张军扩、侯永志、贾珅等：《东京都市圈的发展模式、治理经验及启示》，《中国经济时报》2016 年 8 月 19 日。

快速增长，东京因其特殊的地理区位和政治、经济中心地位发展成为都市圈的核心城市，与此同时也面临基础设施不足、交通堵塞、环境污染等一系列城市问题。为此，日本政府以推行"绿化带+卫星城市"①的方式来引导都市圈空间重构和产业功能布局。

设置绿化带最早见于 1939 年的《东京绿地计划》，该计划提出在东京周围设置环状绿化带，以抑制东京的扩张。1956 年，日本政府制定的《首都圈整备法》中明确提出，在近郊设置绿化带以抑制东京的扩张。随后，1958 年出台的《第一次首都圈基本计划》中再次明确，在东京市区周围设立绿化带，以抑制东京市区的膨胀；在东京周围开发一些工业城市，以吸收人口和产业。与此同时，在《首都圈建成区内工业等设施控制法》《首都圈城市开发地区整治法》等国家法规的强制要求下，早期集聚在东京的工业、流通等多类设施逐步分散，周边地区的卫星城和新兴工业城市迅速崛起，以多摩地区和筑波学园城市为典型代表。随着经济进入高速增长阶段，为了应对资源要素进一步向东京集聚，日本政府于 1968 年制定了《第二次首都圈基本计划》，该计划旨在将首都圈构筑成为广区域复合体。一方面，提高市区的中枢功能，对城市空间进行再开发；另一方面，在近郊地区进行有计划的开发，并与绿地空间相协调。此外，在周边地区继续推动卫星城市建设。

2. 打造多核型都市圈架构

20 世纪七八十年代，东京都市圈"一极集中"的特征日益加剧，过度密集和规模扩张使东京与周边区县的差距日益增大，这不仅不利于东京都市圈经济社会系统的稳定，还引发了房价泡沫、职住分离等一系列城市问题。为此，日本政府在 1976 年发布了《第三次首都圈基本计划》，该计划仍以抑制首都圈的扩张发展为目标，积极推动东京周边地区次中心城市的建设。根据此计划，日本政府不仅将副中心城市增加至 7 个，还加快开发周边的横滨（未来 21 世纪港）等多个新兴商务核心城市。同时，受益于逐步完善的轨道交通网络，东京都市圈形成了多核型的都市圈架构。1986 年，日本政

---

① 绿化带：在东京建成区周边 10 公里范围内设立绿化带作为近郊整备区。

府制定了《第四次首都圈基本计划》，该计划将首都圈划分为东京大城市圈和周边地区，并强调打造"多核多圈型"的区域结构。在此计划期内，东京周边地区的新兴核心城市建设进入实施阶段。多核型的都市圈架构，有效降低了资源消耗，减少了环境污染，为推动东京都市圈绿色低碳发展发挥了重要作用。

3. 创建多核多圈型分散型网络结构

20世纪90年代以来，东京都市圈的经济增速和人口规模都进入了前所未有的负增长阶段，同时就业困难等社会矛盾日益凸显。公众普遍认为，高速的经济增长并没有带来良好的生活和就业环境，反而因过度集聚带来一系列"大城市病"。与此同时，随着城市化的推进，城市空间吞噬了周边地区的自然空间，自然生态空间逐渐减少。为此，日本政府于1999年公布了《第五次首都圈基本计划》，该计划提出要在东京都市圈形成环状据点城市群的"分散型网络结构"，在东京市中心和其他城市中心进行城市空间的再配置和开发。同时提出构建"绿色回廊"的生态网络及广域的水和绿色网络。在此计划下，东京都市圈积极推进"紧凑型"城市建设，不断完善东京都心的各种生活服务功能和公共交通系统，建立以各个核心城市和据点城市为中心的生活圈。同时，通过各个节点城市之间分工合作形成"环状枢纽城市群"，以及通过对关东北部和东部、内陆西部地区土地的有效利用形成"首都圈大环状合作轴"，推动都市圈结构向多核多圈型转换。

进入21世纪，东京都市圈核心城市、次核心城市、中小城市、外围城区四级多核多圈型分散型网络结构已基本形成。在这种结构下，东京与其他城市之间通过高效连接的轨道交通网络打造了都市圈范围的分工协同网络，促进了生产要素的自由流动与资源的有效重组，提升了资源要素的使用效率。与此同时，随着各级城市功能和居住功能高度集中，人口居住在更靠近工作地点和生活必需的服务设施附近，从而有效减少了能源消耗和碳排放。2016年，日本政府发布新版《首都圈整备计划》，该计划强调"既保持东京竞争优势，又要减轻一极集中弊端"的"首都圈广区域"理念。在此计划下，交通网络和"北关东新产业轴"等合作集群作用得到最大限度发挥，

多核多圈型分散型网络结构进一步完善。与此同时，为了进一步降低碳排放，东京于2019年提出了"东京零排放战略"，在建筑层面，致力于打造生态友好型建筑，以减少温室气体排放量和能源消耗。

由于各个都市圈的资源禀赋、经济结构和产业基础以及发展阶段不同，在绿色低碳导向下，都市圈的空间结构调整和优化应采取不同的措施。当前，成都都市圈正处于建设成长期，应根据都市圈资源禀赋和发展基础，依托新时代西部大开发、成渝地区双城经济圈等重大区域发展战略，以成都都市圈建设成长期三年行动计划为引领，秉承绿色低碳理念，系统推进空间结构调整和优化。

（二）根据区位、地理环境和资源禀赋优化产业空间布局

东京都市圈内各地地理区位不同、资源禀赋不一，据此形成了具有特色的产业集群体系和产业分工协作体系，开展了合理有效的产业空间布局，这样有助于提高资源利用效率，降低能源消耗。

1. 依托区位和资源禀赋打造产业集群体系

基于自然条件、交通区位和资源禀赋等基础条件，都市圈内不同区域发挥其在都市圈中的比较优势，不断提升专业化水平和产业集聚度，培育自身优势产业集群，形成都市圈内分工合理、特色各异、有机协作的产业集群体系。

作为东京都市圈的核心城市，东京集聚了都市圈内大部分商务管理、金融保险、信息技术等现代服务业，形成了都市圈内最主要的现代服务业产业集群。制造业产业集群主要集中在东京湾地区、首都圈中央干道和北关东高速公路沿线，并逐步迁到外围的神奈川和千叶县。其中，神奈川县主要依托横滨港和川崎港两个重要港口发展工业与物流产业，凭借港口优势的扩大，神奈川逐渐打造出东京都市圈内最大的工业和物流产业集群。千叶县是日本重要的工业县之一，在原有工业基础上，依托日本最重要的国际机场——成田机场，围绕国际空港发展国际物流等产业，形成临空产业集群。在外围四县中，茨城县在南部形成以筑波科学城为主体的高等教育和研究机构集聚

地，在此基础上发展培育形成信息产业集群；栃木、群马等县第一产业较为发达，依托第一产业的产业链和价值链延伸，形成了食品加工、纺织服装等传统制造业产业集群（见表1）。

表 1 　东京都市圈产业布局

地区	主要产业	产业集群
东京	商务管理、金融保险、信息技术等现代服务业	现代服务业产业集群
神奈川县	工业与物流产业	工业和物流产业集群
千叶县	国际物流等产业	临空产业集群
茨城县	教育、科研等	信息产业集群
栃木、群马等县	食品加工、纺织服装等产业	传统制造业产业集群
埼玉县	光学产业	光学集群

资料来源：笔者整理。

2. 搭建"中心"与"外围"之间高效的产业分工协作体系

20世纪60年代以来，东京都市圈内产业结构调整与空间重组并行，总体上有明显的"中心—外围"特征。第一产业主要集中在外围地区，仅千叶县就集中了40%左右的第一产业从业人口。[①] 第二、三产业的空间分布总体呈现第二产业沿湾区和交通干线向外围疏解、第三产业向中心集中的态势。从第二产业内部分布差异来看，虽然各地区在产值比重上有平衡的趋势，但从产业类别上来看，高附加值的轻工业更倾向于向核心集聚，技术密集型的重工业逐步被置换到外围地区，栃木、群马等外围县依托其资源优势和第一产业基础也集聚了纺织、服装、食品加工等轻工业。[②] 第三产业向都市圈核心集聚的空间分布特征比较明显，从内部差异来看，金融保险、总部经济、学术研究等高等级现代服务业更倾向于向东京内部集中，虽然在政府的引导下教育科研、办公管理、商务交流也在向外部的业务核心城市和新城

[①] 陈红艳、骆华松、宋金平：《东京都市圈人口变迁与产业重构特征研究》，《地理科学进展》2020年第9期。

[②] 杨晓慧：《产业集群与日本区域经济非均衡发展研究》，东北师范大学博士学位论文，2003。

疏解，但总体上这些产业倾向于集中在东京都 50 公里范围内的片区中心城市。[①] 目前，东京的第三产业占比超过了 80%，尤其是金融、科技、信息等服务型产业十分发达。总体来看，随着全球化的发展，东京都市圈主导产业从制造业向传统服务业进而向现代服务业转变，这一过程也是由高能耗向绿色低碳转型的过程。

合理的产业空间布局是都市圈绿色低碳发展的关键。成都都市圈内各大中小城市以及小城镇应根据其区位、地理环境和资源禀赋，确定产业发展的主导方向和发展路径，打造优势特色产业，推动产业高端化、绿色化、智能化发展，助力都市圈整体产业空间布局的调整和优化。

（三）构建轨道交通与都市圈融合发展的空间格局

东京都市圈经济高速增长和空间有序扩张与高效运转的轨道交通网络密切相关，而轨道交通网络的成功离不开具有强大辐射带动作用的东京。轨道交通与都市圈空间结构的相互促进，有力地推动了东京都市圈向更合理的方向发展。

1. 打造多层次、一体化轨道交通网络

东京都市圈的轨道交通网络在全世界很有名气，都市圈内的轨道交通网络层次清晰、规模庞大，主要由地铁、JR（通勤）、私铁、新干线以及 JR 国铁等构成。[②] 其中，地铁主要集中在东京都 23 区，主要服务东京都内的居民日常出行，承载着东京接近 80% 的客流量；JR（通勤）、私铁的运行区域同时覆盖市区和郊区，主要功能是连通都市圈中心城区与周边郊区；新干线与 JR 国铁承担都市圈对外交通功能，是连接东京都市圈与日本其他区域的重要纽带。数据显示，2023 年，东京地铁日平均客运量达 1080 万人次，全年旅客发送量超 37 亿人次，居世界各大城市前列。多层次、一体化的轨道交通网络减少了交通拥堵，降低了交通领域的碳排放和污染物排放。同

---

① 姜佳：《日本"东京都市圈"制造业产业结构演变研究》，吉林大学硕士学位论文，2018。
② 王亚洁、潘昭宇、王新宁：《国际都市圈多层次轨道交通融合发展经验及启示》，《综合运输》2022 年第 6 期。

时，构筑了有利于资源要素流动的区域网络骨架[1]，也方便了都市圈内各城市之间以及与外界的联系。

2. 大力推动"站城一体开发"模式

在推进轨道交通网络建设的同时，面对土地资源紧张的瓶颈，东京都市圈采用"站城一体开发"模式，促进了轨道交通枢纽功能与城市功能的融合，有力地推动了轨道交通与都市圈融合共生。依托轨道交通枢纽可达性高的优势，将商业服务、文化娱乐、旅游休闲、特色餐饮、品牌零售等业态引入轨道交通网络，一方面提升了轨道交通输送效率，另一方面也带动了沿线经济发展。如利用山手线六大换乘站的独特优势，将办公、商业、居住等高度复合化功能引入轨道交通网络，打造了繁华的商业区。同时，各大轨道交通运营商通过加强对周边用地的综合开发以及商业设施的高密度开发，进一步带动了人流的集聚，最终形成了东京都市圈的六大城市副中心。[2]

轨道交通是都市圈一体化发展的重要基础和支撑力量，构建轨道交通与都市圈融合发展的空间格局对都市圈高质量发展意义重大。成都都市圈应在现有基础上，加快建设"轨道上的都市圈"，并以轨道交通为骨干、多种交通方式为支撑，打造"一小时通勤圈"。同时，以成都为引领，加快推动TOD项目建设，为成都都市圈高质量发展赋能。

三 成都都市圈空间布局现状与挑战

近年来，成都都市圈以"构建'极核引领、轴带串联、多点支撑'的网络化都市圈空间发展格局"为目标，积极推动空间布局调整与优化，并取得了一定成效。但与此同时，仍面临"一核独大"等挑战，需要采取积极的应对措施。

---

[1] 何森：《东京都市圈的高效空间组织形态》，《群众》2022年第24期。

[2] 刘国玲：《轨道交通网络对城市空间结构的影响——以东京都市圈为例》，《城市建设理论研究》2023年第2期。

（一）成都都市圈空间布局现状

自获批以来，成都都市圈以同城化发展为导向，强化成都中心城市辐射带动作用，发挥德阳、眉山、资阳比较优势，夯实成渝发展主轴、打造成德眉发展轴，共同打造成德临港经济、成眉高新技术、成资临空经济产业带，合力推动交界地带融合发展，全力构建"极核引领、轴带串联、多点支撑"的网络化都市圈空间发展格局。

1. 成都中心城区功能不断优化

一是中心城区"瘦身健体"持续推进。一般性制造业、专业市场等功能和设施得到有序疏解，教育、医疗等公共服务设施布局不断优化，优质公共服务资源不断向周边辐射延伸，如目前成都都市圈已实现成都优质网络教育资源 100%全覆盖。二是城市功能和品质逐步提升。践行新发展理念的公园城市示范区建设取得积极进展，2023 年，成都公园数量由 2020 年的 142 个增加到 225 个。① 与此同时，高标准推进四川天府新区、成都东部新区、成都高新区、西部（成都）科学城建设，成都的国际影响力和区域辐射力不断提升。三是郊区新城建设取得一定成效，具备产城融合、职住平衡、生态宜居、交通便利特征的郊区新城正在有序推进，为疏解成都中心城区功能发挥了重要作用。

2. 德阳、眉山、资阳宜居宜业功能进一步完善

一是德阳、眉山、资阳三市主动承接成都功能疏解和产业转移，共享成都发展环境、资源和平台，人口和经济集聚能力不断提升。以德阳为例，2023 年，人口密度由 2020 年的 3527 人/km² 上升至 4235 人/km²②；地区生产总值在 2023 年突破 3000 亿元大关，达到 3014.4 亿元，增速（6.7%）高于全国（5.2%）、四川全省（6%）平均水平。③ 二是医疗、教育等优质公共服务资源配置不断增加，城市功能品质和宜居宜业水平得到显著提升。目

---

① 数据来源于《2023 年城市建设统计年鉴》《2020 年城市建设统计年鉴》。
② 数据来源于《2023 年城市建设统计年鉴》《2020 年城市建设统计年鉴》。
③ 数据来源于 2023 年德阳市、四川省、全国国民经济和社会发展统计公报。

前，成德眉资四市已全面实现住院、门诊异地就医直接结算，异地直接结算医药机构达到 2.48 万家；成都与德眉资三市结对学校达到 306 对。

3．"两轴"建设取得成效

一是成渝发展主轴不断夯实。近年来成资大道和市域（郊）铁路加快建设，为成都东进和重庆西扩相向发展奠定了重要基础。目前，成资大道已正式贯通，轨道交通资阳线也全线贯通，成都东部新区与重庆联动的重要支点作用逐步显现。二是成德眉发展轴逐步形成。一方面，交通基础设施建设进展显著，目前天府大道北延线已全面通车运行，天府大道眉山段以及市域（郊）铁路成德线、市域铁路成眉 S5 线加快建设。另一方面，四川天府新区、成都国际铁路港经济技术开发区的辐射带动作用日益凸显。

4．"三带"建设进展显著

一是成德临港经济产业带"两港一体化"不断深入。近年来，成都国际铁路港和德阳国际铁路物流港持续推动"两港联动、协同开放"，重点通过共同建设基础设施、统筹班列开行、争设开放口岸、推进产业发展等方面，力促两港实现功能互补、资源共享、发展共赢。目前，两港正在积极探索建立"一港多站、枢纽集结、区域分拨"的合作模式。自合作以来，德阳通过中欧班列（成都）、西部陆海新通道分别发送货物 100 余柜、200 余柜。2023 年，成都国际铁路港积极服务德阳东方电气班列需求，发送塔什干货物 200 余柜。

二是成眉高新技术产业带集聚效应不断显现。产业带"七区一县"共同编制形成《成眉高新技术产业带产业适配研究报告》《成眉高新技术产业带人工智能产业链建设方案》《成眉高新技术产业带产业适配实施方案》，积极推动产业带"延链补链强链"。重点推动西部（成都）科学城等牵头园区建设，协同相关区县共建"牵头园区+主导产业+重大平台+链主企业"机制。高标准推进天府兴隆湖实验室建设，持续推进大科学装置建设。2023 年上半年，成眉高新技术产业带实现地区生产总值 2408.91 亿元，同比增长 0.6%，占全省 GDP 的 8.6%。

三是成资临空经济产业带开放能级大幅提升。2023 年 1 月，《成都天府

临空经济区建设方案》正式出台，为成资临空经济产业带开放发展指明了方向。同年3月，成都天府国际机场口岸对外开放，成都成为中国大陆第三个同时运行双国际机场、开放双航空口岸的城市。2023年，天府国际机场实现旅客吞吐量4478.6万人次，同比增长237.3%，在全国259个机场中居第5位；货邮吞吐量达到24.59万吨，飞机起降架次达到32.96万架次。[①]与此同时，民航科创示范区、天府综合保税区等高能级平台加快建设，资阳智能制造产业园等科创载体建成投运。

5. 交界地带融合发展成效明显

成德眉资交界地带充分利用交界地带地理毗邻、资源相似、产业相近、基础相当等现实条件，以区域间特色主导产业融合发展为依托，深化基础设施、公共服务、生态环保等各领域合作，协同打造成都都市圈发展的支撑点。彭州—什邡、金堂—广汉、简阳—雁江—乐至等毗邻区（市）县围绕川芎、食用菌、水蜜桃等农业主导产业，聚力打造了彭什川芎现代农业产业园等6个融合发展启动项目。目前，川芎全国市场份额超过75%，黄贝木耳全国市场份额超过65%。新津—眉山天府新区、四川天府新区成都直管区—眉山天府新区等毗邻区（市）县围绕智能制造、电子信息、新材料等重点产业，协力共推籍田—视高"科技+文旅"融合交界示范点等3个融合发展启动项目建设。蒲江—丹棱、青白江—广汉、成都东部新区—眉山天府新区等毗邻区（市）县围绕教育、医疗、文旅等公共服务领域，不断夯实青广教育城融合发展示范区、蒲丹国际生态旅游区等3个启动项目基础，着力提升发展水平。

（二）成都都市圈空间布局面临的挑战

当前，成都都市圈呈现"一核独大"的发展格局，成都对周边地区的辐射带动作用并不强，不同等级城市功能不协同现象较为明显，营商环境发展不平衡的问题较为突出，这为成都都市圈空间布局调整和优化带来一定的

---

① 数据来源于2023年全国民用运输机场生产统计公报。

挑战。

1. 都市圈单中心特征明显

当前，成都都市圈单中心特征仍然明显，人口和资源仍大量向成都集聚，这样不仅造成"大城市病"，而且也会对都市圈内要素流动、产业协作、公共服务资源配置等方面产生不利影响。以人口为例，2023 年，成都人口密度达到 9106 人/km²，远高于德阳（4235 人/km²）、眉山（4964 人/km²）、资阳（1542 人/km²）的水平（见表 2）。与此同时，成都与上海等对标中心城市相比，人口集中度处于较高水平；2020 年以来，在上海、杭州的人口密度增幅减缓以及南京的人口密度出现下降的情况下，成都的人口密度仍保持较快的增长态势（见图 2）。大量的人口向成都集聚，在给成都经济社会发展造成较大压力的同时，也在很大程度上加大了都市圈优化空间结构、促进要素有序流动以及均衡公共服务资源配置的难度。

表 2　2020~2023 年成都都市圈各市人口密度

单位：人/km²

城市	2020 年	2021 年	2022 年	2023 年
成都	6892	7997	8705	9106
德阳	3527	3414	4231	4235
眉山	2306	2227	2241	4964
资阳	1525	1526	1559	1542

资料来源：2020~2023 年《城市建设统计年鉴》。

2. 不同等级城市功能存在不协同现象

当前，成都仍集聚有大量非核心功能，如一般制造业、商品交易市场、仓储物流等。以仓储物流为例，2022 年，成都仓储物流占城市建设用地的比重为 2.49%，高于同期深圳（1.7%）、南京（1.12%）以及杭州（0.54%）的水平。非核心功能过于集中导致成都面临空间过密、成本上升、效率不高等问题。2022 年，成都城市建设面积占市区面积比重达到 25%，远高于上海（17.24%）、南京（12.80%）、杭州（10.18%）、广州

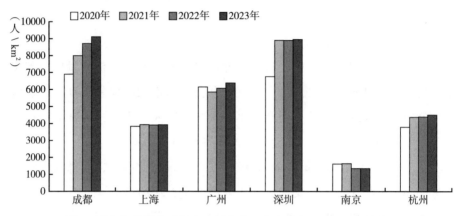

图 2　成都与其他都市圈中心城市人口密度对比（2020～2023 年）

资料来源：2020～2023 年《城市建设统计年鉴》。

（9.75%）的水平。① 与此同时，周边城市存在规模过小、集聚不足现象，2022 年，德阳、眉山、资阳城区常住人口分别为 54.84 万人、54.08 万人、35.81 万人，与成都（842.61 万人）差别较大，造成规模经济效应不足、土地资源低效使用等难题，三市城市建设面积占市区面积比重分别为 8.65%、3.56%、2.40%，② 处于较低水平（见图 3）。此外，都市圈内各城市在功能布局上存在追求"大而全"的倾向，德阳、眉山、资阳之间产业同构、重复建设、过度竞争等现象依旧存在，这将不利于成都都市圈空间布局重构和调整。

3. 营商环境发展不均衡

目前，成都都市圈城市之间竞争大于合作，各个城市限制资本、人才、关键原材料等要素自由流动的政策未完全消除，歧视性市场准入门槛、隐蔽性政策壁垒、利用行政手段扶持本地市场主体等现象仍然存在，这在很大程度上限制了人口、产业、经济等要素在都市圈内的整体布局和资源的均衡分配。与此同时，德阳、眉山、资阳与成都在政务服务、司法服务以及法律服务上仍有较大差距，进一步阻碍了资源要素在都市圈内顺畅有序流动。

---

① 根据《2022 年城市建设统计年鉴》计算。
② 根据《2022 年城市建设统计年鉴》计算。

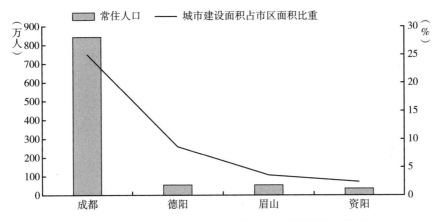

图 3　2022 年成德眉资常住人口和城市建设面积占比情况

资料来源：《2022 年城市建设统计年鉴》。

四　成都都市圈空间布局优化的对策建议

（一）以轨道交通为骨干，构建"多环+放射状"交通格局

交通格局是空间布局的前提和基础。交通作为连接城市和区域的重要纽带，其发展状况直接影响着国土空间布局优化和区域协调发展。合理的交通格局可以引导人口和产业布局更加合理，实现资源的合理利用和生态环境的保护。成都都市圈要以轨道交通为骨干，加快打造"多环+放射状"的交通格局。一是全力推动"轨道上的都市圈"建设。加快建设市域（城郊）铁路成都至德阳线、成都至眉山线和成都至资阳线，积极推进成都铁路枢纽环线公交化运营改造和成都都市圈环线铁路建设。建设综合交通枢纽，推动轨道交通与其他交通方式的无缝衔接。二是打造多层次公路网。聚焦高速公路、国省干线、县乡公路等交通网络，持续推进"断头路"治理，扎实推进道路改造提升，畅通成都都市圈公路网。三是加快建成跨市域公交环状线路。进一步优化交界地区公交线网，推进跨市域公交线路快速接驳，打造都市圈内公交环状线路。

（二）发挥比较优势，打造一体化发展的产业空间布局

依托成德眉资四市产业优势，明确城市功能定位和发展方向，打造一体化的产业空间布局，避免产业同质化竞争，提高都市圈产业整体竞争力。一是全面落实《成都都市圈重点产业产业链全景图》，明确成都都市圈产业布局优化方向和重点。通过政策引导，鼓励企业按照顶层设计进行产业布局和投资。二是依托各地比较优势和产业协作需求，持续优化产业分工协作格局。成都以发展新型显示、轨道交通、航空装备、新能源汽车、绿色食品（调味品）、医美服务等产业以及现代服务业为主，德阳以发展清洁能源装备产业为主，眉山以发展锂电产业以及农产品加工和旅游业为主，资阳以发展医疗器械（口腔医疗）产业和现代物流业为主。三是推动创新资源共聚共享，提升产业一体化发展层次。完善创新平台共建共享机制，引导成都都市圈创新主体依托重大创新平台开展技术研发活动。完善科创资源服务共享机制，依托"科创通"平台，搭建科创资源服务开放共享信息系统，推动成都都市圈重大科研基础设施和大型科研仪器共享共用。

（三）优化空间结构，建成"极核引领、轴带串联、多点支撑"的空间发展格局

进一步强化成都中心城市辐射带动作用，充分发挥德眉资比较优势和县域单元主体作用，加快构建"两轴"，打造"三带"，建成"极核引领、轴带串联、多点支撑"的网络化都市圈空间发展格局。

一是积极开展《成都都市圈国土空间规划》编制和报送，推动《成都都市圈国土空间规划》与四市县级国土空间规划有效衔接，充分发挥《成都都市圈发展规划》和《成都都市圈国土空间规划》的引导作用。引导研究机构、市场主体和公共组织、市民群众等多元主体参与，保障成都都市圈发展规划和国土空间规划顺利实施。

二是加快构建"两轴"。落实《成资协同开放走廊国土空间专项规划》，构建"一港四中心六节点"空间体系，推动成资协同开放走廊沿线各功能

组团融合发展，夯实成渝发展主轴。落实《天府大道南北延线科创走廊国土空间专项规划》，构建南延线"一城四中心三节点"、北延线"五中心四节点"空间体系，推动天府大道科创走廊沿线各功能组团融合发展，夯实成德眉发展轴。

三是加快打造"三带"。共享成都国际铁路港建设势能，突出德阳装备制造产业优势，协同发展航空航天、轨道交通、适欧适铁、机械装备、材料化工、绿色低碳数字经济等产业，共建成德临港经济产业带。共享四川天府新区平台资源，围绕"功能园区+主导产业+重大平台+链主企业"推动产业适配发展，协同发展总部经济、数字经济、人工智能产业，共建成眉高新技术产业带。紧抓成都东部新区建设机遇，依托资阳"成渝之心、巴蜀门户"区位优势，协同发展航空航天、智能制造、现代物流等产业，共建成资临空经济产业带。

四是激发县域主体发展活力。推进以县城为重要载体的城镇化建设，加快提升成都都市圈县域经济单元综合实力。鼓励成德眉资四市县域间优势互补、结对合作。深入推进成德眉资毗邻区县交界地带融合发展，以实施成德眉资交界地带融合发展启动项目为重要抓手，统筹毗邻区域交通、产业、公共服务领域开展全方位深度合作，打造成都都市圈发展若干支撑点。

（四）优化发展环境，为都市圈空间布局优化提供保障

持续优化发展环境，是成都都市圈布局调整和优化的重要保证。一是加强四市政府间政策协调，推动政策互通互认，形成政策合力。强化科技创新投入政策协同，探索成德眉资四市财政支持科技创新政策标准接轨。推动四市财税分享机制落地落实，全力支持跨区域合作。协同开展外籍高层次人才认定工作，鼓励外籍高层次人才来成都都市圈创业就业。完善供地政策，优化土地资源配置，确保土地高效利用；加强土地市场监管，防止土地资源过度开发和浪费。二是打造稳定公平可及的营商环境。持续推进政务服务事项"同城化无差别"受理，扩大事项跨市"同标准"办理，逐步实现政务跨市域事项通办。持续推动"银政通"平台在成德眉资的应用，促进银政数据

共享、业务协同。三是高度重视生态环境保护。通过制定严格的环保政策和标准，加强环境监管和治理，确保生态环境得到有效保护和提升。积极发展绿色交通，通过加快充电基础设施建设、公共领域新能源车辆更新替换等措施，最大限度地减少交通对生态环境的负面影响。大力发展绿色建筑，积极推动既有建筑节能绿色化改造，提升既有建筑节能降碳水平；大力发展星级绿色建筑，鼓励成德眉资四市新建的办公建筑、公益性建筑以及保障性住房等按照星级绿色建筑标准设计建造，有效提升空间和资源的利用效率。

参考文献

北田静男、周伊：《日本站城一体开发演变及经验——以东京都市圈为例》，《城市交通》2022 年第 3 期。

贾品荣：《东京低碳绿色发展给我国城市发展带来三点启示》，《中国经济时报》2020 年 11 月 10 日。

李健、张琳：《基于通勤率的东京都市圈空间结构研究及其启示》，《同济大学学报》（社会科学版）2024 年第 1 期。

尹德挺、张锋：《圈层视域下东京都市圈就业人口空间分布演变及其新动向》，《日本学刊》2023 年第 5 期。

张季风：《日本如何进行都市圈建设——以东京圈为例》，《人民论坛》2020 年第 5 期。

张琳、李健：《东京都市圈新城发展机制研究及对上海的启示》，《上海城市管理》2021 年第 3 期。

B.10
纽约都市圈数字化治理经验
及对成都都市圈的启示

刘培学　王　理*

摘　要：　在新质生产力背景下，数字化治理已成为推进中国式现代化都市圈治理体系的关键途径，为促进都市圈数字化转型进程，增强社会经济发展潜力，成都都市圈亟须汲取全球优秀的数字化治理模式，提升都市圈新质生产力水平，逐步形成具备中国发展特色的都市圈数字化治理框架。本报告通过研究总结纽约都市圈在数字化治理领域的经验启示，针对成都都市圈数字治理现行探索与挑战，以"数字实践"为导向，提出明确数字化治理方向、加强数字化设施建设与创新、推动数据开放共享、推进公共服务治理效用提升、多层次培养数字化人才五个方面的对策建议。

关键词：　数字化治理　数据开放共享　新质生产力　都市圈

一　都市圈数字化治理的理论基础

随着多模态数据、云计算、物联网、区块链、人工智能等技术的迅猛发展，数字技术成为推动社会经济增长的新支点。习近平总书记指出，数字技术正在全面融入经济、政治、文化等各领域，对人类生活产生深远影响。数字化治理因此应运而生并不断扩展。"十四五"规划纲要明确要求加快数字化发展，建立规范有序的治理体系，推动数字经济、社会、政府

* 刘培学，博士，南京财经大学副教授，硕士生导师，主要研究方向为区域经济、大数据与流空间研究；王理，博士，成都师范学院讲师，主要研究方向为区域经济、数据要素。

的建设。都市圈的数字化治理是响应国家关于加快数字化发展、建立规范有序治理体系的政策导向，2019 年发布的《关于培育发展现代化都市圈的指导意见》强调了推进基础设施一体化、推进公共服务共建共享等数字化治理方面的内容，旨在通过数字化手段提升都市圈的整体效能和居民生活质量。①

（一）都市圈数字化治理的基本内涵

数字化治理是一个多维度、跨学科的概念，它涉及利用数字技术来提升治理效能，并对数字化带来的问题进行创新治理。数字化治理融合了数字化技术与治理理论，其具备智能化提供公共事务服务、促进民众参与互动以及激发政府治理创新的潜力。其主要涵盖两个维度"对数字化的治理"和"基于数字化的治理"。② 前者关注数字世界中出现的新问题和风险，需要创新的治理方法来应对；后者强调将数字化作为工具手段融入现行治理体系中，旨在优化治理效能。而都市圈数字化治理更强调以人为本，利用新一代信息技术实现数据驱动型的城市治理模式，这种治理模式旨在推动城市的经济、社会、文化及生态文明的可持续发展，并提升居民的生活质量。在都市圈数字化治理过程中，政府、企业、社会组织和公民需共同参与，通过技术和制度创新，实现更加智能、高效和安全的治理目标。③

在新质生产力的背景下，数字化治理被赋予了新的内涵。新质生产力赋予了数字化治理一种以创新为驱动力，强调技术融合、数据驱动决策、绿色可持续发展以及开放共享数据环境的治理模式。它要求治理结构具备高度灵活性和适应性，以快速响应社会和技术的快速变化，并通过持续迭代优化治理策略。同时，注重人才培养和能力建设，以及制度创新与法规的完善，确保技术的健康、有序发展，满足新时代社会治理的复杂需求。新质生产力着

---

① 国家发改委：《关于培育发展现代化都市圈的指导意见》，中国政府网，2019 年 2 月 21 日。
② 蔡翠红：《数字治理的概念辨析与善治逻辑》，《中国社会科学报》2022 年 10 月 13 日。
③ 中国网络空间研究院：《加强数字化发展治理　推进数字中国建设》，《人民日报》2022 年 3 月 23 日。

重于创新的核心地位并突出高效能、高质量、高科技的品质特征，这要求数字化治理不仅要支持传统意义上的城市治理，还要促进技术进步和产业升级，提高全要素生产率。数字化治理在此背景下，成为推动结构转型和高质量发展的关键因素。

（二）都市圈数字化治理的关键技术与工具

都市圈数字化治理依赖先进的数字基础设施和智能管理系统。当前数字化治理的实践正在全球范围内不断推进，不同都市圈根据自身特点和需求，选择合适的技术手段和工具，以实现都市圈的智能化、便捷化和高效化治理。在都市圈数字化治理过程中，应尤其注意分析多模态数据、人工智能、区块链三类关键数字化治理技术的技术特征、适用情形，并总结可能存在的治理风险。[①]

多模态数据赋能都市圈治理能力。多模态数据技术能够辅助都市圈开展趋势研判，可以实时监测网络舆情，评估公众情绪，预警潜在的社会风险，并结合自然语言处理和图像识别技术，自动识别和分类信息内容，快速响应负面舆情，为都市圈管理者提供决策支持。在大规模、突发性等复杂治理场景中，多模态数据技术能够融合多层级、多部门、多来源的数据，诸如视频监控、地理信息系统（GIS）、物联网（IoT）等多种数据源，有效协同多方力量参与治理，快速进行决策部署，优化资源配置，降低治理成本，提升数字化精细化治理能力。多模态数据技术为都市圈治理提供了强大的数据支持和智能分析工具，有助于构建更加高效、精准和人性化的城市治理体系。

AI大模型辅助优化智能决策和服务。人工智能技术涉及使用机器模拟、执行或扩展人类感知、认知和行为等智能活动。不同于传统计算机技术，人工智能技术可大幅提升智能决策、智能管理、智能服务、智能监督等能力。

---

① 中国信息通信研究院：《数字时代治理现代化研究报告——运用数字技术进行政府治理的经验、挑战及应对》，2022年12月。

目前生成式 AI，尤其是大型语言模型（LLMs），在都市圈公共服务和治理的多个领域展现巨大潜力，如在应急响应领域，通过大型语言模型的强大生成能力，都市圈管理者可以更快速、准确地进行危机情况的预测和响应。生成式 AI 的应用，不仅可以提高都市圈运行效率，更能深入洞察居民的喜好和需求，提供量身定制的服务，弥合居民个性化需求和行政解决方案之间的差距。

区块链促进数据安全和共享优化治理。区块链是一种去中心化的网络数据管理方法，通过加密算法和分布式共识机制确保数据传输和访问的安全性，从而实现数据的多节点维护、相互验证、全局一致性和难以篡改性。在都市圈管理实践中，区块链可实现穿透式监管和信任的逐级传递，促进数据共享、优化治理流程、降低运营成本、提升协同效率。从应用水平看，区块链在都市圈领域应用较活跃，但尚处初级阶段，主要分布于区块链+数据共享、区块链+多方协作，运用区块链引导都市圈信息资源交换方式由非实时、静态交换转向实时、动态可控的智能交换，使都市圈服务实现数据化流程化，并转向数据共享流转，提高跨部门协同效率。

多模态数据、人工智能、区块链等数字化治理技术彼此之间相互补充、相互促进，共同构建一个高效、智能、安全的都市圈治理新体系。随着这些技术的不断发展和深入应用，未来的都市圈治理将更加精准、更加人性化，更好地满足居民的需求，提升都市圈的整体运行效率和居民的生活质量。[1]

（三）数字化治理对都市圈建设的影响

2024 年 5 月 14 日，国家发改委、财政部和自然资源部、国家数据局四部门联合发布的《关于深化智慧城市发展　推进城市全域数字化转型的

---

[1]　冯贺霞、李弢、李赟：《转型与变革：数字治理理论前沿与实践进展》，《社会治理》2023年第 1 期。

指导意见》①指出，推进城市全域数字化转型，就要将数字化融入城市治理的各个领域，更好地服务城市高质量发展、高效能治理、高品质生活，真正实现治理体系的改革和治理能力的提升，这意味着都市圈的数字化转型应始终围绕都市圈治理的不同领域展开。以下从几个方面来阐述数字化治理对都市圈建设的影响。

数字化治理打破都市圈跨区治理壁垒。数字化突破了都市圈治理原有的物理界限，通过统筹大数据、网格化、数字城管等，组建圈内各市、县、镇三级治理现代化指挥中心，形成覆盖全域的联动指挥体系。在数字技术的串联下，都市圈治理的整体性日益增强，组织结构从部门间条块分割到"规建管"一体化，从独立、有限度、分散化的职能履行到统一、多层次、规范化的综合管理。同时，数字化完善了都市圈治理原有的工作机制，无论是治理要素的流通和使用，还是治理过程的协调和推进，以数据为载体，其相应功能流程的运转在数字时代得到了全面重构和升级，为都市圈发展建设按下"快捷键"。

数字化治理促进都市圈治理服务精细化。通过将数据技术应用于教育、医疗、养老、社会保障等重点领域，并对相关数据进行深度整合、挖掘与分析，形成渠道丰富多样、内容高效精准的数据惠民服务体系；借助数字化平台和实体社区服务设施，构建便捷、惠民的智慧服务网络，实现社区公共事务服务的线上线下一体化。着力构建完善网格化管理、信息化支撑的基层治理平台，努力实现群众诉求数据与都市圈智慧管理数据融合，围绕老年人、残疾人等特殊群体需求，推广"键对键""面对面"的协同办理模式，提升普惠性、基础性、兜底性服务水平。

数字化治理增强都市圈治理"数字韧性"。与传统都市圈治理相比，数字化治理能够提升都市圈应急响应能力，辅助精准决策，通过构建可融合历史案例、专家知识、现场信息等跨模态多元信息并进行智能决策的 AI 模型

---

① 国家发改委、国家数据局、财政部、自然资源部：《关于深化智慧城市发展 推进城市全域数字化转型的指导意见》，中国政府网，2024 年 5 月 14 日。

以及基于数字孪生技术的城市仿真平台，实现应急决策的推演及优化，保障应急措施的有效性。数字化智能化以创建公共治理平台和数据共享机制为基础，确保组织纵向联动、横向协同，实现各部门分工协作，提升治理效能。

数字化治理是一把"双刃剑"，也会不可避免地为都市圈治理带来一些问题。伴随数字化治理的不断扩展与应用，不同区域之间人们的数字素养、数字技能等存在明显的差异，从而出现了社会排斥和数字鸿沟，加剧了社会阶层之间的分化。因此面对新时期的复杂形势，数字化治理需要进一步激发都市圈活力，发展新型的政企合作关系，使数字化治理成为推动都市圈高质量发展的核心引擎。

二 纽约都市圈数字化治理经验与启示

作为世界知名大都市圈，纽约都市圈在数字化治理方面积极探索新路线。自 2007 年提出"规划纽约 2030"战略，2011 年发布《数字城市路线图》至 2015 年实施"一个纽约规划"，纽约都市圈实施了一系列重要计划，促进了数据的开放共享，建立了健康的物联网生态系统，使其成为世界一流的数字化都市圈。在 2019 年，都市圈制订了以"一个纽约 2050"总体规划为指引的纽约未来智慧城市愿景，致力于打造高数字包容性、强数字决策驱动性，且更公正、可持续和有韧性的纽约都市圈。纽约都市圈在数字化建设和治理方面，不局限于数字技术的创新与应用，而是深入实践了"数据驱动"的核心理念。因此，纽约都市圈在数字化治理上有丰富的经验成果值得学习，接下来从以下几个方面来分析总结纽约都市圈数字化治理实践探索。

（一）加快数字化基础设施建设，推动城市管理创新

为推动城市管理创新，纽约都市圈持续加快数字化基础设施建设，通过"物联网战略"的实施，纽约都市圈在多个领域引入了先进的数字技术，实现了城市设施的智能化管理和实时监控。同时，以 LinkNYC 和 Link5G 为代表的高质量数字基础设施，结合纽约技术与创新办公室（Office of Technology and

Innovation，OTI）的高效数字运营管理，为缩小数字鸿沟、实现数字公平做出了重要贡献。此外，纽约都市圈通过推动科技创新试点和《开放数据法案》实施，进一步激发了城市创新活力，并推动了政府数据的透明共享，构建了以数据驱动的城市服务新生态。这些数字实践不仅为都市圈数字化治理增添了新的动力，也为都市圈数字化基础设施建设奠定了坚实基础，有效促进了数字化治理水平的提升。

表1　纽约都市圈主要数字化转型战略

年份	规划、项目和战略	主要目标
2007	"规划纽约2030"战略	提出实现"更绿色，更伟大的纽约"的愿景
2009	"城市互联行动"	通过智慧城市建设促进城市信息基础设施优化，提升城市公共服务水平
2011	《数字城市路线图》	涉及社会、经济等多方面，描绘了使纽约成为顶级数字城市的愿景
2015	"一个纽约规划：建设一个富强而公正的纽约"战略	"智慧城市"创建行动作为其实施路径的一部分
2015	"建设智慧公平城市"战略	将智慧城市与公平直接连接，智慧交通+行动、智慧能源+环境、智慧安全+健康、智慧政府+社区四个主要战略
2017	"纽约机会"	"数据使生活更美好"，强调数据在公共服务提供、预算决策、政策出台、措施评估等方面的重要性
2019	"一个纽约2050"总体规划	提供帮助城市应对危机的综合解决方案

资料来源：依据纽约市政府官方网站等信息整理。

1.制定物联网战略框架，协调全域新型物联网设施布设

纽约都市圈在2015年提出了"物联网战略"，旨在建立健康的跨部门物联网生态系统。在具体应用过程中，纽约都市圈将物联网技术应用于城市的多个领域。例如，纽约都市圈打造以LinkNYC为代表的免费高速无线网络等高质量数字基础设施。2016年，纽约都市圈的LinkNYC成为世界上最大和最快的WiFi网络。2021年Link5G作为LinkNYC的第二代产品改善了纽约都市圈的数字连接效率，实现5G覆盖和WiFi连接在都市圈内部的公平部署，并为家庭宽带互联网接入提供更多选择。2022年1月，纽约技术

与创新办公室（OTI）对所有城市技术机构进行整合，以简化它们的运营并促进机构间的合作（见图1）。通过整合全市技术机构，推动了包括宽带普及、5G网络全覆盖、数字化服务平台建设、数据驱动决策支持、技术人才培养和创新企业孵化等一系列关键项目，旨在提升城市运营的效率和安全性，同时通过增强技术基础设施的韧性和优化政府服务，有效缩小都市圈数字鸿沟，为市民带来更便捷、更普惠的数字服务。

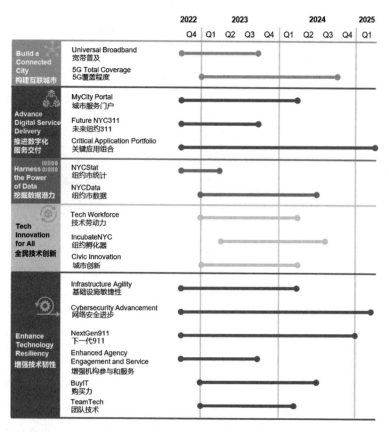

图1　纽约 OTI 数据路线开发示意

资料来源：https：//www.nyc.gov。

2. 合作开展科技创新试点，推动智慧城市技术应用创新

为推动纽约科技创新发展并加快建设"全球创新之都"（Global Capital

of Innovation），纽约市政府实施了多项科技创新策略，其中包括应用科学计划，即通过与全球知名大学合作，打造高水平的研发中心，以科研型高校、研究院、企业作为创新的源头，弥补纽约都市圈"应用科学"上的短板；还包括众创空间计划，即由高校、科研机构与社会企业合作，通过提供环境良好、租金低廉的工作、实验空间，激发和吸引社会创新与创业活动，助力纽约孵化新兴的高科技企业。在此基础上，纽约都市圈还特别注重引导互联网应用技术、社交网络、智能手机及移动应用软件领域的创业者，将数字技术与金融、文化、时尚等纽约传统优势产业相结合，挖掘互联网经济的新增长点和新商业模式，为都市圈数字化转型应用奠定基础。

3. 制定《开放数据法案》，推动政府数据的开放透明与共享

数据开放是纽约都市圈建设的重要特点之一。纽约都市圈于 2012 年正式通过《开放数据法案》，2013 年提出"数据驱动"的城市服务目标，并创建了"纽约市数据开放平台"，提供数以千计可公开下载的开放性数据。为鼓励市民查看和使用政府数据，纽约市政府还专门在政府官网设立了"开放信息自由纽约"的入口，市民和企业可针对自身生活和发展的数据需求，向 50 多个城市政府部门与公共服务机构提出数据开放请求。纽约都市圈初步建立起一个基于开放数据的城市社会运行生态系统，构建了具有特色的开放管理组织架构（见图 2），市民、企业和公共组织对社会运行场景进行不断创造、深度地挖掘，推动都市圈数字化治理向更高层次发展。

（二）数据驱动城市管理，搭建公共服务创新平台

纽约都市圈积极构建和完善数字化治理体系，通过多渠道开发公共服务平台并整合市民参与和政府决策。NYC311 服务平台自创立以来，成为市民与政府沟通的重要纽带，政府通过分析与处理平台接收的反馈问题，进而提升城市管理的精准度与响应速度。同时，纽约都市圈在算法分析和自动化决策领域不断探索，利用数据算法优化公共资源分配和社会治理，推动决策过

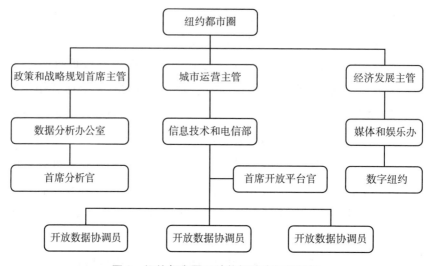

图2 纽约都市圈开放数据政府组织架构

资料来源：https://www.nytimes.com。

程的自动化和智能化。为进一步强化数据驱动的管理模式，纽约都市圈成立了由首席数字官、首席分析官和首席信息官组成的核心团队（见图3），技术与创新办公室（OTI）整合了独立运营的各部门力量，并下设网络指挥部，携手政府机构和技术伙伴，从公共安全到人类服务，从行业与社区参与到机构参与，从教育到经济发展，涵盖了政府运营的全谱系，共同构建数据驱动的决策支持系统，提升公共服务的效率与创新能力。

1. 围绕NYC311服务，搭建公民参与的社会服务数字平台

NYC311创立于2003年，是一个受理市民投诉的平台，也是市民与政府紧密协同合作的纽带。一方面，居民可以通过平台高效便捷地解决自己的问题，并且提高对都市圈建设和政府政策的关注和热情；另一方面，政府也能从收集到的来自各个渠道的成千上万条投诉和咨询数据中探测到都市圈的细小变化并及时作出反应。截至2023年，NYC311移动端下载量已经超百万（见表2），其通过移动应用程序提供数字服务，诸如废弃车辆报修和堵塞车道疏通等功能，并结合在线搜索量、电话咨询量识别重点问题与意见反馈，优化服务治理措施与改进应用程序功能设置，为用户构建全新的公共服

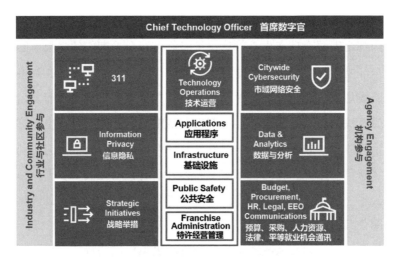

图 3　纽约都市圈首席数字官运营管理模式

资料来源：https：//www. nyc. gov。

务平台，推动 NYC311 平台走在美国前列，同时纽约技术与创新办公室通过对 NYC311 服务平台的持续改进，推动了 MyCity Portal 一站式门户的创建，提供统一的数字体验，为市民访问都市圈内城市服务和福利提供便利，打开了一条真正利用数据解决都市圈问题的数字化治理新思路。

表 2　NYC311 移动 APP 下载量

年份	下载量	苹果端占比（%）	安卓端占比（%）
2015	150730	54	46
2016	136619	49	51
2017	168432	53	47
2018	173754	55	45
2019	143520	50	50
2020	185304	44	56
2021	82977	68	32
2022	79217	67	33
2023	6260	69	31
总计	1126813	53	47

资料来源：https：//datacollaborativeforjustice. org。

2. 挖掘数据算法潜能，提升政府决策过程的自动化水平

纽约都市圈是全球率先推进算法赋能城市社会治理的领先都市圈，其实施路径与经验正在成为人工智能时代全球都市圈发展的样板。在都市圈公共校车的路线规划、儿童福利制度、预测性警务等诸多领域，政府部门逐渐使用并依赖算法的自动化决策。在为都市圈带来便利性的同时，由于算法开发机制、治理体系、技术应用等的差异，其在都市圈运行公平性与福利分配上存在一定缺陷。因此，纽约都市圈不断提升政府自动化决策水平，稳步向着有效、公平、负责任的方向迈进，在下一步算法开发进程中，其聚焦全社会对都市圈公共治理算法的监督诉求，寻找法律监管与"算法履职"之间的平衡，辨别出政府信息系统或工具符合自动决策标准的特征，规范政府自动决策系统的管理功能，推进纽约都市圈数字化治理高效发展。

3. 成立"首席"数字团队，构建数据驱动的决策支持系统

纽约都市圈高度重视数据开放，促进以数据为驱动的行政体制机制改革推动都市圈数字化治理转型，通过创办支持 Tech Workforce、Incubate NYC 等技术人才孵化项目，创建以首席数字官（Chief Technology Officer，CDO）、首席分析官（Chief Analytics Officer，CTO）、首席信息官（Chief Information Officer，CIO）为首的都市圈数字化团队。[①] 通过与纽约市议会、城市数字化倡导者、公民技术社区携手组建了开放数据团队，致力于推动面向全民的开放数据。作为城市分析的中心，纽约数据分析办公室（MODA）倡导在都市圈数据分析和社区中采用开放数据。纽约信息技术和电信部（DoITT）与供应商合作伙伴开放数据软件公司（Socrata）及政府机构共同管理技术运作，确保技术能力持续进步，以更有效地满足用户需求。通过"首席"数字团队创建，为构建数据驱动的决策支持系统奠定基础。

（三）丰富数字化实践，实施交通优化与环境管理

纽约都市圈通过引入混合孪生技术与智能管理系统，成功优化了城市交

---

① 《数字技术推动城市政务服务创新的经验与启示》，国脉电子政务网，2023 年 4 月 24 日。

通管理，并提升了交通安全性。通过虚拟孪生与数字孪生的结合，实时监测和预测交通流量及拥堵情况，进而制定并测试有效的缓解措施。同时，纽约都市圈还建立了生态环境实时监测网络，通过部署联网传感器和先进的数字技术，实时追踪环境数据，及时应对潜在的生态问题。为了进一步推进可持续发展，纽约都市圈还探索了多种数字基础设施创新，如智能垃圾桶、生态长椅和数据门户等，以提高废弃物管理效率、优化城市公共空间管理，并推动市民参与度的提升。智慧交通与环境管理领域的数字化实践，为实现纽约都市圈低碳可持续发展奠定了坚实基础。

1. 实施城市交通混合孪生，优化智能交通管理系统

在 2023 年 4 月，纽约哥伦比亚大学推出"城市交通的混合孪生：从十字路口到全市管理"项目，开发由虚拟孪生和数字孪生组成的分层分布式混合孪生技术，吸收从基础设施和车载传感器中获取的数据，以优化交通流量、提高交通安全。[①] 从纽约都市圈实际应用上看，混合孪生可以帮助交通管理者模拟交通拥堵状况并测试缓解策略，预测交通事故和拥堵点，甚至减少排放。同时混合孪生对纽约都市圈城市交通信号控制系统进行智慧化改造，利用下一代交通感知技术、大数据处理技术，实现路口信号动态控制方案。根据交通流状态进行信号灯、可变车道、潮汐车道的实时转换，提升都市圈交通信号控制系统智慧化程度，优化智能交通管理系统。

2. 建立生态环境实时监测网络，及时响应环境问题

数字技术在生态环境治理监测领域的广泛运用，有助于准确识别、实时追踪环境数据，为及时研判、科学解决生态环境问题提供参考。2020 年 4 月，纽约都市圈数字化团队与纽约城市大学和纽约大学合作，为布鲁克林和皇后区的部分地区共同开发了一套实时洪水监测系统来测量洪水事件的数量及洪水深度。2023 年 10 月，纽约技术与创新办公室启动纽约市"智慧城市试验台"计划（Smart City Testbed Program），使用无人机识别导致温室气体

---

① 上海科学技术情报研究所、上海市前沿技术发展研究中心、TISC 技术与创新支持中心：《纽约的数字化转型之路》，https：//www.istis.sh.cn/cms/magazine/reader/26708。

排放的建筑缺陷，使用空气质量改善装置来减少颗粒物排放并减轻当地空气污染。数字技术的广泛实践应用，为纽约都市圈生态环境治理提供了科学分析、有效应对的策略，丰富和拓展了纽约都市圈生态环境数字化治理的路径。

3. 强化数字基础设施探索，共筑低碳可持续道路

纽约都市圈在推动可持续性和健康公平的城市生活方面，是规划与设计创新实践的领导者。作为一个复杂的社会—技术—生态系统，纽约都市圈在自然生态、建筑环境、技术和社会经济等多个方面都展现出动态变化的特性。[①] 例如，纽约都市圈通过树木普查项目丰富带有地理标签的信息，以改善城市森林的健康状况，降低都市圈整体碳排放水平；通过使用智能垃圾桶"Big Belly"，监控垃圾水平，并通过以太阳能为动力运行的压缩机储存比传统垃圾桶更多的垃圾，改善都市圈废弃物管理水平；通过与麻省理工学院媒体实验室合作研发出智能太阳能长椅（Soofa），提供手机充电和额外座位并收集人们如何使用公园的信息，帮助政府更有效、高效地管理城市公共空间，辅助城市职能部门进行规划决策，并推广城市环境的公共教育。这种面向公众的平台允许本地居民、社区组织和公共服务提供者通过数据的更新和应用，使数据"实时"地发挥关键作用，助力纽约都市圈数字化治理推进。

三 成都都市圈数字化治理现状与挑战

自《"十四五"数字经济发展规划》文件发布以来，成都都市圈大力发展数字化治理，在协同创新驱动发展、打破城际服务壁垒、构建数字培训平台以及数字赋能生态共治方面卓有成效，然而在治理过程中，由于不同数字技术在特征、发展成熟度、适用场景以及应用水平等方面存在较大差异，因此也带来许多治理问题，未来成都都市圈数字化治理不仅需关注数字技术应

---

① 王钰、林添恍：《面向绿色基础设施的城市信息学：纽约市行道树数据收集、分析与公众科学的综合研究》，《风景园林》2021 年第 1 期。

用带来的普遍性治理问题，还需根据技术发展和应用情况，分别分析其特殊性的治理问题针对性完善制度规则建设。①

（一）成都都市圈数字化治理的现行探索

1. 协同创新驱动发展，推动都市圈数字化转型

成都都市圈致力于强化创新资源的集聚与转化能力，旨在构建成德眉资的创新联合体，并打造一个高品质、紧密相连的创新生态圈，营造良好创新生态环境，在共建共享科创通平台、深入推动金融科技产业同城发展等领域开展了积极探索，协同提升都市圈创新驱动发展水平。

依托"科创通"整合创新创业云孵化平台。成都都市圈通过"科创通"平台（见图4）及德阳、眉山、资阳分平台，创新"互联网+孵化"服务模式，推进科技资源共享和跨区域创新要素流动，促进产业结构调整和新兴产业发展。四市科技部门通过该平台开展线上业务并结合"校企双进·找矿挖宝"等线下对接活动，促进成果转移转化。此外，平台围绕"集聚、撮合、交易、孵化"等专业化、差异化、精准化服务，推动成都都市圈数字化创新平台共享共用，支持国家超级计算成都中心、大科学装置等重大创新平台开放共享，实现都市圈内数字资源共享，提升区域整体科技实力和竞争力。

围绕知识产权交易中心助推科技成果转移转化。成都知识产权交易中心以数字技术为支撑，围绕专利成果推广、转化的全业务流程，按照专利转化前、中、后期三个不同阶段，建设、开发了多功能、一站式的知识产权业务支撑平台体系，为成德眉资各类创新创业主体提供专利供需匹配、转让、许可、作价入股、质押融资等专业化服务。同时成都知识产权交易中心联合成都市标准化研究院，协同30余家金融机构、高校院所、龙头企业共同编制并发布了国内首个团体标准《知识产权价值评估规范》 （T/CDIP 001-

---

① 四川省推进成德眉资同城化发展领导小组办公室：《成都都市圈建设探索实践案例汇编（2020~2023 年）》，2024 年 1 月 30 日。

2021），并结合大数据、人工智能等技术建立知识产权评价系统，解决知识产权"评估难"问题。

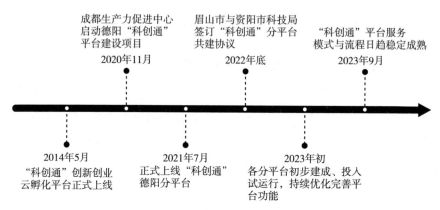

图4 "科创通"创新创业云孵化平台发展历程

资料来源：笔者根据公开资料梳理。

2.打破城际服务壁垒，推进都市圈无界生活

促进公共服务便利共享是成都都市圈数字化治理的重要内容，应专注于解决民众迫切关心的问题，强调平衡性、便捷性、人文关怀和品质提升，全面提升优质公共事务服务的标准，携手构建城乡一体化的高品质生活圈。2020年以来，成都都市圈在教育、医疗、社会保障、交通等领域积极协同，开展多个层面的探索实践，推动都市圈公共服务便利化水平逐步提升，人民群众获得感、幸福感、安全感不断增强。

以"市民云"为中心共建共享普惠均衡服务。为提升人民群众在都市圈公共服务中的获得感、幸福感、安全感，资阳市借鉴成都"天府市民云"服务模式启动建设综合性一站式公共服务"市民云"平台，充分利用云计算、大数据、人工智能等技术，真正让市民仅凭一个账号、一款App就能获得掌上办、线上享的智慧化服务，形成优质高效的数据要素流动闭环，打通便民服务"最后一公里"。同时着力打造"互联网+"城市服务生态圈，各级各部门按照统一的轻应用建设标准，以云服务方式实现公共服务入驻，有效降低了各级各部门自建客户端的维护、推广和运营成本。

以智慧交通为载体推动都市圈交界地带融合发展。通过打通城际"断头路",专注于"外建大通道、内建大网络、共建大枢纽",致力于建设成都都市圈高效交通指挥和运输系统。同时加快发展智能网联汽车、智慧停车及无障碍基础设施,建设智能化"车城网"平台和路网。推动以智慧交通为载体,加强都市圈天网前端点位建设和智能化升级,形成全面覆盖的视频感知网络。推进"天网工程""雪亮工程""慧眼工程"等与智能交通、公交地铁等行业和社会视频资源融合共用,并持续推动道路交通管理和交通运行协调数字化能力建设,构建全市共享、精准调度、合理配置资源的交通数据体系,实现全市交通大数据汇聚、储存、计算及分析能力,打造出更快速度、更低成本、更优质量的高服务水准同城生活。

3. 构建数字培训平台,促进就业创业城际流通

成都都市圈数字化治理在就业创业服务上,聚焦稳定就业与产业需求,建设统一开放人力资源市场,共享人力资源和岗位信息。成德眉资四市创新探索"互联网+职业技能培训"新模式,共建共享职业技能培训资源,在全国范围内率先建立起一个创新的数字职业技能培训公共服务平台——成都职业培训网络学院,有效促进了成都都市圈劳动者技能水平的提升。

借鉴"互联网+人才"模式打造职业培训网络学院。相较传统培训机构需要集中时间、地点学习和培训资源多样性不足的问题,"互联网+技能人才"培养模式具有天然优势,求职者通过培训平台可了解最新培训政策和咨询、在线学习、在线考试、就业推荐、机构查询等公共服务,培训学院结合都市圈产业人才需求开发了211个专业1万余个课程资源,涵盖就业创业、装备制造、现代物流、乡村振兴等20余个产业和领域,实现了"线上培训—技能评价—岗位推荐"的一站式入职体验,目前培训学院求职者注册年龄以24~39岁为主,培训主要围绕中式烹调师、茶艺师、维修电工等职业展开(见图5)。求职者通过电脑、手机和平板等各类智能终端登录免费学习,有效打破传统学习方式的时间空间限制,满足了"随时随地学习"需求,以数字化手段实现都市圈职业技能培训普惠性、均等化,可及性和便利度大幅提升。

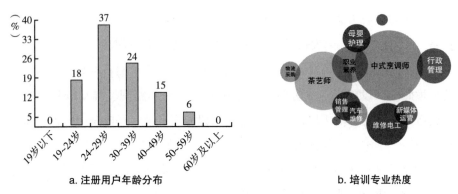

a. 注册用户年龄分布   b. 培训专业热度

图5 成都职业培训网络学院注册用户数据及培训专业热度

资料来源：成都职业培训网络学院官网数据整理。

围绕"就业超市"推动人才跨区流动。成都锦江区为实现人力资源服务平台的联通，创新推出"1+6"线上线下全覆盖的"锦江就业超市"，并推行人才资质互认共享，进一步完善了成德眉资区域劳务协作机制，积极构建同城化就业服务格局，促进成都都市圈内人力资源的数字化跨区流通治理。该超市重点关注高校毕业生、农民工、退役军人和困难群众这四类群体，通过建设"1个线上总店+6个线下店"来解决群众就业难和企业用工难的问题。利用信息交互、智能感知和识别管理技术，实现重点群体的精准就业匹配、定向推送和跟踪监测，提升智慧就业服务水平，构建全域全时、线上线下、就近就便的"1+6"就业服务新体系。

4. 数字赋能生态共治，携手重塑"天府之国"

2020年以来，成都都市圈坚持"绿水青山就是金山银山"理念，开展高标准联动建设成德眉资河长制E平台、成德眉资空气质量预测预报中心等多个层面的探索实践，促使都市圈高质量发展底色更绿、成色更足。形成了以数字化技术为支撑，构筑多层次、网络化、功能复合的生态空间格局，为重塑天府之国茂林修竹、美田弥望的大美都市圈形态提供高效路径。

共建成德眉资河长制E平台规范流域治理体系。成德眉资河长制E平台整合了成都市、德阳市、眉山市、资阳市的河长制工作特点，通过在线评价、跨区域协同处理和信息共享，规范了河长履职流程，解决了跨区域河流治理和管理责任难题。成德眉资河长制 E 平台通过构建"一套制度、一张地图、一个平台、一套标准",实现了河长在线巡河、问题协办和指挥调度功能,大幅提升了成德眉资流域河湖现代化治理和管护能力。

依托"环境质量预测预报中心"开展生态系统联防联控。2022 年,成都市、德阳市、眉山市和资阳市的生态环境部门共同签署《成德眉资环境质量预测预报及科研合作协议》,成立了成德眉资空气质量预测预报中心。该中心负责分析和预测未来天气形势和空气质量趋势,为都市圈提供区域和城市环境质量预测预报服务,同时为 2025 年基本构建生态安全格局和有效提升自然生态系统功能奠定基础。该中心依托成都市的数智大气系统和相关科研机构,建立了包括空气质量预报、数值模拟预报、卫星遥感监测在内的综合科研分析平台,为都市圈内各城市开展联防联控工作提供指导。

(二)成都都市圈数字化治理的潜力与挑战

根据 2023 年纽约都市圈与成都都市圈核心城市科技创新指数对比可以看出,虽然成都都市圈依托完善的基础设施、先进的科技创新能力在数字化治理转型上拥有巨大潜能,但是与世界顶尖都市圈相比还存在巨大差异(见图 6)。纽约都市圈在知识创造和科技人力资源培养上投入较高,致力于打造出具有创新高地和科学生态系统的大都市。相比之下,成都都市圈在数字技术融合贯通水平、数据服务应用范围、数字治理体制机制等数字化治理问题方面有待提升,未来成都都市圈在克服挑战的基础上,才能充分发挥其在数字化治理中的潜力,实现城市管理的智能化和高效化。

1.成都都市圈数字化治理中的潜力

(1)"1+1+N"都市圈规划体系构建,紧扣数字化治理新范式

《成都都市圈发展规划》锚定同城化发展都市圈建设努力方向和目标任务,强化现代产业合作的引领作用、创新资源的集聚与转化能力、改革措施的系统集成以及内陆开放门户和人口综合承载服务的四大核心功能,为推进成都都市圈数字化治理制定相关规划和政策。编制《成都都市圈国土空间规划》,强化同城化发展都市圈建设空间规划协同管控,以构建"核心引

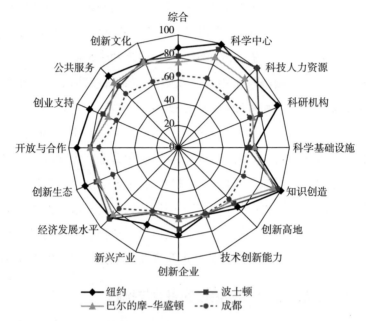

图6 纽约都市圈与成都都市圈核心城市国际科技创新指数对比

资料来源：国际科技创新指数网站。

领、轴线连接、多节点支撑"的网络化都市圈空间发展模式为核心，促进规划形成大中小城市与小城镇协调发展的城镇体系，联合编制出台了成德临港经济产业带、成眉高新技术产业带、成资临空经济产业带和天府大道科创走廊、成资协同开放走廊国土空间规划。编制实施 N 个专项规划或方案，细化重点领域重点区域工作任务政策举措，促进同城化发展、都市圈建设规划的陆续编制出台，构建形成定位准确、边界清晰、功能互补、统一衔接的成都都市圈"1+1+N"规划体系，紧扣数字化治理新篇章。

（2）"四化同步、城乡融合、五区共兴"发展战略持续推进

成都都市圈深入落实省委"四化同步、城乡融合、五区共兴"发展战略，加快建设新发展理念的公园城市示范区，协调扩大内需和深化供给侧结构性改革，推进新型城镇化和乡村全面振兴，实现高质量发展和高水平安全。进一步推动"三个做优做强""四大结构"的优化调整，加强产业链建

设，实施幸福美好生活十大工程等关键任务，切实提升经济活力，预防和化解风险，改善社会预期，巩固经济回升的良好趋势，并持续促进经济质量的有效提升和数量的合理增长。截至 2023 年，成德眉资四市生产总值增速基本持平，同城化发展取得显著成效，未来成都都市圈要持续以数字化技术推动都市圈转型升级。

（3）"十四五"数字经济发展规划引领，构建数字化网络拓扑结构布局

成都市"十四五"数字经济发展规划强调突破关键核心数字技术，构建高能级创新平台体系，探索重大关键技术攻关新体制，营造数字技术创新生态，积极推进数据资源化、资产化、资本化，健全数据交易流通机制，以数据作为关键生产要素，挖掘数据资源价值。聚焦具有竞争优势的数字产业，如集成电路、新型显示、智能终端等，推动数字产业化和产业数字化。建立智慧蓉城运行中心架构，打造"数字政府"智慧治理场景和"数字社会"便民生活场景。推进成德眉资同城化协作，共建数字双城经济圈，强化国内交流合作，扩大全球开放合作。通过推行"十四五"数字经济发展规划，成都都市圈有望在数字化治理方面取得显著成效，推动数字经济的高质量发展。

2. 成都都市圈数字化治理面临的挑战

（1）数字技术融合贯通水平有限

对比上海、北京及纽约等国内外知名都市圈，成都都市圈数字化建设还存在数据开放水平不高、数据的多元化集成尚不完善且实用性高的数据开放水平有待提高等问题。成德眉资四市在数字化转型投入能力上存在重大差异，城市间数字壁垒仍存，各市级政府政务网站普遍存在数据开放周期较长的问题，致使数据更新不及时、效率不高以及数据价值下降。并且受地域及交通等因素影响，相互间交流、调研频次较低，目前都市圈数字化治理建设缺乏高效的区际统筹，致使相关职能部门间运行合作依然存在数据壁垒，数字化治理进程仍需系统谋划、统筹推进，在推进数据跨部门、跨层级、跨地区汇聚融合和深度利用，加快构建数字化成都都市圈治理框架体系方面还需要夯实数据基础支撑。

（2）数据服务应用范围有待提升

成都都市圈正加快推进公共安全、公共服务、公共管理智慧化和数字经济发展，全力推动都市圈治理体系和治理能力现代化。在数字技术应用领域，成都都市圈主要围绕公共数据推动公共管理、服务和安全等方面展开数字实践，且以服务型的基础数据应用为主导，但其应用场景的成熟度尚需提升，在民政领域的数字化项目较少，以居民需求为导向的应用场景开发不足，应用深度和广度亟待增强。产业数字化水平亦需进一步提高，数据在催生新产业、新业态、新模式方面的效果尚待优化。成都都市圈在垂直领域的数据平台建设相对不足，缺乏跨系统、跨产业链的高水平融合应用。与长三角、珠三角等地区相比，成都都市圈在产业数字化进程上存在较大差距，数字化服务能力有待加强。

（3）数字治理体制机制有待完善

随着成都都市圈数字化治理的推进，数字治理制度保障机制有待完善。一是网络信息安全制度需要健全，在成都都市圈积极推动数字化治理的过程中，如何更有效地协调个人信息价值的挖掘与个人隐私权、信息共享与隐私保护、大数据分析与信息准确性之间的平衡变得日益关键。针对特定领域和区域的特殊数据安全挑战，成都都市圈需要更具针对性和可操作性的制度安排。二是数字治理的绩效评价体系亟待优化，由于都市圈数字化治理在治理模式、工具、途径等方面不断创新，加之技术的快速迭代，数字治理绩效评价面临较大挑战。仅依赖传统的治理评价方法可能会增加治理成本，并可能引发新的治理风险，因此成都都市圈数字化治理需要制定特定的数字治理绩效评价制度，综合考察区域治理成效，因地制宜地控制数字治理投入。

四 成都都市圈数字化治理的路径与策略

成都都市圈在数字技术革新方面取得了显著进展，尤其是在科研基础设施、数字化政策扶持以及城市管理运行等方面展现出明显优势，但也存在许多不足之处，未来的成都都市圈数字化治理应该借鉴纽约都市圈的数字化治理经验，加快推动数字化基础设施建设；构建开放数据平台；加强数字孪生、数据算法、数字团队开发；多领域拓展数字化实践；注重规划先行，核心引领；加强基础设施建设；辅助政府决策；助力生态治理，加强都市圈数字韧性，加快推进成都都市圈数字化建设，使其成为具有全球影响力的社会主义现代化国际大都市圈。①

（一）制定面向未来的可行性规划，明确数字化治理方向

未来都市圈数字化治理一方面需利用成都的核心引领作用，与德阳、眉山、资阳等邻近的次级中心城市协作，共同推进成都都市圈数字基础设施的一体化规划、设计和建设。另一方面，围绕成都数据公园（"蓉数公园"）等线上线下结合模式共建数字化成都都市圈，加强新型数字技术的融合运用，促进都市圈治理的全过程数字化，统筹整合发现数据资源价值，打造统一、标准的数字化都市圈运营指挥中心，制定数据实践导向的都市圈规划蓝图，确保公众在数字化治理过程中的参与度。通过分布式网络及时推动更多主体参与城市公共服务，从"一对多"转变为"多对一"，利用分布式账本技术保障节点成员的相对平等地位，确保非政府主体的参与，提升都市圈治理水平以及群众的安全感和幸福感。

（二）加强数字化设施建设与创新，夯实数字化治理技术

制定成都都市圈物联网战略框架，坚持统筹集约、适度超前、充分利旧，推动全域新型物联网设施完善布局，打造绿色低碳、安全可控、智能敏捷的综合性智能化数字信息基础设施，例如，加快路网等基础设施智能化改造，构建由路侧感知、交通通信、公安视频联网等单元构成的智能交通基础设施体系，并引入混合数字孪生技术，提升交通基础设施前端感知设备密度，推动智慧交通体系形成。同时，强化都市圈的高层次数字基础设施和创

① 马晔风、蔡跃洲：《国内外城市数字化治理比较及其启示》，《科学发展》2022年第12期。

新平台的建设，提升创新资源的集聚与转化能力，构建成德眉资的创新联合体，并打造一个高品质、紧密相连的创新生态圈，共同形成科技创新中心的重要支撑。在数字化创新治理方面，探索智能垃圾桶、生态长椅和数据门户等数字基础设施创新，以提高废弃物管理效率、优化城市公共空间管理，并推动市民参与度的提升。

（三）推动数据共享与开放，构建数字化治理创新体系

进一步优化都市圈的数据共享与信息公开机制，以成德眉资四市的垂直管理部门数据共享为关键点，深化行政体制改革，明确各级各部门在数字化转型和运作中的职责与权限，推动跨系统、跨部门、跨区域的数据共享。根据都市圈数字化治理的实际情况，聚焦数字治理的关键领域和环节，加强地方立法工作，实施《成都市数据条例》，推动政府数据的开放与共享。首先，推进数据交易的标准化，制定数据质量、交易合同、数据定价等方面的统一技术标准和参考规范。其次，建立合理的数据要素收益分配机制和数据权益保护法规，利用成都的"契约精神"优势，营造一个安全有序的数据流通环境。最后，加强数据要素市场监管的法律保障，构建数据溯源系统，从制度层面确保数据的合法流动与使用，保护个人隐私和数据安全，同时加大对非法数据交易的监管和打击力度。

（四）强化数字化治理支撑，推进公共服务治理效用提升

在成都都市圈未来的数字化治理进程中，无论是数字政府和在线政务服务系统的构建，还是都市圈日常数字化运营管理，都要更加"精细化"，更加"以人为中心"。在都市圈的实际运营管理中，也应尽量满足市民的个性化需求，减少管理的刚性，增强服务的柔性，使市民在处理事务时更加便捷，并激发他们参与都市圈管理和城市建设的积极性。例如，在"天府市民云"品牌服务基础上，强化各类数据和人工智能能力应用提升，持续优化服务流程，推进各类卡码集成和多码融合，逐步实现生活服务"一码通城"，打破成德眉资城际数字壁垒，推动构建同城化市民服务体系。除此之

外，成德眉资四市还应加快教育资源均衡化、智慧交通一体化、文旅资源共享化、生态治理标准化等公共服务领域发展，致力于实现基本公共服务对所有常住人口的全面覆盖，全面提升公共服务的质量，携手构建城乡一体化的高品质成都都市圈。

（五）多层次培养数字化人才，优化数字化治理生态

数字化团队是推动都市圈数字化转型、提升治理效能、提高公共服务质量、保障网络安全、促进经济发展和提高全民数字素养的核心力量。通过借鉴纽约都市圈"首席"数字团队架构结合定期数字培训学习培养具有数字思维的都市圈领导干部，协助领导干部理解并熟悉各种数字工具和技术；开展跨专业复合型数字人才培养，激励成都都市圈内的高等教育机构开设创新的数字化治理课程，加速智能制造、区块链、虚拟现实、数字孪生等数字化领域的专业发展和应用；优化领军人才选拔机制，促进高校与企业的合作，培养具备"数据+"背景的复合型人才。同时，持续加强与中国计算机学会（CCF）、中国信息通信研究院等机构的产业生态合作，并推动CCF大数据相关组织在成都落地，打造出具有数字理念和技术才干的数字化团队，推动成都都市圈数字化转型升级。

目前，我国正朝向数字化治理不断发展进步，都市圈数字化治理成为现阶段国家重点数字化转型方向。但在实际治理层面，成都相较于国外知名都市圈仍存在待充实的空间，因此，未来需要不断借鉴国外大型都市圈的发展经验与启示，不断拓展数字化都市圈研究的深度和广度，并根据成都都市圈的实际情况，探索适合自身发展的道路，构建一个空间布局合理、城市功能互补、资源流动有序、产业协同发展、交通便捷高效、公共服务均等化、生态环境宜居的现代化成都都市圈。同时，基本建成一个面向未来、面向全球、具有国际竞争力和区域影响力的现代化成都都市圈，逐步形成具备中国发展特色的都市圈数字化治理框架。

参考文献

蔡翠红：《数字治理的概念辨析与善治逻辑》，《中国社会科学报》2022 年 10 月 13 日。

冯贺霞、李弢、李赟：《转型与变革：数字治理理论前沿与实践进展》，《社会治理》2023 年第 1 期。

马晔风、蔡跃洲：《国内外城市数字化治理比较及其启示》，《科学发展》2022 年第 12 期。

四川省推进成德眉资同城化发展领导小组办公室：《成都都市圈建设探索实践案例汇编（2020~2023 年）》，2024 年 1 月 30 日。

王钰、林添怿：《面向绿色基础设施的城市信息学：纽约市行道树数据收集、分析与公众科学的综合研究》，《风景园林》2021 年第 1 期。

中国网络空间研究院：《加强数字化发展治理 推进数字中国建设》，《人民日报》2022 年 3 月 23 日。

《国家发展改革委 国家数据局 财政部 自然资源部 关于深化智慧城市发展推进城市全域数字化转型的指导意见》，https：//www.gov.cn/zhengce/zhengceku/202405/content_6952353.htm。

《国家发展改革委 科技部印发〈关于进一步完善市场导向的绿色技术创新体系实施方案（2023~2025 年）〉的通知》，https：//www.gov.cn/zhengce/zhengceku/2022-12/28/content_5733971.htm。

《国家发展改革委关于培育发展现代化都市圈的指导意见》，https：//www.ndrc.gov.cn/xxgk/zcfb/tz/201902/t20190221_962397_ext.html。

中国信息通信研究院：《数字时代治理现代化研究报告——运用数字技术进行政府治理的经验、挑战及应对》，https：//www.iotku.com/News/763118729683795968.html。

B.11
杭州都市圈以科技创新推进绿色低碳发展的经验及对成都都市圈的启示[*]

江 洁[**]

摘　要： 以科技创新推进都市圈绿色低碳发展，是都市圈可持续高质量发展的关键支撑。系统研究成都都市圈以科技创新推进绿色低碳发展问题，对于加快成都都市圈一体化高质量发展具有十分重要的意义。本文从以科技创新推进都市圈绿色低碳发展的理论基础出发，系统分析了杭州都市圈以"创新+"为动力、以"数字+"为抓手、以"低碳+"为引领推进都市圈绿色低碳发展的经验启示，科学研判了成都都市圈以科技创新推进绿色低碳发展现状及面临的挑战。在此基础上，提出加快推进产业数字化和数字产业化、加大科技创新力度、持续改善环境、提升公众生态文明意识、深化机制改革等推进成都都市圈绿色低碳发展的对策建议。

关键词： 杭州都市圈　科技创新　绿色低碳

　　杭州都市圈于 2007 年起步建设。2010 年，浙江省政府批复的《杭州都市经济圈发展规划》中明确，杭州都市圈以杭州市区为极核，杭州市域为主体，湖州、嘉兴、绍兴三市市区为副中心，德清、安吉、海宁、桐乡、绍兴、诸暨等杭州相邻六县市为紧密层，联动长兴、嘉善、平湖、海盐、上

---

　* 本报告为四川省哲学社会科学基金项目"'四库'生态理念的科学内涵及四川实践研究"阶段性成果（项目编号：SCJJ23ND96）。

** 江洁，北京青年政治学院现代管理学院副教授，主要研究方向为创新创业。

虞、嵊州、新昌等县市。① 2018 年，杭州都市圈由杭州、湖州、嘉兴、绍兴一省四市扩容为杭州、湖州、嘉兴、绍兴、衢州、黄山二省六市。② 2023年，杭州、嘉兴、湖州、绍兴四座城市获批组成国家级杭州都市圈。

近年来，杭州都市圈迎来新一轮科技革命和产业变革机遇，大力发展数字经济产业，并以数字经济赋能经济社会转型发展。国家"双碳"目标提出以来，杭州都市圈依托数字经济优势，以"创新+"为动力、"数字+"为抓手、"低碳+"为引领，不断推进科技创新与绿色低碳协调发展，为科技创新推进绿色低碳发展提供了丰富的经验。目前，成都都市圈大力推动新一代信息技术和绿色低碳技术的研发和应用，多措并举推动都市圈绿色低碳发展并取得实效，但与此同时也面临一定的困境和挑战，未来要积极借鉴杭州都市圈发展经验，坚持科技创新引领，推进都市圈绿色低碳可持续发展走深走实。

一 以科技创新推进都市圈绿色低碳发展的理论基础

实现都市圈绿色低碳高质量发展，科技创新是关键支撑。从基本内涵来看，旨在通过创造和应用新知识和新技术、新工艺、新材料等，推动生产方式和经营管理模式革新，打造绿色、低碳、可持续发展的都市圈。从内部机理来看，主要是充分发挥政府、企业和科研机构的作用，打造绿色生产方式和生活方式，同时进一步提升生态环境保护和治理能力，促进都市圈实现绿色低碳发展。

（一）以科技创新推进都市圈绿色低碳发展的理论机制

科技创新是都市圈绿色低碳发展的重要支撑。科技创新有利于提高能源资源利用效率，提升生态环境保护和治理能力，引导公众践行绿色低碳生活，从而实现绿色低碳发展。

① 《浙江省人民政府关于杭州都市经济圈发展规划的批复》，http：//czt. zj. gov. cn/art/2011/8/24/art_1164176_712257. html。

② 《刚刚！衢州、黄山正式加入杭州都市圈》，https：//zjnews. zjol. com. cn/zjnews/zjxw/201810/t20181025_8569243. shtml。

第一，科技创新有利于提高能源资源利用效率，进而推进都市圈绿色低碳发展。具体体现在：一是科技创新有助于提高企业经营决策效率与劳动生产率，从而有利于减少资源消耗和节约能源；二是科技创新有助于加快产业链和供应链重构，赋能传统产业工艺流程再造，进而双向提升能源利用效率和资源要素配置效率[1]；三是科技创新有助于催生绿色低碳发展新动能，通过研发新型节能材料、高效能源存储技术等，推动节能降耗。

第二，科技创新有利于提升生态环境保护和治理能力，进而推进都市圈绿色低碳发展。具体体现在：一是通过研发和应用新型排放控制技术、污染物处理技术等，减少能源、工业、交通、建筑等传统行业的污染物排放，从而降低对环境的损害；二是通过研发新型太阳能电池、风力发电机、地热能利用技术等，推动清洁能源的开发和利用，有助于减少对传统能源的依赖，从而降低碳排放；三是科技创新有助于增强生态系统恢复和保护能力，如通过遥感技术和地理信息系统（GIS）的应用，可以更好地监测和评估生态系统的状况，从而制定出更有效的措施。生态工程技术的创新，如湿地修复、土壤改良等，也有助于恢复生态系统功能，提高其对气候变化的抵抗力。

第三，科技创新有利于引导公众践行绿色低碳生活，进而推进都市圈绿色低碳发展。具体体现在：一是绿色低碳科技创新可以有效增加环保装备、低碳产品的供给，创新绿色服务和引导绿色消费，从而有助于加快形成绿色生活方式；二是通过社交媒体和移动应用程序，可以更广泛地传播绿色低碳的生活方式和理念；三是通过开发高科技环保教育产品，有助于提升公众对绿色低碳发展的认识和参与度。

（二）以科技创新推进都市圈绿色低碳发展的基本内涵

以科技创新推进都市圈绿色低碳发展，旨在坚持有为政府和有效市场相结合，全面激发企业主体的内生动力，充分发挥科研机构的主力军作用，通

---

[1] 冯子洋、宋冬林、谢文帅：《数字经济助力实现"双碳"目标：基本途径、内在机理与行动策略》，《北京师范大学学报》（社会科学版）2023 年第 1 期。

过创造和应用新知识、新技术、新工艺、新材料等，打造新的生产方式和管理模式，进一步提高能源资源利用效率，提升生态环境保护和治理能力，引导公众践行绿色低碳生活，推动形成绿色低碳生产方式和生活方式，建设绿色、低碳、可持续发展的都市圈（见图1）。

（三）以科技创新推进都市圈绿色低碳发展的机理分析

第一，加快形成绿色生产方式。绿色生产方式主要体现在构建科技含量高、资源消耗低、环境污染少的绿色生产体系。在农业方面，通过推进智慧化和低碳化的农业科学技术，提高农业规模化和集约化水平，提升绿色农业全生命周期管理效能，为实现农业绿色高质量发展持续赋能。同时，通过5G、大数据等现代信息技术打造农业环境信息监测系统，对农业生态环境进行立体化监测。在工业方面，由于工业是高耗能、高排放的重要领域之一，在"双碳"目标下，实现工业高质量发展要求科学处理发展与减排之间的关系，通过引导传统高耗能产业绿色低碳转型发展和培育发展新兴产业，以提质增效带动节能降耗。一是充分发挥政府、企业、科研机构各自的作用，积极打造绿色低碳技术创新策源地，利用绿色低碳技术对传统高耗能产业进行改造升级，推动传统产业向高端化、绿色化发展。二是大力培育龙头企业，充分发挥龙头企业对产业链上下游企业绿色转型升级的引领带动作用，助力产业链实现绿色化发展。三是大力发展节能环保产业、清洁生产产业和新能源产业，积极发展循环经济和数字经济，以新一代信息技术赋能战略性新兴产业，提升产业智能化、绿色化水平。在服务业方面，服务业绿色低碳发展能够推动全社会节能，对实现"双碳"目标意义重大。一是深化数字技术在现代服务业中的创新应用，借助区块链、云计算等技术对服务业进行全方位改造，加快生产性服务业和新兴服务业的绿色低碳发展。二是积极践行绿色发展理念，培育绿色研发设计服务业、绿色文创服务业等新业态。三是探索构建环境评估和监管体系，强化对服务业的环境监测（见图1）。①

---

① 田华文：《"双碳"目标下数字经济赋能绿色低碳发展论析》，《中州学刊》2023年第9期。

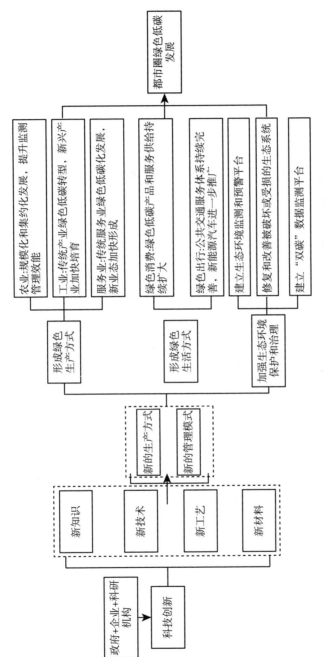

图 1　以科技创新推进都市圈绿色低碳发展的机理分析

资料来源：笔者自制。

第二，加快形成绿色生活方式。绿色生活方式涉及绿色消费、绿色出行等领域，倡导个人在日常生活中注重保护生态环境，推动经济社会发展全面绿色转型。在绿色消费领域，一方面，引导企业积极研发和引进绿色低碳技术，大力推行绿色设计和绿色制造，生产符合绿色低碳要求的新产品新设备，扩大绿色低碳产品和服务供给。加强低碳零碳负碳技术的研发推广和转化应用，提升餐饮、居住、交通、物流和商品生产等领域绿色化水平和运行效率。另一方面，开展"线上+线下"多形式倡导绿色消费、促进绿色发展相关活动，引导消费者积极践行绿色消费理念和消费方式。在绿色出行领域，一方面，利用数字技术完善公共交通服务体系建设，大力推动公共领域车辆电动化。大力推广新能源汽车，推动相关配套基础设施建设。另一方面，鼓励引导大众采用公共交通工具、新能源汽车等绿色出行方式，减少不必要的资源消耗，降低交通领域的碳排放。

第三，加强生态环境保护和治理。一是依托人工智能、5G 等新一代信息技术，建立生态环境监测和预警平台，对区域内生态环境状况进行实时监测，同时对环境污染行为进行预警。二是利用生态技术对被破坏或受损的生态系统进行修复和改善，推动生态系统的结构和功能得以恢复和完善。三是依托数智化技术搭建与"双碳"目标相匹配的数据监测平台，助力碳排放的监测、管理和优化。

二　杭州都市圈以科技创新推进绿色低碳发展的经验与启示

杭州都市圈起步于 2007 年，是长三角五大都市圈之一，也是全国首个都市圈经济转型升级的综合改革试点。近年来，在"双碳"目标引领下，杭州都市圈以数字经济为依托，加大科技创新力度，推动都市圈绿色低碳发展走深走实，为其他都市圈提供了可借鉴的经验。

（一）以"创新+"为动力，构建绿色产业生态

1. 依托数字经济优势，优化产业结构

一方面，大力发展数字经济产业。近年来，杭州都市圈以杭州市为引领，正在加速从数字化到数智化，创新发展以人工智能、5G、元宇宙等新一代信息技术为代表的数字经济。集成电路、生命健康、人工智能、平台经济等数字经济产业日益发展壮大。2023 年，杭州数字经济核心产业增加值由 2019 年的 3795 亿元增加至 5675 亿元，占 GDP 比重由 2019 年的 24.7%上升至 28.3%，数字经济核心产业制造业增加值增长 4.5%，高于规模以上工业增加值 2.1 个百分点。[①]

另一方面，依托数字经济优势，推进产业数字化、数字产业化。杭州都市圈产业结构不断优化，能源使用、碳排放等因素对都市圈经济发展的约束逐步减少。一是积极推进传统产业绿色低碳转型，创新生产工艺、引入自动化生产设备、合理配置资源、避免过剩和浪费，优化生产工艺、降低成本。二是紧盯产业基础高级化和产业链现代化，以数字赋能产业变革，利用数字技术推动智能制造发展。湖州市正持续打造以"产业大脑+未来农场"为核心的数字农业产业体系，驱动传统农业向智慧农业升级，搭建智慧农业新业态。三是大力招引和培育智能装备、新能源、新材料等高效益、低能耗、低污染产业，聚力打造低能耗、低污染产业体系。四是利用光伏、地热、沼气等清洁能源，建设分布式光伏电站，引入地源热泵水产育苗保温技术，大幅提升清洁能源利用率，减少企业、居民支出，带动村集体经济增收。

2. 强化技术攻关，优化低碳研发环境

在"双碳"目标下，杭州都市圈强化技术攻关，积极提升碳达峰、碳中和支撑能力。一方面，支持开展绿色低碳前沿基础研究和关键核心技术研发，推进碳达峰、碳中和相关科技创新载体建设。嘉兴市积极推动浙江大学

---

① 数据来源于 2019 年和 2023 年杭州市国民经济和社会发展统计公报。

嘉兴研究院与浙江大学合作的"浙江省清洁能源与碳中和重点实验室"建设，该实验室被认定为省级重点实验室，在可再生能源等领域开展基础科学研究、核心技术开发、关键装备研发和成果转化，引领清洁能源与碳中和科技创新。[①] 另一方面，推动大数据、区块链、人工智能等数智技术与碳达峰、碳中和实践的融合创新。临安区天目水果笋低碳数字化基地项目即为典型案例，该项目与浙江大学、浙江农林大学、浙江省农科院等大专院校建立产学研合作开发聚碳技术，吸收空气中的二氧化碳与水结合转化为氨基酸，在为竹子提供营养的同时，减少化肥使用量并增加经济效益。[②] 目前，全国首个"双碳工业科技基地"、全省首个"电力能源碳中和技术示范基地"等相继落户杭州。[③]

3. 坚持制度创新，数字赋能助力绿色低碳

近年来，杭州都市圈坚持制度创新，为数字赋能助力绿色低碳创造了良好的环境。一是不断深化数字化改革，通过实施"去中心化"，基本实现了生态环境审批服务事项"网上办"。二是利用"杭州·生态智卫"系统将企业日常环保业务办理"多表合一"，提升企业污染防治能力，提高整体环境治理能力。[④]

（二）以"数字+"为抓手，探索可持续循环新模式

1. 探索应用创新技术，开展大气环境精准治理

杭州都市圈依托物联网、大数据等新一代信息技术，深入系统实施污染防治整合攻坚战，实施大气"巡查—整改"精准化闭环管理，强化行业和移动源废气、工地扬尘、城镇排气治理。如探索应用"物联网+工地"创新

---

① 《嘉兴市科技局：走出一条"科技护绿"之路》，http：//www.kjjrw.com.cn/system/2023/02/17/014685627.shtml。

② 《杭州：以数智赋能推进碳达峰，探索产业轻量型城市降碳之路》，https：//www.21jingji.com/article/20240322/herald/a0ce06944119dcf49a038988fea35f48.html。

③ 资料来源于《中国净零碳城市发展报告（2022）》。

④ 《杭州：创新"生态智卫"让环境治理更有"数"》，https：//epmap.zjol.com.cn/jsb0523/202112/t20211231_23580694.shtml。

技术，建设"智慧监管云平台"，对都市圈内工地扬尘源控制及喷洒降尘实行日常在线监管。[①] 2023 年，杭州市区 PM2.5 平均浓度由 2019 年的 37.7 微克/m^3 下降至 30.6 微克/m^3，空气质量优良率由 78.6% 上升至 84.4%。嘉兴、湖州、绍兴三市大气环境也得到了不同程度的改善（见表 1）。

表 1　2019 年和 2023 年杭州都市圈各市大气情况

单位：微克/m^3，%

地区	2019 年		2023 年	
	PM2.5 平均浓度	空气质量优良率	PM2.5 平均浓度	空气质量优良率
杭州(市区)	37.7	78.6	30.6	84.4
嘉兴(市区)	35.0	80.0	29.0	83.6
湖州(市区)	32.0	76.7	34.0	79.5
绍兴(全市)	36.0	86.0	30.0	88.8

资料来源：2019 年和 2023 年杭州、嘉兴、湖州、绍兴国民经济和社会发展统计公报。

2. 构建高效治水体系，全面提升水安全保障能力

针对河道管网的水安全、水环境、水平衡等问题，杭州都市圈内城市融合大数据分析、AI 自动识别预警等技术，充分利用水质、水文、水务、气象、视频监控、河道及雨污水管网数据，搭建数智治水系统，实现了"一网统管"，实现了对突发涉水事件的感知、预警、溯源，以及自动派发、闭环处理，依靠智慧化推进科学治水、科学引配水、高效防洪排涝，打造了跨层级、跨区域的高效治水体系。

3. 打造资源回收新模式，提升资源回收利用水平

在资源回收和利用方面，杭州都市圈内政府和企业双向发力，共促资源回收利用水平提高。在政府层面，积极探索"互联网+再生资源回收"模式，逐步健全再生资源回收网络体系。在企业层面，都市圈内企业根据自身发展实际，探索了多种资源回收模式。环保科技企业运用大数据赋能"电

[①] 《走出一条科技创新与绿色发展耦合之路　杭州持续打造城市绿色低碳经济样板》，https://hznews.hangzhou.com.cn/chengshi/content/2022-07/15/content_8307291.htm。

子废弃物回收再利用",以信息化和数字化促进废旧电器拆解管理全面可溯化;电商企业通过打造可溯源的以旧换新数字化绿色循环体系,提供从销售、回收、拆解到再利用全链路一站式服务;废物管理企业构建了一条"居民家庭—回收服务站—物流车—资源分拣总仓"的生活垃圾分类资源化利用体系。

4. 构建数智治理体系,以数字化推进重点领域绿色低碳转型

杭州市在全国率先建设上线"云碳"平台,推动污染物及碳排放情况动态监测、科学评估、协同管理,实现了环境污染防治从注重末端治理向注重源头预防的有效转变。同时,上线"双碳地图",结合"城市大脑"平台,汇集各类碳排放数据,通过多维度网格化碳效率快速计算,实现了全市县镇碳排放"全景看、一网控"。① 绍兴市积极开展"浙里蓝天"绍兴试点建设,立足绍兴实际,成功打造"线下巡查"等具有绍兴辨识度的特色场景,形成全量感知、精准研判、多跨协同、闭环管理的大气治理新模式。

(三)以"低碳+"为引领,推广绿色生活方式

1. 营造绿色低碳生活环境

一是数智赋能基础设施管养,通过大数据、可视化、信息化手段,加强智能设备和技术措施应用,实现状态监测、故障诊断、预警分析等闭环智慧化管理,提高基础设施运维的及时性、精准性和可预见性。二是推动市政基础设施升级改造,围绕数字转型、智能升级、融合创新,对公共建筑、照明路灯等设备进行节能改造,在节约资源的同时,进一步降低政府电费支出。同时,推进新一代网络与物联网技术融合应用,推动多功能智能杆、智慧道路、水务、燃气建设,提升资源利用效率。三是推动绿色建筑发展。一方面,推动绿色建筑基础研发,如浙江大学建筑设计研究院研发的装配式建

---

① 《杭州净零碳发展水平排名第四,借数字经济优势推动绿色低碳转型》,https://www.21jingji.com/article/20220610/herald/b73d6893ead8d7cc47e5396ecc948bf3.html。

筑，对比现浇方式的参照建筑，每百平方米可减少 2.2 吨二氧化碳。另一方面，探索绿色建筑建设，在亚运会筹备期间，以"无废亚运"理念为引领，设计并建造绿色健康场馆，运河亚运公园体育馆等 5 个项目取得三星级绿色建筑设计标识证书。[①]

2. 推动绿色出行，持续发力低碳生活

优先发展公共交通，构建以公共交通为主的城市机动化出行系统，都市圈公共交通机动化出行分担率逐年上升。大力推广清洁能源，鼓励使用电动车等低排放交通工具，杭州都市圈公交领域基本实现新能源全覆盖。依托数字技术大力发展共享经济，引导有条件的企业在共享、共用绿色交通出行方面有效落地，以此为基础倡导居民低碳出行。

3. 加大宣传引导力度，营造都市圈绿色低碳氛围

杭州都市圈内各城市结合世界环境日、节能宣传周、生物多样性、五水共治、无废城市、垃圾分类等主题，依托新媒体平台及各类小程序，积极策划和开展多项宣传活动，营造都市圈绿色低碳的氛围，形成全社会共同参与的格局。

三　成都都市圈以科技创新推进绿色低碳发展的现状与挑战

自获批以来，成都都市圈大力推动大数据、互联网、人工智能等新一代信息技术和绿色低碳技术的创新和应用，加快推进产业绿色低碳发展，着力提高生态环境数字治理能力，持续优化绿色低碳软环境和硬环境，以科技创新推进都市圈绿色低碳发展取得了一定成效。但也应看到，成都都市圈以科技创新推进绿色低碳发展尚存在一些困境和挑战亟须突破。

---

① 《综合规划与政策典型案例丨减污降碳协同增效①：浙江省杭州市推进减污降碳协同创新试点工作，打造绿色亚运标志性成果》，https：//www.mee.gov.cn/ywgz/zcghtjdd/sthjzc/202304/t20230406_1025368.shtml。

（一）成都都市圈以科技创新推进绿色低碳发展的现状

1. 以顶层设计为引领

为实现"双碳"目标，落实《四川省科学技术厅 四川省发展和改革委员会关于印发四川省构建市场导向的绿色技术创新体系实施方案的通知》，成都市出台了《成都市构建市场导向的碳中和绿色技术创新体系实施方案》，方案中明确提出：聚焦重点技术创新，提升绿色技术对产业支撑作用；聚焦创新平台搭建，提升绿色技术研发和转化能力；聚焦应用场景营造，加快推进碳中和产业"建圈强链"；聚焦成果转化，提升绿色技术价值水平；聚焦创新环境营造，保障创新要素聚焦释能。这为成都以科技创新推进绿色低碳发展提出了目标、要求和方向。

2. 提升绿色低碳技术创新水平

一方面，着力营造绿色低碳技术创新环境。以"碳中和+"为核心，成都市聚焦清洁低碳能源、资源碳中和、碳捕集与利用等六大研究方向，高标准组建天府永兴实验室，积极抢占绿色低碳科技创新竞争制高点。另一方面，加大提升绿色低碳技术创新支持力度。依托成都科创投资集团，德阳市、眉山市、资阳市国有投资平台协同，联合社会资本，聚焦绿色制造等重点领域，设立了规模约为10亿元的科创投资基金。

3. 加快推动产业绿色低碳发展

成都都市圈各市积极发展数字经济相关产业，2023年，都市圈新型显示产业规模达到750亿元，占全国比重超过18%；获批国家超高清视频创新中心。同时，以科技创新引领传统高耗能产业绿色低碳转型和新能源汽车、清洁能源装备、锂电等新兴产业高质量发展。据统计，2023年，成都都市圈共有11家企业纳入工信部发布的绿色工厂名单。都市圈新能源汽车产业（含传统汽车）规模超过2100亿元，产量超100万辆；清洁能源装备产业规模超过2300亿元，全国60%的核电产品、50%的大型电站锻镀件、40%的水电和气电机组、30%的火电机组均来自成都都市圈；锂电产业规模超过700亿元，聚焦正负极材料、隔膜等重点领域，构建"基础锂盐—关键材料—电池—回收利用"产业链条。此外，成都都市圈以数字经济赋能农业绿色低碳发展。如成都市新都区打造的一体化智慧农场云平台，通过采用生态调控、物理防治和生物防治等方式，指导开展农作物病虫害绿色防控。同时，水肥一体化、智能喷灌等设备的安装极大提高了水肥利用率，并节约了资源。

4. 生态环境数字治理能力不断提升

在大气防治方面，成德眉资四市创新成立了"成德眉资空气质量预测预报中心"，对未来天气形势和空气质量趋势进行分析研判，为都市圈提供区域和城市环境质量预测预报服务，为预警应急响应、污染管控、环境质量管理和重大活动保障提供技术支撑。2023年以来，成德眉资空气质量预测预报中心每日向区域内城市推送空气质量预报结果，支撑启动重污染天气预警8次。同时，四市联合开展大气挥发性有机物（VOCs）走航监测，利用高精度卫星地图，准确锁定空气污染位置、强度和时间，向环境执法人员移交疑似高值区或污染源情况，为环境执法人员及时进行处置提供了可靠依据和数据支撑。2023年1~11月，都市圈空气质量优良率达到79.5%，PM2.5年均浓度为35.5微克/m³。

在水资源保护方面，在原有成都市市长制系统基础上建成了成德眉资河长制E平台，通过构建"一套制度、一张地图、一个平台、一套标准"，实现了四市河长在线巡河、问题协办、指挥调度功能，提升了"四市同城"河湖现代化治理管护能力，为全国都市圈首创。截至2023年底，平台注册河长超过14000名，汇聚四市河长制基础数据8万余条，发现和协调处置河湖水环境问题接近12万个。

在固废减量和资源化利用方面，成都市聚焦"无废城市"建设，逐步完善制度、技术、市场、监管四大体系。2023年，成都实行在线预约、上门回收、绿色兑换、定制回收等新模式，培育废宝网等22家"互联网+回收"企业，全市再生资源主要品类回收总量较上年增长4.53%。

5. 持续优化绿色低碳软环境和硬环境

在软环境方面，成都都市圈持续推进电子证照应用和管理，2023年实现成德眉资电子证照互认179项。常态化运行成德眉资一体化企业登记服务

窗口，为企业跨区域迁移提供绿色通道，实现成德眉资异地自助打照。依托"银政通"平台，支持成德眉资四市不动产登记中心与 59 家金融机构业务协同。12345 政务热线也实现了四市全域一键咨询、服务联动。2023 年 1 ~ 11 月，减少群众跑腿超 198.75 万次，同比提升 19.8%，在提升群众办事效率的同时节约了资源。

在硬环境方面，主要体现在绿色交通和绿色建筑。在绿色交通方面，成都都市圈大力倡导绿色出行，持续推进公共交通"一卡通""天府通"，目前在都市圈已实现 28 个区（市）县一卡通刷、一码通乘、优惠共享。同时，成都于 2023 年 11 月获批第一批公共领域车辆全面电动化先行区试点，这不仅可为当地居民绿色出行提供有力保障，同时也将为全省乃至西部地区新能源汽车全面市场化拓展和绿色低碳交通运输体系建设发挥示范带动作用。在绿色建筑方面，为减少建筑能耗，成都都市圈积极推动绿色建筑高质量发展。成都市制定并实施了《成都市绿色建筑促进条例》，其中明确提出，"鼓励节能低碳技术研发和推广，倡导建设高星级绿色建筑，大力推广超低能耗、近零能耗建筑，发展零碳建筑，提升绿色建筑品质"。

（二）成都都市圈以科技创新推进绿色低碳发展面临的挑战

当前，成都都市圈以科技创新推进绿色低碳发展仍面临一些困境和挑战，主要表现在以下四个方面。

新兴绿色工业发展困境亟须突破。成都都市圈尤其是成都传统产业绿色发展具有比较优势，但新兴绿色工业发展面临痛点和难点，主要表现在技术、主体、载体等方面亟须突破。从技术层面来看，成都都市圈绿色技术创新成果不足，新能源产业、节能环保产业的有效发明专利数量较少。从市场主体来看，都市圈绿色企业数量多，但规模小、绿色低碳创新能力不突出，缺乏做强新兴绿色产业的核心竞争力和引领力。以新能源汽车产业为例，2023 年，成都新能源汽车企业数量达到 3384 家，仅次于深圳（7618 家）、上海（7140 家）、北京（6697 家）和广州（4650 家），在全国 50 强中排第 5 位，高于杭州（2714 家）的水平。但从授权发明专利数量来看，成都新能源汽车领域授权发明专利数量仅有 23941 件, 在全国 50 强中居第 13 位, 不及杭州 (38126 件) 的水平 (见图 2)。

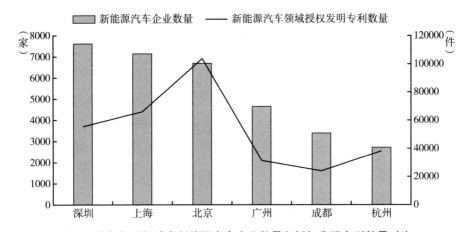

图 2　成都与对标城市新能源汽车企业数量和授权发明专利数量对比

资料来源: 新能源汽车单项 50 强城市榜单。

从平台载体来看, 成都都市圈新兴绿色工业相关平台载体不足, 对产业绿色低碳发展的支撑作用有限。在 2023 年底工信部公布的绿色工厂名单中, 成都都市圈仅有 11 家企业上榜, 远低于杭州都市圈 (33 家) 的水平; 而在绿色工业园区名单中, 成都都市圈未有园区上榜, 杭州都市圈有 3 家园区上榜。

数字农业发展有待协同。当前, 成德眉资四市农业相关数据共享存在一定壁垒, 尽管四市联合印发了《数字农业农村大数据平台系统架构与交换共享规范》等 3 项技术规范, 成都市农业农村局也编制了《智慧蓉城农业农村城运分中心项目数据标准规范》, 但由于四市数字农业平台建设水平存在客观差距, 上述标准尚未在德眉资三地进行推广应用, 未发挥标准在统一、引领数字农业建设方面的作用, 不利于农业实现绿色低碳高质量发展。

生态环境面临严峻形势。2023 年, 成都空气质量优良率由 2019 年的 78.6%下降至 78.1%, 细颗粒物 (PM2.5) 浓度由 43 微克/m^3 下降至 39 微克/m^3[①]。

———————

① 数据来源于 2019 年、2023 年成都市环境空气质量状况。

德阳、眉山、资阳的生态环境质量处于持续下降状态（见图3）。与其他都市圈相比，成都都市圈生态环境面临严峻形势。2023年，成都都市圈四市PM2.5浓度均高于杭州都市圈四市的水平，且空气质量优良率也基本上低于杭州都市圈四市的水平。这表明成都都市圈生态环境质量与杭州都市圈存在一定的差距，为成都都市圈以科技创新推进绿色低碳发展带来较大阻碍。

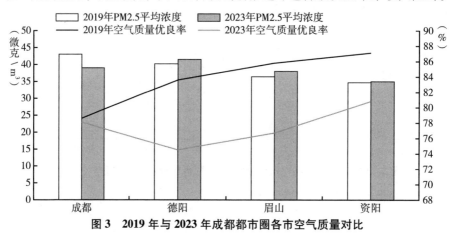

图3 2019年与2023年成都都市圈各市空气质量对比

资料来源：2019年、2023年各市国民经济和社会发展统计公报等。

以数字化赋能营商环境有待优化。当前，成德眉资四市营商环境水平差距较大，根据2023年全省营商环境评价情况，成都都市圈内只有成都市、德阳市被评为优秀。四市营商环境特别是数字营商环境差异较为明显，如当前德阳、资阳尚未实现"银政通"+不动产登记平台的全功能上线，这在很大程度上限制了都市圈营商环境数字化建设，不利于资源集约节约利用。

四 成都都市圈以科技创新推进绿色低碳发展的对策建议

（一）加快推进产业数字化和数字产业化，推动数字经济和实体经济深度融合

加强数字基础设施建设。进一步强化包括5G基站、大数据中心、工业

互联网等在内的数字基础设施建设，为产业数字化提供有力支撑。同时，扩大网络覆盖范围并提升传输速度，降低企业数字化转型的成本和门槛。

推动数字产业集群发展。进一步推动成都电子信息产业集群高质量发展，锻强新型显示等优势产业，打造具有全球竞争力的数字产业集群。通过产业链上下游企业协同合作，形成优势互补、资源共享的发展格局，推动数字产业实现高质量发展。

深化实体经济数字化绿色化转型。支持都市圈内企业采用先进技术和装备，在降低生产成本、提升生产效率和资源利用水平的同时，减少污染物排放，降低能源消耗。鼓励都市圈内企业开展绿色制造、绿色供应链等绿色化实践，提高产品和服务的环保性能。进一步推进新能源汽车、清洁能源装备、锂电等绿色低碳产业"建圈强链"，推动绿色低碳经济快速发展。

充分发挥金融科技赋能作用。支持都市圈内有条件的金融机构和大型科技企业在成德眉资依法设立金融科技公司，积极稳妥探索人工智能、大数据、云计算等新技术在金融领域应用。加快推进金融服务数字化转型升级，助力培育创新创业生态、打造高新技术产业的核心引擎。

推动科技创新平台建设。如在农业领域，共建农业科技创新平台，推进国家现代农业产业科技创新中心建设，增强对成德眉资四市的辐射带动作用；共建数字农业平台，加快建设耕地核心区域监测体系和移动数字农业农村众包数据采集系统，推动四市推广应用数字农业相关技术规范。

（二）加大科技创新力度，提升都市圈数字化绿色化水平

搭建科技资源共享云平台。依托"科创通"平台，整合成都都市圈创新平台、仪器设备等创新资源信息及服务功能，建立科技资源共享云平台，推动科技资源共享共用；组织在蓉重大创新平台面向都市圈内科研单位、高校和企业开放共享。协助德阳市、眉山市、资阳市建设科技资源共享云平台分平台。

加强核心技术研发和创新。一方面，加大人工智能、大数据、云计算、物联网等新一代信息技术的科研投入和载体建设，推动相关技术的研发和应

用；另一方面，加大对绿色制造、绿色能源、绿色建筑等绿色技术的研发力度，提高自主创新能力，为都市圈绿色低碳发展提供坚实的技术支撑。

支持绿色低碳技术协同创新。支持成都都市圈龙头企业联合高校院所等主体组建创新联合体，围绕电子信息、装备制造、生物医药、航空航天、新能源、新材料领域开展关键共性技术联合攻关。围绕绿色低碳产业发展、城市治理、生态环保等领域，编制需求清单，鼓励成都都市圈高校院所和龙头企业"揭榜挂帅"。设立成都都市圈绿色低碳技术协同创新专项，支持绿色低碳技术协同创新项目。

注重标准实施与技术交流。推动成德眉资《电动汽车公用充电设施诚信计量建设规范》和《加油站诚信计量建设规范》团体标准运用实施，组织四市计量技术机构举办"碳中和、碳达峰及碳排放权"计量检测、新建项目等技术交流，开展绿色低碳科技攻关应用，优化绿色发展环境。

（三）持续改善环境，促进绿色低碳发展

创造良好生活环境。在成都都市圈各个领域推广数字化绿色化应用，如智能交通、绿色建筑、智慧水务、智慧环保等，提高城市管理和服务效率，降低资源消耗和环境污染。同时，加强数字化绿色化技术的普及和推广，提高公众对数字化绿色化的认识和参与度。

持续改善生态环境。一是积极开展大气污染联防联控。做强成德眉资环境空气质量预测预报中心，提升区域大气污染成因分析研判能力，推动成德眉资环境空气质量、污染源信息等数据共享，开展区域空气质量预测预报、重污染天气应对以及联合执法。二是强化水资源保障。充分发挥智慧河长制管理效能，持续优化成德眉资河长制E平台系统功能，加快完善成德眉资河长制基础数据，推动成德眉资河长制E平台应用不断下沉延伸，积极探索无人机巡检、AI巡河，有效提升河湖管理保护智慧化水平。

进一步优化营商环境。常态化运行成德眉资一体化企业登记绿色通道，持续推动四市企业集群注册登记"异地同标"，推进电子营业执照和

电子印章同步发放工作在成德眉资四市先行先试，持续丰富电子证照应用场景。依托"银政通"推动四市不动产抵押登记，拓展"银政通"+不动产抵押登记同城化平台业务范围，优化完善平台业务功能，拓展业务类型，持续推进不动产抵押登记同城化。加快建立完善都市圈土地、资金、数据等关键要素的综合交易平台，促进四市要素资源的跨区域流动利用，提升要素资源的市场化配置效率。推进成德眉资12345信息平台联动共享。

（四）提升公众生态文明意识，倡导践行绿色低碳生活

积极引导绿色消费。加强日常绿色低碳产品和服务的供给，建立健全消费者采购补贴政策，鼓励公众购买绿色低碳产品和服务。支持金融机构开发丰富、多元的绿色金融产品，提升公众绿色消费需求。

倡导绿色低碳生活。通过互联网、移动终端等多种途径，加强对生态文明、绿色低碳等理念的正面引导，提升公众生态文明意识。加快生活、工作等领域软件、小程序等的开发和推广，提升资源利用水平并降低能耗。积极探索"互联网+再生资源回收"模式，鼓励公众开展闲置物品交易，引导公众践行简约型生活方式。鼓励公众采取轨道交通等公共交通方式出行，加速新能源汽车推广和普及。

（五）深化机制改革，加快以科技创新赋能绿色低碳发展

健全因地制宜发展新质生产力体制机制。加强关键共性技术、前沿引领技术、颠覆性技术创新，完善新型显示、航空装备、新能源汽车、清洁能源装备、锂电等战略性产业发展政策和治理体系，引导新兴产业有序发展。支持都市圈内企业利用数智技术、绿色技术改造提升传统产业。

加快构建促进数字经济发展体制机制。进一步完善促进数字产业化和产业数字化政策体系。建设并运营国家超级计算成都中心，促进数据共享。建立数据产权归属认定等相关制度，提升数据安全治理监管能力。

深化科技创新体制改革。聚焦绿色低碳，统筹各类科创平台建设，鼓励

和规范发展新型研发机构，推动科技创新和产业创新融合发展。建立壮大培育领军企业机制，鼓励企业主动牵头或参与国家科技攻关任务。进一步完善科技创新激励机制，提高绿色低碳技术激励的比重。

建立完善的人才引进和培养机制。进一步完善人才引进和培养机制，吸引更多优秀人才参与成都都市圈绿色低碳建设。加强本地绿色低碳技术领域人才培养，提高专业人才队伍素质，为都市圈绿色低碳发展提供坚实的人才基础。建立人才交流合作平台，促进人才资源在都市圈的优化配置和共享。

参考文献

高世楫：《绿色生产力与绿色低碳发展的创新路径》，《探索与争鸣》2024年第3期。

江南：《以科技创新助力绿色低碳发展》，《人民日报》2021年10月11日。

罗胤晨：《以绿色技术创新推动绿色低碳发展》，《科技传播》2023年第3期。

缪梦羽、宋妍妍、吴怡霏：《成都以创新赋能绿色低碳发展》，《成都日报》2021年12月28日。

魏春城、林治宇、赵晨等：《数字技术赋能绿色低碳发展的举措与建议》，《环境保护》2022年第20期。

张兴琪、王雪、邹洋等：《基于双碳目标的绿色低碳高质量发展路径分析》，《中国资源综合利用》2023年第2期。

赵鹏：《加快杭州都市圈数字经济发展》，《浙江经济》2019年第22期。

B.12
深圳都市圈产业数实融合经验及对成都都市圈的启示*

李 好 刘培学**

摘 要： 数实融合是提高治理效率、改善社会福祉和推动经济转型创新的关键力量。为加强区域经济联动，培育西部地区经济新引擎和城市群发展新高地，成都都市圈亟须在产业数实融合领域取得进展，增强区域经济内生动力，实现区域发展新突破。本报告从成都都市圈现状与挑战出发，以"转型创新"为导向，研究总结了高质量发展的先锋典范——深圳都市圈在产业数实融合领域发展的经验与启示，进而提出实施顶层设计优化、产业协同强化、抓牢融合关键、夯实发展基础与优化数实生态五个方面的对策建议，为成都都市圈未来创新发展提供参考，助力加速成都都市圈传统产业的升级转型，推动新业态和新模式的产生。

关键词： 转型创新 数实融合 深圳都市圈

都市圈作为城市化和区域发展的高级形态，为外部创新资源集聚和内部产业生态优化提供了一个理想的区域空间载体，都市圈发展与新质生产力的迭代相互赋能、相互促进。同时，都市圈在全球产业链和供应链中占据重要位置，是全球化资源配置的桥梁枢纽。在数字化转型背景下，都市圈越来越

---

* 本报告为国家自然科学基金青年项目"空间交互网络视角下旅游目的地区域韧性的时空演化模式及机制研究"（项目编号：42001145）阶段性成果。

** 李好，博士，成都市社科联（院）党组成员、副主席，副院长，美国约翰·霍普金斯大学访问学者，主要研究方向为国际经济学和区域经济学；刘培学，博士，南京财经大学副教授，硕士生导师，主要研究方向为区域经济与大数据研究。

成为关键产业和战略资源的交汇核心，产业数实融合水平日益成为评价都市圈竞争力的重要指标。为深化产业数字化转型，加快建设制造强国和网络强国，作为区域发展的引领者，都市圈需强化辐射带动作用，深化产业数实融合水平。近年来，成都都市圈在创新平台建设和产学研合作等多个方面取得了积极进展，为推动区域产业创新发展奠定坚实基础，但其发展仍存在限制和挑战，而深圳都市圈作为都市圈数实融合的代表，其发展经验值得借鉴。因此，本文从转型创新角度出发，借鉴深圳都市圈的创新发展经验，结合成都都市圈发展现状和机遇，对比探讨其应如何推进产业数实融合，引领产业体系优化升级，推动成都都市圈持续高质量发展，在国内外竞争合作中厚积薄发。

一 数实融合的理论认识与政策梳理

党的二十大报告中指出"加快发展数字经济，促进数字经济和实体经济深度融合，打造具有国际竞争力的数字产业集群"。这一战略部署体现了数字经济在推动经济高质量发展中的关键作用，同时也强调了数字化转型对于提升产业链供应链韧性和安全水平、推动经济实现量的合理增长和质的有效提升的重要性，因此，数实融合对于区域发展和都市圈建设至关重要。

（一）数实融合的理论认识及驱动机制

在全球经济增长乏力和中国经济迈向更高质量增长的大背景下，实体经济遭遇了供需不匹配、增长动力不足等挑战。幸运的是，数字技术的兴起为这些紧迫问题提供了解决方案。随着数字信息时代的快速进步，数字技术已经深入经济社会的各个层面，促进了一系列新业态、新模式和新产业的发展。[①] 总之，数实融合是指随着大数据、区块链、人工智能和云计算等数字

---

① 张明：《数字产业化、创新要素配置与实体经济转型》，《技术经济与管理研究》2023 年第 3 期。

技术在实体经济部门的普及和应用，数字经济与实体经济相互作用并形成良性循环的过程，类似的概念有腾讯研究院和互联网数据中心（IDC）提出的"数实共生"。[①] 通过技术创新和数据驱动，数实融合能够推动传统产业的数字化转型，并催生新产业、新业态和新模式，提高全要素生产率，从而成为推动产业结构升级、夯实产业链和供应链安全基础的重要手段。

数字经济与实体经济紧密结合的动力主要体现在三个方面。首先，技术层面上，数字技术被广泛应用于传统产业的数字化升级，构建起智能化的网络系统，实现不同层面的深度整合。同时，数字平台通过汇聚大量用户，促进了生产者、商家和消费者之间的互动与融合，不断拓展产业的边界，催生新产业，构建应用场景和创新生态，推动产业链和供应链的协同发展。其次，数据层面上，实体经济与数字经济的融合需要打通产业链中的关键数据链路，以实现数据的数字化协同和智能化决策。数据作为生产要素，与数字技术相结合，通过"数据+算力+算法"的模式，被嵌入物理世界和复杂的经济体系中。数据在生产、流通、消费的各个环节中发挥作用，建立起要素间的动力传递机制，发挥出"飞轮效应"和"滚雪球效应"。最后，生态层面上，技术的发展和应用需要依托具体的应用场景，这些场景为技术提供了广阔的需求和明确的切入点。企业通过构建产业数据链和积累丰富的产业数据，成为产业互联网的节点，形成数字经济的生态系统，实现新旧动能的转换，进一步推动数字经济与实体经济的深度融合。[②]

（二）数实融合的政策支持与多项进展

自党的十八大以来，党中央将数字经济的发展置于国家战略的高度，予以特别的重视。习近平总书记明确指出，要推动数字经济与实体经济的深度融合，以此助力传统产业的转型与升级。党的十九大报告进一步提出了将互联网、大数据、人工智能与实体经济紧密结合，以数字中国和智慧社会建设

---

① 腾讯研究院和互联网数据中心：《数实共生：未来经济白皮书2021》，2022年6月。
② 欧阳日辉：《数实融合的理论机理、典型事实与政策建议》，《改革与战略》2022年第5期。

为目标。党的二十大报告再次着重强调加快发展数字经济，促进数字经济和实体经济深度融合，打造具有国际竞争力的数字产业集群，其有关重要论述和政策演进如表1所示。

表1 党和政府关于数实融合的重要论述和政策演进

日期	事件/政策/报告名称	内容概述
2016年4月19日	网络安全和信息化工作座谈会	着力推动互联网和实体经济深度融合发展，促进全要素生产率提升
2017年10月18日	党的十九大报告	推动互联网、大数据、人工智能和实体经济深度融合，建设数字中国、智慧社会
2018年4月20日	全国网络安全和信息化工作会议	推动互联网、大数据、人工智能和实体经济深度融合
2020年10月29日	《中共中央关于制定国民经济和社会发展第十四个五年规划和二〇三五年远景目标的建议》	推动互联网、大数据、人工智能等同各产业深度融合，推动先进制造业集群发展
2021年3月12日	《中华人民共和国国民经济和社会发展第十四个五年规划和2035年远景目标纲要》	充分发挥海量数据和丰富应用场景优势，促进数字技术与实体经济深度融合
2021年12月12日	《"十四五"数字经济发展规划》	以数字技术与实体经济深度融合为主线，加强数字基础设施建设，完善数字经济治理体系，协同推进数字产业化和产业数字化
2022年10月16日	党的二十大报告	加快发展数字经济，促进数字经济和实体经济深度融合，打造具有国际竞争力的数字产业集群
2023年1月16日	《2022年中国数实融合发展趋势白皮书》	数实融合将步入全新分水岭，解读数实融合的实践路径与未来趋势
2023年12月20日	《中国数实融合报告2023》	梳理数实融合时代进程和方案探索，洞察数字化赋能新型工业化趋势
2024年7月21日	《中共中央关于进一步全面深化改革 推进中国式现代化的决定》	健全促进数字经济和实体经济深度融合制度

资料来源：根据中央人民政府官网资料整理。

随着数字经济等一系列国家战略的实施，我国数字经济发展驶入了快车道，数字经济与实体经济深度融合取得了多项进展。在制造业领域，更多数字应用场景加速落地，成为推动制造业实现质量变革、效率变革、动力变革的"加速器"。数据显示，数字化改造使智能制造示范工厂的生产效率平均提升 32%，资源综合利用率平均提升 22%，产品研发周期平均缩短 28%，运营成本平均下降 19%，产品不良率平均下降 24%。在商业领域，数字化双向赋能产业链上下游，一站式集采、云工厂、精准匹配等提升供应链全链路数智化管理水平，大规模设备更新带动数字化采购规模持续扩大，而虚拟购物、空间试妆、AI 客服、自动驾驶等应用则不断刷新消费体验。在农业领域，数字技术的应用有效降低了农业生产、流通等环节产生的冗余成本，显著提升了农产品质量，提高了农业生产效率。在物流领域，数字技术让"人享其行、物畅其流"的物流体系更加高效，有效降低了实体经济运行成本。[1] 总体而言，数实融合不仅发挥其乘数效应推动了经济高质量发展，也促进了传统产业的转型升级，形成了新的生产方式和业态模式，为经济社会各个领域带来了新产业、新模式、新动能。

二　深圳都市圈产业数实融合发展的经验与启示

作为珠三角城市群的"硬核"，深圳都市圈人口和经济高速增长，在头部都市圈高质量发展中位于第一梯队，城镇化基础、同城化水平和发展质量效益等发展较为均衡，都市圈发展阶段相对成熟、发展水平较为完善。这是由于深圳都市圈积极布局产业集聚协同、注重数字技术创新、加强区域合作等，助力都市圈数实融合高质量发展，其发展经验可为成都都市圈的发展提供有益的参考和启示。

（一）围绕战略布局产业协同，加强数实融合政策支持

1. 明确政策引导，数实融合促进产业链集聚协同

顶层设计顺应协同政策导向。近年来，深圳加强顶层设计，政策措施体

---

① 《健全促进数实深度融合制度　推动经济高质量发展——论信息通信业学习贯彻党的二十届三中全会精神》，《人民邮电报》2024 年 7 月 26 日。

系日益完善，出台了《深圳市科技创新"十四五"规划》等政策文件，明确"20+8"技术主攻方向，包括七大战略性新兴产业（二十大产业集群）和八大未来产业，确立"数实融合、同生共长、实时交互、秒级响应"的数字孪生先锋城市的特点，积极推动都市圈数字经济与实体经济的深度融合。2024年深圳市政府工作报告显示，深圳不断推动数实融合，加快发展新质生产力。2023年，深圳市推出了一系列政策措施以促进新能源汽车产业的高端发展，其中包括"18条"政策，使新能源汽车制造业的产值实现了85.3%的显著增长。同时，为了推动电化学储能产业的发展，深圳市还发布了"20条"政策，带动了该产业产值16.1%的提升。深圳市致力于成为人工智能领域的先行者，为此公布了41个"AI+城市"的应用场景清单，以促进技术的创新应用。在低空经济领域，深圳市实施了"20条"政策，并推出了全国首个低空经济产业促进条例，新开设了77条无人机物流航线，无人机货运飞行次数达到61万架次，居全国首位。此外，深圳市还新成立了7只产业引导基金，专注于高端医疗器械和高端装备等领域。为了推动新型工业化，深圳市出台了"四链融合"政策，并新增了3家国家级智能制造示范工厂和2个国家中小企业特色产业集群。在先进制造业方面，深圳市建成并投产了包括重投天科半导体、礼鼎载板及封装基地在内的多个重要项目，并启动了5个投资超百亿元、10个投资超30亿元的重大工业项目。深圳市还被选为全国首批中小企业数字化转型试点城市，并新增了76个"5G+工业互联网"项目，以加速产业的数字化升级。

　　融合布局促进产业链集聚协同发展。深圳都市圈正经历着产业布局的深刻变革，从单一的深圳向周边城市如东莞和惠州的产业转移，发展到区域内产业的深度融合与互动。目前，深圳与东莞之间的产业协同发展尤为显著，部分原本在东莞、惠州成长起来的企业开始向深圳中心区域回流，寻求更广阔的合作空间，形成了一个既有产业外溢也有回流的动态平衡格局。东莞凭借其紧邻深圳和连接广州、深圳的地理优势，在制造业领域迅速崛起，成为深圳创新生产环节外溢的主要承接地，与深圳形成了紧密的产业合作。东莞的邻深区域，如力合双清创新基地，吸引了超过80%的深圳企业入驻，而松山湖和滨海湾新区则成为高端制造业和现代服务业等新兴产业的重要发展平台,吸引了华为和大疆等深圳知名企业的加入。与此同时,惠州则以电子信息、汽车零部件制造和石化产业为主导,虽然与东莞在产业层次上存在差异,但其产业升级有望借助深圳东进的产业布局而获益。随着惠阳科技产业园和惠阳智能制造产业园的逐步建成,惠州将更好地承接深圳的优质产业项目转移。惠州正积极打造创新中心,并致力于成为香港和澳门合作的关键区域。数字经济与实体经济融合的技术应用,为这些地区高效承接深圳产业转移提供了有力支撑,进一步强化了产业链的协同效应。

2. 创新激励机制,构建数字经济生态系统

出台创新政策激励发展。深圳都市圈通过创新的激励机制,比如税收优惠、资金扶持和人才引进政策,激发了数字经济的活力,吸引了大量高科技企业和人才。依据《深圳市数字经济产业创新发展实施方案(2021~2023年)》,深圳市对数字经济领域的高新技术企业实施了包括企业所得税减免、研发费用加计扣除在内的多项税收优惠政策,以减轻企业税负。同时,深圳市鼓励金融机构如银行、担保公司和小额贷款公司等创新融资模式,通过提供信贷风险补偿、应收账款质押和融资担保等措施,优先为数字经济企业提供资金支持,确保这些企业能够顺利发展。此外,深圳市还设立了数字经济产业专项资金,用于资助关键技术的研发和产业化项目,并对初创企业给予天使投资引导基金支持,吸引社会资本投资数字经济产业,降低创业成本。为了吸引和留住国内外数字经济领域的高端人才,深圳市加快制定并实施了一系列配套政策,包括但不限于子女教育、住房支持和税收优惠等公共服务措施。深圳市还支持重点企业、行业协会和科技媒体等机构举办数字经济领域的技能竞赛和人才评选活动,建立行业人才评价体系,并搭建人才流动服务平台,以促进人才的培养和交流。这些措施共同构成了深圳市推动数字经济产业发展的综合性支持框架。

基础保障构建良好数字生态。深圳市正在加速推进5G、NB-IoT、IPv6等新一代网络技术基础设施的建设,以提升IPv6的用户普及率和网络接入的广泛性,旨在构建一个全球领先的高质量、全面覆盖的5G通信网络。为

了促进 5G 项目的快速实施，深圳市优化了审批流程，项目只需经过市政务服务数据管理局和工业和信息化局的联合审核，并向市发展改革委报备后即可进行。在产业评估方面，深圳市建立了一个全面的数字经济产业评价体系，改进了对数字经济产业及其子行业的指标统计方法，并加强了对产业运行的监测与分析。这些措施不仅促进了数字技术的研究和应用，还加速了数字经济生态体系的构建，激发了跨行业融合和创新合作。

3. 推动数据要素市场化，通过数据交易促进产业创新

推动数据要素市场化促进发展。深圳都市圈在推动数据要素市场化方面走在前列，巩固了其在数字经济发展中的领先地位。深圳率先建立了国内首个数据交易平台——深圳数据交易所，提供全面的服务以支持数据交易的各个环节，旨在成为一个全国性的平台，促进数据资源的跨区域和国际流动。为了提升服务的可达性，深圳数据交易所在各区域和行业协会建立了数据合规工作站，将服务范围从网络平台扩展到实体场所，确保数据交易服务能够覆盖到每个角落。同时，深圳数据交易所也在积极培育开发者社区和数据供应商的生态系统。2023 年 11 月 15 日，中国电子数据产业集团与粤港澳大湾区大数据研究院进行战略合作签约，为数据资产登记、确权、评估、计价、入表等资产化业务提供共性支撑，进一步激活社会百万亿级数据资产。

完善数据管理法规保障。此外，深圳还推行了数据管理的地方性法规，如《深圳经济特区数据条例》在法律层面首次明确了"数据权益"的概念，并围绕数据产权界定、交易规范和数据保护等关键领域建立了一套完整的法规体系，为数据的商业化运作提供了坚实的法律基础。深圳的实践证明，推动数据的商业化是激发数据活力、促进社会经济全面迈向数字化的关键动力。

（二）推动数字产业化，技术创新助力产业升级

1. 建设综合性国家科学中心，打造数实融合的科技核心

创新载体构建创新平台。深圳在数字经济的发展战略中，布局了一系列关键创新平台,如鹏城实验室、广东省人工智能与数字经济实验室(深圳)和粤港澳大湾区数字经济研究院。这些平台致力于建立一个中心化的创新网络,以加强数字经济与实体经济的整合,加速产业数字化和智能化。这些举措预计将提升深圳在数字经济中的领跑地位,并为未来的经济繁荣提供新动能。

多种云上模式促进协同发展。深圳正推动云计算服务行业的关键环节,包括 IaaS(基础设施即服务)、PaaS(平台即服务)、SaaS(软件即服务)等方面发展,并发展包括公有云、私有云和混合云在内的多元云服务模式。在 IaaS 方面,深圳通过政务云平台、国家超算深圳中心和鹏城云脑等项目,加强云计算基础设施。PaaS 方面,鼓励领先企业在云基础设施和支撑软件研发上取得进展,开发具有自主知识产权的云操作系统和数据库。SaaS 层面,深圳支持企业利用细分市场优势,提供综合性云计算解决方案,以维持在国内的领先地位。这些努力旨在打造一个全方位、高效率和创新性的云计算服务系统。

加强与高校产学研合作。深圳大学和南方科技大学等高等院校与各市辖区合作,建设研究院校或者实训基地,积极开展产学研合作,以深圳虚拟大学园的平台为基础,聚集了一批知名大学的研究院落户深圳,开启高校成果转化的尝试。

2. 注重数字技术创新,通过技术创新驱动产业升级

产权保护驱动创新发展。深圳都市圈数字经济创新能力不断提升,19个数字经济产业类项目获批工业和信息化部中央制造业高质量发展专项。根据《深圳市 2023 年知识产权白皮书》发布的数据,2023 年,深圳市专利授权量为 23.51 万件,PCT 国际专利申请量为 1.59 万件,连续 20 年居全国大中城市首位。全市商标注册量为 24.97 万件,居全国第一位。全市战略性新兴产业集群国内发明专利公开总量 12.13 万件、未来产业集群国内发明专利公开总量 2.97 万件,均居全国第二位。全市高价值发明专利中,战略性新兴产业占比接近八成,深入实施知识产权强市战略和创新驱动发展战略。

战略性新兴产业集群助推发展。深圳市正在推进战略性新兴产业集群的能级提升工程，通过不断优化和升级"20+8"产业集群，力图在网络与通信、智能终端、超高清视频显示等关键的战略性新兴产业中实现技术的迭代和产业的升级。同时，深圳市也在积极抢占新能源、智能网联汽车、低空和空天经济等新兴领域的先机。为了加强人工智能领域的领先地位，深圳市致力于将自身打造成为人工智能的先锋城市，这包括推动国家算力总调度中心和国家级人工智能训练场的建设，以及构建全市范围内的智能算力统筹调度平台，以促进人工智能技术的发展和应用。通过这些措施，深圳市旨在为未来的经济增长和产业创新提供强大的动力和支持。

工业投资促进产品升级。深圳市正着手加快工业投资的步伐，并提升其质量，通过实施一系列重点工程来实现这一目标，这包括确保方正微半导体基地、华润微电子的12英寸生产线、九龙山工业园以及欣旺达锂离子电池智能制造产业园等项目的顺利建成和投产。同时，深圳市也在加快比亚迪全球研发中心和德方纳米新型储能等关键项目的建设进度，并计划新开工两个投资额超过百亿元的重大先进制造业项目，目标是实现工业投资增长15%以上。此外，深圳市还启动了产业基础能力提升工程，专注于高端制造设备、核心基础软件、关键零部件、先进材料和生产工艺等产业基础领域的共性技术。该工程涵盖了25个产业基础再造工程和10个重大技术装备攻关工程，旨在积极推动国产工业软件的广泛应用，并建立线上工业技术研究院。通过这些高端化、智能化、绿色化的技术创新，深圳市致力于实现技术、工艺、装备和产品的全面升级，以提升整体产业的竞争力。

3. 壮大数字核心产业规模，强调制造业服务化

产品型制造转向服务型制造。数字化专业解决方案在为制造业提供生产性服务方面发挥着重要作用，这不仅代表了实体经济的新形态，也是全球制造业发展的主要趋势。在深圳都市圈，制造业的"重工业"特性与服务业的"轻资产"特点实现了和谐融合。东莞市已经资助了超过540个服务型制造项目，总金额超过1.5亿元，并且成功建立了OPPO、vivo两家国家级工业设计中心。此外，广东智能终端工业设计研究院被认定为省级工业设计研究院，并被列为国家工业设计研究院的培育对象，东莞市在2022年入选

工业和信息化部的服务型制造示范城市。深圳市的钟表行业正迅速向智能穿戴设备领域转型，与苹果等公司合作开发智能手表，成为全球智能手表市场近90%份额的主要硬件供应商。喜德盛自行车通过加大自主研发力度，将智能手机开锁、导航、GPS通信等功能集成到自行车上，引领行业向智能化和信息化方向发展。比亚迪公司不仅生产新能源汽车，还将业务扩展到充电设施建设、家庭和商业储能解决方案，以及智能网联汽车等领域，提供多元化的增值服务。深圳市鼓励制造业企业采用创新的服务型制造模式，如定制化服务、供应链管理、全生命周期管理、总集成总承包、信息增值服务等，以促进企业的转型升级。同时，深圳市也在培育一批服务型制造示范企业，以推动制造业与服务业的深度融合和创新发展。

产品生产园区转型。随着全球制造业服务化的趋势日益明显，《深圳市国民经济和社会发展第十四个五年规划》提出了明确的目标：要推动产业链的深度融合，促使先进制造业、现代物流、电子信息等行业的重点产业园区向集"服务+制造"于一体的综合性园区转变。规划中还鼓励有实力和潜力的企业开发具有深圳特色的"母工厂"模式，将母工厂打造成为研发设计、高端制造、工艺创新和人才培训的核心平台。同时，规划提出将生产加工环节在粤港澳大湾区内优化布局，从而实现从单纯的产品输出向"深圳品牌、深圳设计、深圳管理"的综合输出转变，以此来提升深圳制造业的全球竞争力和影响力。

（三）围绕大湾区融合创新，开展区域合作与生态构建

1. 探索数字孪生技术应用，提升城市管理效率

数字孪生协助城市管理。深圳市在推进都市圈建设中，正积极采用数字孪生技术以优化城市管理。该技术通过创建虚拟城市模型，助力构建一个市区协同、全市域统一的时空信息平台（CIM平台）。该平台依据"两级平台、四级应用"的设计架构，形成了"1+11+N"的CIM平台体系，旨在实现资源的统一分配和多级应用的构建。同时，深圳市还在打造一个全市范围内的建筑信息模型平台（BIM平台），该平台将涵盖所有建筑项目，实现从

规划、设计到施工、运营的全生命周期管理。BIM 平台将与 CIM 平台、投资项目审批监管平台等业务系统实现无缝对接，以促进信息共享和业务协同。此外，深圳市还在建设一个高效的物联感知体系，该体系将实现"云侧按需调度、边侧高速计算、端侧群智感知"的功能，确保数据在云端、边缘端和终端设备之间的快速传输。深圳市通过搭建物联感知平台，促进了物联网设备的大规模整合和数据的统一处理，确保了信息的互通性，从而为城市的流畅运作和综合治理提供了坚实的技术基础。

数字孪生助推活动举办。2023 年 2 月，深圳马拉松利用全新数字孪生城市级马拉松赛事指挥平台进行赛事管理，打通了赛事计时系统、医疗救援系统、视频传输系统、AI 智能分析系统等六大系统，依托数字孪生引擎进行城市级三维可视化建模，对跨越福田、南山、宝安、前海四个区域的赛道实时展示，实现全程实时可视化监控，为跑友创造更好的参赛体验。数字孪生技术通过搭建物理世界与数字世界的桥梁，为城市举办重大活动提供了强有力的技术支撑，提升城市的国际影响力。

2. 加强区域融合创新，实现区域间数实资源共享互补

制度优势促进互惠发展。深圳都市圈落实《深圳市政务信息资源共享管理办法》，提高信息化条件下社会治理能力和公共服务水平，完善信息共享的授权使用和审计管理制度，保障信息共享畅通安全。在推进数据资源共享应用方面，围绕跨域公共服务、跨域流动人口统计、城市治理等重点场景，推动跨域数据共享；协同开展数据开发利用，进行跨域公共数据授权运营研究，鼓励数据融合应用。《惠州市加快制造服务业发展若干措施》中也指出，积极推进港口、机场和铁路等关键物流枢纽的建设，以强化大湾区与内陆地区物流设施的互联互通。通过整合主要运输线路和地方运输网络等物流服务资源，促进保税物流、航空快递、高端冷链物流以及医疗器械物流等专业领域的发展。深莞惠三城共同落实好国家数据局《"数据要素"三年行动计划（2024~2026 年）》，共同建设示范性强、显示度高、带动性广的"数据要素×"应用场景；推进深圳数据交易所在东莞、惠州设立数据要素服务站点，深化在合规性维护、流通体系构建、供需对接和生态系统培育等方面的合作。

数据平台推动资源共享。深圳都市圈建立了区域内统一的数据平台，实现了数据资源的共享和利用。例如，深圳市政府与周边城市如东莞、惠州进行数字政府合作，通过粤港澳大湾区数据共享平台，实现政务服务的跨区域办理，让居民和企业享受更加便捷的服务，通过构建统一的数据平台和信息共享机制，深圳都市圈实现了区域间数据的互联互通，强化了产业链的协同效应。

3.搭建交流合作平台，促进知识共享和经验交流

打造产学研科技集群。环巍峨山的光明科学城和松山湖科学城的联合发展，汇集了关键科技设施、尖端科学交叉研究平台、科技服务支持平台以及顶尖高校和研究机构等高端创新资源，旨在建立大湾区国家科学中心的示范启动区。同时，前海深港现代服务业合作区与河套深港科技创新合作区的建设，促进了数据跨境传输试验和跨国科技协作，为深圳都市圈的科技革新与产业进步提供了一个更加开放的国际合作环境。

多方参与科技项目促进合作。深圳市协助深圳科技企业与当地企业、高校及科研机构对接，积极发挥科技创新领先友城的资源优势，促进科技项目合作：推进瑞士伯尔尼州比尔创意园与深圳高新技术产业园区建立合作关系；助推来自汉诺威的世界神经外科联合会终身荣誉主席萨米教授在深建设萨米医疗中心；邀请日本筑波科学城专家来深为光明科学城项目建设和运营方式建言献策。此外，举办"深圳国际友城智慧城市论坛"、"创新交流营"和国际创客周等科技创新活动，构建开放包容的创新生态系统，加强了深圳都市圈与全球创新网络的联系，深圳都市圈不断织密壮大国际"朋友圈"，展现出其在区域融合创新中的引领作用，正逐步成为全球创新合作的重要枢纽。深圳都市圈着力提升科技创新"硬核力"，产业体系"竞争力"，增加全球市场"含深度"、城市发展"集约度"，持续培育发展新动能，着力塑造竞争新优势，促进社会生产力实现新的跃升。

三　成都都市圈产业数实融合现状与挑战

成都都市圈作为中国西部地区的重要经济引擎，其产业数字化与实体经

济融合的现状与挑战值得深入探讨。当前，成都都市圈正处于产业数字化转型的关键时期，通过推动先进制造业与现代服务业的深度融合，正逐步构建起具有区域特色的现代产业体系。成都市都市圈在电子信息、汽车制造和重大技术装备等高端制造业领域拥有坚实的基础，与此同时，数字经济正迅速崛起，成为新的增长点。文化体育旅游、现代物流和商业贸易等服务业也在持续发展壮大，展现出强劲的活力。然而，成都都市圈在数实融合的过程中也面临一些挑战，如数字技术引领高质量发展的作用仍有待发挥、数据要素价值潜力尚未有效激活和区域协同发展有待加强等问题，对这些问题进行解析以明确成都都市圈发展的主要矛盾和升级路径，继续推动都市圈产业链供应链现代化，向优质都市圈迈进。

（一）成都都市圈数实融合的现状与探索

数实融合成为推动经济发展的强大引擎。近年来成都都市圈围绕建设国家级现代化都市圈的中心目标，大力推动数实融合，加快数字经济产业建圈强链，推动数字经济与实体经济深度融合，在 2023 数字百强市中都市圈中心城市成都市位居第五（见表 2），在新一线城市中排名第一。成都都市圈在数实融合实践中取得显著成效，主要可以总结为以下几个方面。

表 2　2023 数字百强市前十名单

城市	排名	城市	排名
北京市	1	重庆市	6
上海市	2	杭州市	7
深圳市	3	武汉市	8
广州市	4	天津市	9
成都市	5	南京市	10

资料来源：《2023 中国数字城市竞争力研究报告》。

一是产业建圈强链助力协同发展。成德眉资四市基于各自的比较优势和协同发展的方针，精心挑选了新型显示技术、轨道交通装备、航空器材、新能源汽车等九大产业链作为发展重点，目标是到 2023 年使这些产业链的总产值超过 1 万亿元。成都市作为这一都市圈的核心，利用其在科技研发和高端服务业方面的强大实力，发挥着带头作用。德阳市与成都市携手，致力于推进装备制造业的共同成长，力图打造全球领先的重大装备制造中心。眉山市借助天府新区和川港合作示范区的地缘优势，专注于绿色建材等新材料产业的发展，致力于成为现代服务业的示范区。资阳市则致力于建设国家级医疗器械产业基地，同时努力发展成为成渝地区的重要门户和临空经济新兴城市。

四市联合规划了都市圈产业链的全面图谱，指派了链长单位和链主企业，以推动区域内产业链的协同发展。成都与德阳实施了"链主+配套""研发+制造""总部+基地"的合作策略，如德阳的航空航天零部件制造商支持成都的链主企业，而德阳的三环科技、致远锂业等企业在成都设立研发中心和总部，生产基地则设在德阳，促进了两地产业的互补发展。成都都市圈的跨市产业集群，如软件信息服务、高端能源装备、电子信息先进制造等，已成为全国的典范，其中成德高端能源装备产业集群聚集了约 3000 家企业，成眉锂电产业集群产值超过 700 亿元。同时，六个产业合作园区如武侯—东坡、成华—乐至等正在加快建设。四市正在构建以核心产业为引领、新兴产业为支撑、未来产业为导向的数字经济产业体系。

二是良好数字生态促进共享互惠。成都都市圈依托四川省政务信息资源共享平台，建立都市圈数据资源共享平台，实现公共管理、政务服务、社会治理等领域信息同城化，构建跨地域数据资源共享交换体系。成都超算中心采取"线上+线下"等灵活服务模式，为成德眉资区域内高校院所及企业提供算力服务。四川省科学技术协会主导开发的"天府科技云"综合性科技服务在线平台，实现科技服务需求与供给之间的智能化配对和精准对接。同时，"天府科技云"还借助"科创通"平台整合都市圈内的创新平台和仪器设备等科技资源信息及其服务功能，创建科技资源的共享云平台，旨在促进科技资源的共享与共用，提高科技服务的效率和质量。对跨区域向企业提供科技服务的服务机构，使用科技创新券进行奖励，促

进科技资源的共享和科技成果的转化，为数实融合提供良好的生态发展环境。

三是产学研深度融合推动循环发展。成都市积极吸引和汇聚了包括新型网络核心芯片与部件创新研发中心、国家精准医学产业创新中心在内的 14 个来自国内外知名高校和科研机构的顶尖科技创新团队，并成功引进了 2 个国家级创新平台的分支机构。此外，成都还建立了清华四川能源互联网研究院等 8 个研究机构，不断强化和完善"核心+基地+网络"的创新体系架构。为了进一步提升科技创新能力，成都已经全面建设了 54 个高品质的科技创新空间，并累计完成了 1300 万平方米的建设投运工作。《成都市环高校知识经济圈建设行动计划》的制定，吸引了近 10 亿元投资，孵化了 480 个创新团队，促成了 790 项高校成果的转化，并注册了 471 家科技型企业，促进了人才、资本、技术和知识的深度整合。同时，天府数谷作为都市圈西部的数字经济核心区，成功引入了海尔卡奥斯西南工业互联网基地、"云上天府"大数据产业园和光大特斯联未来城等关键项目，致力于构建一个科技驱动、产业繁荣的"数字星球"。

（二）成都都市圈数实融合的评价与挑战

依据《现代化成都都市圈高质量发展指数》的分析，成都都市圈在九大都市圈中的"发展水平指数"位列第五，呈现四个显著特点：首先，其发展水平处于第二梯队的前列，并在中西部地区保持综合得分的领先地位；其次，城镇化建设在基础保障方面表现强劲，但在总量和结构上仍有提升空间；再次，成都都市圈在特定领域展现出明显优势，但要实现更高质量的发展，仍需在多个方面进行全面提升；最后，成都都市圈在推动同城化发展方面具有示范作用，其高质量的合作伙伴关系正在不断深化。在数字经济与实体经济融合方面，成都都市圈已经取得了一定的进展，但为了实现更加均衡和高质量的发展，仍需进一步优化其内部结构，并增强区域间发展的协调性。

参考数实融合相关最新研究①，结合实际情况构建城市数实融合水平综合评价指标体系，从城市互联网发展、数字经济产业和数字金融水平等方面构建数字经济发展水平的评价指标。从发展规模、结构和潜力角度构建实体经济发展水平的评价指标，对数据进行标准化处理，利用熵权法确定权重，使用修正后的耦合度模型从数量和结构上对成都都市圈和深圳都市圈的数实融合程度进行衡量（见表3）。

表 3　城市数实融合水平综合评价指标体系

结构层	要素层	观察层	测度指标	指标性质
城市数实融合水平	城市数字经济发展水平	城市互联网普及率	每百人互联网宽带接入用户数	正向
		数字经济相关从业人员人数占比	计算机服务和软件业从业人员占城镇单位从业人员比重	正向
		数字经济相关产业产出	人均电信业务总量	正向
		移动电话普及率	每百人移动电话用户数	正向
		数字普惠金融	数字普惠金融指数	正向
	城市实体经济发展水平	实体经济发展规模	人均实体经济生产总值	正向
			人均社会零售商品总额	正向
			人均规模以上工业企业主营业务收入	正向
		实体经济发展结构	非农从业人员占比	正向
		实体经济发展潜力	规上工业 R&D 投入强度	正向

资料来源：《中国城市统计年鉴》《四川统计年鉴》《广东统计年鉴》和北大数字金融研究中心。

两大都市圈数实融合水平量化结果显示，深圳与成都两个中心城市的数实融合程度较高，分别为 1.645 和 1.314，深圳都市圈内部城市间的发展水平差异较小，东莞市和惠州市的数字经济与实体经济发展水平较均衡。成都都市圈内部城市间的发展水平差异较大，德阳市、眉山市和资阳市实体经济发展略有滞后，导致数实融合水平较低，分别为 0.587、

---

① 崔琳昊、冯烽：《数实融合与城市经济韧性：影响与机制》，《城市问题》2024 年第 4 期；张帅、吴珍玮、陆朝阳：《中国省域数字经济与实体经济融合的演变特征及驱动因素》，《经济地理》2022 年第 7 期。

0.571 和 0.527，都市圈呈现明显的核心—边缘结构和首位城市特征（见表4）。

表4　2023年深圳都市圈和成都都市圈数实融合程度对比

都市圈	城市	数字经济发展水平	实体经济发展水平	数实融合程度
深圳都市圈	深圳市	4.393	6.925	1.645
	东莞市	2.442	2.397	1.107
	惠州市	2.161	2.333	1.049
成都都市圈	成都市	2.600	4.586	1.314
	德阳市	1.343	0.368	0.587
	眉山市	1.297	0.328	0.571
	资阳市	1.771	0.178	0.527

资料来源：笔者根据数据计算整理。

成都都市圈数实融合的发展制约因素除了科技与产业的基础差距外，还体现在原有的行业壁垒和利益格局一定程度上阻碍了产业跨界融合，数实融合的激励机制有待完善。[1] 现阶段，数字技术创新与应用能力仍存在不足，成为数实有效融合发展的短板。同时，德眉资三市与成都之间在公共服务资源数量和质量以及公共服务水平上均存在明显差距，公共服务数据共享机制不健全，成为都市圈发展的新挑战。各地限制资本、人才、关键原材料等要素自由流动的政策未完全消除，歧视性市场准入门槛、隐蔽性政策壁垒、利用行政手段扶持本地市场主体等现象仍然存在，社会治理效能有待提升。

四　成都都市圈产业数实融合的路径与策略

通过借鉴深圳都市圈的发展经验，成都都市圈可从优化顶层设计、强化

---

[1]　冉戎、刘鸿锋：《推动数实有效融合的现实困境与制度创新——基于技术—制度互动的演化分析视角》，《新疆社会科学》2024年第4期。

产业协同、抓实融合关键、夯实发展基础，以及优化数实生态等五大角度优化发展路径，构建高效联动、创新驱动、开放共享的产业数实融合新格局，推动区域高质量发展。

（一）顶层设计优化，明确产业数实融合路径

在宏观经济战略规划层面，成都都市圈的发展需与《成渝地区双城经济圈建设规划纲要》实现战略对接，以优化整体战略布局。在此框架下，成都与重庆作为区域双核，应发挥其辐射引领作用，促进西部地区经济的全面发展及对外经济开放程度的提升。各城市在遵循《成都都市圈发展规划》的基础上，应积极实施《成德眉资同城化综合试验区总体方案》及《成德眉资同城化暨成都都市圈产业建圈强链攻坚行动计划（2023～2025年）》，确保产业发展战略的明晰性与产业增长目标的精确性。

成都都市圈应整合国家战略方针、地区独特优势及市场实际需求，利用成都在制造业创新方面的领导地位，同时提升德阳、眉山、资阳等地区的服务功能与产业承载能力，推动产业链的协同效应及有序布局，共同塑造具有竞争力的产业功能区。通过编制同城化制造业发展指导目录，激励产业合作模式的多元化，如"研发+转化""总部+基地""终端产品+配套协作"等。此外，建立一个覆盖生产采购、技术创新、成果转化等多个环节的区域产业协作供需对接平台，以加强成都都市圈内上下游企业之间的紧密合作。为了促进融合型主体的快速发展和融合型平台的强化建设，应将数据资源视为核心资产，以数字经济与实体经济的深度融合为关键，推动数字经济与传统产业数字化转型的同步发展，并深化服务业的赋能与融合策略。

在政策创新方面，成都都市圈应探索与新经济趋势相适应的产业引导基金、创新券等政策工具，通过跨部门的协作，制定包括财政、税收、产业引导等方面的综合性政策措施，以激发市场活力和企业创新潜力。同时，建立科学的评估和监管体系，确保政策的有效执行，及时发现并解决实施过程中的问题，从而为成都都市圈的可持续发展提供坚实的政策支持和保障。

（二）产业协同强化，激发数实区域联动融合效应

成都都市圈应继续巩固跨区域的产业联盟和合作平台，共建成渝双城经济圈，深化先进制造业与现代服务业的融合，构建国家数字经济创新示范区，重点培育具有全球竞争力的产业集群，共同打造现代化产业体系。加强产业链各环节的协同作用，增强链主企业带动力，优化调整生态圈和产业链体系，布局电子信息和数字经济等8个产业生态圈，主攻28条重点产业链。明确并优化大数据、人工智能（包括车载智能系统）、高端医疗、金融科技等关键产业链。成都都市圈在实施跨区域合作中，可以尝试建立"统计分算、税收分成"的利益共享机制。这种机制能够促进区域间的经济合作和资源共享，通过联合精准招商重点产业和项目，实行重大项目的全周期管理，全面促进重大项目的引进和建设，综合发展成德临港经济产业带、成眉高新技术产业带和成资临空经济产业带，形成三个高能级的发展空间。

此外，实施对产业链建设和强化的评估和监督，专注于构建融合四链的评价指标体系。将"5+N"产业生态和企业"四上"培养等通用重点任务细化为具体指标，同时考虑不同产业链的独特性。通过"目标设定—定期监测—年度评估—持续改进"的循环机制，确保产业链建设和强化的目标得以实现。

（三）抓牢融合关键，强化数字技术的研发与创新

在成都都市圈数字经济与实体经济融合进程中，策略的核心在于数字技术的深化应用与创新驱动，特别是数据作为关键生产要素的高效利用。为此，成都都市圈应构建一个以先进的通信网络为基础，以强大的算力基础设施为支撑，以融合应用基础设施为拓展的综合性数字基础设施体系，旨在推动数字产品制造业、数据驱动服务业和数字技术应用业的全面发展。一方面，围绕通信网络基础设施、算力基础设施、融合应用基础设施构建数字基础设施体系，推动数字产品制造业、数据驱动服务业、数字技术应用业加快锻造长板、补齐短板，延续成宜智慧高速数字平行世界的良好开端，加快数

字孪生技术研发与应用，将要素数据化融合分析后实时投射到三维数字世界中，建立数据资源体系，提升对城市的物联感知操控能力，实现精准映射；另一方面，聚焦高端芯片、操作系统、工业软件等关键技术领域，尤其是在人工智能、大数据、卫星应用等方面，通过核心技术攻关，推动产业共性技术创新。深化企业数字化转型，通过"上云用数赋智"行动，加速工业互联网、数字商务、智能农业等领域的发展，实现传统产业的全面升级。

同时，利用政策和资金激励，促进企业、高校和研究机构之间的合作，强化科技转化激励考核，实施《成都市环高校知识经济圈建设行动计划》，推动国家级大学科技园等教育与产业融合的项目建设，加快"环川大知识城""电子科大一校一带""环交大智慧城"等知识经济圈的建设，形成产学研用投相结合的人才培养新模式，加强产学研用的融合，加快技术创新和成果转化，推动新质生产力与都市圈发展的协同。

（四）夯实发展基础，提升产业数实融合的支撑能力

在推进数字经济与实体经济融合的进程中，成都都市圈需着重加强数字基础设施的建设，以促进区域内信息资源的高效流通与利用。具体而言，应优先发展高速宽带网络、5G 通信技术，以及下一代互联网协议（IPv6），以确保通信网络的先进性和覆盖面。同时，数据中心的建设应注重能效比和数据处理能力，以支持大规模数据存储和计算需求。云计算平台的部署则应侧重于提供弹性、可扩展的服务，以适应不同企业和行业的数字化需求。进一步，物联网（IoT）技术的推广应用对于实现城市智能感知网络至关重要。通过部署传感器网络、边缘计算设备和智能终端，可以实现对城市运行状态的实时监控和数据分析，从而优化城市管理和服务效率。此外，工业互联网平台的构建应聚焦于设备互联互通、数据集成和智能管理，以促进制造业的智能化升级和产业链的高效协同。在成渝地区双城经济圈的中心线和产业协作重点区域，应统筹规划大规模云数据中心和边缘计算节点的布局，以支持区域经济一体化发展。同时，加强国家顶级工业互联网标识解析节点的能力建设，以及二级节点的快速部署，这对于提升工业互联网的整体服务能力和

安全性具有重要意义。

数据作为新质生产力的关键生产要素,其安全有序的流动对于数实融合发展具有决定性作用。因此,必须加强对通信网络、关键信息系统和数据资源的保护,提升关键信息基础设施的安全防护能力。这涉及深化实施网络安全等级保护制度和关键信息基础设施安全保护制度,以及推动数据安全技术的研发和应用,如加密技术、访问控制和异常检测系统。通过这些措施,可以为产业的数字化转型提供稳固的技术支撑,确保数据的完整性、可用性和保密性,从而促进成都都市圈经济的可持续发展和区域竞争力的提升。

(五)优化数实生态,培养产业数字人才与创新团队

人才是驱动新质生产力发展的关键。成都都市圈针对电子信息、生物医药、新能源等重点发展产业,应制定并实施针对性的高层次人才引进计划,持续推进"蓉漂计划"和"蓉城人才绿卡",为海内外高层次人才提供住房补贴、科研经费、子女教育等一系列优惠政策,激发人才的创新活力和创业热情。通过项目资助、职称评定、职业发展等多元化支持贯彻落实"天府英才计划",鼓励人才在成都都市圈创新创业。同时,加强产学研用的深度融合,延续电子科技大学与成都高新区的合作模式,共同建立校企联合实验室和实习实训基地,提供集实践操作与创新研究于一体的平台。未来,成都都市圈在人才交流方面应持续发力,创建一个区域性的人才交流中心,作为人才信息共享、职业发展咨询和行业交流的主要平台,同时引进国际先进的教育理念和科研资源,提供国际交流和学习机会,提升人才的国际视野和竞争力。利用大数据和人工智能技术,建立人才数据平台,实时监测和分析人才需求和流动趋势,优化人才评价体系和人才政策,逐步构建一个开放、协同、高效的人才培养和引进体系,为都市圈的数实融合和产业升级提供坚实的人才保障。

在应对数实融合所带来的挑战和机遇时,成都都市圈已经展现出巨大的潜力。通过深入实施上述数实融合策略建议,成都都市圈有望持续高质量发展,进而在全球舞台上树立起其作为具有国际竞争力的顶尖都市圈的形象。

参考文献

崔琳昊、冯烽：《数实融合与城市经济韧性：影响与机制》，《城市问题》2024 年第 4 期。

欧阳日辉：《数实融合的理论机理、典型事实与政策建议》，《改革与战略》2022 年第 5 期。

清华大学中国新型城镇化研究院：《现代化成都都市圈高质量发展指数》，2023 年 5 月。

冉戎、刘鸿锋：《推动数实有效融合的现实困境与制度创新——基于技术—制度互动的演化分析视角》，《新疆社会科学》2024 年第 4 期。

《健全促进数实深度融合制度　推动经济高质量发展——论信息通信业学习贯彻党的二十届三中全会精神》，《人民邮电报》2024 年 7 月 26 日。

腾讯研究院和互联网数据中心：《数实共生：未来经济白皮书 2021》，2022 年 6 月。

张明：《数字产业化、创新要素配置与实体经济转型》，《技术经济与管理研究》2023 年第 3 期。

张帅、吴珍玮、陆朝阳：《中国省域数字经济与实体经济融合的演变特征及驱动因素》，《经济地理》2022 年第 7 期。

绿色化数字化篇

B.13
成都都市圈绿色化数字化
协同创新共同体建设研究

李 伟*

摘 要: 党的二十届三中全会提出,建立都市圈同城化发展体制机制。协同创新共同体是都市圈同城化发展体制机制优化的重要手段,是推动都市圈高质量发展的重要路径。在绿色化、数字化加速发展的背景下,构建绿色化数字化协同创新共同体是成都都市圈贯彻党的二十届三中全会精神、推动成都都市圈更高质量发展的战略关键。从理论上来看,成都都市圈绿色化数字化协同创新共同体的建设成效取决于城市间创新实力差距、产业结构互补性、创新基础设施互联互通水平以及创新软环境的融合发展水平等因素。基于这一理论认识,本文构建了包含4个一级指标、15个二级指标的评价指标体系,对成都都市圈绿色化数字化协同创新共同体建设现状进行了评价,发现成都都市圈绿色化数字化协同创新共同体建设水平不断提升,但同时也存在创新实力整体不高、创新要素流动不强、创新协作水平有待提升等问题。

---

* 李伟,中国工业经济研究所副研究员。

鉴于此，建议以打造成都都市圈新兴和未来产业协同发展先行示范区、成都都市圈战略性数字应用产业化高地以及区域创新能力协同整合示范区为目标，强化政策供给，更高水平推动成都都市圈绿色化数字化协同创新共同体建设。

关键词： 共同体　绿色化　数字化　成都都市圈

一　成都都市圈绿色化数字化协同创新共同体建设的战略意义

当前，新一轮科技革命在全球范围内加速演进，其核心特征是绿色化、数字化转型。抓住新一轮科技和产业革命战略机遇成为区域经济跨越式发展的关键，而抓住新一轮科技和产业革命的关键在于顺应绿色化、数字化转型趋势，构建协同创新共同体，全面提升创新能力，促进技术和产业全面突破。成都都市圈绿色化数字化协同创新共同体是指顺应新一轮科技和产业革命发展趋势以及技术经济范式要求，推动成都、德阳、眉山、资阳四市在绿色化、数字化协同创新中实现突破，推动绿色化、数字化基础研究，在应用研究和产业化协同合作，形成从基础研究、原始创新到产业化发展的优势互补、战略协同的区域创新生态。成都都市圈绿色化数字化协同创新共同体建设的内涵在于三个方面，一是在绿色化数字化领域的基础研究，在应用研究领域实现协同，打造新一轮科技革命的技术策源地；二是在技术向产业转化过程中形成差异化、协调化发展格局，打造产业化转化高地；三是在产业发展过程中，形成区域产业发展差异化模式和良好的区域配套模式。基于以上内涵界定，成都都市圈绿色化数字化协同创新共同体建设的重大意义有如下几个方面。

（一）提升成都都市圈整体能级的战略支撑

未来区域经济竞争逐步向都市圈竞争、城市群竞争转变，成都都市圈在

都市圈竞争中尚存在整体能级较低、竞争力较弱、城市群发展合力不足等问题，绿色化数字化协同创新共同体建设是提升成都都市圈整体能力的重要支撑。

首先，成都都市圈经济体量在 14 个国家级都市圈中偏弱，绿色化数字化协同创新共同体建设有利于提升成都都市圈经济体量。从 2021 年开始，国家发展改革委先后批复了南京都市圈、福州都市圈等 14 个国家级都市圈。在各方共同努力下，各个都市圈快速发展，都市圈地区生产总值快速提升，成为区域经济重要支撑。比如，南京都市圈 2019 年 GDP 是 39997.54 亿元，2023 年已超 51000 亿元。成都都市圈 2023 年 GDP 仅有 27870 亿元（成都 22100 亿元，德阳 3014 亿元，眉山 1737 亿元，资阳 1019 亿元），只有南京都市圈 GDP 的一半左右。此外，成都都市圈发展还面临城市间交通一体化水平不高、分工协作不够、低水平同质化竞争严重、协同发展体制机制不健全等诸多问题。

其次，成都都市圈研发强度较低、创新能力较弱，绿色化数字化协同创新共同体建设有利于提升成都都市圈创新能级。高强度的研发资源投入是科技创新和新兴产业培育发展的基础条件。然而，成都都市圈在国家级都市圈中研发投入强度处于较低水平。从都市圈的核心城市来看，在我们统计的 17 个直辖市和副省级城市中，成都研发强度不但明显低于北京、深圳、上海等一线城市，落后于杭州、苏州、无锡等东部对标城市，还落后于武汉、合肥等中西部中心城市，居倒数第三位，仅高于郑州和重庆。特别需要注意的是，成都作为"中心城市"，研发投入强度甚至低于广东和江苏的全省平均水平（2019 年广东省全省研发投入强度为 2.88%，江苏省为 2.79%）。这表明，虽然近年来成都经济增速较高，但与研发强度倒数的重庆和郑州类似，其经济增长主要依靠外源性的招商引资，造成虽然高技术产业在统计中的比重较高，但城市产业中承载科技研发的能力仍十分薄弱。与城市发展水平和可持续增长的要求比较，成都目前的研发投入强度也处于较低水平。目前成都人均 GDP 接近 11 万元，大致相当于深圳 2011 年的水平。但是 2011 年时深圳市研发投入强度已经达到 3.62%，远高于当前成都的 2.66%；同时，深圳早在2000年时研发强度就达到2.89%的水平（大致相当于当前成都的研发强度）。这意味着，如果未来成都希望能够培育形成一批具有内生成长能力的本土企业和新兴产业，能够像深圳一样实现由"承接外部产业转移+代工"发展模式向"内源新兴产业成长+创新驱动"发展模式的转变，就必须改变目前研发投入增长滞后于经济增长的状况，切实消除研发投入强度低下的瓶颈。

（二）紧抓新一轮科技和产业革命战略契机的战略核心

当前，新一轮科技和产业革命加速演进，为区域经济格局重塑提供了重要的战略机遇。能否抓住这一轮科技和产业革命机遇，关键在于成都都市圈能否构建起适应新一轮科技和产业革命技术经济范式的新型产业发展模式。与深圳、广州、苏州等制造业先发城市面临的初始发展条件不同，当前成都大力推进的都市圈发展战略是在制造业发展模式发生结构性转型的背景下展开的：一方面，制造业发展路径从传统的"应用创新+规模创造"向"原始创新+多样探索"转变；另一方面，制造业生产模式从传统的"单体制造"向"生态化制造"转变。这就决定了，成都都市圈不仅要顺应制造业发展模式转型，更要引领制造业发展模式转型。但调研发现，当前成都都市圈基础研究和原创技术能力薄弱，不足以支撑成都都市圈在"原始创新+多样探索"的新发展路径上实现制造强市；成都都市圈制造业生产范式向"生态化制造"转型滞后，不仅未能引领"生态化制造"新范式，而且存在失去传统制造业领先优势的风险。

首先，当前制造业发展路径正从"应用创新+规模创造"向"原始创新+多样探索"转变，成都都市圈要率先探索并引领制造业发展新路径。改革开放以来，我国制造业发展的路径基本可以概括为"应用创新+规模创造"，即在国外底层技术的基础上进行应用创新，凭借市场规模、区域资源和成本优势快速实现规模扩张和产业集聚。但是，当前美国等发达国家不断加大对我国的科技打压和关键底层技术管控，我国资源、成本等优势也不断缩小，传统发展路径很难支撑制造业由大变强。在此背景下，走"原始

创新+多样探索"的发展路径成为普遍共识，即要强化基础研究、提升原始创新能力，促进多样化的新兴产业不断涌现。深圳、广州、苏州等城市是传统制造业发展路径的先行者、受益者和领先者，在制造业发展路径整体转型以及先发地区已形成领先优势的条件下，成都很难在传统制造业发展路径上实现制造强市。但是，成都都市圈可以依托绿色化数字化协同创新共同体建设为抓手，率先探索并引领"原始创新+多样探索"的制造业发展新路径，走出一条既具有成都都市圈特色，又引领制造业发展模式转型的新道路。

其次，当前制造业生产模式正从传统的"单体制造"向"生态化制造"转变，成都都市圈应引领"生态化制造"新范式。不论是生产组织模式，还是产品形态，传统制造都具有"单体制造"的特征，单个企业、单个工厂进行生产，向用户提供单一产品。但随着工业互联网、智能制造的发展，制造业生产组织模式已向"生态化制造"转变。在生产组织模式方面，依托工业互联网，企业不同组织单元、工厂不同设备以及产业链上下游企业已形成彼此联系的智能制造生态。在产品形态方面，不再是单个企业为用户提供单个的制造产品，而是不同企业、不同领域的企业联合为用户提供满足个性化需求的产品系统和解决方案，如智慧家居解决方案、智能制造解决方案等。成都都市圈要以绿色化数字化协同创新共同体建设为抓手，引领制造业生产制造范式的生态化转型。

最后，建设绿色化数字化协同创新共同体是构建与新一轮科技和产业革命技术经济范式相适应的创新模式的重要路径。当前，新一轮科技和产业革命的重要特征是融合创新，重要表现之一就是数字化和绿色化的协同创新。党的二十届三中全会审议通过的《中共中央关于进一步全面深化改革　推进中国式现代化的决定》强调，"推动制造业高端化、智能化、绿色化发展"。2024年7月发布的《中共中央　国务院关于加快经济社会发展全面绿色转型的意见》提出，"支持企业用数智技术、绿色技术改造提升传统产业"。2024年8月，中央网信办等十部门联合印发《数字化绿色化协同转型发展实施指南》，为加快传统产业数字化绿色化协同转型发展提供了具体指导。成都作为数字化绿色化协同转型发展综合试点，理应在数字化绿色化协同创新方面领先探索，建设成都都市圈绿色化数字化协同创新共同体是探索数字化绿色化协同转型发展的重要路径。

（三）加快形成成都都市圈新质生产力的战略抓手

发展新质生产力是在新一轮区域经济竞争中取胜的关键，而新质生产力发展的关键在于形成与新质生产力相适应的新型生产关系。成都都市圈绿色化数字化协同创新共同体建设是形成新型生产关系的战略抓手。

习近平总书记强调，要整合科技创新资源，引领发展战略性新兴产业和未来产业，加快形成新质生产力。2023 年 12 月召开的中央经济工作会议再次强调，"要以科技创新推动产业创新，特别是以颠覆性技术和前沿技术催生新产业、新模式、新动能，发展新质生产力"。总体上看，当前对新质生产力的讨论主要集中于新质生产力本身的内涵和外延，如强调新质生产力包括以科技创新为基础的战略性新兴产业和未来产业，强调新质生产力的特征是技术新、产品新、业态新，或者强调新质生产力的核心特征是数字化、绿色化。然而，仔细分析可以发现，这些内涵和外延是新质生产力的外化特征，新质生产力的生成机制才是其内在规定性，新质生产力的外化特征是其生成机制的结果。如果政策界和学术界不能在生成机制方面廓清新质生产力的独特性，则各级政府的过度关注和各类投资主体的一哄而上不仅不会促进新质生产力高质量发展，甚至可能阻碍和破坏新质生产力的形成。

新质生产力是百年未有之大变局背景下党中央、国务院为有效应对内外部风险挑战提出的、能够体现新发展格局要求、相对于传统生产力的科技进步和产业升级方向。从技术形态看，传统生产力所对应的科技进步主要是模仿创新和消化吸收再创新，而新质生产力对应的科技进步主要是原始创新。可见，新质生产力与传统生产力的区别不是科技创新驱动。在传统发展方式下，科学技术也是第一生产力，但传统生产力所基于的科技进步的主要方式是技术吸收和二次创新，驱动新质生产力发展的科技进步则是以我为主的突破性创新。从产业形态看，传统生产力对应的产业是发达国家渐次发展起来的劳动密集型产业、资本密集型产业和高技术产业。传统生产力是在中国技术水平相对落后、产业体系相对不完整条件下驱动中国经济发展的生产力，其核心作用是驱动中国经济规模和经济体系的快速扩张。与这种发展思路相对应，各级政府强调的产业发展重点是主导产业和支柱产业，这两类产业或者具有较大的经济体量，或者具有较强的前向和后向关联，核心特征都是规模和增长。而新质生产力所对应的是战略性新兴产业和未来产业。新质生产力虽然也是一国长期增长的动能，但其更重要的规定性是一国核心竞争能力的载体，是能够代表一个国家为世界工业文明做出独特贡献的标志性成就。

二 成都都市圈绿色化数字化协同创新共同体建设的现状和问题

本部分构建包含 4 个一级指标、15 个二级指标的指标体系，全面评估成都都市圈绿色化数字化协同创新共同体建设现状以及存在的问题，为优化成都都市圈绿色化数字化协同创新共同体提供基础和方向。

（一）成都都市圈绿色化数字化协同创新共同体评价指标体系构建

1. 指标体系构建原则

第一，具备权威性。以《成渝地区双城经济圈建设规划纲要》《关于培育发展现代化都市圈的指导意见》《"十四五"新型城镇化实施方案》等国家文件提出的量化目标为遵循，结合《成都都市圈发展规划》与《成德眉资同城化发展暨成都都市圈建设成长期三年行动计划（2023～2025 年）》，并参考借鉴国内外前沿都市圈评估研究成果，选取指标力求来源有理有据，具备权威性。

第二，体现科学性。以官方统计数据为主，并根据其他机构研究报告、互联网平台的公开信息等渠道对数据进行验证分析，力求数据准确。运用前沿的数据分析手段，挑选并设计分析指标，力求在保证创新性的同时，确保分析过程的科学性和严谨性。

第三，突出特色性。结合绿色化数字化转型的内涵以及绿色化数字化协同创新共同体建设要点，选取能够体现创新共同体建设需要的特色评价指标，如立足数字化、绿色化导向，针对都市圈数字化差距较大、绿色发展欠缺等实际问题，设立城市数字化水平差距、绿色创新水平差距等细化观察指标；考虑到都市圈有效互动需要存在产业链互补、技术多样化等，设立技术重合度与产业结构等相关指标；面向都市圈联通的工作重点，增加交通互通水平、供应链合作伙伴等指标；响应共同体建设要求，增补市场一体化水平、营商环境建设等创新软环境指标。

第四，注重实施性。紧密对接既有工作规划，稳固原始数据获取渠道，明确各项指标的计算细则，确保数据可靠性与分析精准度。同时，建立常态化评估与动态监测机制，及时捕捉城市发展的新动向，通过对比分析实现动态更新。选取的指标兼顾可获得性、支撑力与延续性，为科学决策奠定坚实基础，确保评估工作的系统性、有效性和前瞻性。

2. 指标构建思路

从国家战略部署来看，建设都市圈的战略意义在于以城市群、都市圈为依托构建大中小城市协调发展格局。从当前各都市圈实际建设情况来看，各地通过城市群一体化协调发展，促进城市间功能互补、产业错位布局和特色化发展。可见，都市圈建设的核心是要以中心城市为牵引，推动中心城市与周边城市构建功能互补、差异化、特色化发展的城市生态。基于这一内涵，结合绿色化、数字化发展的技术经济内涵，本部分从如下各个方面构建成都都市圈绿色化数字化协同创新共同体评价指标体系。

第一，城市间实力差距。创新共同体需要城市间资源的双向流动、创新能力的相互促进，所以建设创新共同体要求城市间实力差距既不能太大，也不能太小：若都市圈的城市间实力差距太大，则城市间关系变为溢出关系，而不是相互促进关系；若城市间实力差距太小，则城市间变为竞争关系，均无法促进都市圈的创新共同体建设。因此，本报告构建的第一个一级指标为城市间实力差距指标，包含四个二级指标，分别为研发投入

强度差距、企业创新实力差距、绿色创新水平差距及城市数字化水平差距。具体计算过程中，将德阳、眉山、资阳分别与成都比较，得到城市间的差距数据。

第二，产业结构与创新生态差异。创新共同体需要技术、产业的相互合作，如果城市间技术类型或产业结构越趋同，那么城市间的竞争越激烈，不利于创新共同体的建设。如果城市间拥有不同的技术类型与产业结构，那么城市易处于产业链的不同环节，有效形成创新共同体的协同发展。因此，本报告构建的第二个一级指标为产业结构与创新生态差异，具体包含三个二级指标，分别为技术重合度、产业结构与技术市场活跃度。具体计算过程中，将德阳、眉山、资阳分别与成都比较，得到与成都的差距数据，技术市场活跃度衡量其他城市与成都的技术市场合同成交额。

第三，城市间经济联通水平。创新共同体需要城市间进行经济、技术、产业等多方位的互动交流。交通互通能确保资源的流动顺畅，经济联系能反映城市间经济依赖与互补，供应链合作伙伴强调城市在市场中的协调联系，创新合作水平则能衡量创新资源的整合与城市间对技术的充分利用。本报告构建的第三个一级指标包含了上述四个方面。

第四，创新软环境联通。良好的创新软环境能促进资源自由流动与优化配置，增强创新共同体协同合作，激发创新活力，推动成果转化。本报告构建的第四个一级指标为创新软环境联通，包含营商环境建设、政府支持力度、市场一体化水平与创业活跃度。优化营商环境可以吸引和留住创新资源，政府强有力的支持为创新活动提供政策保障和资金引导，市场一体化促进资源高效配置和公平竞争，而创业活跃度则不断激发新的创新动力。

3. 指标体系构成

根据影响创新共同体建设的因素与指标选取的原则，最终形成成都都市圈绿色化数字化协同创新共同体评价指标体系，包含 4 个一级指标，15 个二级指标。具体如表 1 所示。

表1 成都都市圈绿色化数字化协同创新共同体评价指标体系

一级指标	二级指标	具体算法
城市间实力差距	研发投入强度差距	R&D经费支出占生产总值比重差距
	企业创新实力差距	专精特新小巨人企业数量差距
	绿色创新水平差距	绿色专利申请数量差距
	城市数字化水平差距	城市数字化发展指数差距
产业结构与创新生态差异	技术重合度	专利获得的重合度差距
	产业结构	第三产业增加值占总增加值比重差距
	技术市场活跃度	技术市场合同成交额
城市间经济联通水平	交通互通水平	高铁班次
	经济联系程度	增值税发票互开总额
	供应链合作伙伴	上市公司前五大供应商和客户合作
	创新合作水平	城市间发明专利合作数量
创新软环境联通	营商环境建设	营商环境水平
	政府支持力度	政府工作报告词频统计
	市场一体化水平	市场一体化指数
	创业活跃度	工商企业注册数量

4. 数据来源

指数测算采用传统统计数据、部门专项数据、企业工商登记数据、专利合作信息、媒体舆情等多源融合数据。具体来说，R&D经费支出、生产总值、产业增加值来源于对应年份的城市统计年鉴及统计公报，其中R&D经费支出2023年的数据未公布，分别采用2020年R&D经费代替2021年R&D经费，2021年R&D经费代替2022年R&D经费，2022年R&D经费代替2023年R&D经费，后续数据代替的情况均采用这种方式处理；专精特新小巨人企业数量来源于工业和信息化部官网；绿色专利申请数量与发明专利合作数量来源于中国专利数据库；城市数字化发展指数结合《中国城市统计年鉴》与北京大学数字普惠金融指数测度获得，并用2020~2022年的数据代替；技术市场合同成交额、增值税发票互开总额根据网络信息与政府工作报告整理获得，鉴于数据的可得性，采用2019~2021年的数据；高铁班次数据根据12306的高铁班次信息整理获得；上市公司前五大供应商和客户合

作由 Wind 平台提供的上市公司年报信息整体获得；市场一体化指数根据国家统计局公布的各行业消费价格指数测度获得，鉴于数据的可得性，采用2020~2022 年的数据；政府工作报告词频统计通过整理政府网站关于"都市圈"合作的词频统计获取；营商环境水平来源于历年《四川省营商环境评价报告》；工商企业注册数量来源于企业工商登记数据。

（二）成都都市圈绿色化数字化协同创新共同体建设水平评价

1. 评估区域与方法

成都都市圈绿色化数字化协同创新共同体建设水平评估范围为成都都市圈全域，根据《成都都市圈发展规划》选取成都市、德阳市、眉山市和资阳市作为评估区域。

为避免主观评价方法，保证综合评价的客观性，本文采取客观赋权评价法中最为常用的熵值法评价都市圈建设水平。具体方法如下：假设对 t 年 m 个对象的 n 个指标进行评价，x_{tmn} 为对象 m 在 t 年的第 n 个指标；无量纲化处理：为了消除不同指标单位的影响，对每个指标进行无量纲化处理，对正向指标和负向指标的处理方法分别为 $x_{tmn}^* = x_{tmn}/x_{max}$ 和 $x_{tmn}^* = x_{min}/x_{tmn}$，其中 x_{max} 和 x_{min} 分别代表该指标的最大值和最小值；确定比重：$y_{tmn} = x_{tmn}^*/\sum_t \sum_m x_{tmn}^*$；确定熵值：$\theta_n = -\ln(T \cdot M) \cdot \sum_t \sum_m y_{tmn} \ln(y_{tmn})$；计算信息效用值：$e_n = 1-\theta_n$；计算权重：$w_n = e_n/\sum_n e_n$；计算得分：$S_{tm} = \sum_n (w_n \cdot x_{tmn}^*)$。

2. 评估结果

第一，综合测度结果分析。对成德眉资各年份具体指标通过熵值法计算，得出各城市每年的得分情况，结果显示，2021~2023 年成都都市圈创新共同体建设进程指数综合得分持续提升，以 2021 年为基期得分 60 分，评估成都都市圈近年创新共同体建设可以发现，成都都市圈 2022 年、2023 年绿色化数字化协同创新共同体建设进程指数综合得分分别为 63.11 分、68.25 分（见图 1），增速分别为 5.18%、8.14%。2021~2023 年成都都市圈绿色化数字化协同创新共同体建设稳步推行，有效推动了数字产业绿色低碳发展，数字技术赋能行业绿色化转型，逐步形成了绿色化数字化良性循环，有望为全国范围内的创新共同体建设提供可复制可推广的路径模式。

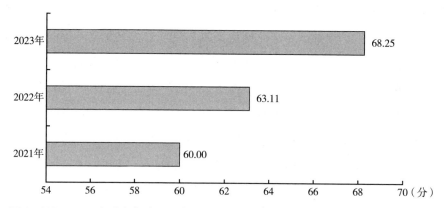

图1　2021～2023年成都都市圈绿色化数字化协同创新共同体建设进程指数综合得分

第二，成德眉资实力差距分析。总体来看，2021～2023年成德眉资在研发投入强度、企业创新实力、绿色创新水平与城市数字化水平上均有所提升。成都市在2021年R&D经费支出占生产总值比重为3.11%，2023年提升至3.52%，城市数字化发展指数从88分提升至90.2分，在都市圈中占据绝对优势地位，表明成都市作为创新龙头引领作用突出，本报告重点关注都市圈其余城市与成都市的差距情况。首先，聚焦研发投入强度，眉山市与成都市的差距在逐年缩小，由2021年2.35的差距缩小至2023年1.18的差距，意味着眉山市在研发投入强度上紧跟引领城市，积极融入都市圈，助力创新共同体的形成。德阳市2021年R&D经费支出占地区生产总值比重达到3.3%，高于成都市0.13个百分点，这与德阳装备制造业的高度集聚发展态势密不可分。资阳市创新动能相对不足，研发投入较少，在成都市R&D经费支出稳步增长的态势下，资阳市与成都市的研发投入差距更大，不利于创新共同体建设。其次，聚焦企业创新实力，如果企业技术创新能力不强，尤其是企业对基础研究重视不够，会造成重大原创性成果缺乏，存在底层基础技术、基础工艺能力不足等问题，专精特新小巨人企业专注于细分市场，聚焦主业，创新能力强、成长性好，推动提升专精特新小巨人企业质量，能有

效助力城市实体经济特别是制造业做实做强做优，提升产业链供应链稳定性和竞争力。2021~2023 年，成德眉资每年均有新获批专精特新小巨人企业，2021 年，成德眉资间的差距相对较小，但 2022 年，成都市获批 95 家，大幅高于其余城市，导致该年企业创新实力差距较大，但在 2023 年其余城市专精特新小巨人企业的数量增长缩小了创新差距。再次，聚焦绿色创新水平，绿色创新是绿色和创新两大发展理念的结合体，自主的绿色创新将促进传统产业升级，同时激活绿色产业发展的活力，能有效促进城市产业的绿色化转型。从总量上来看，成都市的绿色专利申请数量居于绝对的领先地位，甚至是其余城市总和的 20 倍左右，但 2021~2023 年，德阳、眉山和资阳市的绿色专利申请数量也在攀升，绿色创新水平差距由 2021 年的 3447 项、3490 项、3545 项缩小到 2023 年的 3041 项、3080 项、3137 项，绿色化协同创新初见成效。最后，聚焦城市数字化水平，数字化已成为推动城市创新、优化资源配置、提升治理效能的关键力量。高度数字化的城市能够构建更加开放、协同、智能的创新生态系统，促进知识共享、技术迭代和商业模式创新，为创新共同体建设提供强劲动力。如图 2 所示，各城市 2021~2023 年的数字化水平呈小幅增长趋势，各城市提升幅度的差距较小，因此城市数字化水平差距的变动幅度同样较小。

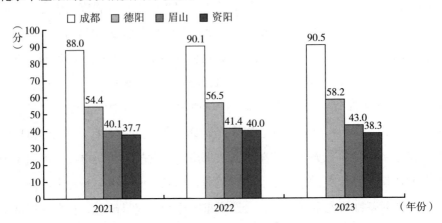

图 2　2021~2023 年成都都市圈城市数字化水平

第三，成德眉资产业结构与创新生态差异分析。2021年创新共同体建设该部分的得分为60分，到2023年得分为70.75分，这表明成德眉资产业结构与创新生态差异在缩小，创新共同体建设在稳步推进中。在评估都市圈产业结构与创新生态差异时，本报告选取了技术重合度、技术市场活跃度与产业结构作为二级指标。首先，聚焦技术重合度，通常技术重合度越高，城市间的技术差异性越小，不利于都市圈城市间进行多元化的协同发展。选用专利获得的前五位技术的重合度，衡量城市间的技术相似性，德阳、眉山、资阳市与成都市在2021年与2022年均有相同的三项优势技术，两项差异化技术，技术趋同程度较高。其次，聚焦技术市场活跃度，采用技术市场合同成交额测度技术市场活跃度，通常成交额越大，表明该城市与中心城市的技术市场联系越紧密，更易实现创新共同体的差异化建设。如图3所示，2021~2023年，成德眉资四市的技术市场合同成交额持续攀升，技术市场活跃度不断增强。最后，聚焦产业结构，第三产业增加值比重反映了城市经济中服务业的发展水平和在整体经济中的占比，可以揭示城市产业结构的特点和变化趋势。2021~2023年，成都市对第三产业的发展最为关注，且成德眉资四市的产业结构基本保持不变。

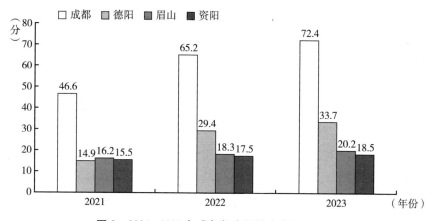

图3　2021~2023年成都都市圈技术市场活跃度

第四，成德眉资城市间经济联通水平分析。2021~2023年，创新共同体经济联通水平提升，如图4所示，2021年该部分的得分为60分，到2022年得分为76.88分，2023年达到97.48分，创新共同体建设的城市间经济联通水平得到大幅提升，为创新共同体建设提供硬件支撑。首先，聚焦交通互通水平，交通基础设施是区域协作的基石，能够加速资源、人才、信息及技术的自由流动与高效配置，促进成德眉资城市间产业链与创新链的深度融合，还能扩大市场边界，增强都市圈整体竞争力和创新能力，为创新共同体建设的发展奠定基础。2021~2023年，成德眉资城市间的高铁班次基本没有变化，德阳与成都每天有65趟高铁班次，眉山与成都有53趟，资阳与成都班次也达33趟，为都市圈连通创造了有利条件。其次，聚焦经济联系程度，非中心城市中德阳市与成都市的经济联系最为紧密，2023年成德之间增值税发票互开总额是成眉的1.5倍、成资的4.2倍，且经济联系程度在2021~2023年持续加强。资阳市与成都市的经济联系相对较弱，三年间的变动幅度也相对平缓。再次，聚焦供应链合作伙伴，供应链合作伙伴间的紧密合作，能助力产业链上下游的资源优化配置与创新发展。通过筛选测度上市公司前五大供应商和客户合作，发现2021~2023年，成德眉资上市公司间的合作关系更为紧密，连通水平得到提升。最后，聚焦创新合作水平，通过中国专利数据库，根据专利权人地址，获得都市圈其余城市与成都市联合获得发明专利的数量，其中德阳市与成都市联合申请获得的专利数量最多，且在三年内一直增长，眉山市居中且数量基本保持不变，资阳市与成都市的创新合作水平较低。

第五，成德眉资创新软环境联通水平分析。2021~2023年，创新共同体软环境联通水平提升，2021年该部分的得分为60分，到2023年得分为63.88分。总体来看，2021~2023年都市圈绿色化数字化创新的市场环境和政府环境均得到了改善，市场环境通过竞争与合作机制激发企业创新活力，促进资源优化配置，政府环境通过政策引导、法规制定及基础设施投入，为创新共同体建设提供有力保障和支持。首先，聚焦营商环境建设，通过每年的《四川省营商环境评价报告》对四川省各城市的等级进行评价（优良

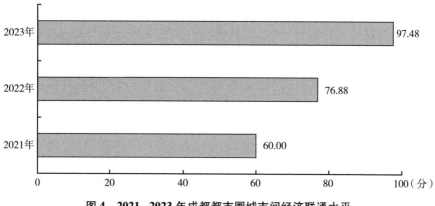

图 4　2021~2023 年成都都市圈城市间经济联通水平

差），评价成德眉资的营商环境水平，成都市与德阳市的营商环境在三年内一直处于优秀等级，而资阳市一直处于较差水平。其次，聚焦政府支持力度，根据政府工作报告中"数字化"等相关词汇，统计词频测度政府支持力度，如图 5 所示，成都市对数字化发展的支持逐年攀升，2023 年达到140，但都市圈其余城市政府对于数字化的支持力度上下浮动且变化不大。再次，聚焦市场一体化水平，根据各类消费品价格指数计算获得成德眉资的市场一体化水平，除成都市外，都市圈其余城市的市场一体化水平均在三年内有所上升，这表明这些城市的区域壁垒减弱，创新要素比以往更易自由流

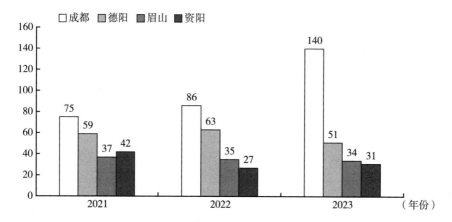

图 5　2021~2023 年成都都市圈政府支持力度

动。最后，聚焦城市的创业活跃度，结合工商企业注册数据，本报告测度了成德眉资的城市创业活力，创业活力越强往往意味着市场环境越公平包容。2021年成都市创业活跃度为60分，2023年上升至74.59分，都市圈其余城市得分更是指数级增长，表明都市圈创新软环境联通水平不断提升，大幅促进了创新共同体建设。

（三）成都都市圈绿色化数字化协同创新共同体建设存在的问题

1. 成都都市圈绿色化数字化协同创新共同体建设整体水平方面存在的问题

2021~2023年成都都市圈绿色化数字化协同创新共同体建设稳步推进，创新共同体建设初见成效，形成了数字化绿色化的良性循环。然而，创新共同体建设过程中仍存在部分问题。第一，成都市的创新实力仍有待加强。成都市处于都市圈的核心位置，绿色化数字化创新实力相较于都市圈内其他城市遥遥领先，但相比于其他都市圈的中心城市，成都的创新引领和协同带动能力还有待增强。第二，眉山市和资阳市创新资源不足，创新体系建设相对滞后。眉山市与资阳市的创新协同仍在起步阶段，两市的研发投入甚至在2021年不足1%，资阳市的专精特新小巨人企业在2023年申报数量为0。同样，两市的基础设施与创新环境也相对不足，创新动能与创新绩效产出较低。

2. 成都都市圈绿色化数字化协同创新共同体建设区域协同存在的问题

第一，核心城市的创新溢出效应有待增强，加速成都市的创新溢出能带动区域协同创新，推动共同体的创新能力跃升。成都市目前与都市圈其余城市的经济联系相对不足，合作创新的带动能力较差，与都市圈其余城市每年联合申请获得的专利数量仅为30项左右，远不及上海市对其周边如嘉兴市、南通市的带动作用。第二，各城市在创新共同体建设上各自为政，缺乏统筹协调和资源共享机制。成德眉资四市在技术和产业差异上并不明显，缺乏跨区域协同，难以形成产业链的优势互补。第三，资源要素跨区域流动能力有待加强，都市圈的市场分割较为严重，仍存在政策壁垒与信息不对称障碍，四市的基础设施连通水平和市场主体活力有待提升，技术要素与人才要素的跨区域流动性有待加强。第四，资阳市的创新协作水平亟待提升。资阳市的创新协作尚处于初级阶段，与中心城市的经济联系、技术合作等均与成德、成眉之间有数倍甚至数十倍差距，资阳仍需加快融入创新共同体。

三　成都都市圈绿色化数字化协同创新共同体建设的战略思路和政策建议

针对成都都市圈绿色化数字化协同创新共同体建设现状、存在的问题，结合成都都市圈绿色化数字化协同创新共同体建设的战略意义，建议从如下几个方面进一步优化政策体系和政策支撑。

（一）以构建新型政策体系为核心打造成都都市圈新兴和未来产业协同创新先行区

新兴和未来产业是新质生产力的重要载体，是现代化产业体系的重要构成，也是成都都市圈建设的战略抓手。然而，新兴和未来产业具有迥异于传统产业的技术经济特征，这决定了新兴和未来产业的培育和发展要打破以往传统产业发展的政策思路和政策体系，构建与新兴和未来产业相匹配的制度体系。尤其是在成都都市圈加快建设的背景下，成都要立足新兴和未来产业发展规律，强化成都都市圈技术和产业创新合作，打造新兴和未来产业发展的先行区。

第一，强化基础研究和原创技术研发。传统产业多是基于成熟技术孵化形成的产业，这类产业发展的关键在于快速形成产业规模，通过大规模生产降低成本，以规模经济取得竞争优势。与传统产业不同，新兴和未来产业遵循从科学到技术到产业化的典型线性发展模式，其发展关键在于构筑强大的基础研究能力和前沿技术、底层技术突破能力，为未来产业孵化和涌现提供基础。因此，新兴和未来产业发展突破首先要补齐基础研究短板，提升原创技术、底层技术突破能力。

第二，推动新兴和未来产业发展要强化小试中试平台以及其他公共服务平台，打通技术研发向产业化转化的通道。产业生命周期的不同阶段所需的关键政策是不同的，新兴和未来产业多处于技术孕育和产业萌芽阶段，其发展的关键在于实现从技术向产业的跨越，打破从技术研发到产业化的"死亡之谷"。这一阶段的政策着力点在于构建技术产品化的小试中试平台、培育未来产业发展的领先用户，带动未来产业的技术迭代和产业规模化发展。

第三，加快构建适合新兴和未来产业大规模试错的产业环境。新兴和未来产业技术成熟度低、产业化前景不明朗，具有较强的风险性；同时，新兴和未来产业的主体多是科研团队、创新型企业等，这类主体资金、人才等资源少，对外部资源的链接能力较弱，进而很难获取未来产业孵化所需的配套体系。因此，推动新兴和未来产业发展要构建适合未来产业大规模试错和孵化的外部政策环境，如风险投资、领先用户、公平竞争环境等。

第四，构建跨产业、跨领域技术交流平台，打通不同领域技术交流和合作通道。当前，新兴和未来产业主要集中在数字经济、生物技术、能源技术三大领域，且呈现不同领域技术融合创新的特征。例如，智慧医疗即生物医疗技术与 5G、VR 等数字技术融合发展的结果。因此，推动新兴和未来产业发展要构建多技术融合、跨领域合作、跨产业交流的平台。

（二）以新型数字应用创新基础设施建设加快推动成都都市圈战略性数字应用产业化

成都都市圈绿色化数字化协同创新共同体的建设重点之一在于协同推动技术产业化，打造科技成果产业化高地。当前，以工业互联网、智能网联汽车、通感一体应用等为代表的新一轮战略性数字应用是未来发展的重点，也是科技成果产业化的重点，尽管这些领域的技术成熟度和监管成熟度不同，但实体经济与数字经济深度融合的特征决定了其产业化涉及大量跨部门、跨领域的体系化协同突破和跨部门监管创新。成都都市圈要率先加快此类应用的产业化步伐，重要前置条件之一是相关新产品、新工艺、新协同模式、新监管规则在逼近规模化应用场景的创新试验和示范应用中走向成熟，而这都离不开针对性、适用性数字应用创新基础设施的保障。从产业关联度和错位发展可行性来看，建议成都都市圈聚焦当前5G+产业互联网、智能网联汽车、通感一体应用的产业化需求，积极领先部署以下三方面数字应用创新基础设施。

一是将网络建设原则从"人口覆盖"调整为"经济覆盖"，在此原则下加快推动5G-A（增强版5G，是5G向6G演进的必经阶段）网络建设，从而在国内率先构建起供给范围和质量精准适配5G+产业互联网的网络基础设施体系。我国网络基础设施处于全球领先地位，但对照网络基础设施与工业生产设施大规模融合部署的要求，则还存在结构性错配。在供给范围上，我国5G网络基础设施建设一直遵循优先覆盖人口密集区域的"人口覆盖"原则，对工业生产密集区域的"经济覆盖"不足，还不能完全适配工业数字应用对海量工业设施广泛连接的要求。在供给质量上，工业数字应用落地面临5G网络质量提升滞后的限制。例如，只有将时延控制在1毫秒以内，5G全连接生产线才能应用于医药、化工等连续型生产的工厂，而当前5G网络还达不到这一要求。对此，成都都市圈应从5G+产业互联网对网络基础设施的需求出发，以加快催熟规模化应用为目标，推动网络基础设施在全国范围内高标准再领先。一是作为当前全国唯一本地三大运营商均加入5G-A阵营的城市，进一步加速5G-A网络商用，以5G-A厘米级定位、无源物联、超低延时超高可靠性等革命性能力，确保成都都市圈移动通信网络基础设施全面满足工业数字应用在不同产业规模化落地的更高要求。二是明确以"经济覆盖"为主的5G-A网络基础设施建设原则，从"有人有覆盖"向"有生产有覆盖"拓展，确保有数字应用需求的工业设施均能接入高质量网络基础设施。

二是领先推动算网大科学装置建设，作为算网技术、标准、产品、应用系统性创新的核心平台，提升成都都市圈算网融合基础设施的升级效率和原创应用的开发迭代效率，促进成都都市圈工业面向"算网融合基础设施+原创应用多样探索"的优势再造。成都都市圈如能抓住当前各地、各国算网融合发展基本处于同一起跑线的机会窗口，率先建设算网大科学装置，不仅可为标准和技术的"点"上突破提供完备的科研环境，而且为算力、网络、

应用的"联合拉通"式创新提供系统平台，构建中国特色算网融合路线下的人工智能自主生态和应用生态。

三是在5G-A网络基础设施建设基础上，推动5G-A车路协同试验区、通感一体应用示范区等率先落地，支撑成都都市圈抢占国内智能网联汽车、通感一体应用的产业化先手。深圳已经于2022年出台了全国首部智能网联汽车管理法规《深圳经济特区智能网联汽车管理条例》，在监管方面做出了诸多突破。建议成都都市圈抓住5G网络向5G-A网络升级时机，尽快规划并落地能够满足L4级别自动驾驶需求的5G-A车路协同试验区，力争在配套试验设施方面率先突破，推动成都都市圈汽车产业与智能网联路线更快实现深度结合。就通感一体应用而言，全球移动通信标准化组织3GPP已经明确移动通信网络在5G-A阶段将首次实现通信感知一体化，即移动通信网络将利用基站提供类似雷达的感知能力，从而实现"有通信网络即有高精度感知"，全面赋能低空经济、车路协同、智慧城市、智能工厂等广大应用。目前，由于频谱协调和监管法规等方面的问题，多数地区的通感一体应用还处于技术研发与验证阶段，但中国移动已经明确未来一年内所有新增基站设备都将支持通感一体化技术。建议成都都市圈领先规划和打造覆盖低空、道路、水域等关键应用领域的通感一体应用示范区，率先测试和探索可行的频谱使用方案、应用场景标准、监管体系建设等关键问题，形成建设和监管标准，驱动端到端产业成熟。

（三）以建设成都都市圈工业技术研究院为抓手推动成都都市圈创新能力整合

都市圈协同创新共同体建设的关键在于科技创新协同，共建共性技术研发机构是促进创新协同的关键。例如，近年来长三角城市群大力推动长三角研究院、长三角创新联合体等共性技术研发机构和新型研发机构建设，推动城市圈创新协同。为此，建议以建设成都都市圈工业技术研究院为抓手，推动成都都市圈创新能力整合，形成区域创新合力。

为了推动产学研各方特别是企业主体突破"联而不盟"的情况，建议成都都市圈高水平、差异化新建成都都市圈工业技术研究院（简称"成都都市圈工研院"），填补区域创新体系的这一结构性空白。成都都市圈工研院应对标深圳先进技术研究院、江苏产业技术研究院等影响力较大的共性技术研发机构，聚焦于技术创新和扩散的定位，率先探索面向全球多边规则的科研制度和产业政策，打造"基于规则"的人才集聚平台和政策试点平台，使区域创新主体融入全国乃至全球创新网络。首先，应依托高层次人才，全新设立中央企业工业技术研究院，作为中国共性技术供给的重要机构。其次，根据国际成熟共性技术研究机构的普遍规则，中央企业工业技术研究院应采取"公私合作"的 PPP 模式，运营经费大约 1/3 来自国家财政，1/3 来自政府的竞争性采购，1/3 来自市场，从资金来源上平衡短期（竞争）导向和长期（合作）导向。最后，应由技术专家、政府官员、企业家代表和学者共同组成专业委员会作为最高决策机构，研究院最高管理者（主席）采用全球公开招聘的方式，通过专业委员会和社会化管理减少政府的行政干预，保证研究院的高效运营和专业管理；研究院每年向社会发布翔实的年度运营报告，用于披露研究院的财务收支和业务活动，形成社会监督的机制。同时，研究院研究人员收入宜以具有竞争力的固定报酬为主，项目收入仅作为研究人员的报酬补充，避免研究内容和项目设置过度商业化；研究院机构按照产业发展需求设置，而不是按学科体系设置，研究人员考评应以社会贡献而不是学术成果为主，以此保证研究成果的应用。国家可以考虑设立配套的引导资金，引导研究院为中小企业、前沿技术和落后地区等具有较强社会外部性的领域加大投入。

在治理与管理上，成都都市圈工研院应充分参考国内类似机构与平台的建设经验，避免现有机构在统筹管理、网络扩张、需求对接等方面的常见问题，构建"强治理、大网络、广协同"的体系化共性技术研发扩散平台。首先，工研院在建设或链接更多创新实体的同时，应特别注重强化平台型治理模式，形成"统筹平台的平台"。建议市政府相关部门负责人进入工研院理事会，将工研院这一常设实体机构作为统筹全市功能型平台发展的总抓手；建议工研院整建制引入市场化、专业化的成熟管理团队，切实承担起对各类功能型平台的统筹管理职能。其次，在完善治理结构和管理能力的基础上，工研院可以为职能型平台提供第三方专业管理，分类调整平台管理模式，提升平台运营效率。例如，对于有社会资本投入但收益分红受限的平台，探索实施双合伙人模式，允许平台向社会资本合伙人分红。最后，为扩大平台网络、提高协同效率、形成品牌效应，建议工研院借鉴江苏产业技术研究院的加盟制度，将支持共性技术功能型平台的财政经费由直拨改为由工研院代持，健全对加盟机构的考核体系以及与考核结果挂钩的资助制度，引导更多机构在不改变原有层级、单位属性和运行机制的前提下灵活加盟，并针对加盟标准与资助条件提升研发与协同水平。

参考文献

曹裕、李想、胡韩莉等：《数字化如何推动制造企业绿色转型？——资源编排理论视角下的探索性案例研究》，《管理世界》2023 年第 3 期。

邓世成、吴玉鸣：《城市群绿色技术创新的空间网络结构特征及其效应研究——以成渝地区双城经济圈为例》，《管理学报》2022 年第 12 期。

柳卸林、吉晓慧、杨博旭：《城市创新生态系统评价体系构建及应用研究——基于"全创改"试点城市的分析》，《科学学与科学技术管理》2022 年第 5 期。

李旭辉、陈梦伟、王经伟：《省域数字化与绿色化协同发展评价、时空特征及其影响因素》，《经济地理》2024 年第 7 期。

栗志慧、刘洁：《数字化背景下京津冀城市群区域创新生态系统评价研究》，《中国软科学》2024 年第 S1 期。

石风光、周明、许彬：《绿色化协同创新、新旧动能转换与地区经济增长》，《统计研究》2023 年第 7 期。

田华文：《"双碳"目标下数字经济赋能绿色低碳发展论析》，《中州学刊》2023 年第 9 期。

王琳、周昕怡、陈梦嫒：《从"培育者"到"影响者"：数字化转型如何推动绿色创新发展：基于浪潮的纵向案例研究》，《中国软科学》2023 年第 10 期。

赵卉心、孟煜杰：《中国城市数字经济与绿色技术创新耦合协调测度与评价》，《中国软科学》2022 年第 9 期。

周密、乔钰容：《城市绿色化和数字化融合发展的区域差异及内在机制》，《城市问题》2023 年第 8 期。

B.14
成都都市圈跨区域产业生态圈
绿色化数字化发展研究*

张 珩 毛梓年**

摘 要： 近年来，绿色化和数字化日渐成为全球经济社会转型发展的重要趋势。系统研究成都都市圈跨区域产业生态圈绿色化数字化发展问题，对于加快成都都市圈高质量发展意义重大。本文立足成都都市圈跨区域产业生态圈绿色化数字化发展实际，通过与杭州都市圈、深圳都市圈对比，系统分析了成都都市圈跨区域产业生态圈绿色化数字化发展水平，科学研判了成都都市圈跨区域产业生态圈绿色化数字化发展面临的工业基础较为薄弱且布局亟待进一步优化、绿色化发展水平有待提升、数字化转型面临困境等问题和挑战。在此基础上，提出了打造绿色低碳产业体系、数字经济引领产业发展、加强技术研发和创新能力、坚持专业人才引育并重、完善相关体制机制等对策建议。

关键词： 跨区域产业生态圈 绿色化 数字化 成都都市圈

绿色化数字化发展是适应全球技术环境新变化和绿色低碳转型趋势的必然选择，是实现经济社会转型升级和高质量发展的重要举措，是实现可持续

---

* 本报告为国家社会科学基金后期资助项目"农村信用社改革与发展效果研究"（项目编号：23FGLB007）、中国社会科学院学科建设"登峰战略"资助计划优势学科"金融与发展"（项目编号：DF2023YS28）、中国社会科学院青年人才"培远"计划以及安徽省科研计划编制重点项目"能源结构改善背景下安徽省金融风险评估与管理"（项目编号：2024AH052096）的阶段性成果。

** 张珩，博士，中国社会科学院金融研究所、中国社会科学院大学副研究员、副教授，硕士生导师，主要研究方向为区域经济发展、金融理论与政策；毛梓年，四川省社会科学院区域经济研究所硕士研究生，主要研究方向为区域经济。

发展的关键路径，对成都都市圈跨区域产业生态圈发展至关重要。当前，成都都市圈跨区域产业生态圈绿色化数字化发展取得较大成效，但仍面临较大困境。未来要坚持绿色化与数字化双轮驱动，加快发展新质生产力，助力成都都市圈跨区域产业生态圈迈上新台阶。

一　成都都市圈跨区域产业生态圈绿色化数字化发展的重要意义

（一）绿色化数字化发展是适应全球技术环境新变化和绿色低碳转型趋势的必然选择

一方面，随着大数据、人工智能、物联网等新一代信息技术的迅猛发展和广泛应用，全球技术环境正在经历前所未有的变革。新一代信息技术正在重塑各行各业的发展格局，同时也在加速改变社会的生产方式、运行方式及管理模式，对全球经济、政治、文化等方面产生了深远影响。只有积极拥抱新技术，大力推动数字化发展，才能在不断变化的技术环境中保持竞争力。

另一方面，随着全球气候变化加剧，绿色低碳转型已成为全球共识和行动方向，而绿色化和数字化发展是实现绿色低碳转型的重要途径。绿色发展强调在生产、消费等各个环节中注重保护环境和节约资源，通过使用清洁能源、推广循环经济、实施节能减排等措施，实现经济、社会和环境的协调发展。数字化发展不仅可以提高生产效率、优化资源配置，还可以为绿色化发展提供技术支持和解决方案，从而为成都都市圈绿色低碳转型提供强有力的支撑和保障。

（二）绿色化和数字化发展是实现经济社会转型升级和高质量发展的重要举措

近年来，数字技术加速创新，不仅推动了传统产业向数字化、智能化转型，还催生了新产业、新业态、新模式，在赋能绿色化转型、加快发展新质生产力等方面发挥了重要支撑作用，绿色化和数字化日益成为全球经济社会转型发展的重要趋势。绿色化和数字化发展不仅能够推动产业结构、消费结构转型升级，还能通过数字化技术提升绿色发展的高端化、智能化水平，形成绿色化和数字化的良性循环，从而有助于推动经济社会向更加绿色、可持续的方向发展，实现高质量发展的目标。

（三）绿色化数字化发展是实现可持续发展的关键路径

随着全球环境问题的日益严重，实现可持续发展已经成为各国政府和企业的共同目标。绿色化发展有助于减少生产和生活中的环境污染和资源消耗，并推动循环经济的发展；数字化发展则通过应用新一代信息技术，如大数据、云计算、物联网等，实现生产过程的智能化、自动化和精细化管理，提高生产效率和资源利用效率，优化供应链管理。绿色化和数字化协同发展，有助于推动可持续发展。一方面，数字化技术可以为绿色化提供有力支持，如通过大数据分析、云计算等技术手段，实现精准节能减排、智能环保监控等；另一方面，绿色化也可以为数字化提供广阔的发展空间，如推广绿色产品和服务，满足消费者对环保、健康的需求。此外，绿色化数字化协同发展还可以促进社会的绿色消费和数字化转型，从而推动整个社会的可持续发展。

二 成都都市圈跨区域产业生态圈绿色化数字化发展的现状及成效

（一）成都都市圈跨区域产业生态圈发展现状及成效

成都都市圈坚持成都极核引领、都市圈带动、增长极支撑，围绕共建现代高端产业集聚区，以都市圈9条重点产业链为突破，深入推进跨区域产业建圈强链，持续打造高端切入、错位发展、集群成链的现代产业体系。

1. 顶层设计不断完善

建立成德眉资四市日常工作联系机制，组建都市圈9条重点产业链工作专班，印发《成都都市圈"1+9"重点产业链专班规则》。联合印发《成都都市圈制造业发展白皮书》《成都都市圈重点产业产业链全景图》《成德眉资同城化暨成都都市圈产业建圈强链攻坚行动计划（2023～2025年）》等产业协同文件，着力打造"错位协同、相互借力、集群成链"的产业链条。

2. 产业协作进一步强化

探索打造"头部+配套""研发+制造""总部+基地"多种协作模式，都市圈累计引育跨市域协作配套企业1551家。联合培育产业集群，形成以链主企业为核心、大中小企业融通发展的产业生态格局。目前，都市圈已形成电子信息和装备制造2个万亿级产业集群、8个千亿级产业集群和全国最大的口腔产业集群，成都市软件和信息服务集群、成德高端能源装备产业集群、成渝地区电子信息先进制造集群入选国家先进制造业集群。其中，成德高端能源装备产业集群集聚企业近3000家。

3. 产业链生产圈不断提升

聚焦新型显示、轨道交通、航空装备、新能源汽车等9条重点产业链，推动建圈强链，提升位势能级。OLED发光材料等新型显示产业替代性材料规模逐步扩大；轨道交通创新产品不断涌现，轨道交通产业综合实力居全国第一方阵；航空装备产业整机研制能力国际领先，获批工信部首批产业链供应链生态体系建设试点；调味品特色领域居全国第一方阵；医美服务产业集聚医美机构735家，医美之都品牌效应和行业话语权持续扩大；光伏、氢能等产业链加快向上游光伏组件、制氢装备等环节延伸；锂电产业链电解液、隔膜等短板环节加速补齐，已形成"基础锂盐—关键材料—电池—回收利用"产业链条；医疗器械（口腔医疗）产业链完整度全球第一，累计引进110家口腔企业，174个产品实现"成都研发、资阳生产"。

育强产业载体，支撑农业建圈强链。培育现代农业园区和产业集群。截至2023年，成德眉资四市共培育市级及以上现代农业园区214个，省级及以上产业集群 6 个。积极推进毗邻地区农业合作园区建设。其中，彭什川芎园区药材年产量近 3 万吨，金中食用菌园区推动农民人均增收 1200 元以上，蒲丹柑橘园区制定了晚熟柑橘产业带生产技术地方标准，等等。延伸农业价值链，构建"市级公用品牌+县级区域品牌+企业自有品牌"体系，开展市县农产品区域公用品牌宣传推介互动活动。

4.跨市域组建产业生态圈联盟

跨市域联合组建电子信息、智能制造、医疗健康等 17 个产业生态圈联盟，聚焦都市圈新型显示、新能源汽车、清洁能源装备、医疗器械（口腔医疗）等 9 条制造业重点产业链，协同组织召开各级各类产品供需对接会、产业推介会，促进企业开展国内国际交流合作，提升知名度、影响力和竞争力。

5.探索构建分成共担、利益共享机制

聚焦构建"蓄能、育能、释能、赋能"的跨区域产业生态圈，成德眉资四市探索构建政策互通、产业协作、招商共享等分成共担、利益共享机制。天府新区与德阳、眉山、资阳合作招引的企业入驻总部基地后，可自主选择注册地，产生的税收和经济数据按照 3∶7 比例分享；德阳、眉山、资阳等市（州）存量企业若将技术研发营销推广、企业孵化等功能板块迁入总部基地，注册地及税收解缴关系仍保留在市（州）。

（二）成都都市圈跨区域产业生态圈绿色化发展分析

1.绿色化发展现状与成效分析

一是统筹推进传统产业转型升级和绿色低碳产业发展壮大。一方面，近年来，成都都市圈加大重点行业智能化、清洁化、低碳化改造力度，促进传统产业绿色转型升级；另一方面，聚焦动力电池、新能源整车等重点领域，依托成都新能源和智能网联整车优势、德阳和眉山新能源电池产业优势，实现新能源汽车产业协同联动发展。截至 2023 年，成都市整车企业共与德眉资 20 家企业实现配套，其中德阳市 6 家、眉山市 4 家、资阳市 10 家。

二是共推清洁能源发展，大力布局氢能产业。目前，成德两地已经初步形成了"制—储—运—加—用"较为完整的产业链条。其中，成都聚集了100余家氢能关联企业，2023年氢能全产业链实现产值130亿元，同比增长10%。德阳拥有氢能产业相关企业20余家，产品涵盖氢能基础设施建设、制氢装备、高压氢气储罐、撬装式加氢系统等多方面。

三是推进农业绿色转型发展。一方面，通过采用新技术，助推产业迭代升级，如采用机械化、智能化养殖，测土配方施肥，病虫害绿色防控，蚕沙堆肥还田等新技术，削减单质化肥和农药使用量30%，推动现代蚕业高质量发展；另一方面，精细开发特色种植业，培育特色农产品，发挥生态功能，放大生态优势。此外，全域推行农产品合格证制度，大力发展绿色食品、有机农产品和农产品地理标志，成德眉资四市全年农产品检测合格率达到98%以上。

2. 绿色化发展水平分析

《成都都市圈发展报告（2022）》显示，与深圳都市圈、杭州都市圈等都市圈相比，成都都市圈绿色发展整体处于中游水平，在9个都市圈中排名第五。从最新情况来看，成都都市圈跨区域产业生态圈绿色化发展取得一定成效，但与其他都市圈相比仍处于中游水平，且都市圈内各城市产业绿色化发展并不均衡。

从总体上看，近年来，成都都市圈单位地区生产总值能耗处于下降的态势，但单位地区生产总值能耗下降幅度处于波动状态，且2022年下降的幅度仅为2.86%，低于2019年的水平。与此同时，单位地区生产总值电耗处于上升的态势，由2019年的0.0413千瓦时/元上升至2022年的0.0433千瓦时/元。此外，工业用水重复利用率整体上呈现波动态势，由2019年的77.01%下降至2023年的75.77%（见表1）。由此可见，成都都市圈跨区域产业生态圈水资源、能源节约集约利用水平有待进一步提升。与此同时，成都都市圈（以成都市为主）节能与新能源汽车示范推广数量呈现倍增的态势，2022年节能与新能源汽车示范推广数量达到182779辆，约为2018年的6.41倍（见图1）。由此可以看出，成都都市圈在新能源汽车等绿色低碳产业方面呈现蓬勃的发展态势，未来应进一步发挥成都引领带动作用，强化德眉资三市配套能力。

表1 2019~2023年成都都市圈跨区域产业生态圈绿色化发展相关指标

指标	2019年	2020年	2021年	2022年	2023年
单位地区生产总值能耗增长速度(%)	-3.15	-0.99	-1.84	-2.86	—
单位地区生产总值电耗(千瓦时/元)	0.0413	0.0420	0.0426	0.0433	—
工业用水重复利用率(%)	77.01	65.09	69.53	67.59	75.77

资料来源:《四川统计年鉴2023》、Wind数据库。

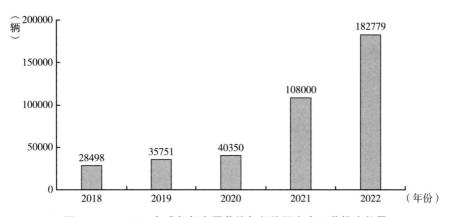

图1 2018~2022年成都都市圈节能与新能源汽车示范推广数量

资料来源:Wind数据库。

分城市来看,成德眉资产业绿色化发展仍不均衡。从能源资源利用情况来看,德阳处于相对领先地位,成眉资与其存在一定的差距。2022年,德阳单位地区生产总值能耗下降4.07%,高于同时期成眉资的水平;单位地区生产总值电耗在四市中也处于最低水平(见图2、图3)。2023年,德阳工业用水重复利用率(92.48%)处于领先地位,比眉山(44.44%)高将近50个百分点(见图4)。从三废排放情况来看,成德眉资四市差距较大,但2019~2022年均呈现递减的态势,眉山市工业废水排放量由2019年的331.69万吨降至151.03万吨。此外,工业固体废弃物综合利用率呈现持续上升的态势。2019~2023年,成都工业固体废弃物综合利用率由92.4%上升至95.2%。

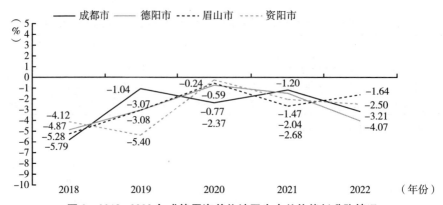

图2　2018~2022年成德眉资单位地区生产总值能耗升降情况

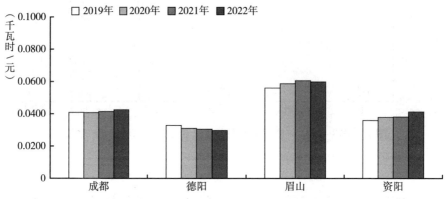

图3　2019~2022年成德眉资单位地区生产总值电耗

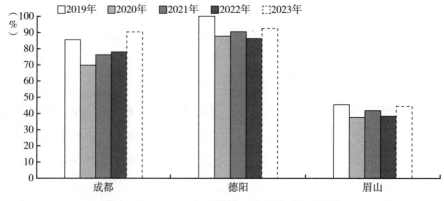

图4　2019~2023年成德眉工业用水重复利用率

与杭州、深圳等其他都市圈相比，成都都市圈产业绿色化发展处于中游水平。2023年，成都市工业用水重复利用率为90.37%，远高于杭州市的52.82%，但不及深圳市的92.06%，如表2所示。2022年，成都市单位地区生产总值能耗下降了3.21%，优于同时期深圳市的水平（−5.80%），如图5所示。

表2　2023年成都都市圈与对标都市圈工业用水重复利用率对比

单位：%

都市圈	城市	工业用水重复利用率
成都都市圈	成都市	90.37
	德阳市	92.48
	眉山市	44.44
	资阳市	—
杭州都市圈	杭州市	52.82
	嘉兴市	92.27
	湖州市	83.25
	绍兴市	84.43
深圳都市圈	深圳市	92.06
	东莞市	—
	惠州市	—

资料来源：Wind 数据库。

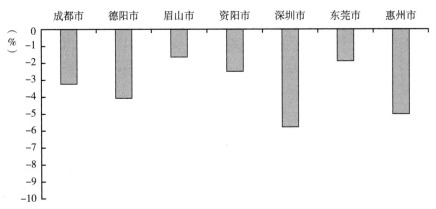

图5　2022年成都都市圈与深圳都市圈各城市单位地区生产总值能耗增长速度

资料来源：Wind 数据库。

（三）成都都市圈跨区域产业生态圈数字化发展分析

1.数字化发展现状及成效分析

一是全力推进制造业"智改数转"。近年来，成德眉资四市将制造业"智改数转"作为推进成都都市圈新型工业化、培育新质生产力的重要抓手，努力提升智能化改造、数字化转型水平。目前，成都市累计培育2家全球"灯塔工厂"，建成158家市级智能工厂和数字化车间；德阳市东方电机、东方锅炉入选国家2023年智能制造示范工厂揭榜单位和优秀场景；眉山市累计打造"智改数转"国家级试点示范企业4家，德恩云造工业互联网平台入选省级特色专业型工业互联网平台，带动102家企业上云上平台；资阳市42家规上工业企业完成"智改数转"线上诊断评估，发布104条数字化转型供需对接清单。

二是常态化举办都市圈云共享大会。成德眉资四市常态化轮流主办成都都市圈产业生态圈建设暨企业供需对接云共享大会，通过"线上发布+线下展会"相结合，促进企业信息共享、供需对接。2023年6月，在第三届云共享大会上，共有4对产业功能园区和16家企业（院校）达成合作。

三是共享云平台。成德眉资四市共享SEPP中欧跨国采购平台、四川制造"天府云销"平台、成都市工业互联网供需对接平台等线上平台，强化都市圈企业链接全球的数字平台支撑。通过云平台共同发布欧洲企业采购需求清单、都市圈链主企业需求机会清单以及企业产品供给需求清单，帮助企业实现与国内国际供应商、配套商、服务商的广泛有效互选，助力都市圈内企业深度融入全球产业链供应链体系，参与国际产业分工合作。

例如，成德眉资四市共同引导本市工业企业、服务企业、第三方机构等各类主体入驻"成都工业互联网供需对接平台"，聚合并动态更新政策文件、供需清单、机会清单、金融服务等多板块数据信息，采用智能化技术多维度分析企业资质、产品参数等指标，实现供需信息精准匹配和智能推荐。同时，依托工业互联网供需对接平台，采取"线上、线下"方式，打造都市圈产业协作高能级平台，实现都市圈企业供需信息归集、智能匹配、自动报送功能，目前共服务都市圈 8100 多家工业企业。

四是积极发展数字农业。创新制定都市圈农业农村技术规范，出台《成德眉资共同制定农业农村技术规范程序》《数字农业农村标准化工作指南》《数字农业农村大数据平台系统架构与交换共享规范》《数字农业农村公共基础数据规范》等标准规范，推进农业乡村数字化建设。建设重要农产品"从田间到舌尖"全程数字化信息平台；实施"互联网+"农产品出村进城工程，鼓励电商平台直连特色产业基地直播带货，扩大农产品线上线下产销对接渠道和基地直采直销覆盖面，网络零售额同比增长 15%以上。

2. 数字化发展水平分析

从现有情况来看，成都都市圈跨区域产业生态圈数字化发展有一定基础，如近年来成都电子信息产业固定资产投资总体呈现递增态势，目前已形成产业生态圈（见图 6）。

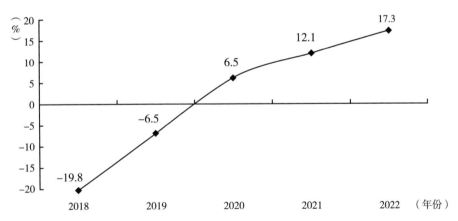

图 6 2018~2022 年成都电子信息产业固定资产投资完成额累计同比增速

资料来源：成都市统计局。

但与此同时，产业数字化发展基础仍需夯实。一是成德眉资四市产业数字化发展基础设施存在差异，根据工信部数据，2021 年成都和眉山入选首批"千兆城市"，而到 2023 年德阳和资阳才评上"千兆城市"，说明四市产业数字化发展基础差异较大。二是与杭州都市圈、深圳都市圈城市相比，成都都市圈跨区域产业生态圈数字化发展基础设施整体处于中游水平。成都、眉山5G基站数不占优，但是5G用户占比处于领先地位；德阳、资阳情况恰好相反，5G基站数处于上游水平，5G用户却不占优，如图7至图8所示①。

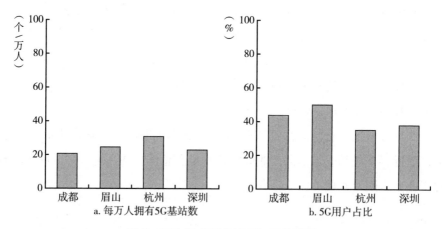

图7　2021年"千兆城市"相关指标

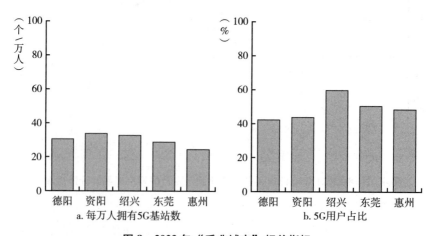

图8　2023年"千兆城市"相关指标

资料来源：工信部网站。

---

① 杭州都市圈中嘉兴市与湖州市属于2022年"千兆城市"，与成德眉资不在同一年，故此处未比较。

三　成都都市圈跨区域产业生态圈绿色化
数字化发展面临的问题和挑战

（一）成都都市圈工业基础较为薄弱且布局亟待进一步优化

2023 年，成都都市圈三产结构由 2022 年的 5.0∶33.2∶61.8 调整为 4.8∶31.5∶63.7[①]，第一、二产业占比降低而第三产业占比上升。从第二产业内部来看，成都都市圈工业基础较为薄弱，2023 年，成都都市圈规模以上工业增加值同比增长 5.2%，高于全国（4.6%）0.6 个百分点，但低于四川全省（6.1%）0.9 个百分点。[②] 从先进制造业来看，根据赛迪顾问发布的"2023 先进制造业百强市"榜单，成都都市圈中只有两个城市入围，分别是成都市（排第 9 位）和德阳市（排第 59 位）。与其他都市圈的中心城市相比，成都市处于相对落后的水平，与深圳市（排第 1 位）、广州市（排第 3 位）、杭州市（排第 5 位）[③] 等城市差距较为明显。较为薄弱的工业基础，在很大程度上制约了都市圈跨区域产业生态圈绿色化数字化转型。

与此同时，为构建成德眉资四市分工协作的格局，成都都市圈发布了《成都都市圈重点产业产业链全景图》。但从目前来看，成都都市圈各地限制人才、资本、关键原材料等要素自由流动的政策未完全消除，隐蔽性政策壁垒、歧视性市场准入门槛以及利用行政手段扶持本地市场主体等现象仍然存在，导致四市仍存在重复建设、产业布局不合理、环保压力增大等问题，这些问题造成了资源和能源的浪费。

（二）成都都市圈跨区域产业生态圈绿色化发展水平有待提升

一是绿色化发展水平仍不高。据前文分析，虽然近年来成都都市圈跨区

---

① 根据 2022 年、2023 年成德眉资四市国民经济和社会发展统计公报计算而得。
② 根据 2023 年全国、四川省国民经济和社会发展统计公报计算而得。
③ 资料来源于《2023 先进制造业百强市研究报告》。

域产业生态圈绿色化发展取得一定成效，但与其他都市圈相比处于中游水平，且都市圈内各城市产业绿色化发展水平存在较大差距，需进一步提升。

二是绿色技术支撑能力有待进一步提升。从目前来看，成都都市圈在绿色技术领域的投入和创新能力仍然有限，导致绿色产业领域的竞争力和可持续发展能力不足。同时，绿色技术支撑需要更多的专业人才，但当前绿色技术创新领域的高端人才仍较为缺乏。

（三）成都都市圈跨区域产业生态圈数字化转型面临困境

一是数字经济发展水平较低。以数字经济占地区生产总值的比例测算，2022 年，成都市数字经济核心产业增加值占全市地区生产总值的比重为 13.4%，而同一时期杭州的这一数值达到 27.1%。德眉资与成都在数字化能力和水平上还存在较明显差距。根据赛迪顾问发布的"2023 数字百强市"，除成都（排第 6 位）外，仅有德阳市入围数字经济百强，且排名靠后，列第 88 位。[①] 与此同时，相较数字经济新模式、新业态更为活跃的杭州都市圈与广州都市圈、深圳都市圈，成都都市圈新型基础设施竞争力不强。由中国新型基础设施竞争力指数（2023）评价结果可知，四川的新型基础设施竞争力指数在 31 个省份中排第 7 位，位于第二阶梯，北京、广东、江苏等省份位于第一阶梯。

二是数字技术创新与应用场景不足。一方面，从实际情况来看，成都都市圈在数字技术创新平台建设、数字技术研发经费投入强度等方面与杭州都市圈、深圳都市圈等国内先进都市圈存在较大差距；另一方面，成都都市圈数字技术创新成果转化效率不高，产品应用场景不足，特别是在制造业领域，如在轨道交通领域，成都缺乏相关应用场景，导致成果"外流"。

三是数字经济与实体经济融合发展程度不高。目前，成都都市圈还未完全形成数据要素高效流通、交易机制，这在很大程度上制约了各类数据跨区域高效流动，弱化了数字经济与实体经济深度融合的叠加赋能作用。例如，

---

① 资料来源《2023 中国城市数字经济发展研究报告》。

由于成德眉资四市数字农业平台建设水平存在客观差距，四市农业相关数据共享存在一定壁垒，数字农业发展有待协同。

四是数字化人才较为匮乏。从全国范围来看，成都都市圈的快速发展形成了一定规模的"北上广深"人才回流，但依然无法满足数字经济核心产业对人才的强劲需求，大数据、人工智能、区块链等领域基础性、应用型人才缺口依然突出。同时，由于大部分中小企业尚未建立人才培养体系，产业发展的人才支撑不足，缺乏数字化生产、运营和管理人才和应用型、操作型技术人员。

四　提升成都都市圈跨区域产业生态圈绿色化数字化发展的对策建议

（一）夯实基础：打造绿色低碳产业体系

擦亮成都公园城市示范区绿色名片，联动德眉资统筹推进产业结构调整和优化，加快打造具有成都都市圈特色的绿色低碳产业体系。

一是以制造业为核心，提升产业发展能级。依托成都都市圈"三带"①建设，突出成都制造业创新发展引擎作用，强化德眉资服务配套和产业承接能力，提升成德眉资产业协作水平。聚焦高端化、智能化、绿色化，进一步加大技术更迭、工艺优化、装备升级力度，推动都市圈传统产业向绿色低碳方向转型升级。探索发展低空经济等未来产业，积极布局未来产业，抢占未来产业竞争新高地。

二是推动现代服务业高质量发展。进一步壮大科技信息服务，发挥技术、渠道、数据等优势改造提升加工制造环节。依托都市圈物流园区等平台，鼓励仓储、运输、流通、加工等环节协同化、自动化、智能化改造建设。打造优势产业交易和服务平台，大力发展新零售等新型消费，发展数字

---

① "三带"指成德临港经济产业带、成眉高新技术产业带、成资临空经济产业带。

文化体育、智慧旅游、智慧医疗、康养旅游等新业态，发展绿色、智能餐饮，促进川派餐饮与商贸、文旅融合发展。

三是加快农业现代化步伐。坚持智慧农业和数字农业相结合，提升"天府粮仓"建设水平。推动成德眉资四市在农产品生产、加工、销售等多个环节实现深度融合，助力四市资源共享和优势互补，推动都市圈农业产业链深度融合。

四是联合打造产业集群。推动成德高端能源装备产业集群做大做强，联合申报国家高端航空装备集群。立足产业发展特色优势，推动特色食品、锂电新材料等产业集群化发展，引导成资联合打造全国医疗器械特色产业基地。积极探索跨市打造稻油（麦）、稻菜、玉豆三大粮油产业集群以及蔬菜产业集群、食用菌产业集群等六大特色产业集群。

（二）转型升级：数字经济引领产业发展

一是以数字化赋能工业高质量发展。推动以人工智能、大数据等为代表的数字技术应用于生产过程，助力工业生产过程实现智能化、精细化控制，在减少资源浪费的同时提高生产效率，推动工业实现绿色高效发展。搭建覆盖生产采购、技术创新、成果转化等多环节的都市圈产业协作供需对接平台，促进成都都市圈内上下游企业紧密合作。

二是推动数字经济与现代服务业深度融合。发挥成都物联网云创新中心功能作用，提高物流智能化、专业化和国际化水平。加快发展现代金融业，大力推动绿色金融发展，在都市圈范围内建设基于区块链技术的知识产权融资服务平台；依托"银政通"扩大数据共享范围，提升金融服务便利化程度。培育个性化、专业化电商平台和电子商务第三方专业服务。

三是加快推进数字农业建设。共建数字农业平台，加快建设耕地核心区域监测体系和移动数字农业农村众包数据采集系统，推动成德眉资四市推广应用数字农业相关技术规范。协同布局农产品应急加工、储运、配送、供应网点，推进重点农产品交易市场数字化建设，增强农产品调控配送能力。

（三）激发引擎：加强技术研发和创新能力

一是进一步夯实技术研发和创新基础。以高水平建设成渝（兴隆湖）综合性科学中心、西部（成都）科学城为牵引，进一步加强都市圈科技基础设施建设，如科研机构、实验室、技术创新中心等，提高科技资源的集聚度和利用效率；积极探索德眉资三市与成都共建科技基础设施，吸引研发和创新资金、人才、设备等向德眉资三市流入。加大对技术研发和创新的投资力度，包括资金、人才、设备等，鼓励都市圈内企业、高校、科研机构等加强科技研发和成果转化；加强科技和金融的结合，通过设立科技金融专项资金、科技贷款、科技保险等方式，为科技创新提供资金支持。推动产业界、学术界和研究机构的深度合作，共同开展技术研发和创新，实现资源共享、优势互补，提高创新效率。积极开展国际合作，通过与国际先进企业和研究机构的合作，引入先进技术和管理经验，提升整个都市圈的技术研发与创新能力。

二是加快推进关键核心技术攻关。聚焦新型显示、集成电路等先进制造业细分领域，加强关键核心技术联合攻关和新产品新业态新模式培育。加速清洁能源、新材料、新能源汽车、节能环保、生物技术等绿色技术以及氢能和储能、可控核聚变等技术突破，为绿色新兴产业和未来产业发展奠定基础。整合航空与燃机、轨道交通、能源装备、节能环保、工业机器人和数控机床等领域优势资源，提高装备设计、制造和集成能力，推动智能化、数字化、成套化生产。加快发展车联网，以智能（网联）和新能源为主攻方向，提升汽车产业发展水平。加快推动数绿融合技术的创新和研发，以数绿融合技术赋能都市圈跨区域产业生态圈绿色化数字化发展。

（四）智力保障：坚持专业人才引育并重

一是强化政策保障。进一步优化人才政策，加强绿色发展和数字经济领域外部人才引进，吸引更多优秀人才加入都市圈绿色化数字化人才队伍；积极推动成德眉资人才政策互融互通，为德眉资人才引进提供政策保障。积极培育本土专业化人才，通过资金支持等方式，鼓励都市圈内高校、科研机构和企业培养绿色化数字化专业人才，如通过设立专项基金，支持本地高校和科研机构增设可持续发展、数字经济等相关课程，支持企业开展绿色数字化人才培训项目；通过提供奖学金、奖项等激励措施，鼓励学生选择绿色化数字化相关专业。建立成都都市圈人才库，为都市圈内的企业和研究机构提供人才支持。

二是建立产学研联合培养机制。依托都市圈内高校、科研机构和龙头企业的专家、设施和资金等资源，通过校企合作、实习实训、项目合作等方式，联合培养兼具理论素养和实践技能的高素质绿色化数字化人才。例如，通过校企合作开设实践性课程，如可持续发展企业实践课程、数字经济实践课程等，为学生提供实践机会，提高他们在绿色化数字化产业中的就业竞争力。

三是加强人才交流和合作。一方面，加强成德眉资四市之间人才交流，通过双向交流挂职等方式，推动四市绿色化数字化人才互相学习、互相借鉴；另一方面，加强与其他都市圈如杭州都市圈、深圳都市圈等地区的交流合作，学习借鉴先进经验，不断提高人才培养质量。

（五）制度支持：完善相关体制机制

一是健全因地制宜发展新质生产力体制机制。建立保持先进制造业合理比重投入机制，合理降低制造业综合成本和税费负担。完善推动新一代信息技术、清洁能源、新材料、新能源汽车、生物医药、节能环保等产业发展政策和治理体系，建立未来产业投入增长机制，引导新兴产业有序发展。以国家标准引领传统产业优化升级，进一步强化环保、安全等制度约束。加快构建促进数字经济发展体制机制，进一步完善促进数字产业化和产业数字化政策体系。

二是完善数字化基础设施建设体制机制。制定并实施数字化基础设施规划和标准体系，推进都市圈传统基础设施数字化改造，加快数字基础设施布局和建设。

三是建立健全绿色低碳发展机制。实施支持绿色低碳发展的财税、金融政策，建立健全废弃物循环利用机制，探索建立碳排放统计核算体系、产品碳标识认证制度和产品碳足迹管理体系，推动都市圈跨区域产业生态圈绿色化发展取得新突破。

参考文献

邓呈洁、翟自强：《基于经济韧性提升的天津市产业数字化赋能研究》，《中国商论》2024 年第 6 期。

林妍：《产业数字化与绿色技术创新耦合协调测度与分析》，《中国流通经济》2023 年第 2 期。

田泽、魏翔宇、丁绪辉：《中国区域产业绿色发展指数评价及影响因素分析》，《生态经济》2018 年第 11 期。

屠凤娜、王丽：《天津产业绿色转型效果评价研究》，《城市》2022 年第 2 期。

徐伟锋：《产业数字化与绿色技术创新的耦合协调》，《技术经济与管理研究》2024 年第 3 期。

杨梦洁：《中部地区数字产业化与产业数字化发展水平及耦合协调度评价分析》，《区域经济评论》2023 年第 2 期。

B.15
成都都市圈生态保护共同体建设研究

庄 立[*]

摘 要： 生态环境共保共治是成德眉资同城化的重要内容，也是打造美丽宜居公园城市的必然选择。本报告基于山水林田湖草沙生命共同体理念，从供给服务、调节服务、文化服务和支持服务四大维度构建生态系统服务评价指标体系，以35个县级行政单元为研究对象，分析成都都市圈2019~2023年生态系统服务时空格局演变及其制约因素。研究发现，近年来成都都市圈的生态系统服务功能普遍增强，但仍有较大提升空间；供给服务尤其是淡水资源的供给，成为制约成都都市圈生态系统服务提升的重要因素。应坚持系统思维，统筹推进区域协同治理和多元主体共治，实施差异化精准管控，加强成都都市圈生态保护共同体建设，助力建强动能更充沛的现代化成都都市圈。

关键词： 山水林田湖草沙 生态保护共同体 生态系统服务评价

一 研究背景

党的二十大报告强调"坚持山水林田湖草沙一体化保护和系统治理，全方位、全地域、全过程加强生态环境保护"。生态系统中的山水林田湖草沙等各要素通过物质循环和能量流动相互影响，既相互独立又彼此依存，构成一个生命共同体。对整个生态系统所能提供的产品和服务进行评价是实现

* 庄立，中国社会科学院生态文明研究所生态城市研究室副主任，副研究员，主要研究方向为可持续发展经济学。

生态系统科学治理和构建人与自然生命共同体的必要条件。生态系统评价可分为对生态系统所处状态的评价和生态系统服务功能评价。前者包括对生态系统的安全评价、多样性评价等，多见于生态系统评价早期研究。自1997年Costanza在《自然》杂志上发表《全球生态系统服务和自然资本的价值》一文以及Daily出版《自然的服务：社会对自然生态系统的依赖》一书之后，人们开始认识到生态系统服务的保护是生态保护的重要方面，可以将自然保护与人类需求相整合。生态系统服务功能评价也开始成为研究热点，并取得丰富的理论成果和实践应用。

成都都市圈是成渝地区双城经济圈建设的重要引擎。2021年印发的《成都都市圈发展规划》强调要"推进生态环境共保共治""重塑天府之国茂林修竹、美田弥望的大美城市形态"。成都、德阳、眉山、资阳四市地理相连、山水相依、生态相融，近年来四市生态环境质量持续改善，生态系统服务功能不断提升，在生态环境方面有力推进成都都市圈支撑打造带动西部高质量发展重要增长极和新动力源。在更高起点上进一步加强成德眉资生态环境共保共治、高水平建设成都都市圈生态保护共同体，应充分认识成都都市圈生态保护共同体生态系统服务功能的变化特征，以生态系统服务功能提升为重点，实现全要素、全地域、全过程的生态环境系统治理和保护。本报告基于山水林田湖草沙生命共同体理念构建生态系统服务评价指标体系，在此基础上分析成都都市圈2019~2023年的生态系统服务时空格局演变，并提出加快推进成都都市圈生态保护共同体建设的政策建议。

二 研究区域与数据来源

（一）研究区概况

成都都市圈位于东经102°49′~105°27′、北纬29°15′~31°42′，地处长江上游，地势西高东低，地形地貌丰富，海拔在247~5353米，坐落龙门山、

龙泉山、邛崃山三座山脉，分布岷江、沱江和涪江三大水系，总体形成"两分山地、四分平坝、四分丘陵"的格局；以亚热带季风性湿润气候为主，四季分明、雨热同期，生物资源种类繁多、门类齐全，自然风光绮丽，旅游资源得天独厚。

成都都市圈处于"一带一路"和长江经济带的交汇处，规划范围拓展到成都、德阳、眉山、资阳四市全域，共辖 35 个县级行政单元（17 区、10县、8 市），总面积 3.31 万平方公里。2023 年成都都市圈的常住人口约3006.4 万人，城镇化率为 72.5%，地区生产总值达 27845.3 亿元，以全省6.81% 的面积承载了 35.93% 的人口和 46.31% 的经济总量。

（二）数据来源及处理

本报告以成都都市圈的 35 个县级行政单元为研究对象，使用的数据包括成都都市圈 2019 年和 2023 年的土地利用、生态环境及社会经济统计数据。其中，行政区划边界矢量数据来源于国家地理信息公共服务平台[①]，提取了成都都市圈 4 个地级市和 35 个县级行政单元的行政区划矢量数据；土地利用数据来源于 30m 分辨率的中国年度土地覆盖数据集[②]，将灌木合并入林地，把土地利用类型归并为农田、林地、草地、水体、冰雪、荒地和不透水面七种类型（见表 1）；水资源总量数据来源于各地市的水资源公报，由于成都市水资源公报将锦江区、青羊区、金牛区、武侯区、成华区合并作为"五城区及高新区"，本报告根据当年各区降水量等比例划分水资源总量；PM2.5 年均浓度数据来自中国高分辨率高质量 PM2.5 数据集[③]，在 ArcGIS中计算各县级行政单元的 PM2.5 年均浓度；农林牧渔业总产值、空气质量优良天数、旅游收入和旅游人数来源于各县级行政单元相应年份的国民经济和社会发展统计公报和环境公报；计算土壤保持价值、生物多样性价值使用的粮食产值来自《全国农产品成本收益汇编 2024》，粮食种植面积和粮食产

---

① https：//www.tianditu.gov.cn.
② https：//doi.org/10.5281/zenodo.12779975.
③ https：//doi.org/10.5281/zenodo.3539349.

量数据来自对应年份全国和四市的国民经济和社会发展统计公报。个别数据缺失，根据相近年份数据进行补齐。

表1 成都都市圈土地利用现状分类面积汇总（2019年、2023年）

单位：平方公里

地类	年份	成都市	德阳市	眉山市	资阳市	成都都市圈
农田	2019	9441.73	4262.73	5145.35	5250.97	24100.79
	2023	9276.13	4153.19	5096.04	5088.49	23613.86
林地	2019	3189.57	1251.58	1705.48	338.53	6485.16
	2023	3251.98	1342.69	1737.52	500.40	6832.60
草地	2019	112.76	63.60	3.77	0.78	180.91
	2023	114.30	63.06	3.31	0.54	181.21
水体	2019	133.51	35.74	97.41	58.69	325.35
	2023	108.69	28.18	82.86	45.22	264.94
冰雪	2019	0.36	0.03	0.00	0.00	0.39
	2023	0.09	0.01	0.00	0.00	0.09
荒地	2019	6.69	2.08	0.07	0.02	8.86
	2023	5.28	1.64	0.14	0.05	7.11
不透水面	2019	1448.80	297.42	186.58	86.42	2019.21
	2023	1576.95	324.41	218.79	100.71	2220.86

资料来源：笔者根据中国年度土地覆盖数据集计算整理。

三　研究方法

（一）生态系统服务评价指标体系构建

生态指生物在一定的自然环境下生存和发展的状态。生态系统是一定空间范围内有机体与其共存环境相互作用形成的功能整体，可以为经济活动和其他人类活动提供物质供给、调节服务和文化服务等生态产品，是人类社会生产和发展的物质基础。生态系统服务指人类从生态系统获得的惠益，包括有形的物质供给和无形的服务提供，联合国千年生态系统评估项目将其分为

直接影响人类生活的供给服务（从生态系统获得的各种产品，如食物、纤维、燃料等）、调节服务（从生态系统过程的调节作用当中获得的收益，如调节空气质量、净化水质和处理废弃物等）和文化服务（通过精神满足、发展认知、思考、消遣和体验美感而使人类从生态系统获得的非物质收益，如文化多样性、美学价值、消遣与生态旅游等），以及维持其他服务所必需的支持服务（对于其他生态系统服务的生产所必需的那些服务，如光合作用、初级生产、养分循环等）。生态保护共同体建设的重点也在于通过不同区域不同主体的协同发力，系统提升生态系统服务功能。因此，可以通过对生态系统服务评价来分析成都都市圈生态保护共同体建设的重点方向。

常见的生态系统服务评价既包括物质量的评估也包括价值量的评估，物质量的评估适用于分析生态系统服务的可持续性，而价值量的评估更适用于对不同类型的生态系统服务进行加总和比较。生态系统服务价值量的评估已经有较多的研究成果，但由于生态系统的异质性和经济价值评估的复杂性，尚未形成公认的生态系统服务评价指标体系。而对于生态系统服务价值的核算则主要包括功能价值法和当量因子法，前者较为复杂且对于不同类型生态系统服务的价值没有统一的评估方法，后者则更为简单和直观，也因此得到了更多的应用。本报告基于《生态系统评估 生态系统服务评估方法》（GB/T 43678-2024）和现有相关研究成果，从供给服务、调节服务、文化服务和支持服务四个维度构建成都都市圈生态系统服务评价指标体系（见表2）。其中，供给服务包括生态产品和淡水资源两部分，生态产品表示生态系统为人类提供农产品、林产品、牧产品和渔产品等生态产品的功能，评价指标为农林牧渔总产值；淡水资源表示生态系统为人类供应淡水的功能，评价指标为水资源总量。调节服务包括空气净化、水质净化和土壤保持三个部分，空气净化表示生态系统吸收、阻滤大气中的污染物，降低空气污染物浓度，改善空气环境的功能，评价指标是空气质量指数，由PM2.5年均浓度和空气质量优良天数标准化后等权重加总而得（PM2.5年均浓度为负向指标）；水质净化表示生态系统通过物理和生化过程对水体污染物吸附、降解以及生物吸收等方式，降低水体污染物浓度，净化水环境的功能，评价指标是地表水优良水质断面比例；土壤保持表示生态系统通过其结构与过程保护土壤，降低雨水的侵蚀能力，减少土壤流失的功能，评价指标为土壤保持价值，根据当量因子法计算而得。文化服务主要从休闲旅游的视角来评价，从旅游价值和旅游规模两方面来衡量生态系统的美学景观及与其共生的人文景观为人类提供休闲娱乐的功能，分别由旅游收入和旅游人次来衡量。支持服务包括生物多样性和初级生产两方面，生态系统为野生动植物提供栖息地，以维持物种多样性水平的能力，由生物多样性价值来衡量，同样根据当量因子法计算而得；初级生产表示生态系统年有机质的产量，由净初级生产力来衡量。

表 2　成都都市圈生态系统服务评价指标体系及权重

一级指标	二级指标	三级指标（单位）	权重
供给服务	生态产品	农林牧渔总产值（万元）	0.1013
	淡水资源	水资源总量（亿 m^3）	0.1767
调节服务	空气净化	空气质量指数	0.0542
	水质净化	地表水优良水质断面比例（%）	0.0317
	土壤保持	土壤保持价值（万元）	0.1638
文化服务	旅游价值	旅游收入（亿元）	0.1462
	旅游规模	旅游人次（万人次）	0.0881
支持服务	生物多样性	生物多样性价值（万元）	0.2099
	初级生产	净初级生产力（$gC \cdot m^{-2} \cdot a^{-1}$）	0.0280

资料来源：笔者计算整理。

（二）土壤保持价值和生物多样性价值的核算

本报告采用较为成熟的当量因子法分别计算 2019 年、2023 年成都都市圈的土壤保持价值和生物多样性价值，生态系统服务价值当量因子表示每公顷农田每年粮食产量的经济价值。参考谢高地等 2015 年发表的《基于单位面积价值当量因子的生态系统服务价值化改进方法》等成果，以 2024 年稻谷、小麦和玉米等三种粮食作物的产值的 1/7 作为成都都市圈单位面积生态系统服务价值（2969.52 元/hm²），并根据成都都市圈粮食作物单产与全国的比值得到单位面积生态系统服务价值当量因子的修正系数为1.01。参考已有研究成果将不透水面的生态系统服务价值系数视为0，根据本报告采用的成都都市圈土地利用类型与修正系数最终得到成都都市圈单位面积土壤保持和生物多样性的价值当量，如表3所示。

表3　成都都市圈土壤保持和生物多样性价值当量

生态系统服务类型	农田	林地	草地	水体	冰雪	荒地
土壤保持价值	0.5253	2.7828	1.9141	0.9394	0.0000	0.0202
生物多样性价值	0.1717	2.5303	1.7424	2.5758	0.0101	0.0202

资料来源：笔者计算整理。

生态系统服务价值的计算公式如下：

$$ESV_i = \sum_{j=1}^{6} D \times F_{ij} \times S_j \tag{1}$$

其中，ESV_i 表示第 i 种生态系统服务的价值；D 表示1个标准当量因子的生态系统服务价值，$D = 2969.52$ 元/hm²；F_{ij} 表示第 j 种土地利用类型单位面积提供的第 i 种生态系统服务价值的当量因子；S_j 表示第 j 种土地利用类型的面积。

（三）生态系统服务评价方法

1. 数据标准化

对数据进行标准化处理，采用极值法对数据进行无量纲化。对于正向指标：

$$Y_{ij}^t = \frac{X_{ij}^t - \min(X_{ij})}{\max(X_{ij}) - \min(X_{ij})} \tag{2}$$

对于负向指标：

$$Y_{ij}^t = \frac{\max(X_{ij}) - X_{ij}^t}{\max(X_{ij}) - \min(X_{ij})} \tag{3}$$

其中，X_{ij}^t 为 t 年第 i 个研究单元第 j 项指标值；Y_{ij}^t 为标准化后的指标值，在 0~1 区间。

2. 计算信息熵

计算指标比重 P_{ij}^t 和第 j 项指标的信息熵 e_j，公式如下：

$$P^t ij = Y_{ij}^t \bigg/ \sum_{t=1}^{n} \sum_{i=1}^{m} Y_{ij}^t \tag{4}$$

$$e_j = -\frac{1}{\ln(nm)} \sum_{t=1}^{n} \sum_{i=1}^{m} (p_{ij}^t \cdot \ln p_{ij}^t) \tag{5}$$

其中，P_{ij}^t 为 t 年第 i 个研究单元第 j 个指标的权重；e_j 为信息熵，值越小表示对评价影响越大。

3. 计算指标权重

计算第 j 项指标的权重 W_j，公式如下：

$$W_j = \frac{1 - e_j}{\sum_{j=1}^{9} (1 - e_j)} \tag{6}$$

4. 计算指标得分

根据所得的指标权重和标准化后的指标值计算第 i 个研究单元 t 年各类及整体生态系统服务的得分，公式如下：

$$U_1^t = \sum_{j=1}^{2} W_j \times Y_{ij}^t, U_2^t = \sum_{j=3}^{5} W_j \times Y_{ij}^t, U_3^t = \sum_{j=6}^{7} W_j \times Y_{ij}^t,$$
$$U_4^t = \sum_{j=8}^{9} W_j \times Y_{ij}^t, U^t = \sum_{j=1}^{9} W_j \times Y_{ij}^t \tag{7}$$

其中，U 表示生态系统服务评价的综合得分，$U_1 \sim U_4$ 分别表示供给服务、调节服务、文化服务和支持服务评价的得分。

（四）生态系统服务障碍因子识别

本报告进一步引入障碍度模型判断影响成都都市圈生态系统服务的障碍因子及其影响程度，公式如下：

$$F_{ij}^t = \frac{(1 - Y_{ij}^t) \times W_j}{\sum_{j=1}^{9}(1 - Y_{ij}^t) \times W_j} \times 100\% \qquad (8)$$

其中，F_{ij}^t 为 t 年第 i 个研究单元第 j 项指标的障碍度，值越大表示其对生态系统服务的制约程度越大。在此基础上将相应指标的障碍度加总，便可得到不同维度生态系统服务的障碍度。

四 成都都市圈生态系统服务评价及障碍因子分析

（一）成都都市圈生态系统服务评价结果

1. 成都都市圈生态系统服务的时序演化

根据前文构建的指标体系和评价方法，分别计算成都都市圈各研究单元 2019 年和 2023 年生态系统服务及各维度的得分，结果如表 4 所示。总的来看，2019~2023 年成都都市圈生态系统服务功能有所增强，但仍有较大提升空间。县级行政单元生态系统服务得分均值和中位数分别从 2019 年的 0.2747 和 0.2181 上升到 2023 年的 0.2879 和 0.2596。成都都市圈 2019 年有 13 个县级行政单元的生态系统服务评价得分超过平均值，占 37.14%；2023 年有 11 个县级行政单元得分超过平均值，占 31.43%。超过均值县级行政单元的比重虽然有所下降，但这并不意味着生态系统服务水平降低，其更多是受成都都市圈生态治理短板不断补齐和生态环境质量普遍改善的影响。2019 年得分超过均值的 13 个县级行政单元中，到 2023 年仅成都的简阳市和眉州的东坡区得分低于均值，其中眉山的洪雅县和成都的都江堰市在两个年份的得分均分别保持在前两位。结合自然断裂点和分位数统计，可进一步将生态系统服务评价得分为高（大于 0.3）中（大于 0.2，小于等于 0.3）和低（小于等于 0.2）三个级别。从高到低三个级别的县级行政单元数量（得分均值）分别由 2019 年的 12 个（0.4458）、8 个（0.2372）、15 个（0.1578）变为 2023 年的 11 个（0.4602）、12 个（0.2557）、12 个（0.1622）。可以看出，中水平组的数量增加了 50%，且主要来自低水平组的提升；此外，三个级别的得分均值均有所增加，反映出近年来成都都市圈生态系统服务的普遍提升。

表4 2019 年和 2023 年成都都市圈生态系统服务及其四大维度评价得分

区县	供给服务		调节服务		文化服务		支持服务		生态系统服务	
	2019 年	2023 年	2019 年	2023 年	2019 年	2023 年	2019 年	2023 年	2019 年	2023 年
锦江	0.0011	0.0003	0.0469	0.0394	0.1397	0.2029	0.0075	0.0050	0.1951	0.2476
青羊	0.0004	0.0001	0.0321	0.0388	0.1763	0.2283	0.0075	0.0077	0.2163	0.2748
金牛	0.0004	0.0001	0.0430	0.0424	0.1376	0.1911	0.0079	0.0060	0.1888	0.2396
武侯	0.0006	0.0001	0.0427	0.0317	0.1746	0.2318	0.0001	0.0010	0.2181	0.2647
成华	0.0004	0.0000	0.0413	0.0499	0.1670	0.2202	0.0092	0.0059	0.2179	0.2760
龙泉驿	0.0478	0.0262	0.0597	0.0704	0.1106	0.1410	0.0311	0.0325	0.2492	0.2700
青白江	0.0229	0.0180	0.0253	0.0528	0.0446	0.0963	0.0194	0.0185	0.1122	0.1856
新都	0.0416	0.0285	0.0529	0.0492	0.0554	0.0806	0.0159	0.0155	0.1658	0.1737
温江	0.0270	0.0222	0.0485	0.0433	0.0798	0.0958	0.0172	0.0184	0.1725	0.1796
双流	0.0313	0.0179	0.0451	0.0653	0.0499	0.1446	0.0306	0.0318	0.1569	0.2596
郫都	0.0344	0.0327	0.0458	0.0540	0.0605	0.0804	0.0184	0.0197	0.1592	0.1867
新津	0.0283	0.0201	0.0341	0.0413	0.0562	0.0385	0.0163	0.0159	0.1348	0.1157
金堂	0.0762	0.0806	0.0992	0.0857	0.0287	0.0598	0.0392	0.0425	0.2433	0.2685
大邑	0.0969	0.0781	0.1717	0.1571	0.0773	0.0977	0.1423	0.1392	0.4882	0.4721
蒲江	0.0462	0.0409	0.0758	0.0693	0.0201	0.0488	0.0332	0.0343	0.1753	0.1932
都江堰	0.1042	0.0947	0.1684	0.1682	0.1866	0.2300	0.1349	0.1331	0.5940	0.6259
彭州	0.1095	0.1308	0.1489	0.1400	0.0723	0.0843	0.1194	0.1182	0.4501	0.4733
邛崃	0.1251	0.0876	0.1259	0.1328	0.0989	0.0849	0.1133	0.1159	0.4633	0.4212
崇州	0.0934	0.0795	0.1245	0.1309	0.0733	0.1280	0.0998	0.0970	0.3910	0.4355
简阳	0.1140	0.0579	0.1237	0.1202	0.0633	0.0175	0.0600	0.0650	0.3610	0.2606
旌阳	0.0501	0.0520	0.0698	0.0529	0.0259	0.0218	0.0257	0.0257	0.1715	0.1524
罗江	0.0283	0.0303	0.0727	0.0558	0.0165	0.0083	0.0225	0.0232	0.1400	0.1176
中江	0.1133	0.1203	0.1529	0.1433	0.0347	0.0224	0.0830	0.0926	0.3839	0.3786
广汉	0.0498	0.0497	0.0752	0.0621	0.0535	0.0660	0.0192	0.0186	0.1976	0.1963
什邡	0.0629	0.0745	0.1281	0.1311	0.0360	0.0503	0.0815	0.0832	0.3085	0.3391
绵竹	0.0851	0.0985	0.1600	0.1620	0.0471	0.0639	0.1200	0.1213	0.4122	0.4457
东坡	0.0978	0.0873	0.0724	0.0748	0.0686	0.0283	0.0396	0.0389	0.2783	0.2293
彭山	0.0290	0.0226	0.0484	0.0773	0.0268	0.0168	0.0247	0.0244	0.1289	0.1412
仁寿	0.1613	0.1401	0.1173	0.1530	0.0607	0.0246	0.0780	0.0866	0.4173	0.4043
洪雅	0.1943	0.1479	0.2198	0.2483	0.0529	0.0357	0.2367	0.2353	0.7037	0.6673
丹棱	0.0346	0.0284	0.0533	0.0866	0.0058	0.0059	0.0388	0.0395	0.1325	0.1604
青神	0.0238	0.0193	0.0625	0.0763	0.0126	0.0103	0.0367	0.0376	0.1356	0.1435

区县	供给服务		调节服务		文化服务		支持服务		生态系统服务	
	2019 年	2023 年	2019 年	2023 年	2019 年	2023 年	2019 年	2023 年	2019 年	2023 年
雁江	0.0821	0.0812	0.0835	0.0980	0.0204	0.0017	0.0403	0.0445	0.2264	0.2254
安岳	0.1204	0.1393	0.1250	0.1515	0.0588	0.0228	0.0722	0.0861	0.3763	0.3996
乐至	0.0650	0.0665	0.1012	0.1199	0.0300	0.0066	0.0522	0.0598	0.2484	0.2528

资料来源：笔者计算整理。

进一步，对成都都市圈及成德眉资四市生态系统服务和各维度的得分求均值，从生态系统服务的四个维度看，2019 年和 2023 年成都都市圈调节服务、文化服务和支持服务等三个维度的生态系统服务均有所增强，得分均值分别从 0.0885、0.0692 和 0.0541 上升到 0.0936、0.0825 和 0.0554；而供给服务则有所减弱，得分均值从 0.0628 下降到 0.0564（见图 1）。在两个年份中，调节服务的得分均值都位居第一，文化服务、供给服务和支持服务的得分均值则依次递减。近年来，成德眉资四市创新开展"决定先行+条例跟进"的协同立法模式，于 2020 年底正式成立成德眉资同城化生态环境联防联控联治专项合作组，编制并实施《成德眉资同城化发展生态环境保护规划》，积极推动生态环境共保共治，实施空气污染应急预警联动，推进岷江、沱江等上下游污染协同治理，加快推进固体废物处置设施建设，成都都市圈生态系统净化空气、提升水质、改良土壤的功能得到切实提升。据统计，2023 年四川省 A 级旅游景区接待游客数量和门票收入已双双超过疫情前水平，分别比 2019 年增长 14.1% 和 20%。成都都市圈作为文旅大省四川省的重要旅游目的地，随着旅游行业的复苏，其文化服务水平也迅速提升。而受降水量和地表水资源量减少的影响，成都都市圈淡水资源水平显著降低，导致 2023 年供给服务得分的下降。根据《2023 年四川省水资源公报》，2021~2023 年，四川省的水资源总量都远低于多年平均水平，2023 年成都都市圈四市中，仅资阳的水资源总量有所增加，眉山的水资源总量比多年平均偏少 25% 以上，而成都和德阳则偏多近 15%。

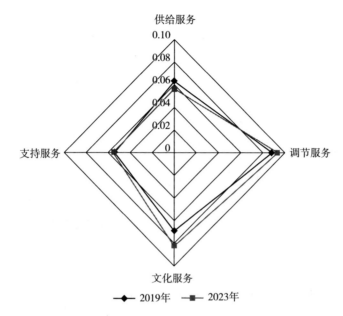

图 1　2019 年和 2023 年成都都市圈生态系统服务四大维度得分均值

从成德眉资四市生态系统服务的演变看，成都市的生态系统服务提升幅度最大，各县域行政单元的得分均值从 2019 年的 0.2676 上升到 2023 年的 0.2912，平均每年上升 2.1%；德阳市的得分均值从 0.269 上升到 0.2716，平均每年上升 0.24%，但两个年份的得分均值都低于成都都市圈，这与德阳作为重工业城市导致的生态环境历史欠账较多有关；眉山市的得分均值从 2019 年的 0.2994 降低到 0.291，但仍高于成都都市圈的得分均值；资阳市的得分均值也有所上升，从 2019 年的 0.2837 上升到 0.2926，平均每年上升 0.78%（见图 2）。一方面，作为成都都市圈的核心城市，成都市近年来加快建设践行新发展理念的公园城市示范区，聚焦空间、产业、交通、能源四大结构全方位优化调整，有力促进城市绿色低碳发展和生态环境质量持续改善；另一方面，德阳、眉山和资阳积极承接成都功能疏解和产业转移，有效缓解了成都因过度集聚带来的生态环境压力，共同推动成都都市圈人与自然和谐共生的城市现代化建设。

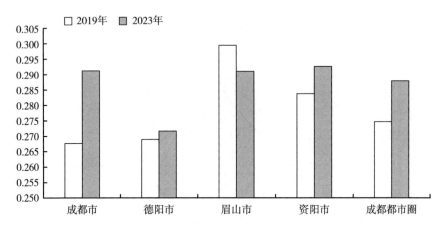

图2　2019年和2023年成都都市圈及成德眉资生态系统服务得分均值

资料来源：笔者绘制。

2. 成都都市圈生态系统服务演化的空间特征

计算2019~2023年成都都市圈35个县级行政单元生态系统服务及其四个维度评价得分的差值，并在ArcGIS中将其分为4个级别，以考察成都都市圈生态系统服务演化的空间特征。从生态系统服务评价得分看，有12个县级行政单元的得分降低，主要分布在涪江水系及龙泉山东侧；而有23个县级行政单元的得分上升，主要分布在龙门山东侧和龙泉山西侧之间。这也再次验证了近年来成都都市圈生态系统服务的提升离不开成都市生态环境的持续改善。

从四大维度看，不同类型生态系统服务变化的空间特征差异明显。就供给服务而言，大部分县级行政单元的得分有所下降，仅东部的9个县级行政单元得分上升；就调节服务而言，有20个县级行政单元的得分上升，主要分布在成都都市圈南部；就文化服务而言，有21个县级行政单元的得分上升，主要分布在成都市和德阳市；就支持服务而言，同样有21个县级行政单元的得分上升，主要分布在成都都市圈东南部。总体上，成都都市圈文化服务、调节服务与整体生态系统服务的时空差异较为一致，与各地自然资源禀赋、生态环境承载能力和社会经济发展水平等密切相关，也与前文四种服务的得分情况相符。

（二）成都都市圈生态系统服务障碍因子分析

1. 四大维度障碍因子分析

根据障碍度模型计算 2019 年和 2023 年成都都市圈生态系统服务四大维度的障碍度，结果如图 3 所示。可以看出，在研究期间不同维度对成都都市圈生态系统服务水平的制约总体变化不大，按制约程度的大小依次为供给服务、支持服务、文化服务和调节服务，供给服务和支持服务的障碍度表现为增加，而文化服务和调节服务的障碍度表现为减小。具体而言，供给服务的障碍度在成都和眉山表现为上升，在德阳和资阳略有下降；调节服务的障碍度在成都和德阳有所上升，而在眉山和资阳有所下降；文化服务的障碍度与调节服务相比正好相反；支持服务的障碍度在成都略有上升，而在德阳、眉山和资阳都有所下降。总体看来，成都都市圈四市都需要着力提升其供给服务，成都还应注重提升其生态系统的支持服务，而德阳、眉山和资阳还应提升其文化服务。一方面，应坚持最严格的耕地保护制度和土地节约集约制度，强化耕地源头管控，加快打造新时代更高水平"天府粮仓"；另一方面，应统筹区域文旅资源，加快推进《成都都市圈龙门山龙泉山旅游业协同发展规划（2023~2030 年）》实施落地，持续深化成都都市圈文旅协同发展。

2. 具体指标障碍因子分析

以障碍度超过平均值（11.11%）作为识别成都都市圈生态系统服务主要障碍因子的标准，各主要障碍因子在县级行政单元出现的频次如图 4 所示。可以看出，2019~2023 年制约成都都市圈生态系统服务水平的因素较为集中，淡水资源、土壤保持和生物多样性是制约大多数县级行政单元生态系统服务水平的主要障碍因子。四川省是中国重要的粮食生产基地，但由于淡水资源时空分布不均，成都平原已经面临突出的淡水资源供需矛盾。2023 年，成都都市圈的人均淡水资源量约 528m³，仅为四川省人均占有量的 20.4% 和全国人均占有量的 28.84%。未来随着人口和经济规模的进一步扩张，生态系统的供给服务，尤其是淡水资源的供给能力可能成为制约成都都市圈可持续发展的重要制约因素。土壤保持价值和生物多样性价值则主要受

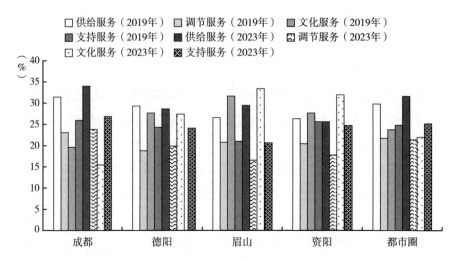

图 3　成都都市圈生态系统服务四大维度障碍度（2019 年、2023 年）

资料来源：笔者绘制。

成都都市圈土地利用现状结构的影响，耕地保护与经济发展极大限制了生态用地面积的空间。而空气净化、水质净化和初级生产的障碍度均低于平均值，不构成主要障碍因子，这也反映了成都都市圈近年来大气污染治理、水环境保护取得的成效和生态环境质量的改善。

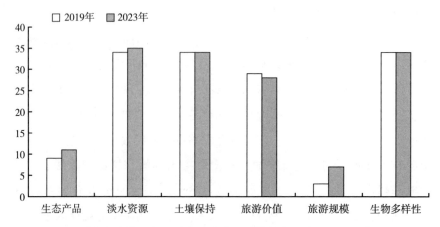

图 4　成都都市圈县级行政单元生态系统服务主要障碍因子频次分布

资料来源：笔者绘制。

五 加强成都都市圈生态保护共同体建设的政策建议

近年来，成德眉资四市积极推进生态环境共保共治，成立成德眉资同城化生态环境联防联控联治专项合作组，编制印发了《成德眉资同城化发展生态环境保护规划》《成德眉资同城化暨成都都市圈生态环境联防联控联治三年实施方案（2020~2022年）》，协同开展大气污染联防联控、跨流域污染联合防治和环境执法检查联动，生态环境质量得到持续改善。但也应看到，成都都市圈生态环境保护的结构性、根源性、趋势性压力尚未根本缓解，仍需在生态本底优化、污染防治攻坚、绿色低碳转型等方面持续发力，加快推进成都都市圈生态保护共同体建设，坚持山水林田湖草沙一体化保护和系统治理，全方位、全地域、全过程开展生态环境保护。

（一）坚持系统思维，提升区域协同治理能力

一是加强顶层设计，加快建设人与自然和谐共生的现代化都市圈。坚持区域协同、流域统筹、城乡一体、部门联动、高水平保护与高质量发展并进，加快推进生态环境治理体系和治理能力现代化。坚持生态优先、绿色发展，协同推进降碳、减污、扩绿、增长，持续增强高质量发展绿色动能。坚持统一规划、统一标准、统一环评、统一监测、统一执法，构建成都都市圈一体化生态环境治理体系。

二是健全利益协同机制，提升都市圈生态环境保护整体效益。坚持成本共担、效益共享、合作共治，建立健全跨区域跨流域生态补偿机制和生态产品价值实现机制，统筹运用财政纵向补偿、地区间横向补偿和市场机制补偿，增强不同类型补偿政策的有机衔接。坚持绿水青山就是金山银山，建立健全碳排放权、排污权、用水权、碳汇权等交易机制，推动绿色要素交易市场一体化建设，深化绿色要素市场化配置改革，引导各类资源环境要素向绿色生产力集聚。

三是注重全要素协同保护，促进生态系统服务的整体提升和生态环境质

量的持续改善。坚持山水林田湖草沙是一个生命共同体，统筹考虑森林、草地、农田、水域等不同要素，强调全生态要素一体化保护和系统治理，加快构建多层次、网络化、功能复合的"一心一屏三网三环多片"生态空间保护格局。坚持系统观念、协同增效，统筹污染治理和生态保护，以更高标准打好蓝天、碧水、净土保卫战。

（二）推动多元共治，形成共建共治共享合力

一是坚持"有为政府"，发挥政府在生态保护共同体建设中的引领作用。完善生态文明建设目标评价考核、污染防治攻坚战成效考核、生态环境损害责任终身追究等制度，严格落实生态环境保护"党政同责"和"一岗双责"，充分发挥政府的宏观调控和管理职能，鼓励引导各类主体参与都市圈生态环境治理。

二是坚持"有效市场"，发挥企业在生态保护共同体建设中的能动作用。坚持"谁污染、谁治理，谁开发、谁保护"，严格落实生态环境损害赔偿制度，明确企业的违法成本和惩罚措施，杜绝生态环境保护"搭便车"行为，倒逼企业落实污染防治和生态保护责任。强化绿色低碳发展的财政、税收、金融、价格等政策支持，构建环境信用监管体系，激励企业开展技术创新，积极参与生态环境保护与治理。

三是坚持公众参与，鼓励公众积极参与都市圈生态保护共同体建设。完善公众监督、舆论监督等生态环境治理监督机制，建立生态环境信息公开机制，打造生态环境保护信息共享平台，推动区域间、部门间与社会公众生态环境保护信息公开共享，确保社会公众的知情权和参与权，拓展其参与生态环境保护的广度和深度。加强宣传教育，引导社会公众自觉践行绿色生活理念，加快推动绿色生活方式的形成。

（三）因时因地制宜，实施差异化精准管控

一是强化生态环境分区管控，实施差异化保护政策。充分考虑各地区自然资源禀赋和环境条件，加快建成以"三线一单"为核心的管控体系，实

施差异化生态环境保护政策。按照优先保护、重点管控、一般管控，落实生态环境保护和资源利用等方面的管控要求，实现生态环境精细化管理。

二是聚焦突出生态环境问题，开展重点问题导向的系统治理。坚持节水优先、空间均衡，统筹水资源管理、水安全保障和水生态改善，构建流域水旱灾害防御体系，合力推进重大水利工程规划建设，系统保护成都都市圈水环境、水资源和水生态。聚焦 PM2.5 和臭氧协同控制，深化工业污染协同治理，加强移动源联合整治，持续开展大气污染联防联控。

参考文献

国家发展和改革委员会、国家统计局：《生态产品总值核算规范》，人民出版社，2022。

彭文英、尉迟晓娟、孙岳等：《基于生态产品供给的山水林田湖草沙一体化保护与系统治理——以京津冀为例》，《干旱区资源与环境》2024 年第 7 期。

谢高地、张彩霞、张雷明等：《基于单位面积价值当量因子的生态系统服务价值化方法改进》，《自然资源学报》2015 年第 8 期。

杨开忠：《习近平生态文明思想实践模式》，《城市与环境研究》2021 年第 1 期。

游和远、张津榕、夏舒怡：《基于生态价值与生态产品价值实现潜力权衡的全域土地综合整治用地优化》，《自然资源学报》2023 年第 12 期。

生态环境部：《全国生态状况调查评估技术规范——生态系统服务功能评估》，https：//www. mee. gov. cn/ywgz/fgbz/bz/bzwb/stzl/202106/t20210615_839011. shtml。

四川省生态环境厅：《成德眉资同城化发展生态环境保护规划》，https：//sthj. chengdu. gov. cn/cdhbj/c166178/2022−01/07/content_22147ea33a984a7da4e51ae01731599a. shtml。

Costanza R.，d'Arge R.，de Groot R.，et al.，"The Value of the World's Ecosystem Services and Natural Capital"，*Nature* 15，1997.

MEA（Millennium Ecosystem Assessment），*Ecosystems and Human Well-being：Synthesis*（Washington，D. C.：World Resources Institute，2005）.

B.16
绿智经济发展背景下轨道上的
成都都市圈建设研究

陈 瑶[*]

摘　要：　随着全球气候变化加剧与节能减排任务日益紧迫，绿智经济已成为推动可持续发展的新引擎。在绿智经济快速发展的大背景下，轨道交通作为城市基础设施的一个重要组成部分，在推动成都都市圈建设上扮演着至关重要的角色。本文综合分析轨道上的成都都市圈建设情况，基于熵值法对轨道上的成都都市圈建设开展评价与分析，认为轨道上的成都都市圈的建设情况呈现显著的发展态势。分析当前的机遇与挑战，为如何在绿智经济框架下推动都市圈—体化和轨道交通可持续发展提供了理论参考和实践指导。

关键词：　绿智经济　轨道交通　成都都市圈　可持续发展　交通—体化

面对全球性的碳减排挑战与新型城镇化发展需求，绿智轨道交通网络建设是促进区域协调发展、实现交通领域绿色转型的关键举措。成都都市圈在绿智经济的大背景下，以轨道交通为重要抓手，积极探索加速区域一体化进程、创新城市发展范式、提升经济竞争力和居民生活质量的新路径。轨道交通不仅作为都市圈建设的物理载体，还承载着绿色出行、调节区域发展不平衡、促进环境保护及推动智慧城市建设等多重使命，其规划、建设及运营的科学性和前瞻性，将直接影响成都都市圈绿智经济发展路径的可行性与效率。2023 年 8 月 11 日，成都轨道集团发布《绿色城轨发展行动方案》《数

---

* 陈瑶，中国社会科学院生态文明研究所博士后，主要研究方向为城市经济学。

智化发展顶层规划》，标志着成都轨道交通全面开启科技引领、绿智赋能新阶段，推动轨道交通向绿色、智能、高效的方向发展，绿智轨道交通不仅是对成都城市发展的积极响应，更是对全国乃至全球绿色交通理念的深度实践。

一　绿智经济发展背景下建设轨道上的成都都市圈意义重大

（一）发展绿智经济是推进成都都市圈成为世界顶级都市圈的迫切需要

党的二十大报告强调，我国已步入创新型国家行列。在新一轮技术革命下人类生产力范式发生变革，强调创新驱动发展，要因地制宜发展新质生产力，推动高质量发展。国务院发布的《新一代人工智能发展规划》明确提出，以提升新一代人工智能科技创新能力为主攻方向，发展智能经济，建设智能社会，推动以人类可持续发展为中心的智能化。随着新质生产力的发展，都市圈发展将迎来基于绿智生产力范式的空间变革。

在当前全球绿色低碳转型的大背景下，发展绿智经济已成为推动区域经济高质量发展的重要引擎。对于成都都市圈而言，发展绿智经济不仅是顺应时代潮流发展新质生产力的必然选择，更是实现可持续发展的迫切需要。绿智经济以绿色、低碳、循环为特征，有利于推动成都都市圈产业结构优化升级。通过新能源、节能环保、绿色建筑等产业，降低传统产业对资源的依赖，提高产业附加值，提升整体经济竞争力。以大数据、云计算、物联网等为代表的新兴产业，在绿智经济中具有广阔的发展空间。这些产业的发展将带动成都都市圈经济持续增长。绿智经济强调科技创新，有利于成都都市圈形成以创新为核心驱动的区域发展模式，为成都都市圈成为世界顶级都市圈提供有力支撑。绿智经济强调绿色发展，通过发展绿色产业，提高资源利用效率，降低环境污染，可以提升区域可持续发展能力，有利于成都都市圈实现经济效益、社会效益和生态效益的统一。在绿智经济的推动下，

成都都市圈可以形成绿色生产、绿色消费、绿色生活的良好氛围，为建设美丽中国贡献力量。在绿智经济的推动下，成都都市圈通过发展绿色建筑、绿色交通、绿色能源等，改善城市生态环境，打造具有国际影响力的城市品牌，吸引更多国内外游客和投资者，提升区域影响力。在绿智生产力范式下创新驱动空间优化，成都都市圈有望在全球范围内崭露头角，实现可持续发展。

（二）建设绿智融合的轨道网络体系是成都都市圈构建新发展格局的内在要求

习近平总书记指出："城市轨道交通是现代大城市交通的发展方向。发展轨道交通是解决大城市病的有效途径，也是建设绿色城市、智能城市的有效途径。"大力发展轨道交通，构建立体化现代化城市交通系统是绿智经济发展背景下成都都市圈高质量发展的有效抓手。绿智融合轨道网络体系是指在绿色发展和智能化技术引领下，以轨道交通为核心，构建高效、便捷、绿色、智能的交通运输网络。它不仅包括高速铁路、城际铁路、市域（郊）铁路等多种轨道交通方式，还涵盖了与之相配套的智能交通系统、绿色能源利用、生态环境保护等要素。绿智融合轨道网络体系能够有效缩短成都都市圈内各城市间的时空距离，促进区域经济一体化发展。通过高速铁路、城际铁路等轨道交通的连接，实现人流、物流、信息流的快速流通，为区域经济发展提供有力支撑。绿智融合轨道网络体系有助于优化产业布局，推动产业转型升级。轨道交通的便捷性吸引了大量企业入驻，带动了相关产业的发展，如现代物流、金融服务、文化旅游等，为成都都市圈经济持续增长注入新动力。绿智融合轨道网络体系强调绿色能源利用和生态环境保护，有助于实现可持续发展。通过推广新能源车辆、优化线路规划、加强生态环境保护等措施，降低轨道交通对环境的影响，助力成都都市圈实现绿色发展。绿智融合轨道网络体系还有助于提升成都都市圈在全国乃至全球的竞争力。通过打造高效、便捷、绿色的交通运输网络，吸引更多人才、资本、技术等优质资源，推动区域经济高质量发展。

（三）构建绿智融合的轨道网络体系是提升成都都市圈能级的有力支撑

轨道上的成都都市圈建设，不仅是推进区域一体化战略的重要举措，更是都市圈经济社会健康发展、稳定前行的重要支撑与坚强保障。在绿智经济发展的驱动下，通过科学规划和高效实施轨道交通网络建设，能够有效促进成都都市圈在节能减排、提升区域可持续发展能力等方面取得突破性进展。轨道交通作为低碳、高效的城市交通方式，其纵深影响力远超建设成本和直接运营效益的范畴，对实现资源优化配置、推动产业升级转型及促进区域能量聚合有着举足轻重的作用。从区域发展的宏观策略出发，轨道上的成都都市圈建设不仅凝聚了城市扩张、空间重组等多重城市发展需求，同时也承载了生态文明建设、绿色交通发展等现代城市发展理念。效率高、污染低、覆盖广的轨道交通，已成为成都都市圈实现绿智经济发展的强力支撑和有效途径。轨道交通已被广泛认为是都市圈发展的"动脉"。而在成都都市圈，地铁、城铁等轨道交通的融合发展，不仅有效串联了都市圈内部城市，而且通过高效连接外部城市，显著提升了成都都市圈在国内外的竞争力。统筹考虑轨道交通网络规划对地域经济的巨大带动作用，在轨道交通建设策略上，成都都市圈积极借鉴国际经验，强化省际合作机制，建立覆盖范围更广、服务网络更密和运营效率更高的交通体系。绿智经济发展背景下轨道上的成都都市圈建设，是以信息化、数字化为手段，以智能化、高效化为特征的绿色建设。其不仅包括轨道交通自身在建设和运营过程中的绿色化和智能化升级，也包括通过非税收入等多元化融资手段，探索可持续发展的新模式。面对新时代国家对绿色发展与智慧城市的战略要求，成都都市圈的轨道交通建设在提高区域经济竞争力和居民生活质量的同时，也承载着示范引领和服务创新的使命。成都都市圈的轨道交通建设，将不仅是城市化连接的物理纽带，更是区域绿智经济发展的策略助推器。

二 绿智经济发展背景下轨道上的成都都市圈 建设形成新格局

（一）轨道上的成都都市圈建设成效

1. 坚持规划引领，探索绿智融合发展新方案

发展城市轨道交通是缓解大城市问题的重要手段，同时对于打造绿色、智能城市具有重要意义。"绿色"与"智能化"是促进轨道交通可持续发展的核心动力，如同轨道交通高质量发展的双翼。成都都市圈紧密围绕发展战略，长期致力于绿色城轨和智能化发展的探索与实践，形成一系列的绿智融合轨道都市圈建设方案。如成都轨道集团助力都市圈轨道交通向绿色、低碳、智能化方向发展，在国内率先量化提出中心城区绿色交通出行结构模型，实现轨道交通公交出行分担率超过60%。集团广泛吸收国内外其他城市的成功经验，并结合成都轨道交通的发展特点，先后发布《智慧城轨发展纲要及行动计划（2.0版）》、《绿色城轨发展行动方案》及《数智化发展顶层规划》，采用创新驱动、数字化支持、绿智融合的"三位一体"战略布局，全面推动成都轨道交通的智慧化、绿色化发展。这一举措旨在促进智慧城市与智慧城轨的相互促进、共同进步，助力提高智慧城市的治理效率和响应速度。

2. 轨道融合数智特色，引领"轨道都市圈"发展新典范

在绿智经济发展背景下，成都都市圈的建设迎来新的发展机遇。以数智化为核心驱动力，成都都市圈正致力于打造一个以轨道交通为骨架、以智慧城市为支撑、以产业协同为纽带的"轨道都市圈"新典范。成都都市圈轨道体系建设重视数字技术的应用，形成了"数智轨道圈"的特色，利用先进的信息技术，如大数据、云计算、人工智能、物联网等，对轨道交通系统进行智能化升级和优化，提升轨道交通的运营效率、服务质量和可持续发展能力。在都市圈轨道体系建设中，制定了"5+2"业务布局，即以轨道交通

建设、运营、TOD 开发、轨道生活和轨道产业五大核心业务为基础，重点发展教育文化和数字经济战略平台，全力推进轨道城市建设使命。数智轨道交通体系建设主动融入成渝地区双城经济圈及成德眉资同城化发展，充分发挥轨道交通的纽带作用，促进区域经济一体化，为推动成渝地区高质量发展贡献力量。此外，以打造公园城市示范区为目标，将绿色、生态、人文等元素融入轨道交通建设，打造宜居、宜业、宜游的现代化都市圈。成都都市圈轨道交通建设以数据驱动为核心，聚焦轨道应用场景的打造，创新轨道交通智慧安检、智慧票务等综合服务平台，为成都都市圈轨道交通服务水平的全面提升奠定了坚实基础。在智慧地铁的建设过程中，注重业务智能联动和资源智能适配，实现各业务系统之间的无缝对接，打破"信息孤岛"，提高了运营效率。当前，成都都市圈智慧交通已初具规模，未来将以"数智轨道圈"为抓手，高水平打造"轨道都市圈"新典范，为区域绿智经济发展提供有力支撑。

3. 掌握绿智密码，绿色轨道交通成网成势

成都都市圈轨道线路呈放射状分布，环绕成都市中心向外延伸，贯穿主城区与周边多个卫星城市，积极形成"轨道+公交+慢行"绿色交通体系。这一布局有利于实现区域内人流、物流的高效连接，促进都市圈内部一体化发展。目前，成都都市圈的主要轨道线路包括城市地铁线路以及市郊铁路线路。城市地铁线路覆盖了成都主城区及近郊区域，形成了以成都市为核心向外辐射的交通网络。区域间互联互通的重要性日益凸显，在成德眉资四市政府的共同努力下，"直联直通"模式成功升级为"互联互通"，为构建"轨道上的都市圈"奠定了坚实基础。成德眉资四市通过新建、改扩建一批高速公路、铁路、城际轨道等交通基础设施，实现了区域内交通网络的互联互通，极大地缩短了四市间的时空距离。早在 2019 年，成都至德眉资的动车开行数量就分别达到 40 对、23 对、19 对，初步构建起了半小时交通圈。同时，城际公交也陆续开通运营。自 2020 年起成都都市圈城市间的"直连直通"升级为市域铁路的"互联互通"，四市共建"轨道上的都市圈"。随着更多轨道线路的建成与规划，成都都市圈的轨道交通网络预计将形成"米"字形结构，进一

步提升区域联通性,推动新区发展并缓解城市中心交通压力(见表1)。成都都市圈还规划并建设了多条城际铁路,如成绵乐城际铁路、成渝高铁、成贵高铁等,这些铁路连接了成都与周边城市,提高了都市圈内部的交通效率。为了进一步连接都市圈内的城市,成都还规划了市域铁路,如成眉市域铁路、成资市域铁路等,这些铁路服务于都市圈内的中小城市,提供便捷的通勤服务。

表1　成都都市圈轨道网络扩建情况

轨道交通线路	起始站	终点站	总长(公里)	车站数(座)	运行时间(分)	年乘客量(万人)	投资额(亿元)	开工时间	计划完工时间
地铁6号线一、二期	望从祠	观东	46.8	38	65	2200	312	2020年3月	2025年12月
地铁6号线三期	观东	兰家沟	21.97	18	30	970	145	2021年6月	2026年6月
地铁5号线一、二期	华桂路	回龙	49.02	41	75	2800	392	2019年12月	2023年10月
地铁8号线一期	莲花	十里店	29.1	25	45	1500	233	2022年1月	2025年9月
地铁10号线二期	双流西	新平	27.0	10	40	850	182	2021年8月	2024年12月
地铁9号线一期	金融城	黄田坝	22.18	13	35	1230	177	2020年5月	2023年11月
有轨电车蓉2号线	成都西/新业路	郫县西/仁和	27.4	47	50	600	82	2021年11月	2024年8月
地铁17号线一期	机投桥	金星	26.15	9	38	1100	167	2020年2月	2023年5月
地铁18号线一二期	火车南站	天府机场	66.8	12	90	3700	530	2018年9月	2022年7月

资料来源:笔者依据网络大数据信息整理。

4. 智慧城轨体系完善,轨道交通服务水平持续升级

随着全球可持续发展战略的深入实施以及对低碳经济模式的追求,成都

都市圈作为国内重要的区域经济和交通枢纽，在轨道交通服务水平的提升方面表现出明显的积极趋势。成都都市圈轨道运营管理采取了一系列具有创新性的措施，如实行动态调度系统，基于大数据分析预测乘客流量，并据此调整列车行驶间隔，确保运力供需平衡，减少乘客等待时间。轨道交通内部配备了现代化的信息显示系统，实时更新列车运行状态，为乘客提供准确便捷的出行信息。结合大数据技术的智能客服系统，依托语音交互、深度学习等技术，将实现更加个性化的旅客服务。该系统不仅能改善旅客体验，还能提高服务效率，缓解乘客咨询高峰期的压力。智慧导航系统能在大数据支持下为乘客提供实时的路线建议并预测拥堵情况，大幅度提高乘客出行效率。在智慧运营层面，实时数据分析和人工智能技术的应用使轨道交通调度更加高效，列车运行间隔和乘客流量得到实时优化，显著提升运输效率。通过车载传感器和地面监控系统的整合，列车运行状态和轨道设施健康状况可通过数据分析实时监控，预防性维护和应急响应时效得以提高。精准服务方面，数智化规划借助大数据分析，能够对乘客出行模式和偏好进行深入挖掘，通过个性化推荐提升用户体验。轨道交通与智能手机应用、在线支付和社交媒体的融合，允许乘客实现一站式出行服务，包括票务、导航以及与其他交通模式的无缝对接。面对轨道交通一体化不足的难题，成都都市圈轨道交通建设应强化规划前瞻性和系统优化设计，促进城际无缝对接，提升网络效应。推动不同运营主体之间的协调和数据共享，为乘客提供更加便捷的换乘服务和信息服务。

5. 推进产业建圈强链，形成轨道交通产业链生态圈

成都都市圈轨道交通产业生态圈以产业链为核心，通过优化产业布局，构建起完整的轨道交通产业链条。首先，以成都为核心，辐射周边城市，形成以轨道交通装备制造、运营维护、技术研发、教育培训等为核心的产业链。其次，通过产业链上下游企业的协同发展，实现产业链的延伸和拓展，形成覆盖全产业链的生态圈。《成都市"十四五"新型智慧城市建设规划》系统谋划了未来五年成都建设智慧城市的发展路径。成都都市圈围绕"成都车、成都研、成都造、成都修"的目标，聚焦轨道交通领域的关键环节，

如高端设备制造、科技创新和智能运维，努力丰富轨道交通产业链生态体系，以更全面、更系统的手段提升城市运行的智能化和智慧化水平。成都都市圈建立了西部地区首个城轨 A 型电客车自主检修技术的轨道装备智慧工厂，成功填补了成都轨道交通产业链的空白，轨道装备智慧工厂具备年修地铁车辆 250 辆的能力，检修库总面积达 8 万平方米以上。成都积极引进中车四方、中车长客等 30 多家行业领先企业，构建了"一校一总部三基地"的轨道交通产业布局。2022 年，成都轨道交通装备全产业链收入近 2000 亿元，成为全国首批战略性新兴产业集群之一。此外，成都还主导交控科技西部区域总部等 14 个"专精特新"高等级产业项目，实现直接投资签约额超过 13 亿元，吸引市外投资超过 18 亿元。成都轨道交通产业不断开辟新赛道，产业生态蓬勃发展，为强化"轨道上的成都都市圈"注入源源不断的动力。

（二）轨道上的成都都市圈主要特点

1.以成都为中心枢纽构建多方式有机衔接的轨道交通网络

在轨道交通网络构建上，成都都市圈坚持"以人为本"的设计理念，紧贴"宜居城市"目标，深入站点布局、线路连接和服务创新等多个层面，实现地铁、城际铁路、长途客运等多种交通方式在关键节点的无缝对接。以"交通枢纽"为重点，通过智慧化集控，实现运输效率的大幅跃升。骨干网络的形成，促使成都都市圈轨道交通的功能布局趋于合理。地铁成为市区交通的主干线，为广大市民提供了便捷的日常出行选项；城际铁路则有效扩展了成都都市圈的辐射范围，强化了都市圈与周边城市的联系。自轨道交通网络升级改造以来，成都中心城区的日均客运量有了明显增加，其网络效率同比提升幅度达到了 20%，轨道交通对城市交通构成的贡献比进一步提升。此外，由于轨道交通的规模化扩张和服务品质的持续提升，成都都市圈的公共交通占据出行方式比重的增长速度，远超私人交通工具。成都都市圈重点实施了智慧轨道交通系统，在传统的地面车辆调度和客户服务基础上，引入了大数据处理技术和物联网设施，实时监测轨道交通车辆运行状态、预测客流量变化趋势，并据此优化服务安排，提升了运营效率和利用率，减少了化石能源依赖，大幅降低了交通碳足迹。

2. 以成都为中心枢纽实现城市区域轨道交通的有机衔接

成都都市圈轨道交通网络的建设以成都为中心，延伸至周边的大都市区和城市群，通过线网的不断扩张，成都都市圈成功构建了覆盖城市中心及周边地区的轨道交通网络。网络的紧密衔接，拉近了城市间空间距离，增进了区域一体化协作的便利性，为城市群提供了高效的流动性。轨道交通网络的构建紧密依托成都地区的地理优势和历史遗留的布局，市域铁路、城际轨道和地铁之间实现有效衔接，构成了丰富多元的交通方式。这种多模式互联的网络结构，不仅便利了成都都市圈的交通往来，更为人口的流动与产业的转型升级提供了有力支撑。车站周边区域的规划与建设，更体现了对于城市活力与经济发展需求的深刻洞察，将商业、文化、居住区无缝衔接，有力推动了城区功能的深度融合，进一步增强了成都都市圈轨道交通在区域发展中的中心地位。在运营管理上，通过实行智能控制系统和精细化管理，实现了能源的高效率使用，最大限度降低了环境影响。成都都市圈轨道交通系统以成都为中心枢纽，在实现城市区域轨道交通有机衔接的同时，不断深化其在绿智经济发展背景下的引领作用。成都模式将进一步决定西南区域都市圈进入绿色智慧时代的步伐与质量。

3. 构建"放射+环线+节点"的轨道交通网

在成都都市圈范围内，以成都为核心枢纽，构建起了一个高效、便捷的轨道通勤网络。成都都市圈的轨道通勤网络形成了以成都为中心的放射型线路布局。这些线路包括干线铁路和城际铁路，将成都与德阳、眉山、资阳等周边城市紧密相连，实现了区域间的快速交通。成都外环铁路的建成，使德阳、眉山、资阳三市得以横向串联，进一步优化了成都都市圈的交通布局。这一举措不仅缩短了城市间的距离，也提高了区域内的交通效率。成都都市圈轨道通勤网络还规划了多个核心节点，如成都站、成都东站、天府站、简州站、德阳北站、眉山北站、资阳北站等。这些节点构成了一个覆盖广泛的

轨道网络，为市民提供了便捷的出行选择。随着"放射+环线+节点"轨道交通网的不断完善，成都都市圈的区域一体化进程得到了显著推进。在"十三五"期间与"十四五"时期，成都都市圈继续深化与周边城市的合作，进一步拓展了轨道交通网络，实现了区域交通的互联互通。成都都市圈在"放射+环线+节点"的基础上，进一步优化了轨道交通网络布局，新增了多条城际铁路和市域铁路，如成绵乐城际铁路、成贵高铁、成渝高铁等，使成都与周边城市之间的联系更加紧密。同时，成都都市圈还加强了与周边城市的轨道交通对接，实现了与重庆、贵阳等周边城市的快速连接。成都都市圈积极推动轨道交通与城市公共交通的融合发展。通过优化公交线路、增设公交站点，实现了轨道交通与公交的无缝衔接，为市民提供了更加便捷的出行选择。通过轨道交通网络，成都都市圈将产业园区、高新技术开发区等区域紧密相连，形成了产业链上下游协同发展的格局。同时，成都都市圈还加强与周边城市的产业合作，推动区域产业协同发展。成都都市圈轨道交通网的建设不仅符合智慧发展和绿色出行的潮流趋势，而且通过交通网络的不断优化和提升，对于提升城市群的综合竞争力、缩小区域发展差距具有重大而深远的影响。

三　轨道上的成都都市圈建设评价与分析

（一）研究思路

该区域内轨道交通的评价体系建立在多元化指标的基础之上，运营效率、服务质量、乘客满意度、能耗与碳排放量等成为衡量其绩效的关键参数。通过为期数年的数据收集与实时监控，成都都市圈轨道交通的服务效率和能效表现均有显著改善，这与绿智经济发展背景下的轨道交通建设目标相契合。该区域轨道交通的客流量年增长率稳定上升，服务质量与乘客体验也连续获得高标准评价。

（二）评价指标体系构建和数据来源

1. 评价指标体系构建

探讨绿智经济发展背景下轨道上的成都都市圈建设，评价指标体系的构建是关键一步，为的是提供一套合理、科学的工具来衡量和分析其建设成效。遵循科学性、系统性、可操作性和动态性原则，旨在全面反映轨道交通网络布局对都市圈发展的影响。该体系需要兼顾环境、运输、经济发展、智能化水平、社会福祉、可持续性等多个层面（见表2）。

表2 成都都市圈轨道上建设评价指标体系

指标类别	指标名称	评价内容	度量单位
环境指标	绿化覆盖率	建成区绿化覆盖率	%
环境指标	人均公园绿地面积	居民人均可享受公园绿地面积	平方米
运输指标	轨道交通线路总长	成都都市圈轨道交通线路总长	公里
运输指标	轨道交通站点数	轨道交通总车站数	座
经济发展指标	GDP 增长率	成都都市圈 GDP 年增长率	%
智能化水平指标	高铁动车趟数	高铁动车平均日开行趟数	趟
社会福祉指标	轨道交通出行效率	都市圈内平均通勤时间	分钟
可持续性指标	轨道建设投资总额	轨道交通建设年度投资额	亿元

2. 数据来源

成都都市圈于 2021 年由国家发改委正式批复成立，是初创型国家级都市圈，选取 2021～2023 年发展数据分析轨道上的成都都市圈建设情况，根据《成都都市圈发展规划》，成都都市圈涵盖城市为成都市、德阳市、眉山市与资阳市，文本数据来源于 2021～2023 年成都都市圈各城市《统计年鉴》以及交通部门、发展和改革委员会等官方网站发布的数据及研究报告等。

（三）评价结果与分析

采用熵值法对轨道上的成都都市圈建设进行评价。在绿智经济发展的大背景下，轨道上的成都都市圈的建设情况呈现显著的发展态势。首

先，成都的综合发展水平在 2021～2023 年呈现明显的上升趋势，从 0.423 增长到 0.496，这一增长速度表明成都的发展势头强劲，已成为都市圈内的领头羊。成都的快速发展得益于其优越的地理位置、丰富的资源禀赋以及创新驱动的发展模式。在高新技术产业、现代服务业等领域，成都都取得了显著的成就。其次，德阳的综合发展水平同样呈现逐年上升的趋势，但增速低于成都，从 0.359 增长到 0.457。德阳在装备制造业、电子信息产业等领域具有较强优势，未来有望成为成都都市圈的重要支撑城市。相比之下，眉山的发展水平相对较慢，从 0.312 增长到 0.389。这表明眉山在发展过程中可能面临一些挑战，需要进一步优化发展策略。眉山应充分发挥其农业、旅游业等优势，加快产业结构调整，提升综合竞争力。资阳的综合发展水平最慢，从 0.298 增长到 0.378。这一增速表明资阳在发展过程中可能需要更多的政策支持和资源投入。资阳应抓住成渝地区双城经济圈建设的机遇，加强与成都、德阳等城市的合作，推动产业协同发展。总结来看，成都都市圈的综合发展水平在 2021～2023 年呈现逐年上升趋势，其中成都的发展速度最快，德阳次之，资阳的发展速度最慢。这一现象可能与各城市的经济发展水平、政策支持力度以及资源禀赋等因素密切相关。为了进一步推动成都都市圈的发展，各城市需要根据自身实际情况，制定相应的发展策略，以实现更均衡、更可持续的发展。具体而言，成都应继续发挥龙头作用，带动周边城市共同发展；德阳、眉山、资阳等城市应充分发挥自身优势，加强与成都等城市的合作，实现互利共赢。

表 3　轨道上的成都都市圈综合发展水平

城市	2021 年	2022 年	2023 年	均值
成都	0.423	0.486	0.496	0.468
德阳	0.359	0.433	0.457	0.416
眉山	0.312	0.336	0.389	0.346
资阳	0.298	0.316	0.378	0.331

四 绿智经济发展背景下轨道上的成都都市圈建设面临的机遇和主要挑战

（一）面临的机遇

四川省高度重视绿色低碳发展，出台了一系列政策以扶持绿色产业与绿色交通建设，为成都都市圈轨道交通建设营造了优越的政策环境。这一举措不仅彰显了国家对新型城镇化战略的坚定支持，更凸显了以人为核心的城市可持续发展理念。在区域协同发展的背景下，成渝地区双城经济圈的建设为成都都市圈带来了显著的政策红利，加速了轨道交通的推进。与此同时，成德眉资同城化的发展战略，进一步拓展了轨道交通的市场空间。科技创新成为推动轨道交通建设的关键力量。随着绿色交通技术的不断突破，成都都市圈的轨道交通建设将采用更为环保、节能的技术，以提升运输效率。随着智能化建设的推进，并借助大数据、云计算、物联网等先进技术，成都都市圈将实现轨道交通的智能化管理，进一步提升运营效率。市场需求旺盛是成都都市圈轨道交通建设的重要驱动力。随着人口的持续增长和经济的快速发展，人们对轨道交通的需求日益增长，为轨道交通建设提供了广阔的市场空间。产业转型升级使成都都市圈对轨道交通的依赖度不断提高，为轨道交通建设注入了持续动力。政府加大了对轨道交通建设的投资力度，确保了项目的资金需求。同时，吸引社会资本参与，有助于拓宽融资渠道，有效降低融资成本。成都作为西南地区的交通枢纽，轨道交通建设将提升其国际门户地位，促进与国际市场的交流与合作。在政策支持、区域协同、科技创新、市场需求、资金保障和国际合作等多重因素的共同推动下，成都都市圈轨道交通建设前景广阔。

（二）主要挑战

轨道交通建设需要巨额资金投入，而绿智经济发展强调环保节能，这可

能导致建设成本上升。资金来源的多元化和稳定性不足，需要创新政府、企业和社会资本的合作模式。绿智经济发展要求轨道交通技术不断创新，以适应低碳、智能化的需求，但这需要大量的研发投入和长期的技术积累。产业升级需要与现有产业深度融合，而现有产业的技术水平和产业链条可能难以满足绿智经济发展的要求。轨道交通建设与运营可能对环境造成影响，如噪声、振动等，需要采取有效措施进行控制。绿智经济发展要求轨道交通在运营过程中实现可持续发展，包括能源消耗、废弃物处理等方面。成都都市圈内部各城市发展水平不均衡，轨道交通建设需要考虑如何促进区域协调发展，避免"虹吸效应"。跨区域轨道交通建设需要协调各方利益，解决土地、规划、政策等方面的矛盾。在绿智经济发展背景下，成都都市圈轨道交通建设需要遵循新的政策法规和标准体系，但现有的政策法规和标准体系可能难以适应。政策法规的滞后性可能导致轨道交通建设过程中存在法律风险。随着绿智经济的快速发展，轨道交通建设与运营需要大量高素质人才，但人才引进、培养和保留面临挑战，整体上人才队伍的专业化和国际化水平有待提高。

五 绿智经济发展背景下推动轨道上的成都都市圈建设的关键举措

（一）加强绿智轨道交通网络建设

优化轨道交通网络布局，精心构建多层次、多节点、多功能的轨道交通网络体系。一是以成都为核心，辐射周边城市，构建融合高速铁路、城际铁路、市域（郊）铁路、城市轨道交通等多种类型的轨道交通网络。强化网络覆盖，提升区域互联互通水平。在成都都市圈范围内，加密轨道交通线路，扩大覆盖范围，确保区域内各城市间、城市与周边地区间的便捷联系。二是推动轨道交通与城市功能深度融合。将轨道交通站点与商业、居住、办公等城市功能有机结合，打造高效、便捷、舒适的交通枢纽。提升轨道交通技术水平。积极推广绿色环保技术，采用节能、环保、低碳的轨道交通技术，如新能源车辆、智能信号系统等，降低运营过程中的能源消耗和环境污染。三是加强智能化建设。运用大数据、云计算、物联网等技术，实现轨道交通的智能化管理，提高运营效率和安全性。加强技术创新。支持轨道交通企业加大研发投入，推动技术创新，提升产业核心竞争力。

（二）提升绿智轨道交通运营服务

要加强与城市规划、环境保护、能源管理等相关部门的沟通协调，确保轨道交通规划与城市整体规划相融合。一是建立健全绿智轨道交通运营管理制度，提高运营效率和服务质量。加强对绿智轨道交通运营企业的监管，确保企业合规经营，保障乘客权益。积极引进和推广绿智轨道交通新技术，提高轨道交通运营智能化、绿色化水平。二是加强绿智轨道交通专业人才培养，提高从业人员素质。建立健全人才培养机制，鼓励企业、高校、科研机构等多方参与人才培养。优化轨道交通票价政策，提高轨道交通的吸引力。三是加强对绿智轨道交通项目的财政补贴，降低企业运营成本。加强绿智轨道交通的宣传推广，提高公众对轨道交通的认知度和接受度。四是开展绿智轨道交通主题活动，营造绿色出行氛围。积极参与国际轨道交通合作与交流，学习借鉴国外先进经验。加强与国外轨道交通企业的合作，引进先进技术和管理经验。

（三）打造轨道交通"数智化""绿色化"产业生态圈

要制定轨道交通产业生态圈发展规划，明确产业发展的目标、路径和重点领域。明确轨道交通产业在成都都市圈经济发展中的战略地位，将其作为推动区域经济转型升级的重要引擎。一是推进数智产业融合发展。积极建设轨道智慧工厂，推动轨道交通产业链向上下游延伸，形成完整的产业链条，提高产业附加值。搭建轨道交通技术创新平台，促进产学研合作，推动科技成果转化。建设轨道交通产业园区，吸引相关企业入驻，形成产业集群效应。二是加强技术创新，提升产业核心竞争力。加大轨道交通关键技术研发投入，推动产学研深度融合，提升自主创新能力。鼓励企业参与国际竞争，

引进国外先进技术和管理经验，提升产业技术水平。加强知识产权保护，鼓励企业申请专利，提升产业核心竞争力。三是加强区域合作，拓展市场空间。加强与周边城市的合作，共同打造轨道交通产业生态圈，实现资源共享、优势互补。积极拓展国内外市场，推动轨道交通产品和服务出口，提升产业国际竞争力。加强与国内外知名企业的合作，引进先进技术和管理经验，提升产业整体水平。

（四）集聚各类绿智资源要素

优化政策环境，吸引绿智资源集聚。一是制定针对绿智企业的税收优惠政策，降低企业运营成本，提高企业竞争力。建立健全绿智产业专项资金，支持绿智企业研发创新和技术改造。优化土地资源配置，为绿智企业提供优质土地，降低企业用地成本。完善金融支持政策，鼓励金融机构加大对绿智企业的信贷支持力度。二是加强科技创新，提升绿智产业核心竞争力。建立绿智产业技术创新联盟，促进产业链上下游企业协同创新。鼓励绿智企业参与国际标准制定，提升成都都市圈绿智产业在国际市场的竞争力。三是加强与周边地区的绿智产业合作，形成区域协同发展格局。建立区域绿智产业信息共享平台，促进资源共享和协同创新。加强区域绿智产业政策协调，形成政策合力，推动绿智产业协同发展。

（五）进一步完善体制机制

建立健全协同发展机制。强化都市圈发展领导小组职能，由成都市政府牵头，联合周边城市政府加大统筹规划、协调推进都市圈建设。建立联席会议制度。定期召开联席会议，研究解决都市圈建设中的重大问题，确保政策落实和项目推进。一是优化资源配置机制。根据各城市经济发展水平、人口规模等因素，合理分配财政资金，支持都市圈基础设施建设。创新金融支持政策。鼓励金融机构加大对都市圈建设的支持力度，创新金融产品和服务，满足都市圈建设资金需求。二是加强土地资源整合。优化土地利用规划，盘活存量土地，提高土地利用效率，为都市圈发展提供土地保障。强化生态环境保护机制。三是建立生态环境补偿机制，对生态环境质量较好的城市给予补偿，对生态环境质量较差的城市实施约束，促进区域生态环境协同治理。四是深化人才交流与合作机制，打破地域限制，促进人才在都市圈内的自由流动，优化人才资源配置。加强法治保障。加强都市圈内部司法协作，提高司法效率，为都市圈建设提供有力法治保障。

参考文献

潘昭宇：《基于双碳目标的都市圈轨道交通规划技术体系优化研究》，《铁道运输与经济》2024 年第 4 期。

杜颖新、李秋灵：《都市圈背景下市域铁路与城市轨道交通"一张网"运营经验及对广州的启示》，《交通与港航》2024 年第 1 期。

蒋中铭：《打造轨道上的都市圈》，《宏观经济管理》2023 年第 10 期。

高国力、邱爱军、潘昭宇等：《客观准确把握 1 小时通勤圈内涵特征　引领支撑我国现代化都市圈稳步发展》，《宏观经济管理》2023 年第 1 期。

刘健、周宜笑、谭纵波：《巴黎都市区轨道交通与城市空间协调发展的历程与启示》，《都市快轨交通》2022 年第 4 期。

B.17
成德眉资数字化公共服务圈建设研究

卢晓莉　张筱竹*

摘　要：　数字社会建设是构建数字中国蓝图的重要内容，是推进中国式现代化的重要手段。建设数字化公共服务圈，是社会新质生产力发展背景下推动都市圈公共服务一体化发展的重要途径。本文首先从三个方面阐述了数字化公共服务圈建设的重大意义。其次从教育、医疗、社会保障、就业以及文化等五个方面梳理了成德眉资数字化公共服务圈建设的现状成效，并采用耦合分析方法对2009~2022年成德眉资数字化公共服务圈协调发展状况进行了评估。在此基础上，总结了当前成德眉资数字化公共服务圈建设面临的主要挑战，并据此提出创新发展理念、深化数字技术应用、提高数字服务治理能力、推进信息公平化等建议，促进成德眉资数字化公共服务圈建设。

关键词：　数字化　公共服务圈　成德眉资

　　党的二十届三中全会报告指出，加快构建促进数字经济发展体制机制，完善促进数字产业化和产业数字化政策体系。数字社会建设是构建数字中国蓝图的重要内容，是推进中国式现代化的重要手段。习近平总书记指出："要坚持以人民为中心的发展思想，推进'互联网+教育''互联网+医疗''互联网+文化'等，让百姓少跑路，数据多跑路，不断提升公共服务均等化、普惠化、便捷化水平。"随着互联网技术使用的日益普遍以及数据技术

---

* 卢晓莉，成都市社会科学院信息中心副主任，副研究员，主要研究方向为社会福利、社会保障、公共服务、法治建设等；张筱竹，博士，成都市社会科学院助理研究员，主要研究方向为区域人口与公共服务。

的愈加成熟，许多城市相继提出建设智慧城市、推进城市数字化转型的目标，公共服务也日益实现数字化。由于数字技术具有数字化、迭代快和创新叠加等特点，能够加快信息流动共享，推动管理流程改造重塑，极大地推动都市圈、城市群公共服务同城化、一体化发展。因此，充分利用现代互联网技术，建设数字化公共服务圈，增强成德眉资公共服务效能，是加速提升成都都市圈公共服务同城化进程的必由之路。

一　数字化公共服务圈建设的重要意义

构建成德眉资一体化的公共服务圈是推动成都都市圈进一步成长发展的必然要求与目标导向。随着云计算、大数据、人工智能等新一代数字技术的发展和应用，数字技术正在逐步改变人们的生产生活方式，也正在逐步改变城市治理、政务服务、公共产品供给方式。以数字化技术赋能公共服务圈，建设数字化公共服务圈，是新质生产力发展背景下满足都市圈区域内民众均等化公共服务需求的必然途径。

（一）数字化公共服务圈有利于拓展都市圈公共服务外延

党的二十届三中全会报告指出，必须坚持尽力而为、量力而行，完善基本公共服务制度体系，加强普惠性、基础性、兜底性民生建设，解决好人民最关心最直接最现实的利益问题，不断满足人民对美好生活的向往。改革开放以来，我国城市基本公共服务体系不断健全，但随着城市规模的发展和都市圈建设的开展，公共服务需求不断增加，传统的服务类型与服务模式已无法满足群众日益增长的服务需求。在党和国家的部署安排下，全国各地把数字技术与公共服务融合发展作为工作重点，深入推进城市数字技术和交通、教育、医疗、住房、就业、养老等领域深度融合，利用现代信息技术，扩大公共服务外延，实现了"从无到有，从0到1"的变化，助力公共服务产品突破物理载体限制，以云端、指尖等模式，实现跨时间、跨地域传播和服务，进而扩大服务范围和服务人群。如利用大数据、人工智能技术，覆盖求

职者年龄、性别、求职需求等信息，为用工主体与求职者提供个性精细化服务，深刻改变就业公共服务模式；在健康服务层面，可通过公共卫生信息获取确定医疗需求，开展公共卫生监测，通过信息汇集应对流行病、传染病等公共卫生事件。

（二）数字化公共服务圈有助于提升都市圈公共服务效率

国民经济和社会发展第十四个五年规划和 2035 年远景目标纲要提出，要聚焦教育、医疗、养老、抚幼、就业、文体、助残等重点领域，推动数字化服务普惠应用，持续提升群众获得感。近年来，全国各主要都市圈积极探索数字技术全方位赋能公共服务新模式，提升公共服务效率，让都市圈居民在"一张网""一张图"上享受便捷高效服务。比如合肥都市圈，积极推进"一码（卡）通"在交通出行、旅游观光、文化体验等方面应用，探索实现"同城待遇"，提高都市圈居民跨城工作、生活的便利度。武汉都市圈通过共建行业联合体、数字化平台等形式，持续深化政务服务"圈内通办"，推进人社服务同城化，拓展公积金异地使用范围，让居民享受到更多快捷便利的公共服务。

（三）数字化公共服务圈有利于推进都市圈公共服务均衡发展

当前，我国社会的主要矛盾是人民日益增长的美好生活需要和不平衡不充分的发展之间的矛盾，都市圈内不同区域的公共服务差距较大，不平衡性明显，而数字技术的应用能有效促进区域之间、城乡之间的公共服务资源更加合理配置。如利用"互联网+教育"，开设"专递课堂""名师课堂""同步课堂"等，可以扩大优质教育资源的覆盖面，使优质教育资源得到更加开放与平等的传播，使地处偏远地区的学生，足不出户就有机会接触中心城市教育方式与教育内容，从技术上促进了教育公平。在医疗领域，充分挖掘数据和技术的潜力，致力于打破空间、时间、地域限制，实现都市圈内就医"云诊疗"，把高质量的医疗资源延伸至每个角落，实现医疗资源共享，通过数据互联互通，让区域内百姓享受到及时、高效、一体化的医疗服务。

二 成德眉资数字化公共服务圈建设现状

研究成德眉资数字化公共服务圈建设，首先需要对都市圈公共服务资源发展现状进行摸底梳理。2020~2022年是成都都市圈建设"起步期"，2023年则是成都都市圈"成长期"的开局之年。本部分从教育、医疗、社会保障、就业以及文化等五个方面对2020年以来成德眉资公共服务数字化建设现状进行总结。

（一）教育公共服务

从学校数量看，2022年成都都市圈共有各类学校及幼儿园6521所（见表1）；其中成都市占比65.0%，较2020年时增加2.4个百分点，但仍低于成都市常住人口占比（2020~2022年平均占比70.6%）。分类看，超3/4的普通本（专）科学校，超2/3的中等职业教育学校、普通高中及幼儿园，超1/2普通初中及普通小学，位于成都市；但其中仅普通本（专）科学校数量占比超过成都市常住人口占比。

表1 成都都市圈各类学校数量分布（2020~2022年）

单位：所，%

年份	区域	普通本（专）科	中职学校	普通高中	普通初中	普通小学	幼儿园	合计
2022	成都都市圈	76	122	260	876	1161	4026	6521
	成都占比	76.3	68.0	67.3	53.3	54.8	70.1	65.0
2021	成都都市圈	76	127	253	900	1174	4024	6554
	成都占比	76.3	68.5	67.2	52.8	54.7	68.9	64.2
2020	成都都市圈	76	127	253	900	1174	4024	6554
	成都占比	76.3	68.0	67.2	51.4	52.9	67.3	62.6

资料来源：2021~2023年《四川统计年鉴》。

从在校学生与专任教师的生师比看，2020~2022年，成都都市圈各类学校，除普通本（专）科学校以外，生师比总体持续优化（见表2）。在都市

313

圈内部，四市生师比在小学阶段均衡度更高，在大学和幼儿园中区域差异更明显；2020~2022 年，普通中学及幼儿园生师比的区域差异显著缩小。

表 2　成都都市圈各类学校生师比（2020~2022 年）

项目	年份	普通本（专）科	中职学校	普通中学	普通小学	幼儿园
生师比	2022	19.1	19.7	12.0	16.4	13.5
	2021	18.9	19.9	12.0	16.4	14.0
	2020	18.1	20.1	12.2	16.7	15.4
差异度	2022	0.12	0.09	0.09	0.05	0.13
	2021	0.15	0.08	0.13	0.06	0.14
	2020	0.13	0.03	0.15	0.07	0.23

注：差异度为成德眉资四市各自生师比与都市圈生师比之间的离差。
资料来源：2021~2023 年《四川统计年鉴》。

在生师比总体改善的同时，成都都市圈还通过建立"成德眉资同城化发展智慧教育联盟"，基于"四川云教"网络平台大力推动成都市优质教育资源向德眉资三市覆盖共享。截至 2023 年，智慧教育联盟中向德眉资主播的成都学校已达 24 所，覆盖基础教育全学段各学科。

（二）医疗公共服务

从医疗机构相关床位数看，2020~2022 年，成都都市圈每千人口医疗机构床位数、每千人口医院床位数、每千人医院和卫生院床位数均呈持续增长态势（见表 3）。在都市圈内部，各市上述 3 项数据的 3 年累计增幅均为正，其中资阳市各项的累计增幅均显著高于其他 3 市和都市圈平均水平。

表 3　成都都市圈每千人口医疗机构相关床位数（2020~2022 年）

单位：张，%

类别	年份/区域	每千人口医疗机构床位数	每千人口医院床位数	每千人口医院和卫生院床位数
相关床位数	2022	8.0	6.3	7.5
	2021	7.7	6.1	7.3
	2020	7.5	5.8	7.1

类别	年份/区域	每千人口医疗机构床位数	每千人口医院床位数	每千人口医院和卫生院床位数
3 年累计增幅	成都	7.1	7.7	5.3
	德阳	6.5	6.3	4.8
	眉山	5.6	6.7	2.1
	资阳	11.6	13.9	10.7
	都市圈	7.3	8.0	5.4

资料来源：2021~2023 年《四川统计年鉴》。

从卫生技术人员数看，2020~2022 年，成都都市圈以及成德眉资四市各自的每千人口卫生技术人员数、每千人口执业（助理）医师数、每千人口注册护士数均呈持续增长态势（见表 4）。在都市圈内部，眉山市、资阳市3 项数据的累计增幅也超过都市圈平均水平；同时，四市在卫生技术人员数、执业（助理）医师数和注册护士数方面的差异均呈缩小趋势。

表 4 成都都市圈每千人口卫生技术相关人员（2020~2022 年）

类别	年份/区域	每千人口卫生技术人员数	每千人口执业（助理）医师数	每千人口注册护士数
相关人员数（人）	2022	9.5	3.5	4.4
	2021	9.2	3.5	4.3
	2020	8.6	3.2	4.0
3 年累计增幅（%）	成都	9.1	8.5	9.4
	德阳	8.8	7.7	10.2
	眉山	16.1	27.8	10.2
	资阳	12.8	10.1	16.8
	都市圈	10.0	10.0	10.1
差异度	2022	0.13	0.11	0.18
	2021	0.15	0.15	0.18
	2020	0.15	0.15	0.19

注：①每千人口卫生技术相关人员数，是按常住人口计算；②差异度为成德眉资四市各自每千人卫生技术相关人员数与都市圈每千人卫生技术相关人员数之间的离差。

资料来源：2021~2023 年《四川统计年鉴》。

在人均卫生技术相关人员和床位数量均持续优化的同时，成都都市圈还通过大力推动四市间"医联体"建设、检查检验结果互认、跨区域就诊"一码通"、都市圈医养结合线上地图绘制等创新举措，实现 27 个医联体内专家远程会诊和便捷转诊、154 家公立医疗机构的 138 项检查检验结果互认、174 家公立医疗机构就诊"一码通"、信息在线便捷获取。此外，成都都市圈依托四川医保信息平台和实体政务服务大厅，系统化集约化医保通办服务专窗，推广德眉资咨询通办专厅试点经验。

（三）社会保障公共服务

从社会保险参保人数看，2020~2022 年成都都市圈城镇职工基本养老保险参保人数累计增幅最大（34.8%），工伤保险、失业保险和生育保险的参保人数也有显著增长（累计增幅分别为 15.0%、11.9%、7.9%），基本医疗保险参保人数总体保持稳定（见表 5）。其中，成都市城镇职工基本养老保险、失业保险、工伤保险和生育保险的参保人数在都市圈中的占比均显著高于其常住人口占比。按常住人口估算 2020~2022 年都市圈各项保险参保率，城镇职工基本养老保险、失业保险、工伤保险参保率持续上升；生育保险参保率波动上升；基本医疗保险参保率虽有小幅波动，但始终处于高位（均超九成）。

表 5　成都都市圈社会保险参保情况（2020~2022 年）

单位：万人，%

年份/区域	城镇职工基本养老保险	失业保险	基本医疗保险	工伤保险	生育保险
2022	1685.63	762.96	2754.7	912.08	764.55
成都占比	82.2	88.9	67.4	84.0	88.4
2021	1516.67	743.84	2792.64	879.81	768.03
成都占比	79.8	89.2	67.0	84.7	88.7
2020	1250.23	681.88	2753.99	792.87	708.54
成都占比	76.8	89.0	66.5	86.2	88.3
参保率 3 年累计增幅	34.8	11.9	—	15.0	7.9

注：参保率均按当年常住人口估算。

资料来源：2021~2023 年《四川统计年鉴》。

从低保人数看，2020~2022 年，按每千城镇常住人口计算的城市低保人数、按每千农村常住人口计算的农村低保人数，均呈下降态势。其中，每千人城市低保人数，成德眉资四市均持续下降；每千人农村低保人数，德眉资三市均呈波动下降特征（见图 1）；但德眉资的人均低保人数均显著高于成都市和都市圈平均水平。

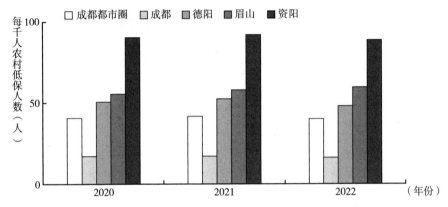

图 1　成都都市圈每千人农村低保人数情况（2020~2022 年）

资料来源：2021~2023 年《四川统计年鉴》。

在社会保险参保率和低保状况总体不断优化的同时，成都都市圈还持续构建优化互联互通、普惠共享的社保经办服务体系。例如，开通了社会保障卡异地激活等业务通办服务，实现了养老保险关系转移“零跑路”、工伤认定委托调查和劳动能力鉴定互认，支持社保卡购买部分景区门票、跨市借还公共图书馆书籍等。此外，成都都市圈还实现了成德眉资四市婚姻登记“跨市通办”；开展了残疾人两项补贴“跨省通办”工作，实现补贴申请“全程网办”。

（四）就业公共服务

从就业人员产业分布看，2022 年成都都市圈三次产业就业人员结构为 21.8∶26.0∶52.3，2020 年以来总体保持稳定。德眉资三市与成都市存在显著差异，其中，成都市就业人员主要分布在第三产业，眉山、资阳二市就业人员超四成分布在第一产业（见图 2）。

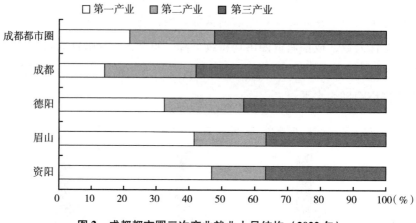

图2 成都都市圈三次产业就业人员结构（2022年）

资料来源：2021~2023年《四川统计年鉴》。

从就业相关财政支出看，2022年成都都市圈就业与社保支出约占地方一般公共预算支出的10.3%，较2020年下降0.7个百分点。其中，德眉资三市该比例均明显高于成都市，但2021年以来该差异显著下降（见图3）。

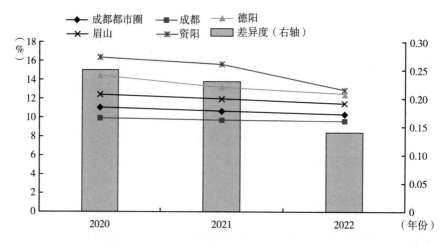

图3 成都都市圈就业与社保财政支出占比（2020~2022年）

注：差异度为成德眉资四市各自就业与社保财政支出占比，与都市圈就业与社保财政支出占比之间的离差。

资料来源：2021~2023年《四川统计年鉴》。

在财政支持的同时，成都都市圈还依托"天府招聘云"平台、成都网络学院相关服务功能、成都职业培训网络学院，持续优化共建成德眉资同城化网络联合招聘平台、共享人力资源和就业岗位信息、推动职业技能培训平台资源免费共享，并推动实现四市职称证书互认等。此外，成都都市圈依托"成都人事考试网"搭建成德眉资人事考试网上报名平台，推进四市人事考试信息发布、考试报名、网上缴费"一网通办"，2023 年服务四市考生 10 万余人次。

（五）文化公共服务

从文化机构数看，成都都市圈 2022 年共有 40 座公共图书馆、122 座博物馆、748 个文化馆（站），其中分别有 82.8%、55.0%、47.7%位于成都市。从公共图书馆藏书量看，2020~2022 年，成都都市圈按常住人口计算的每百人藏书量呈持续增长态势（见图 4），其中成都市人均藏书量明显高于德眉资三市。通过成立成德眉资公共图书馆联盟、签署《公共图书馆跨区域合作框架协议》，四市搭建了公共图书馆纸质图书通借通还平台，实现异地免押金通借通还，从而大幅提升了成都市公共图书馆藏书对德眉资的共享便利度。

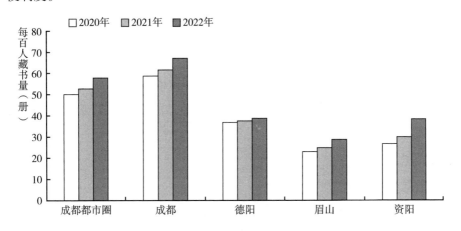

图 4　成都都市圈公共图书馆藏书量（2020~2022 年）

资料来源：2021~2023 年《四川统计年鉴》。

三 成德眉资数字化与公共服务圈协同发展评估

数字经济快速发展的当下，数字化赋能各个领域成为当前学界研究的重点内容之一。都市圈内不同城市公共服务的同城化发展，面临较单个城市内部更大的地域差异和行政物理距离，更需要通过区域数字化发展推动区域公共服务圈发展。因而，本部分拟对成德眉资数字化与公共服务圈同城化协同发展展开评估，以期发现当前面临的短板和挑战，寻找进一步建设数字化公共服务圈的可能路径。为此，本文拟采用耦合分析方法开展研究。耦合是指两个或两个以上的系统或运动方式之间通过各种相互作用而彼此影响以至联合起来的现象，这种现象的强弱程度即为耦合度。耦合协调则进一步表示系统间和谐有序发展，这种良性相互作用的程度即为耦合协调度。

（一）指标说明与测算方法

1. 公共服务圈同城化水平

本文借鉴张明、张兴祥的做法，结合成都都市圈公共服务重点领域建设实践，并综合考虑数据可获得性，从教育、医疗、社会保障、就业和文化共五个维度测量成德眉资公共服务发展水平。其中，教育维度主要从中学和小学生师比及相关人员数量、教育支出占财政支出比重等方面衡量；医疗维度主要从医院数、医院床位总数及人均数等方面衡量；社会保障维度主要从城市和农村低保标准及其对应保障人数、社保就业支出和低保资金各自占财政支出比重等方面衡量；就业维度主要从年末就业人数及其增长率等方面衡量；文化维度主要从公共图书馆数及其藏书量、博物馆数等方面衡量。

2. 数字化发展水平

数字经济是主要依靠互联网技术的经济活动，数字经济的发展需要互联网软件、硬件以及移动通信设备等数字基础设施的支持，另外，数字金融作为数字经济的重要组成部分，涵盖了移动支付、互联网支付、网上银行等众多金融服务功能，是数字经济发展的重要力量。因此，在遵循前文论述的指标体系构建原则的基础之上，本文借鉴赵涛等的做法，并根据相关数据的可获得性，从互联网发展、数字金融普惠两个方面对成德眉资数字化发展水平进行测度。其中，互联网发展从互联网宽带接入用户数、相关从业人员数及占比、电信业务收入、移动电话用户数等方面进行衡量；数字金融普惠来自中国数字普惠金融指数。如前，先使用熵值法对各指标进行赋值，然后利用测算出的权重值对标准化后的数据进行测算，最终得到2009~2022年成德眉资数字经济发展指数。原始数据来源于历年《中国城市统计年鉴》《四川统计年鉴》，以及各地方国民经济和社会发展公报、各地方统计年鉴、前瞻数据库等，缺失值同样采用插值法进行补齐。

（二）成德眉资数字化发展水平评估

本部分采用熵值法计算指标权重，并采用线性加权法获得指标值。"互联网发展"和"数字金融普惠"指标权重结果如表6所示。

表6　一级指标熵值法计算权重结果汇总

一级指标	信息熵值	信息效用值	权重系数(%)
互联网发展($X1$)	0.7723	0.2277	86.87
数字金融普惠($X2$)	0.9656	0.0344	13.13

注："每百人互联网用户数""每百人移动电话用户数"两个指标因方差过小，权重值小于1%，在实际分析过程中剔除了这两个指标。

结果显示，德眉资三市数字化发展水平较为接近，与成都市数字化发展水平之间存在较大"缺口"，且这种差距在2012~2018年快速扩大，但2019年后成都市数字化发展趋于放缓，"缺口"有所收窄（见图5）。从"互联网发展"和"数字金融普惠"两个维度看，德眉资三市互联网发展与数字金融普惠相对失衡，后者得分均显著高于前者；成都市在这两个维度上的发展则相对平衡，基本趋于一致（见图6）。

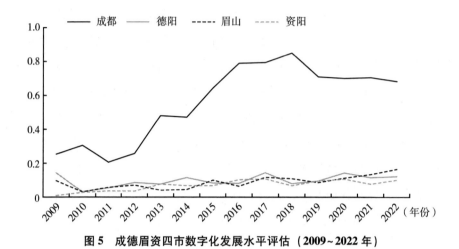

图5 成德眉资四市数字化发展水平评估（2009~2022年）

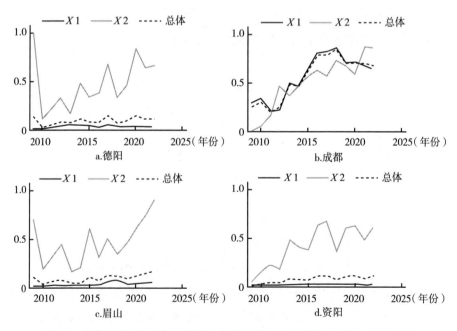

图6 成德眉资四市数字化及其2个维度发展水平评估（2009~2022年）

（三）成德眉资数字化与公共服务圈同城化发展协同度评估

成德眉资数字化与公共服务圈同城化发展耦合度模型如下，用以反映数字化发展水平、公共服务发展质量相互作用程度的强弱：

$$C = \left\{ \frac{d(x) \times ps(y)}{\left[\frac{d(x) + ps(y)}{2} \right]^2} \right\}^{1/2}$$

其中，C 为耦合度，且取值范围在 0~1 区间；$d(x)$、$ps(y)$ 分别为利用熵值法计算得到的数字化发展水平、公共服务圈同城化发展水平的综合得分。

成德眉资数字化与公共服务圈发展耦合协调度模型如下，用以衡量其协调发展水平：

$$D = \sqrt{C \times T}$$

$$T = \alpha d(x) + \beta ps(y)$$

式中：T 为三个子系统的综合评价指数，值在 0~1 区间（否则会导致 D 值范围出错）；α、β 为待定权重。D 为耦合协调度，取值范围在 0~1 区间，该值越大表明系统间协调程度越高。耦合协调度等级划分标准如表 7 所示。

表 7 耦合协调度等级划分标准

耦合协调度 D 值区间	协调等级	耦合协调程度	耦合协调度 D 值区间	协调等级	耦合协调程度
[0.0,0.1)	1	极度失调	[0.5,0.6)	6	勉强协调
[0.1,0.2)	2	重度失调	[0.6,0.7)	7	初级协调
[0.2,0.3)	3	中度失调	[0.7,0.8)	8	中级协调
[0.3,0.4)	4	轻度失调	[0.8,0.9)	9	良好协调
[0.4,0.5)	5	濒临失调	[0.9,1.0]	10	优质协调

1. 数字化与教育公共服务发展耦合协调度分析

结果显示，2009~2022 年，成德眉资四市数字化与教育公共服务发展的耦合协调度总体较高，表明数字化作用于教育公共服务发展的影响力较强。

但四市数字化与教育公共服务发展的耦合协调度存在区域分化特征：成都市数字化与教育公共服务发展的耦合协调度最高，德眉资三市较为接近。其中，成都市由"初级协调"逐渐发展至"优质协调"，表明其数字化发展有力推动了教育公共服务发展；德阳市的耦合协调度保持相对稳定，总体处于"轻度失调"；眉山市的耦合协调度在2009~2014年波动幅度较大，后期总体处于"轻度失调"；资阳市的耦合协调度则在"濒临失调"与"轻度失调"之间波动（见图7）。

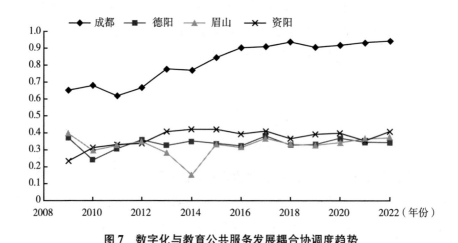

图7 数字化与教育公共服务发展耦合协调度趋势

2. 数字化与医疗公共服务发展耦合协调度分析

结果显示，2009~2022年，成德眉资四市数字化与医疗公共服务发展的耦合度高，表明数字化对医疗公共服务发展具有强作用力。但四市数字化与医疗公共服务发展的耦合协调度存在区域分化特征：成都市数字化与医疗公共服务发展耦合协调度要远高于德眉资三市。其中，成都市由"初级协调"逐渐发展至"优质协调"，表明其数字化发展有力推动了医疗公共服务发展；德眉资三市的耦合协调度虽然总体呈上升趋势，但上升幅度有限，主要在"轻度失调"和"濒临失调"之间波动（见图8）。

3. 数字化与社会保障公共服务发展耦合协调度分析

结果显示，2009~2022年，相较于教育和医疗领域，成德眉资四市数字

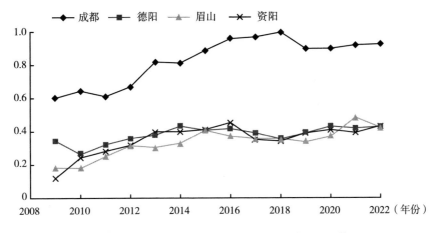

图 8　数字化与医疗公共服务发展耦合协调度趋势

化与社会保障公共服务发展的耦合度较低，表明数字化对社会保障公共服务发展的影响力不及教育和医疗领域。同时，成都市与德眉资三市之间的数字化与社会保障公共服务发展耦合协调度在初期并无明显差异，但 2012 年以后其差异逐渐增大。其中，成都市历经"轻度失调"逐渐发展至"优质协调"，实现数字化与社会保障公共服务发展的良性互动；德眉资三市发展相对平缓，2020 年后均基本进入"勉强协调"阶段（见图9）。

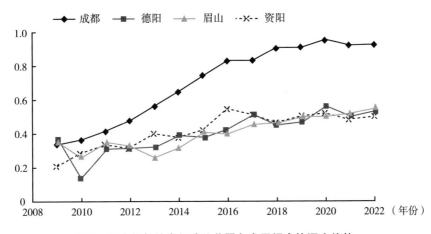

图 9　数字化与社会保障公共服务发展耦合协调度趋势

4. 数字化与就业公共服务发展耦合协调度分析

结果显示，2009~2022年，相较于教育等其他领域，成德眉资四市数字化与就业公共服务发展的耦合度较低，表明数字化作用于就业公共服务发展的影响力不及公共服务其他领域。同时，成德眉资四市数字化与就业公共服务发展的耦合协调度呈下降趋势，表明数字化对就业公共服务的作用力趋于减弱。同时，四市数字化与就业公共服务发展的耦合协调度均偏低，"初级协调"是这一时期内的最高水平，表明成德眉资四市数字化赋能就业公共服务发展存在较大提升空间（见图10）。

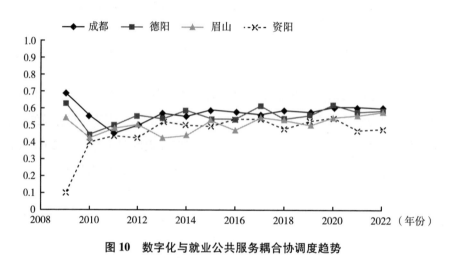

图10 数字化与就业公共服务耦合协调度趋势

5. 数字化与文化公共服务发展耦合协调度分析

结果显示，2009~2022年，成德眉资四市数字化与文化公共服务发展的耦合度较高，表明数字化对文化公共服务发展的影响力较强。但四市数字化与文化公共服务的耦合协调度存在明显区域不平衡特征：成都市由"初级协调"逐渐发展至"优质协调"，表明数字化可以有效赋能文化公共服务发展；而德眉资三市这一时期最好状态也仅为"轻度失调"（见图11）。

（四）结论

从数字经济对公共服务不同板块的影响来看，数字经济与文化、医疗、

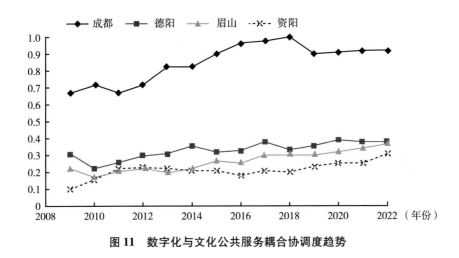

图 11　数字化与文化公共服务耦合协调度趋势

教育公共服务的耦合度整体较高，但是对社会保障、就业公共服务的影响相对偏低。这表明在公共服务的不同领域，数字经济发挥作用的程度存在显著差异。

而耦合协调度反映了数字经济能否与公共服务不同领域协同发展。在这个方面，成都市数字化与教育、医疗、社会保障、文化公共服务的耦合协调度较高，但是在就业领域尚存在较大提升空间。而德阳、眉山、资阳三市数字化与公共服务各维度之间的耦合协调度均相对较低。

四　成德眉资数字化公共服务圈建设面临的短板和挑战

数字化公共服务圈建设的核心目标是通过现代技术手段，提升公共服务的效率、透明度、智能化和可及性，从而改善市民的生活质量和政府的服务效能。成德眉资在推动公共服务便利共享和同城化发展方面取得了显著进展，根据目前成德眉资数字化公共服务的现状和数字化与公共服务圈发展的耦合性分析，成德眉资在数字化公共服务圈建设方面存在以下短板和挑战，有待提升。

（一）数字化公共服务圈建设不平衡问题突出

目前，成都都市圈的数字化建设往往由各城市自行推进，未能从区域协同的角度进行整体布局。由于成都拥有较高的经济发展水平和较多的要素资源，数字化公共服务体系相对成熟，而德阳、眉山、资阳三市经济基础和资源投入可能存在不足，数字经济的推进速度和公共服务的数字化水平较低，数字化基础设施和服务能力方面相对较为薄弱，四个城市间的数字化公共服务发展差异显著，数字化体验差异较大，形成了明显的数字鸿沟。

（二）都市圈内数字要素资源的集成度不高

各城市的公共服务系统缺乏统一的规划和标准，各地政策、技术和标准的不一致，导致公共服务数字化的效能未能在都市圈范围内实现最大化。虽然成都作为省会城市，在数字化建设上走在前列，但在涉及与周边城市的联动时，面临政策、技术和标准的不一致问题，导致了数字资源的浪费和重复建设。

（三）都市圈内的数据共享机制不完善

数字化公共服务的核心在于数据的开放与共享，但成都都市圈内各城市之间在数据共享方面存在显著不足。不同部门、不同城市之间的信息孤立现象依然严重，数据的互通性和开放性未能有效落实。这不仅影响了市民办事的效率，也限制了政府在公共服务决策中的数据支持，削弱了智慧城市建设的成效。例如，医保、社保等数据无法在各城市间有效互通，居民办理跨区事务时仍需重复提交资料，增加了不便与成本。

（四）数字技术面临数据安全、数据滥用风险

在都市圈的数字化建设中，虽然数字技术推动了公共服务的提升，但也面临数据安全和数据滥用的风险。首先，随着大量个人信息、政务数据被数

字化，网络攻击、数据泄露的风险显著增加，敏感数据可能遭遇非法获取或篡改，威胁个人隐私和社会稳定。其次，数据滥用问题也愈发突出，部分机构或企业可能在缺乏有效监管的情况下，滥用收集的数据用于商业营销、用户画像，甚至侵犯隐私。为应对这些风险，亟须完善数据安全防护措施与法律规范，确保数字化进程安全可控。

五　建设数字化公共服务圈的目标与路径

《成都都市圈发展规划》提出：要共建高效畅享智慧都市圈，提升数字普惠服务能力，健全适应数字化公共服务供给机制，探索都市圈数字协同治理。借助数字化加快推进都市圈公共服务一体化，建设数字化公共服务圈，提升成都都市圈公共服务质量和公共服务水平，是建设"幸福都市圈"、满足都市圈居民公共服务新需求的必然要求。

（一）创新发展理念，健全数字化公共服务圈建设制度体制机制

数字化公共服务圈的推进过程需要发展理念创新、技术革新，更需要不断深化改革，做好科学合理的设计，建立健全各类制度体制机制，以顺应技术发展与公共服务数字化转型的要求。一是推进构建强有力的常态化组织协调保障机制。可由目前的四川省推进成德眉资同城化发展领导小组办公室为牵头部门，成立成德眉资公共服务数字化建设领导小组，由各市的分管领导担任小组成员，通过深入开展大调研、定期召开相关联席工作会议，科学制定成德眉资数字化公共服务圈行动方案。二是推进完善规划引领机制。可由成德眉资四市共同商议，制定《全面推进成德眉资公共服务数字化转型的意见》，对数字化赋能公共服务一体化的总体要求、发展目标、基本框架和工作机制等，进行统一谋划和设计，从而保障数字化融合、赋能和转型发展需求。三是推进制定数字安全保护制度。公共服务在数字化转型中，会遇到与传统线下服务不同的安全风险，要构建相关的数据开放制度，加强数据管理，明确职责主体，规范竞争行为。

（二）深化数字技术应用，优化数字化公共服务平台建设

数字化公共服务平台是数字化驱动区域间公共服务均等化一体化发展的重要载体，其数据收集、数据分析、页面设计、操作程序等，都直接影响着数字化公共服务的功能发挥与群众主观感受。成德眉资四市需加强公共服务机构间的协同合作，构建一体化的数字化公共服务平台。一是加强数字化公共服务平台建设。利用数字技术突破公共服务供给的多维障碍，推进建立跨地域、跨部门、跨系统、跨业务的高效协同管理与服务平台。该平台的建立有利于公共服务资源整合和效率提升，推动构建覆盖市、县、乡、村和不同部门系统的数字化公共服务体系，同时吸纳政府、市场、民众等更多元的主体参与公共服务，形成服务圈层机制。二是建立成德眉资公共服务平台数据库。通过语义模型、图像识别等算法模型，收集各类公共服务数据，挖掘、分析、梳理各类公共服务现实需求，为政府决策提供智能化的建议和方案参考，为群众提供更加全面、丰富的公共服务。三是加强平台的维护与更新升级。重视数字化服务平台的日常维护，及时排除技术性问题及潜在的风险，保证数字化平台的正常运行。

（三）提高数字服务治理能力，加强数字化公共服务圈标准化建设

都市圈一体化的数字化公共服务标准的制定，是推进公共服务均等化发展的重要途径，只有制定科学化、精细化、可行性的建设标准，才能推动区域内数字资源集成化发展。一是利用大数据和算法完善成德眉资公共服务标准。在都市圈公共服务均等化标准建设方面，要坚持标准的科学性与可行性，把"均等化"作为标准制定的价值导向，借助大数据、算法、人工智能等技术，系统分析区域内各城市人口数量、财政总量、资源分布等情况，逐步统一区域内城市的公共服务标准，逐步打破大中小城市之间的数据壁垒。二是制定公共服务数字资源发布标准与规范。通过制定《成都都市圈公共服务数字资源发布标准与接口规范》，规范区域内公共服务资源信息的发布标准，解决跨地区、跨部门、跨机构的公共服务资源信息数据交换和共

享的核心问题。三是建立公共服务标准化测评体系。按照都市圈数字化公共服务规划和标准，利用数字化公共服务平台，从设施及利用、资源、服务、内部管理、人员、群众满意度几个方面，提出成都都市圈各城市数字化公共服务评估标准，提高全区域公共服务效能。

（四）推进信息公平化，形成多方协同、统筹协作的数字化公共服务共同体

数字化公共服务融合发展不仅需要政府主导推进，也需要形成全民参与、共建共享的多元主体数字化公共服务机制。一是以数字技术为支撑建设公众参与的网格化平台。以数字化改革重塑公共服务体系，要以公众需求为出发点，建立高效的数字化沟通平台，收集群众意见，动态适应公共服务边界的变化、内容和方式调整，推动数字技术更多惠及人民群众，更多为特殊群体、困难群体服务，让社会弱势群体、新技术边缘人群能够享受到数字红利。二是培育多中心城市公共服务主体。加快发展智慧城市政府与社会资本合作（PPP），积极引导数字技术的领头企业和社会组织参与都市圈公共服务，加速推动新技术由商业产品向公共产品转变，加速数字技术与民生保障融合，着力面向群众急难愁盼问题开展数字公共服务产品研发。三是加强公众数字素养培训。缩小都市圈内核心城市、中心城市与周边城市、郊区的公共服务差距，提升都市圈内市民数字素养与参与意识，为更多外来务工人员和新市民提供更多更公平的基本公共服务，加大数字技术的教育、培训和宣传，尤其是面向老年人、流动人口和困难群众开展数字技术普及工作，不断缩小"数字鸿沟"。

参考文献

李彦臻：《推进都市圈公共服务共建共享》，《经济日报》2024年8月16日。

马慧强、廉倩文、韩增林等：《基本公共服务—城镇化—区域经济耦合协调发展时

空演化》,《经济地理》2020 年第 5 期。

苏龙鹏:《数字赋能合肥都市圈公共服务一体化》,《北京青年报》2021 年 12 月 27 日。

习近平:《审时度势精心谋划超前布局力争主动 实施国家大数据战略加快建设数字中国》,《人民日报》2017 年 12 月 10 日。

张明、张兴祥:《基本公共服务均等化与共同富裕——来自 2013~2020 年地级市面板数据的经验证据》,《经济学家》2023 年第 6 期。

赵涛、张智、梁上坤:《数字经济、创业活跃度与高质量发展——来自中国城市的经验证据》,《管理世界》2020 年第 10 期。

B.18
以数字化推进成德眉资安全
韧性共同体建设研究

边继云　贾子沛*

摘　要：　以数字化推进成德眉资安全韧性共同体建设，是都市圈实现健康可持续发展的关键所在。系统研究成德眉资安全韧性共同体建设相关问题，对于提升成都都市圈安全韧性治理能力意义重大。本文从推进成德眉资安全韧性共同体建设的背景和意义出发，在厘清安全韧性共同体内涵的基础上，系统分析了数字化对安全韧性共同体建设的作用机理，全面总结了成德眉资安全韧性共同体建设现状及存在的主要问题，科学研判了以数字化推进成德眉资安全韧性共同体建设的问题和挑战。在此基础上，提出以数字化推进成德眉资安全韧性共同体建设的对策和建议。

关键词：　数字化　安全韧性共同体　成德眉资

推进成德眉资安全韧性共同体建设意义重大。随着新一代信息技术迅猛发展，以数字化推进成德眉资安全韧性共同体建设已成为主流。当前，成德眉资安全韧性共同体建设取得一定成效，但同时也面临空间和基础设施韧性有待提升等问题，特别是数字化方面也面临不少问题和挑战。未来，在新一代信息技术加速突破应用的趋势下，成德眉资要坚持创新引领，以数字化驱动安全韧性共同体建设。

---

*　边继云，河北省社会科学院区域创新发展研究中心主任，研究员；贾子沛，河北省社会科学院区域创新发展研究中心助理研究员。

一　推进成德眉资安全韧性共同体建设的背景和意义

（一）推进成德眉资安全韧性共同体建设的背景

20世纪80年代以来，全球安全形势呈现新特点，全球气候变化以及各类风险因素交织叠加给城市发展带来了较多不确定性和挑战。在这样的时代背景下，韧性理念逐步成为全球各国应对风险灾害的共同选择，产生了"让城市更具韧性"和"全球100韧性城市"等计划和行动[①]，伦敦、纽约等城市也制定了韧性城市战略。在此过程中，韧性城市理念也逐步引起我国的关注，并在实践中不断探索创新。

从城市层面来看，2011年，成都等城市加入"让城市更具韧性"行动；2014年，湖北黄石、四川德阳入选"全球100韧性城市"计划。北京、上海等城市探索性地将韧性理念融入城市发展建设规划，如在2016年，北京市出台《北京城市总体规划（2016~2035年）》，明确提出"加强城市防灾减灾能力，提高城市韧性"。从国家层面来看，2020年4月，习近平总书记在中央财经委员会第七次会议上的讲话中提出"打造宜居城市、韧性城市、智能城市"，随后，"韧性城市"被写入国家"十四五"规划和2035年远景目标纲要以及党的二十大报告中。2021年，国家标准《安全韧性城市评价指南》发布，为我国安全韧性城市建设提供了标准支撑。2023年，习近平总书记在上海考察时提出"全面推进韧性安全城市建设"；2024年，习近平总书记赴天津看望慰问基层干部群众时再次强调"加强韧性安全城市建设"。安全韧性城市建设既符合城市发展的客观规律，更是推进中国式现代化的重要路径选择。

---

① 朱正威、赵雅、马慧：《从韧性城市到韧性安全城市：中国提升城市韧性的实践与逻辑》，《南京社会科学》2024年第7期。

（二）推进成德眉资安全韧性共同体建设的重要意义

当前，国际环境日趋复杂，不稳定性不确定性明显增加，同时新一轮科技革命和产业革命加速演进，这为城市经济社会发展带来了风险和挑战。推进成德眉资安全韧性共同体建设，是成都都市圈健康可持续发展的必然选择。

一是成德眉资安全韧性共同体建设是提升城市安全管理水平的重要抓手。一方面，随着经济社会的不断发展，成德眉资城市化进程不断加快，城市规模不断扩大，城市人口不断增加，城市安全问题也日益凸显。与此同时，人口流动性增强，社会结构日趋复杂，对于城市安全管理的需求也不断提高。另一方面，随着新能源、新材料、新技术广泛应用于城市之中，城市运行系统面临安全事故方面的风险挑战，同时也对企业安全生产提出了更高的要求。建设成德眉资安全韧性共同体，有助于加强城市基础设施建设和城市人员安全管理，降低企业安全生产隐患，从而提升跨区域城市人员和企业安全管理水平。

二是成德眉资安全韧性共同体建设是应对自然灾害和公共安全事件的现实需要。近年来，全球自然灾害频发，如地震、洪涝、火灾等，给人民群众的生命财产安全带来了严重威胁。四川省出现过不少的地震，给当地经济社会发展带来了较为严峻的挑战。与此同时，全球公共安全事件频发，如疫情、恐怖袭击等，给城市安全带来了极大的挑战。建设成德眉资安全韧性共同体，有利于提高城市抵御自然灾害和应对公共安全事件以及突发事件的能力，是维护社会稳定、保障人民安居乐业的重要保障。

三是成德眉资安全韧性共同体建设是推动成都都市圈一体化发展的必然要求。由成德眉资四市组成的成都都市圈是四川全省经济核心区和带动西部经济社会发展的重要增长极，推进区域一体化发展是该地区的重要战略。建设成德眉资安全韧性共同体，通过创新模式，推动政府、企业、社会组织等多方参与，有利于形成共建共治共享的格局。通过建立健全各类突发事件应急联动处置机制，全面强化跨区域、跨部门合作，有助于提升协同响应效率

和整体防控水平。通过加强城市之间联防联控智能化、协同化水平，有助于提升联防联控能力。同时，有助于加强成德眉资地区城市之间在经济社会各领域的协同合作，从而实现资源共享、优势互补，促进整个都市圈的一体化发展。

总之，成德眉资安全韧性共同体建设既是应对当前经济社会发展、企业安全生产、自然灾害和公共安全事件挑战的现实需要，也是促进成都都市圈一体化发展的重要举措，对于提升城市安全管理水平、促进区域协同发展意义重大。

（三）以数字化赋能德眉资安全韧性共同体建设的重要作用

一是提高决策效率和科学性。通过数字化赋能成德眉资安全韧性共同体能够实现对各种安全数据的快速收集、整合和分析，为决策者提供及时、准确的信息支持，从而有助于决策者做出更加科学、合理的决策，提高决策效率和应对突发事件的能力。

二是加强风险监测预警和处置。数字化赋能成德眉资安全韧性共同体有助于实现对各种安全风险的实时监测和评估，及时发现潜在的安全隐患，并通过预警系统提前进行预警。这有助于共同体成员提前采取措施，避免或减少安全风险带来的损失。同时，还可以帮助相关部门快速响应，及时调动资源和力量进行处置，从而减少事故损失。

三是促进资源共享和协同。数字化赋能成德眉资安全韧性共同体能够实现成德眉资四市内部各种资源的共享和合理配置。一方面，通过搭建统一的数字化平台，共同体成员可以更加便捷地获取所需资源，实现资源的优化配置和高效利用。同时，数字化平台还可以促进成员之间的信息交流和沟通，提高协同应对突发事件的能力。另一方面，通过数字化手段，可以对各种资源进行科学配置和调度，确保在关键时刻能够快速、有效地进行资源配置。

四是促进跨部门协作。数字化赋能成德眉资安全韧性共同体有助于提高信息的流通效率，使成德眉资地区内的各类安全信息能够快速、准确地传递给相关机构和人员。同时，有助于打破部门之间的信息壁垒，促进不同部门之间的协作和配合。这有助于不同部门形成合力，共同应对安全挑战。

五是提升公众安全意识和应急能力。数字化赋能成德眉资安全韧性共同体可以通过各种渠道向公众普及安全知识和应急技能，增强公众的安全意识和自我保护能力。同时，数字化平台还可以提供便捷的应急服务，如在线报警、紧急救援等，提高应对突发事件的能力。

二 以数字化推进成德眉资安全韧性
共同体建设的理论分析

（一）相关概念界定

1. 韧性城市

"韧性"的概念最早出现于 20 世纪 70 年代的生态学。21 世纪以来，美国城市和规划领域、生态环境领域学者陆续关注城市系统应对灾害的韧性问题，"韧性"的概念正式被运用到对城市系统的研究与实践中。[①] 2008 年以来，随着人类对金融危机、气候变暖、极端灾害等危机意识的提高，更多学科背景如经济学、社会学、公共管理学等领域的学者加入"韧性城市"的研究中，其研究重点是城市系统面对长期不确定性的适应性策略研究。[②]

从现有研究来看，韧性城市具有丰富的内涵，主要体现为空间韧性、工程韧性、组织韧性、技术韧性、社会韧性等多重维度。[③] 韧性城市强调城市系统在面对未来不确定因素对其社会、经济、技术系统和基础设施等带来的冲击和压力时，能够维持自身基本的功能、结构、系统和特征。[④]

---

① 朱正威、郭瑞莲、袁玲：《新安全格局背景下城市安全韧性评价框架：探索与构建》，《公共管理与政策评论》2024 年第 3 期。
② 陈宣先、王培茗：《韧性城市研究进展》，《世界地震工程》2018 年第 3 期。
③ 胡玉桃、肖朝晖：《我国安全韧性城市建设的困境与路径探析》，《领导科学》2022 年第 12 期。
④ 仇保兴：《基于复杂适应系统理论的韧性城市设计方法及原则》，《城市发展研究》2018 年第 10 期。

2. 安全韧性城市

随着我国城市化进程的持续推进，城市发展面临新的态势，需要顺应新的形势对韧性城市的内涵进行完善。以城市安全发展为目标，对韧性城市的内涵进行拓展具有十分重要的现实意义。安全韧性城市在韧性城市一般意义的基础上，重点关注城市安全发展面临的新态势和新需求，是城市安全发展的新范式，也是未来城市可持续发展的新方向。建设安全韧性城市，是城市实现高质量发展和高水平安全的必然要求，也是提升城市功能品质和核心竞争力的重要保障。

目前，学术界对于安全韧性城市尚无统一的界定。2018 年，闪淳昌提出，"安全韧性城市是能够最大限度地保证公众生命安全；经济社会具有承受重大灾害的能力，其基本功能、结构、系统能够维持运行；能够最大限度减少次生衍生灾害，减少公众财产和公共设施损失；具有自我调节能力、迅速恢复能力和可持续发展能力"。[①] 2022 年，国家出台的《安全韧性城市评价指南》（GB/T 40947-2021）中提出，安全韧性城市是在灾害环境中能够承受、适应和恢复的城市，主要包括城市人员安全韧性、城市设施安全韧性和城市管理安全韧性。建设安全韧性城市，有助于防止和减少各种安全事故的发生，实现经济社会的安全发展、转型发展、和谐发展。[②] 本文认为，安全韧性城市包括城市人员、设施以及管理安全韧性，不仅关注城市在灾害发生时的应对能力，还强调城市的可持续发展和长期适应能力。

3. 安全韧性共同体

安全韧性共同体建立在安全韧性基础之上，主要包含两层含义：一方面，共同体成员自身具备在面对外部冲击时能够保持稳定和持续发展的能力；另一方面，共同体成员之间通过资源共享、信息互通、联防联控联治等多种方式，通过"抱团"共同推进安全韧性体系建设，打造共建共治共享的格局。成德眉资安全韧性共同体是指，成德眉资四市各自通过安全韧性城

---

① 闪淳昌：《建设安全韧性城市》，《安全》2018 年第 9 期。
② 资料来源于《安全韧性城市评价指南》（GB/T 40947-2021）。

市建设，在灾害发生时具备一定的保持稳定和持续发展的能力，同时通过协同合作，共同推进成都都市圈安全韧性建设，打造都市圈共建共治共享的安全韧性治理格局。

（二）数字化对安全韧性共同体建设的作用机理

数字化对安全韧性共同体建设具有重要的推动作用，通过提升共同体成员基础设施数字化水平、管理者水平和公众的安全意识和能力，以及协同治理水平，实现共同体城市人员安全韧性、城市设施安全韧性和城市管理安全韧性，从而提升安全韧性共同体对灾害的应对能力，以及可持续发展和长期适应能力（见图1）。

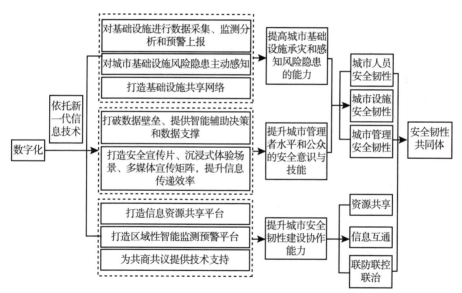

图1　以数字化推进安全韧性共同体建设的机理分析

资料来源：笔者自制。

1.提高城市基础设施承灾和感知风险隐患的能力

城市基础设施涵盖市政、公共服务以及防灾设施等，是保障城市系统稳定运行的重要基础，也是安全韧性城市建设的主要内容。随着城市化进程的快速推进，城市人口规模迅速扩大，城市基础设施承载力接近极限且老化速度加快，导致城市基础设施事故发生的概率大大增加，这将严重威胁城市安全。同时，随着信息技术的迅猛发展，城市基础设施还可能面临网络攻击的威胁，导致基础设施系统陷入瘫痪状态，从而危及政府、企业以及个人的安全。

安全韧性共同体建设对单个城市的基础设施设计和建设提出了更高的要求。城市基础设施不仅要满足居民生存功能的基本需求，还要具备一定的承灾能力和风险感知与预警的能力。依托数字技术，可对城市道路、燃气管道、供水管道、城市配电网等基础设施进行数据采集、监测分析和预警上报，为城市基础设施的安全运行提供保障。同时，依托数智技术，可以实现对城市基础设施风险隐患的主动感知，从而为应对即将发生的事故灾害等提前做好准备。① 此外，依托数智技术可以打造基础设施共享网络，从而推动基础设施共建共享，提升整个区域防灾减灾能力。

2. 提升城市管理者水平和公众的安全意识与技能

城市管理安全韧性是安全韧性城市建设的核心环节，提升城市管理者水平是加强城市管理安全韧性的重要抓手。安全韧性城市建设要求城市管理者快速对城市突发事件作出反应，通过提升应急管理队伍救援能力和政府行政部门协调配合能力，完善应急物资调度体系，提高城市应急救灾多场景的适应性和灵活性。依托先进理念和大数据、物联网、人工智能等新一代信息技术，可以集聚政府职能部门信息、基础设施信息、城市人口信息等各领域大量数据，打破数据壁垒，从而打造统一高效、快速反应的现代化城市管理体系。与此同时，还可以打造智能决策系统，通过采集历史数据并利用相关分析模型，为城市管理者提供智能辅助决策和数据支撑。

城市人员安全韧性是安全韧性城市的重要组成部分。安全韧性城市建设需要保障城市人员的安全。利用互联网等新一代信息技术，通过制作与播放安全宣传片，打造沉浸式体验场景、多媒体宣传矩阵等多种方式，提升公众

---

① 庄国波、张胜、贺珍：《数智技术赋能安全韧性城市治理：生成逻辑、潜在风险与优化路径》，《南京邮电大学学报》（社会科学版）2024 年第 9 期。

的安全意识，并在灾害来临时引导公众科学避险。同时，依托数智技术也可以提升信息传递效率，从而指引公众在灾害来临前做足准备或面临突发灾害时减少人身或财产的损失。

3. 提升城市安全韧性建设协作能力

推动城市之间协同合作是打造安全韧性共同体的关键所在。利用数字化技术打造信息资源共享平台，可以打破时间、空间的限制，以及"数据壁垒"和"信息孤岛"，促进城市之间共享各类信息资源，为实现协同治理提供基础。同时，依托新一代信息技术打造区域性智能监测预警平台，可以对不同城市同时进行实时监测，并对风险隐患进行预警，从而助力不同城市联防联控联治，并将安全事件的影响降到最低。此外，利用互联网等数字技术也可为不同城市就城市安全相关问题共商共议提供技术支持。

三 成德眉资安全韧性共同体建设现状及存在的主要问题

（一）成德眉资安全韧性共同体建设现状

1. 成德眉资安全韧性城市建设水平分析

参照已有研究，本文主要选取亿元 GDP 生产安全事故死亡率、税收收入占一般公共预算收入比重以及财政自给率三个指标，对成德眉资安全韧性城市建设水平进行评价。其中，亿元 GDP 生产安全事故死亡率为生产安全事故死亡人数占地区生产总值的比重，衡量一个城市或地区的安全生产状况；税收收入占一般公共预算收入比重以及财政自给率（一般公共预算收入占一般公共预算支出的比重）可从侧面反映出一个城市或地区对安全韧性城市建设的支持保障力度，包括基础设施改造维护、人员安全培训、紧急突发状况处理等。

（1）成德眉资安全韧性城市建设水平分析

从整体来看，成德眉资安全韧性城市建设取得一定成效。成都都市圈亿元 GDP 生产安全事故死亡率逐年下降，由 2019 年的 0.022 人/亿元降到 2023 年的 0.009 人/亿元；2023 年都市圈税收收入占一般公共预算收入比重、财政自给率分别为 71.71%、65.04%，较 2019 年分别提升 0.13 个、0.5 个百分点，如表 1 所示。

表 1　2019~2023 年成都都市圈安全韧性城市建设相关指标

单位：人/亿元，%

指标	2019 年	2020 年	2021 年	2022 年	2023 年
亿元 GDP 生产安全事故死亡率	0.022	0.018	0.016	0.012	0.009
税收收入占一般公共预算收入比重	71.58	72.09	73.02	71.31	71.71
财政自给率	64.54	61.98	67.14	65.76	65.04

资料来源：2019~2023 年成德眉资四市国民经济和社会发展统计公报。

分城市来看，近年来成德眉资四市安全韧性城市建设取得了不同程度的进步，其中，成都安全韧性城市建设水平处于领先地位，德眉资与其存在一定的差距，如图 2 至图 4 所示。

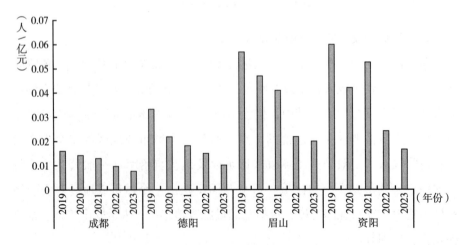

图 2　2019~2023 年成德眉资亿元 GDP 生产安全事故死亡率

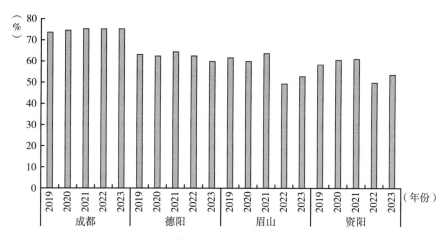

图 3　2019~2023 年成德眉资税收收入占一般公共预算收入比重

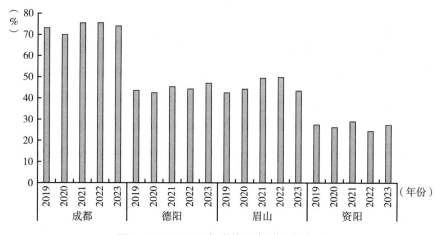

图 4　2019~2023 年成德眉资财政自给率

资料来源：2019~2023 年成德眉资四市国民经济和社会发展统计公报。

（2）与其他都市圈对比分析

相较于杭州、深圳、重庆、西安等其他都市圈，成都都市圈安全韧性城市建设处于中游水平，与杭州、深圳等先进都市圈相比差距较大。① 从最新

---

① 资料来源于《成都都市圈发展报告（2022）》。

情况来看，成都都市圈与杭州、深圳都市圈仍存在较大差距，三个指标均处于末位，如表2所示。

表2 2023年成都都市圈与对标都市圈安全韧性城市建设相关指标

单位：人/亿元，%

指标	杭州都市圈	深圳都市圈	成都都市圈
亿元GDP生产安全事故死亡率	0.006	0.007	0.009
税收收入占一般公共预算收入比重	87.33	80.78	71.71
财政自给率	87.41	81.17	65.04

资料来源：2023年成都、杭州、深圳都市圈城市国民经济和社会发展统计公报。

相较于其他都市圈中心城市，成都安全韧性城市建设处于较低水平。2023年，成都亿元GDP生产安全事故死亡率为0.008人/亿元，远高于杭州和深圳（均为0.005人/亿元）的水平，同时税收收入占一般公共预算收入比重、财政自给率仅为75.13%、74.58%，与杭州（89.72%、99.28%）、深圳（84.30%、82.06%）相比差距较大（见图5）。

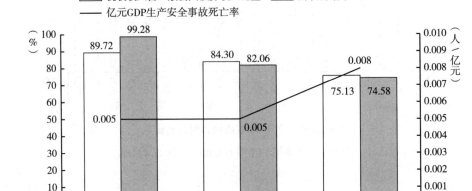

图5 2023年成都与杭州、深圳安全韧性城市建设指标对比

资料来源：2023年成都、杭州、深圳都市圈城市国民经济和社会发展统计公报。

2.成德眉资安全韧性共同体建设现状与成效

近年来，成德眉资四市以高水平安全服务同城化高质量发展为主线，坚持同频协作、同向发力，着力打造成德眉资安全韧性共同体并取得了一定成效。

第一，城市基础设施安全韧性不断提升。成德眉资四市遵循"海绵城市"建设的理念，一方面，积极推动雨污分流改造，布局雨水蓄水池雨水地下回灌系统，着力补齐排水设施短板，从而防止城市内涝；另一方面，加快推进绿道蓝网和地下综合管廊建设，有效增强城市保水蓄水防汛功能。2023年，成德眉资人均公园绿地面积由2019年的14.55平方米增至14.97平方米。① 目前，成都市累计建成廊体260余公里，已入廊管线总长度超700公里。

第二，城市安全生产持续好转。成德眉资四市通过建立安全生产执法联动机制，组建安全生产、应急管理等九大类专家库，协商建立专家派遣使用办法等举措，推动安全生产形势持续好转。2019~2023年，成德眉资四市亿元GDP生产安全事故死亡率总体呈现下降的态势。

第三，城市协同治理水平持续提升。2023年，成德眉资四市启动重污染天气应急预警10次，合力完成夏季臭氧污染防治攻坚行动等大污染治理行动，建立都市圈"河长+检察长"协作机制，依托数字化手段发现并解决河湖水环境问题。四市开展强降雨情景下联合会商调度、城市供水安全应急处置、城市应急排涝、超标洪水防御、清障爆破、在建工程抢险等洪涝灾害防范应对实战化演练，加强了各级指挥员和应急抢险队伍建设，提升了四市水务保障能力和防汛抢险实战能力。联合召开山洪灾害识灾避灾提能培训会，共计培训各级工作人员2600余人，切实增加了参训人员山洪灾害监测预警和防御知识储备，进一步优化了成德眉资协同机制和区域内部联动机制。

第四，灾害联防联控机制不断完善。加强与德阳市、阿坝州、雅安

---

① 数据来源于Wind数据库。

市和眉山市等毗邻地区、流域上下游、左右岸之间对接沟通和协同防灾，围绕信息共享、会商研判和监测预警、灾险情互通、技术力量协作及建立联席会议五个方面，建立联防联控工作机制，深化跨区域防灾合作。成德眉资共同举办震情监视跟踪区域协作联席会议，进一步完善了区域震情跟踪研判协同工作机制，强化重大异常联合核实，突出震情联合会商研判。

第五，政策支持力度持续增强。为推动安全韧性共同体建设，成德眉资四市持续加强政策保障。成德眉资四市发改、应急部门联合制定了《成德眉资救灾物资同城保障合作工作方案》，并建立健全合作会商机制和联络制度，切实提升了四市应急物资保障能力。成都市发改委、应急局联合印发了《成都市市级救灾物资调拨规程》，进一步规范了市级救灾物资调拨程序。成德眉资四市印发实施《成德眉资区域重污染天气应急工作方案（2023～2025年）》，进一步完善了成都都市圈城市重污染天气预警发布和应急响应工作机制。

（二）成德眉资安全韧性共同体建设存在的主要问题

1. 空间和基础设施韧性有待提升

一方面，成都都市圈现处于建设成长期，"极核引领、轴带串联、多点支撑"的网络化都市圈空间发展格局正在构建，空间韧性具有较大的提升空间。与此同时，地下空间是宝贵的空间资源，是支撑一个城市或地区高质量发展不可或缺的组成部分。据《2023中国城市地下空间发展蓝皮书》，成都地下空间发展综合实力在中国城市地下空间综合实力TOP10中仅居第7位，与杭州、南京、深圳等城市差距较大，高标准高质量建设与合理开发利用地下空间、提升地下空间韧性是成都亟须解决的问题。

另一方面，从基础设施建设情况来看，成德眉资交通、水利、电力、通信等基础设施风险预警能力不足，智能化、数字化应用以及风险源识别与安全隐患监测等方面未能跟上城市发展的步伐。主要原因包括，一是由于基础设施建设具有公共产品属性、资金量大、投资期限长且收益回报率低等特点，社会参与度并不高，韧性基础设施建设主要由地方政府承担。从实际情况来看，成都都市圈财政自给率相对较低，这不利于基础设施的改造与升级。二是由于成德眉资四市对于韧性基础设施建设缺乏整体规划，从而难以形成有序部署。

2. 科技赋能不足

科技创新是成德眉资安全韧性共同体建设的重要引擎。当前，成德眉资四市科技水平不够高，对安全韧性共同体建设的支撑作用不足。一方面，物联网、云计算、大数据、区块链、人工智能、5G 等新一代信息技术的融合应用程度较低，尚未在都市圈层面建立全方位监测城市安全的数字化平台，也未形成智慧化、信息化的区域运维技术体系，从而无法实现对成德眉资安全风险的精准感知、智能评估和高效响应。另一方面，成德眉资四市基础研究实力较为薄弱，与国内外高校、科研院所的合作也不够深入，从而导致科技创新处于较低水平。

3. 协同治理能力较弱

韧性安全共同体建设依赖于共同体成员的参与及合作，需坚持"以人民为中心"的原则，打造一个包容性强、参与度高的城市安全韧性共同体。成德眉资四市协同治理机制尚不健全，城市间协同治理能力较弱，区域间行政壁垒、市场分割等现象仍然存在。一是从政府层面来看，四市不同层级政府，交通、医疗、消防、气象、环境、公安等不同部门之间的力量和资源共享程度不高，信息共享共融、互联互通水平较低，尚未形成整体合力。二是从基层层面来看，由于安全韧性理念不够深入，社会组织、企业以及公众对安全韧性重要性的认识不足，社会力量在安全韧性共同体建设中的作用未能充分发挥，公众的安全技能和应急处理能力较弱。

4. 政策体系尚未形成

健全的政策体系是成德眉资四市安全韧性共同体建设的重要保障。从目前情况来看，成德眉资尚未形成完整系统的政策体系，只在应急联动、大气污染预警和应急响应等方面出台相关政策。当前，成德眉资四市正处于实现高质量发展的关键时期，城市安全发展面临的内外部环境复杂严峻、不确定

性因素不断增加，安全韧性城市共同体建设涉及的领域更加广泛、统筹难度更大，需要打造更加全面系统的政策体系，为安全韧性城市共同体建设提供制度保障。

四 以数字化推进成德眉资安全韧性共同体建设的问题和挑战

当前，成德眉资安全韧性共同体建设取得一定成效，同时也面临一些问题和挑战，特别是在新一代信息技术加速突破应用的趋势下，成德眉资安全韧性共同体数字化水平仍然不高。主要表现在以下四个方面。

（一）数字基础设施建设不足且差异较大

数字基础设施是发展数字经济的重要支撑。近年来成德眉资积极推进数字基础设施建设，截至2023年底，成都市共建成5G基站超8万个，实现重点场所5G网络通达率达100%。同时，成都实现了在超算、智算和通用算力三个关键领域全面布局。但与其他都市圈相比，成德眉资四市数字基础设施建设不足。成都、眉山与杭州被评为首批（2021年度）"千兆城市"，从5G基站来看，成都、眉山每万人拥有5G基站数分别为20.7个、24.6个，而杭州的这一数值达到30.8个。德阳、资阳与绍兴于2023年被评为"千兆城市"，从5G用户占比来看，德阳、资阳5G用户占比分别为42.19%、44.07%，与绍兴（59.54%）差距较大（见表3）。

表3 成德眉资与对标城市"千兆城市"关键指标情况

单位：个，%

序号	千兆城市	每万人拥有5G基站数	5G用户占比	10G-PON端口占比	500M及以上用户占比	备注
1	成都	20.70	44.00	69.00	29.00	2021年度
2	德阳	30.51	42.19	60.70	39.27	2023年度

序号	千兆城市	每万人拥有5G基站数	5G用户占比	10G-PON端口占比	500M及以上用户占比	备注
3	眉山	24.60	50.00	78.00	39.00	2021年度
4	资阳	33.89	44.07	85.45	38.34	2023年度
5	杭州	30.80	35.00	35.00	29.00	2021年度
6	嘉兴	25.00	34.00	31.00	30.00	2022年度
7	湖州	26.50	32.00	33.00	28.00	2022年度
8	绍兴	32.73	59.54	53.24	36.82	2023年度

资料来源：工信部官方网站。

与此同时，成德眉资四市数字基础设施建设差距较大。根据《四川省数字经济综合发展水平评估报告（2023年）》，全省数字基础设施发展水平得分为88.7分，成都得分113.1分，位居榜首；眉山得分88.9分，超过全省平均水平；德阳得分88.4分，略低于全省平均水平；资阳得分不到87分，远低于全省平均水平。

（二）数字技术应用的不平衡和不充分问题较为明显

数字技术在安全韧性城市建设中的作用主要体现在预测预警、抵御防范、灾后恢复等方面。在城市规模不断扩张、结构愈加复杂的背景下，数字技术应用在安全韧性治理中的重要性逐渐凸显，西方发达国家已经将人工智能、大数据等先进技术作为城市管控的重要手段。目前，成德眉资都建有独立的智慧城市管理系统，且主要运用于公共交通、公共服务、物流、医疗等领域，而在自然灾害和安全生产监管方面的智慧技术应用程度较低，同时各城市的智慧城市管理系统协同性不足，导致成德眉资城市管理效率不高。此外，成德眉资集数据收集、数据治理、数据共享、业务协同、决策分析等功能于一体的城市管理类数据资源共享平台建设处于起步阶段，安全韧性风险信息共享平台交互终端和数据库系统尚未建立，从而导致城市安全韧性治理仍停留在人为决策而非信息系统提供策略阶段。

（三）数字治理服务效能有待提升

随着城市治理不断升级，数字治理的作用日益凸显。然而从实际情况来看，成德眉资数字治理服务效能不够高，导致城市安全韧性治理的效率和质量也不高。一方面，成德眉资尚未充分运用互联网、云计算、人工智能、大数据等先进理念和科技手段建立智能化的防灾减灾系统，从而无法实现对灾害和突发事件的系统化监测，导致风险预防精准性较低，风险预警、危机研判和应急决策的有效性也不高。另一方面，成德眉资城市管理类数据资源共享平台建设尚不完善，跨区域、跨层级、跨系统、跨部门、跨业务数据联通性较差，导致在城市治理的过程中难以形成合力。同时，各层级、各部门间还未建立起有效的协调配合机制，造成不同主体基于不同标准、规范对同一数据进行多次采集，重复上传、重复存储等问题时有发生，从而影响安全韧性治理的效能。

（四）数字化发展带来的环境污染和资源消耗问题较为严重

近年来，以互联网、云计算、人工智能、大数据为代表的新一代信息技术为成德眉资韧性共同体建设提供了新机遇，但与此同时也带来了较为严重的环境污染和资源消耗问题。一方面，随着终端设备数量的激增、数据传输量的迅猛增长以及计算需求的持续上升，水资源消耗和电力等能源消耗急剧攀升。特别是成都数据中心等高耗能环节，更是增加了资源负担。另一方面，数字化废弃物造成的环境污染日益严峻。随着信息技术迅猛发展，数据中心设备、物联网传感器等更新换代的速度加快，这些设备的快速更新换代不仅产生了大量的电子垃圾，还加速了资源消耗。由于技术水平和处理能力的限制，成德眉资安全韧性共同体建设面临较大的挑战。

五　以数字化推进成德眉资安全韧性共同体建设的对策和建议

坚持数字化驱动引领，打造成德眉资安全韧性共同体建设，主要从以下五个方面施策。

（一）加大投入力度，全面提高新型基础设施建设水平

一是加大资金投入力度。成德眉资四市政府应优先投资于具有战略意义和高增长潜力的新型基础设施领域，如5G网络、人工智能、云计算、大数据中心、智能交通、智慧能源等。同时，还可以通过发行地方政府专项债券、设立投资基金等方式筹集资金。

二是持续加大创新投入。加强新型基础设施建设的关键在于技术创新。政府和企业应加大在技术研发和创新方面的投入，加强技术研发和创新，推动新型基础设施的技术升级和更新换代，提高新型基础设施的效率和性能。

三是强化安全保障。建立健全新型基础设施安全管理制度和应急预案，加强网络安全和数据安全保护，防止新型基础设施受到攻击和破坏，确保新型基础设施的安全稳定运行。

（二）充分利用数字化技术，提升城市安全系统抗逆力和适应性

一是推动基础设施数字化改造。对城市基础设施进行全面数字化改造，包括交通、电力、燃气、水务等系统，提高城市基础设施的智能化水平和韧性。在成德眉资四市中广泛推广智能化安全设施，如智能监控、智能门禁、智能消防等，实时监测城市安全状况，提高安全防控能力。

二是构建智能化的城市安全监控和管理系统。利用物联网、云计算、大数据和人工智能等数字化技术，构建智能化的城市日常安全监控和管理系统，实现城市安全的实时监测和分析。建立全面的城市灾害识别和预警系统，通过数据分析和挖掘，及时发现和预测各种潜在风险，并对城市各类风险进行精细化评估，提高城市安全管理的效率和准确性。探索建立基于数字化技术的应急管理平台，一方面，实现各城市、各部门之间的信息共享和协同；另一方面，通过实时收集和分析各类灾害信息，快速制定应急方案，及时调配各类救灾物资，提高救援效率。

三是加强数字化技术在城市安全中的应用研究和创新。鼓励和支持成德眉资企业联合国内外科研机构、高校等开展数字化技术在城市安全中的应用

研究和创新，推动数字化技术与城市安全管理的深度融合，提高数字化技术的先进性和实用性。

四是提升公众对城市安全的认知和参与度。利用社交媒体、移动应用等数字化渠道，提高公众对城市安全的认知，让公众了解数字化技术在城市安全中的作用，并掌握相关技能，提高自我防范和应对突发事件的能力。同时，搭建数字化平台，收集公众对城市安全的建议和意见，提高城市安全管理的透明度和民主性。

（三）数字化赋能治理协同，促进构建现代化治理体系

一是提升城市安全信息共享和协作能力。依托互联网、大数据、人工智能等新一代信息技术，实现成德眉资四市各层级、各部门之间的数据互通和协同，以及政府部门、企业和居民之间的信息互通和共享。通过信息共享和协作，加强各方之间的合作和沟通，提高安全韧性治理的透明度和协同性以及整体效率。

二是强化灾害联防联控水平。坚持"资源共享、队伍共育、洪水共御、灾情共救"，强力推进主要河流防洪工程建设，加快推动沱江流域水情调度中心建设，科学规划补强水文、雨量等站点。加强成德眉资四市边界区域相关堤防险工险段、山洪灾害危险区、防汛安全隐患点的联合排查和信息共享，加强上下游雨情、水情、汛情等实时数据共享。

（四）深化人才培养，提高数字化技术水平和应用能力

一是建立健全数字化人才培养和激励机制。一方面，加大对数字化人才培养的支持力度，通过加大教育投入、科研投入等方式，为数字化人才培养提供保障。另一方面，进一步完善数字化人才激励机制，通过健全科学的人才评价机制、优化人才薪酬制度、加强人才荣誉激励等方式，鼓励数字化人才投入安全韧性共同体建设之中；结合各市发展实际，在住房、就医、子女入学、配偶就业等方面给予支持，更好地激发数字化人才活力。

二是进一步完善本地数字化人才培养体系。根据安全韧性共同体建设需

要，鼓励成德眉资四市高校、职业院校优化数字经济专业设置，进一步加强专业课程开发，推动人才培养系统化、全面化。支持校企构建实训基地，提升城市安全治理领域数字化人才的实践能力。

三是加强国际交流与合作。加强与国际知名高校和科研机构的合作，通过开展联合培养等方式，培养具备国际视野和竞争力的数字化人才。通过举办国际会议、参与国际科研项目等方式，加强与国外数字化人才的联系交流。通过制定并实施海外人才引进计划等方式，吸引更多海外优秀人才来成德眉资工作。

（五）强化数据安全保护，构建健康有序的数字化发展环境

一是强化技术保障。采用先进的数据加密、访问控制、身份认证等技术手段，确保数据在传输、存储、使用过程中的安全性，防止数据泄露和滥用。同时，加强网络安全设备的部署和更新，及时发现和防范网络安全威胁。

二是建立完善的数据监管制度。制定数据安全管理制度和规范，包括数据收集、存储、处理和传输等环节，明确数据管理的职责、流程和要求，确保数据在各个环节得到有效管理和控制。加大监管和执法力度，加强对数据收集、存储、使用等环节的监管，定期对数据进行安全审计，对违法违规行为进行严厉打击和处罚，维护数字化发展环境的健康有序。

三是提升数据安全意识。加强数据安全教育和培训，提高个人和组织对数据安全的重视程度，形成全社会共同关注数据安全的良好氛围。

参考文献

邓筱莹、赫磊：《增强城市安全韧性的基础设施数字化转型研究》，《全球城市研究》（中英文）2024年第1期。

黄弘、范维澄：《构建"安全韧性城市"：概念、理论与实施路径》，《北京行政学院学报》2024年第2期。

慕远：《四川成都：牢固韧性"底座"让公园城市幸福"生长"》，《中国减灾》2024 年第 6 期。

田琳：《打造韧性城市——城市风险治理和安全发展的新范式》，《中国减灾》2024 年第 6 期。

王胜梅：《韧性治理共同体：未来城市治理的价值依归与构建路径》，《改革与开放》2021 年第 5 期。

吴丽慧、包萨日娜、李丽霞：《国内韧性城市研究热点及趋势分析》，《当代经济》2024 年第 5 期。

序号	时间	重大事项(重要政治制度出台、重大会议召开、重大项目建设进展等)清单	资料报送牵头单位
1	1月6日	成德眉资四市发改、应急管理部门联合制定《成德眉资救灾物资同城保障合作工作方案》	成都市应急局
2	1月8日	成渝中线高铁全线主体工程进入实质性开工阶段	成都市交通运输局
3	1月8日	成都至兰州铁路成都至川主寺段接触网工程正式进入攻坚阶段	成都市交通运输局
4	1月17日	成德眉资金融基础设施同城化工作推进会召开	成都市委金融办
5	2月	成德两地签订《成德深化成德教育同城化合作协议》	成都市教育局
6	2、3、6、7、10、11月	举办成德眉资产儿科急救演练、孕产妇死亡评审培训会	成都市卫健委
7	2月1日	轨道交通第四期建设规划项目及轨道交通资阳线项目等9条轨道交通线路共计91座车站主体结构已封顶	成都市交通运输局
8	2月3日	成都、眉山、德阳、资阳、乐山五地美食行业协会签订共建"都市圈岷江美食走廊战略合作"协议	成都市商务局
9	2月	市域(郊)铁路成都至德阳线工程可行性研究报告获得四川省发展和改革委员会批复,标志着市域(郊)铁路成都至德阳线工程,将进入全面开工建设阶段	成都市交通运输局
10	2月9日	首届成德眉资人力资源区域协同发展大会在德阳举行	德阳市人社局
11	2月9日	德阳人力资源服务产业园正式开园,四川省人社厅厅长胡斌为德阳授牌"四川德阳人力资源服务产业园"和"成德眉资人力资源协同发展示范区"	德阳市人社局

---

* 感谢吉利学院赵赛男老师对本部分内容所进行的审阅与修订工作。

续表

序号	时间	重大事项(重要政治制度出台、重大会议召开、重大项目建设进展等)清单	资料报送牵头单位
12	2月15日	成南扩容项目主线控制性工程之一——淮口沱江大桥预制T梁首架圆满完成,大桥正式开启架梁施工	成都市交通运输局
13	2月	成立成渝地区双城经济圈美术馆联盟(包括都市圈)	成都市文化广电旅游局
14	2月	开通文殊院到三苏祠"诗词大巴"(景区直通车)	成都市文化广电旅游局
15	2月	成德眉资特殊教育联盟成立	成都市教育局
16	3月	四市人社局印发《关于协同做好2023年成德眉资人社事业同城化发展工作的函》(成人社函〔2023〕52号),明确2023年度成德眉资人社事业同城化发展计划	成都市人社局
17	3月	召开专项合作组会议,印发《成德眉资同城化文旅产业融合发展专项合作组2023年工作计划》	成都市文化广电旅游局
18	3月	成都市"一主两辅"队伍"五联机制"试点工作启动会在成华区白莲池街道应急救援分中心召开	成都市应急局
19	3月	召开成德眉资救灾物资同城保障合作第一次联席会议,研究通过了《成德眉资救灾物资同城保障合作联席会商制度》《成德眉资救灾物资同城保障合作联席联络制度》《成德眉资救灾物资同城保障合作工作2023年工作要点》	成都市应急局
20	3月10日	轨道交通资阳线顺利实现全线贯通	成都市交通运输局
21	3月15日	成绵高速全线路域环境整治提升工程圆满完成,全部具备恢复通车条件	成都市交通运输局
22	3月17日	召开第七次成德眉资医疗健康同城化专项合作联席会议	成都市卫健委
23	3月21日	印发《成德眉资卫生健康同城化发展2023年工作要点》	成都市卫健委
24	3~11月	举办2023年成都百万职工劳动和技能竞赛——成都市首届婴幼儿照护服务技能大赛	成都市卫健委
25	3月30日	召开成雅眉甘区域精神卫生中心2023年工作会	成都市卫健委
26	3月24日	召开成德眉资民政工作同城化发展联席会议	成都市民政局
27	3月29日	印发《成德眉资同城化发展暨成都都市圈建设民政领域协同建设(2023~2025年)工作方案》	成都市民政局
28	3月26日	成都至自贡至宜宾高速铁路全线桥梁架设完成,全线进入静态验收前各项施工冲刺阶段	成都市交通运输局
29	3月29日	三坝水库工程开工活动在大邑县顺利举行	成都市水务局
30	3月30日	市域铁路成都至德阳S11线项目启动建设	成都市交通运输局

序号	时间	重大事项（重要政治制度出台、重大会议召开、 重大项目建设进展等）清单	资料报送牵头单位
31	3月31日	成德眉资社保协作人力资源协同专项合作组2023年度联席会议在资阳召开	资阳市人社局
32	3月31日	四市人社局签署《成德眉资人力资源社会保障数据共享合作协议》，促进四市人社信息互联互通和资源优势互补。协议涉及共享数据指标138项，涵盖就业创业、社会保险、人事人才、劳动关系等7个方面	成都市人社局
33	4月	举办万物有灵·三星堆和金沙古蜀文明数字艺术展全球巡展	成都市文化 广电旅游局
34	4月15日	成都市社会应急救援队伍邛崃市雄鹰救援中心与眉山市应急救援志愿者协会签订联防联动协议	成都市应急局
35	4月	召开2023年成德眉资教育同城化联席会议，发布《2023年成德眉资教育同城化工作要点》	成都市教育局
36	4月9日	成自宜高铁重点控制性工程宜宾临港公铁两用长江大桥公路沥青路面摊铺完成，大桥附属工程进入收尾阶段	成都市交通运输局
37	4月12~ 13日	举办2023年第三届"同城杯"暨成都市第十二届疾控技能竞赛	成都市卫健委
38	4月13日	成都、德阳、眉山、资阳、雅安五市签署《成德眉资雅区域疾病预防控制工作合作框架协议》	成都市卫健委
39	4月18日	成都双流国际机场提质改造工程可行性研究（代立项）报告获四川省人民政府批复	成都市交通运输局
40	4月30日	轨道交通资阳线全线7座车站已封顶，并进入机电安装及装修阶段。盾构掘进已经完成设计总量的99%，线路全面进入铺轨阶段	成都市交通运输局
41	4月28日	四市联合编制发布《成都人才开发指引（2023）》，细分出成德眉资四市重点领域（行业）、重大项目和重点企业急需紧缺人才清单，合理化促进人才需求与产业链环节点对点精准结合的快速落地	成都市人社局
42	5月	联合成都都市圈共同参加第26届重庆都市文化旅游节暨城际旅游交易会，推广都市圈文旅品牌	成都市文化 广电旅游局
43	5月5日	成都至南充高速公路扩容项目猫儿山隧道右洞贯通，系全线首座贯通单洞隧道	成都市交通运输局

序号	时间	重大事项(重要政治制度出台、重大会议召开、重大项目建设进展等)清单	资料报送牵头单位
44	5月16日	成宜高铁大观配电所,10kV外电源线路一次送电成功,所有线路设备投运正常,标志着成宜高铁"四电"工程取得突破性的进展	成都市交通运输局
45	5月19日	天府金融风险监测大脑德眉资账号交接仪式	成都市委金融办
46	5月20日	联合举办"520"成都生活节	成都市商务局
47	5月24日	举办第五届"蓉你说艾"高校学生艾滋病防治同伴教育暨第二届成德眉资同城讲师大赛	成都市卫健委
48	5月26日	成德眉资同城化发展水资源保障专项合作组2023年第一次会议	成都市水务局
49	5月29日	成宜高铁引入成都东站站改工程启动	成都市交通运输局
50	5月31日	轨道交通资阳线宝台大道站-苌弘广场站盾构区间右线顺利"洞通",标志着四川首条跨城轨道交通线路全线贯通,为线路开通初期运营奠定了坚实基础	成都市交通运输局
51	5~8月	开展"成渝地·巴蜀情"——"成渝德眉资"文旅交流联动暨2023年少儿才艺大赛	成都市文化广电旅游局
52	5月31日	成德眉资四市联合举行2023年"迎大运·保平安"防汛演练,出动800余人,调动机具200余台(套),以岷江、沱江流域发生大范围持续性强降雨为背景,围绕洪涝灾害应对全过程开展应景式、实战化演练	成都市应急局
53	6月	邀请成都都市圈共同参加"2023文旅市集·宋韵杭州奇妙夜"成都文旅品牌馆营销推广活动	成都市文化广电旅游局
54	6月5日	成都市妇女儿童中心医院与什邡市人民政府签订"医联体"合作协议	成都市卫健委
55	6月6~9日	召开2023年成德眉资急救中心主任联席会议暨紧急医学救援队拉练活动	成都市卫健委
56	6月14~15日	举办首届成德眉资中医护理技能大赛	成都市卫健委
57	6月	成都市青白江区与德阳市广汉市探索建立区域院前急救协同机制、大型突发事件医疗紧急救援协同机制	成都市卫健委
58	6月	成都广播电视联合眉山制播三苏祠谭咏麟《定风波》诗乐共画	眉山市文化广电旅游局
59	6~8月	"大运号—成都都市圈旅游主题列车"上线运营	成都市文化广电旅游局

序号	时间	重大事项(重要政治制度出台、重大会议召开、重大项目建设进展等)清单	资料报送牵头单位
60	6月20日	成都东站达成场新建信号楼顺利完成信号软件换装和场景试验,标志着成宜高铁信号成功接入成都东站新建信号楼,为全线按期开通奠定了坚实的基础	成都市交通运输局
61	6月26~28日	邀请德眉资三市参加成都市举办的监管人员能力提升培训	成都市卫健委
62	6月28日	召开专业组联席会议,签订《成德商务领域同城化发展合作协议》《成眉商务领域同城化发展合作协议》《成资商务领域同城化发展合作协议》	成都市商务局
63	6月30日	在眉山举办第三届成都都市圈产业生态建设暨企业供需对接云共享大会,发布都市圈企业供需清单	成都市经信局
64	6月28日	成都市举办2023年成都百万职工劳动和技能竞赛基层应急救援队伍技能比赛,邀请德眉资三市参与组织指导交流	成都市应急局
65	7月3日	举办首届成德眉资中医药健康旅游管理人才培训会	成都市卫健委
66	7月4日	成德眉资四市卫健委联合印发《关于进一步推进成德眉资检查检验结果互认工作的通知》	成都市卫健委
67	7月6日	成资两地人社局共同推荐的人力资源服务产业"线上园"项目荣获全国人力资源服务创新创业大赛四川选拔赛初创组一等奖	成都市人社局
68	7月13日	成德眉资现代金融协调发展与风险协同防控专项合作组工作推进会召开	成都市委金融办
69	7月21日	成都双流国际机场提质改造工程初步设计及概算获民航西南地区管理局、四川省发展和改革委员会联合批复	成都市交通运输局
70	7月24日	成宜高铁天府机场站站房装修主体工程完工,成宜高铁天府机场段(含天府机场站)工程顺利完工,正式进入静态验收阶段	成都市交通运输局
71	7月25日	印发《成德眉资同城化暨成都市圈发展产业建圈强链攻坚行动计划(2023~2025年)》	成都市经信局
72	7月26日	成德眉资四市应急委办公室联合印发《成德眉资应急联动体系建设实施方案》,明确"提升区域协同应对能力、重点风险防控能力、预警处置能力、应急保障能力"四大类12项28分项重点任务	成都市应急局
73	7月26日	印发《成资协同开放走廊建设方案》	成都市商务局

续表

序号	时间	重大事项(重要政治制度出台、重大会议召开、重大项目建设进展等)清单	资料报送牵头单位
74	8月8日	成都市、德阳市、眉山市、资阳市科技局联合印发了《天府大道科创走廊建设方案》	成都市科技局
75	8月	国家区域医疗中心(四川省儿童医院)二期项目开工建设	成都市卫健委
76	8~12月	"成渝地·巴蜀情"阅·创成渝文旅文创设计大赛	成都市文化广电旅游局
77	8月29~30日	举办中医护理技能理论知识培训班	成都市卫健委
78	8月22日	成渝中线高铁四川段2标项目"首墩"龙泉特大桥213号墩身浇筑完成	成都市交通运输局
79	8月27日	新开三星堆公交旅游直通车1号线(春熙路—三星堆博物馆)、2号线(地铁华桂路站—三星堆博物馆)	成都市交通运输局
80	9月1日	成都双流国际机场提质改造工程开工建设	成都市交通运输局
81	9月15日	举办首届婴幼儿照护服务技能大赛	成都市卫健委
82	9月	成德眉资医养结合"线上地图"全新上线	成都市卫健委
83	9月	成渝双城文化和旅游公共服务产品采购大会暨成都市公共文化服务超市系列活动在包头市开展(含成都都市圈)	成都市文化广电旅游局
84	9月16日	新开三星堆公交旅游直通车3号线(熊猫基地—三星堆博物馆)	成都市交通运输局
85	9月21日	成都至宜宾高速铁路启动联调联试,进入工程验收关键阶段,为全线早日开通奠定了坚实基础	成都市交通运输局
86	9月25日	召开震情监视跟踪区域协作联席会议,共同签署《成德眉资震情监视跟踪区域协作联席会工作章程》	成都市应急局
87	9月27日	四市联合发布《成德眉资人力资源服务产品清单》,清单筛选270余家优质机构、400余项服务产品,涵盖人力资源招聘猎头、外包派遣、信息软件等六大类服务,为企业解决人才配置和人力资源管理问题提供一系列专业化、定制化、信息化服务产品和解决方案	成都市人社局
88	9月27日	联合举办第二十届成都国际美食节	成都市商务局
89	10月	第八届中国国际非遗节联动都市圈开展非遗展演	成都市文化广电旅游局

续表

序号	时间	重大事项（重要政治制度出台、重大会议召开、 重大项目建设进展等）清单	资料报送牵头单位
90	10 月	2023 德阳文庙文化周	德阳市文化 广电旅游局
91	10 月 12～ 13 日	举办成德眉资基层卫生技能竞赛	
92	10 月 17 日	四市协同建立"成德眉资人力资源区域特色人力资源品牌库"，共同开展"人力资源服务特色品牌交流共建活动"，发布第一批 60 类岗位招聘信息	眉山市人社局
93	10 月 19 日	召开 2023 年下半年救灾物资同城保障合作联席会议	成都市应急局
94	10 月 22～ 27 日	成都市在上海交通大学组织举办"城市安全和应急管理"专题培训班，邀请德眉资应急管理部门领导干部参加	成都市应急局
95	10 月 31 日	在轨道交通资阳线长弘广场铺轨基地，我国西南地区首条跨城轨道交通线路——轨道交通资阳线全线短轨通，为该线路开通初期运营奠定了坚实基础	成都市交通运输局
96	11 月	成都双流国际机场西飞行区升级改造工程西跑道顺利贯通，标志着双流机场提质改造工程取得了重要阶段性成果	成都市交通运输局
97	11 月 10 日	成都·眉山美食产业交流对接会召开	成都市商务局
98	11 月 23 日	成资两地人社局共同推荐的人力资源服务产业"线上园"项目获全国人力资源服务创新创业大赛初创组三等奖	成都市人社局
99	11 月 16 日	随着绵竹南候车大厅和站前广场的版画制作完毕，川青铁路青白江至镇江关 7 座新建车站全面完工	成都市交通运输局
100	11 月 17 日	专项合作组更名为"金融发展和风险防控专项合作组"，同时调整专项合作组工作细则和实施细则	成都市委金融办
101	11 月 14 日	成德眉资同城化发展体制机制改革创新专项合作组第三次会议召开	成都市委改革办
102	11 月 21 日	市域铁路成资 S3 线全线实现"长轨通"	成都市交通运输局
103	11 月 27 日	市域铁路成都至眉山 S5 线半数超高压电力线路迁改完成	成都市交通运输局
104	11 月 24 日	国家西南区域应急救援中心建设项目取得重大阶段性成果，正式进入竣工验收阶段	成都市应急局
105	11 月	成都都市圈学前教育联盟成立	成都市教育局

续表

序号	时间	重大事项(重要政治制度出台、重大会议召开、重大项目建设进展等)清单	资料报送牵头单位
106	11月	联合成都都市圈开展"到成都街头走一走"2023成都文旅冬季(昆明、广州)推介活动	成都市文化广电旅游局
107	11月	编制并印发《成都都市圈龙门山龙泉山旅游业协同发展规划(2023~2030年)》	成都市文化广电旅游局
108	11月	成都图书馆正式推出"喜阅到家"图书网借服务,2024年上半年实现都市圈共享	成都市文化广电旅游局
109	12月14日	成渝德眉资大学生创业大赛在成都理工大学举办	成都市人社局
110	12月13日	举办成德眉资优质农产品产销对接会	成都市商务局
111	12月7日	成都国际航空枢纽年旅客吞吐量首次突破7000万人次	成都市交通运输局
112	12月8日	举办成德眉资2023年智慧医疗暨信息互通共享建设能力提升培训班	成都市卫健委
113	12月26日	成自宜高铁正式开通	成都市交通运输局
114	12月26日	成都市举行2024年森林草原火灾跨区域联合应急演练,模拟成都市蒲江县、眉山市丹棱县、雅安市名山区三地交界处月南山附近一处山体杂灌林起火开展实战应急救援演练,实战检验了成都市跨区域联防联控机制和应急指挥系统运行、救援队伍素质、扑火装备性能等,协同推进了成德眉资区域应急联动建设	成都市应急局
115	12月底	眉山天府新区第一人民医院基建基本完工	成都市卫健委
116	12月底	川渝阅读一卡通项目已实现四川73家、重庆42家公共图书馆文献通借通还服务	成都市文化广电旅游局
117	12月底	"游成都都市圈·过欢乐中国年"成都都市圈冬季旅游启动仪式	成都市文化广电旅游局

社会科学文献出版社

皮书

智库成果出版与传播平台

❖ 皮书定义 ❖

皮书是对中国与世界发展状况和热点问题进行年度监测，以专业的角度、专家的视野和实证研究方法，针对某一领域或区域现状与发展态势展开分析和预测，具备前沿性、原创性、实证性、连续性、时效性等特点的公开出版物，由一系列权威研究报告组成。

❖ 皮书作者 ❖

皮书系列报告作者以国内外一流研究机构、知名高校等重点智库的研究人员为主，多为相关领域一流专家学者，他们的观点代表了当下学界对中国与世界的现实和未来最高水平的解读与分析。

❖ 皮书荣誉 ❖

皮书作为中国社会科学院基础理论研究与应用对策研究融合发展的代表性成果，不仅是哲学社会科学工作者服务中国特色社会主义现代化建设的重要成果，更是助力中国特色新型智库建设、构建中国特色哲学社会科学"三大体系"的重要平台。皮书系列先后被列入"十二五""十三五""十四五"时期国家重点出版物出版专项规划项目；自2013年起，重点皮书被列入中国社会科学院国家哲学社会科学创新工程项目。

皮书网

（网址：www.pishu.cn）

发布皮书研创资讯，传播皮书精彩内容
引领皮书出版潮流，打造皮书服务平台

栏目设置

◆ 关于皮书

何谓皮书、皮书分类、皮书大事记、
皮书荣誉、皮书出版第一人、皮书编辑部

◆ 最新资讯

通知公告、新闻动态、媒体聚焦、
网站专题、视频直播、下载专区

◆ 皮书研创

皮书规范、皮书出版、
皮书研究、研创团队

◆ 皮书评奖评价

指标体系、皮书评价、皮书评奖

所获荣誉

◆ 2008 年、2011 年、2014 年，皮书网均
在全国新闻出版业网站荣誉评选中获得
"最具商业价值网站"称号；

◆ 2012 年，获得"出版业网站百强"称号。

网库合一

2014年，皮书网与皮书数据库端口合
一，实现资源共享，搭建智库成果融合创
新平台。

皮书网

"皮书说"
微信公众号

S 基本子库
SUB DATABASE

中国社会发展数据库（下设 12 个专题子库）

　　紧扣人口、政治、外交、法律、教育、医疗卫生、资源环境等 12 个社会发展领域的前沿和热点，全面整合专业著作、智库报告、学术资讯、调研数据等类型资源，帮助用户追踪中国社会发展动态、研究社会发展战略与政策、了解社会热点问题、分析社会发展趋势。

中国经济发展数据库（下设 12 专题子库）

　　内容涵盖宏观经济、产业经济、工业经济、农业经济、财政金融、房地产经济、城市经济、商业贸易等 12 个重点经济领域，为把握经济运行态势、洞察经济发展规律、研判经济发展趋势、进行经济调控决策提供参考和依据。

中国行业发展数据库（下设 17 个专题子库）

　　以中国国民经济行业分类为依据，覆盖金融业、旅游业、交通运输业、能源矿产业、制造业等 100 多个行业，跟踪分析国民经济相关行业市场运行状况和政策导向，汇集行业发展前沿资讯，为投资、从业及各种经济决策提供理论支撑和实践指导。

中国区域发展数据库（下设 4 个专题子库）

　　对中国特定区域内的经济、社会、文化等领域现状与发展情况进行深度分析和预测，涉及省级行政区、城市群、城市、农村等不同维度，研究层级至县及县以下行政区，为学者研究地方经济社会宏观态势、经验模式、发展案例提供支撑，为地方政府决策提供参考。

中国文化传媒数据库（下设 18 个专题子库）

　　内容覆盖文化产业、新闻传播、电影娱乐、文学艺术、群众文化、图书情报等 18 个重点研究领域，聚焦文化传媒领域发展前沿、热点话题、行业实践，服务用户的教学科研、文化投资、企业规划等需要。

世界经济与国际关系数据库（下设 6 个专题子库）

　　整合世界经济、国际政治、世界文化与科技、全球性问题、国际组织与国际法、区域研究 6 大领域研究成果，对世界经济形势、国际形势进行连续性深度分析，对年度热点问题进行专题解读，为研判全球发展趋势提供事实和数据支持。

法律声明

"皮书系列"（含蓝皮书、绿皮书、黄皮书）之品牌由社会科学文献出版社最早使用并持续至今，现已被中国图书行业所熟知。"皮书系列"的相关商标已在国家商标管理部门商标局注册，包括但不限于LOGO（ ）、皮书、Pishu、经济蓝皮书、社会蓝皮书等。"皮书系列"图书的注册商标专用权及封面设计、版式设计的著作权均为社会科学文献出版社所有。未经社会科学文献出版社书面授权许可，任何使用与"皮书系列"图书注册商标、封面设计、版式设计相同或者近似的文字、图形或其组合的行为均系侵权行为。

经作者授权，本书的专有出版权及信息网络传播权等为社会科学文献出版社享有。未经社会科学文献出版社书面授权许可，任何就本书内容的复制、发行或以数字形式进行网络传播的行为均系侵权行为。

社会科学文献出版社将通过法律途径追究上述侵权行为的法律责任，维护自身合法权益。

欢迎社会各界人士对侵犯社会科学文献出版社上述权利的侵权行为进行举报。电话：010-59367121，电子邮箱：fawubu@ssap.cn。

社会科学文献出版社